Beiträge zur Graphischen Datenverarbeitung

Herausgeber:
Zentrum für Graphische Datenverarbeitung e.V. Darmstadt (ZGDV)

Springer
Berlin
Heidelberg
New York
Barcelona
Budapest
Hongkong
London
Mailand
Paris
Santa Clara
Singapur
Tokio

Ute Dietrich   Bernd Kehrer
Gerhard Vatterrott (Hrsg.)

CA-Integration in Theorie und Praxis

Aktuelle Konzepte für Integrations-
und Kommunikationstechnologien im
CAD-Umfeld

Mit 153 Abbildungen

Springer

Reihenherausgeber

ZGDV, Zentrum für Graphische Datenverarbeitung e. V.
Wilhelminenstraße 7, D-64283 Darmstadt

Herausgeber

Ute Dietrich
Bernd Kehrer
Gerhard Vatterrott

Zentrum für Graphische Datenverarbeitung
Außenstelle an der Universität Rostock
Joachim-Jungius-Straße 9, D-18059 Rostock

Die Deutsche Bibliothek - CIP-Einheitsaufnahme

CA-Integration in Theorie und Praxis: aktuelle Konzepte für Integrations- und Kommunikationstechnologien
im CAD-Umfeld/Ute Dietrich ... (Hrsg.). - Berlin; Heidelberg; New York; Barcelona; Budapest; Hong Kong;
London; Mailand; Paris; Tokyo: Springer, 1995
(Beiträge zur Graphischen Datenverarbeitung)

NE: Dietrich, Ute [Hrsg.]

ISBN-13: 978-3-540-59444-4   e-ISBN-13: 978-3-642-79836-8
DOI: 10.1007/978-3-642-79836-8

Die Wiedergabe von Gebrauchsnamen, Handelsnamen, Warenbezeichnungen usw. in diesem Werk berechtigt auch
ohne besondere Kennzeichnung nicht zu der Annahme, daß solche Namen im Sinne der Warenzeichen- und
Markenschutz-Gesetzgebung als frei zu betrachten wären und daher von jedermann benutzt werden dürften.

Satz: Reproduktionsfertige Vorlage vom Autor

Verarbeitung: Buchbinderei Lüderitz & Bauer, Berlin
Umschlagmotiv: Design & Produktion
SPIN 10484581   33/3142-5 4 3 2 1 0 – Gedruckt auf säurefreiem Papier

Vorwort

Die rasante Entwicklung von CA-Techniken sowie deren Einführung und breite Anwendung im industriellen Produktionsumfeld hat neben den erreichten Rationalisierungseffekten in vielen Bereichen zu einer Abhängigkeit von Systemherstellern und einem ständigen Zwang zur Anpassung, Aktualisierung bzw. Erweiterung der vorhandenen Systemkomponenten geführt. Diese Begleiterscheinungen resultieren einerseits aus der noch vorherrschenden mangelnden Offenheit der CA-Systeme, andererseits aus der zunehmend intensiveren Kooperation zwischen Unternehmensteilen, Unternehmen und Zulieferbetrieben infolge der Verflachung von Produktionsstrukturen, und der damit verbundenen wachsenden Notwendigkeit zum rechnergestützten Austausch von Produktdaten.

Heterogene System- und Datenumgebungen werden zunehmend zu einem Negativfaktor bei der Integration von Unternehmensprozessen und bei der Kooperation zwischen Unternehmen bzw. Standorten. Die Integration zusätzlicher Systemkomponenten, die qualitative Erweiterung oder Veränderung von Produktmodellen, sowie Veränderungen an Unternehmensstrukturen bzw. -prozessen erfordern i. a. eine Anpassung der CA-Techniken, die mit den heute verfügbaren kommerziellen CA-Systemen typischerweise nur mit relativ hohen personellen und zeitlichen Aufwänden, und damit hohen Kosten zu realisieren sind.

Im Rahmen des vom ZGDV in Zusammenarbeit mit GI FA 4.2 und IFIP WG 5.2 organisierten Workshops "Integration of CA- techniques in theory and practice" wurden die aktuellen Probleme bei der Integration von CA-Systemen und der rechnergestützten Kommunikation und Kooperation von CA-Anwendern erörtert. Bei der intensiven Diskussion zwischen Vertretern aus Forschung, Entwicklung und Anwendung wurden sowohl offene Probleme identifiziert, als auch neuartige oder alternative Lösungsansätze für die Problemfelder

- CAD-Systemarchitekturen,
- Integration und Standards,
- Semantische Modellierung in CAD,
- Rechnergestütztes kooperatives Arbeiten in CAD,
- Integration heterogener Systeme,
- Spezielle Integrationsaspekte, und
- Implementierungserfahrungen mit STEP

vorgestellt. Der vorliegende Band der ZGDV-Buchreihe "Beiträge zur Graphischen Datenverarbeitung" enthält die ungekürzten Beiträge dieses Workshops mit der Zielsetzung, sie einer breiten Öffentlichkeit vorzustellen und in die Weiterentwicklung und Anwendung von Integrationstechniken im CA-Umfeld einzubringen.

Die Herausgeber danken an dieser Stelle den Firmen Siemens-Nixdorf und CADsys für die Unterstützung bei der Veröffentlichung der Beiträge des Workshops.

Rostock, im März 1995

Ute Dietrich
Bernd Kehrer
Gerhard Vatterrott

Tagungsleitung

- o Dr. B. Kehrer, ZGDV Rostock

Programmkomitee

- o Prof. O.Abeln, FZI Karlsruhe
- o Prof. K. Brökel, Universität Rostock
- o Prof. J. Gausemeier, Universität-GH Paderborn
- o Prof. K. Hennig, SDRC Berlin
- o Prof. B. Herzog, Universität Michigan, USA
- o H. Jansen, FhG-IPK Berlin
- o Dr. B. Kehrer, ZGDV Rostock
- o Prof. F.-L. Krause, FhG-IPK Berlin
- o R. Maderholz, Hewlett-Packard, Böblingen
- o Prof. H. Nowacki, TU Berlin
- o U. Rethfeldt, SNI München
- o Dr. J. Rix, FhG-IGD Darmstadt
- o Dr. E. G. Schlechtendahl   KfK Karlsruhe
- o Prof. J. C. Teixeira, CCG/ZGDV Coimbra, Portugal
- o Dr. H.-P. Wiedling, ZGDV Darmstadt
- o Dr. M. Wosny, Rensselaer Polytechn. Inst., Troy, USA

Lokale Organisation

- o U. Dietrich, ZGDV Rostock
- o Dr. Gerhard Vatterrott, ZGDV Rostock

Inhaltsverzeichnis

CAD-Systemarchitekturen

Integration und Standards

Semantische Modellierung in CAD

Spezielle Integrationsaspekte

Rechnergestütztes kooperatives Arbeiten in CAD

Integration heterogener Systeme

Implementierungserfahrungen mit STEP

DEFMAT -
A Tool Suite for Design for Manufacturing

Dr. E A Warman[1], E Molloy[2]
[1]K Four Ltd., Peterborough, U.K.
[2]CIMRU, UCG, Ireland

Introduction

Decisions and guidance concerning the ability to produce products and their components parts should preferably be made during the actual design process and not after. In the past many design for 'x' systems needed a complete design in order to subject it to an analysis process that might suggest changes or modifications thus adding time to a serial process.

True concurrent engineering should result in a set of parallel (or nearly so) activities. It is thus, of considerable value, if during the design process, the designer and manufacturing engineer can have their attention drawn to possible problems and advice given to enable corrective action. It is thus implicit that to achieve this concurrent engineering environment, an expert system; that has access to a wide range of knowledge and data relating to manufacturing processes, resources, materials and constraints and the roles governing the application of this knowledge, is available to the designer.

The system supporting this environment must also be modular so that various elements can be plugged in or removed. Specific knowledge and data bases may be exchanged as circumstances and applications change and the system configured to suit different regimes and industries.

These aspects were some of the targets set by the DEFMAT (Design for Manufacturing Architecture Tool Suite) research project funded under the European Commissions BRITE/EURAM research programme.

1 Design

Design methods are diverse but all design proceeds from a conceptual phase through to the final production of manufacturing data. Underlying all design activities it is possible to extract some theories (Warman & Yoshikawa 1986) and relate them to the computer implementations of design (Warman, 1990).

This previous work has led to the result that extensional data representation provides the best method of handling design data structures. Furthermore the extensional representations can be shown to map directly upon the concept of objects as defined in the original work by Goldberg & Robson (1982). Thus one of the key concepts utilised in DEFMAT is that extensional data structures, objects and features are synonymous. Objects and hence features are independent and possibly reusable components of a complex system. A product and its individual components may be described as an object structure. This object structure is central to the product model that constitutes a key element of DEFMAT.

As the design proceeds the DEFMAT system can guide or suggest to the designer particular approaches related to design for manufacture and the product model will be updated and grow at each stage. The product model for DEFMAT is documented as STEP/EXPRESS - G schemas. This approach will be described in detail later.

2 DEFMAT Architecture

The DEFMAT architecture was reached through a process of evolution and prototype testing. The architecture is generic in that it can relate to any product, process, manufacturing process and Design Regime. During the development of the architecture four separate prototypes were evaluated on PCB assembly for a leading computer manufacturer, rotors and shafts manufacture for air compressors, assembly of miniature electromechanical units and the assembly of mobile telephone units. The present realisation of the architecture is shown in Fig. 1.

The DEFMAT architecture is based on the principles of modularity and, where possible, distributed functionality. Each module is designed to handle it's own data and knowledge and communicate with the other modules via the communications bus. Overall the architecture is zoned into product specific, action specific, Design Regime and local world sectors. Central to the architecture is the data bus that links the modules. The function of each module is as follows.

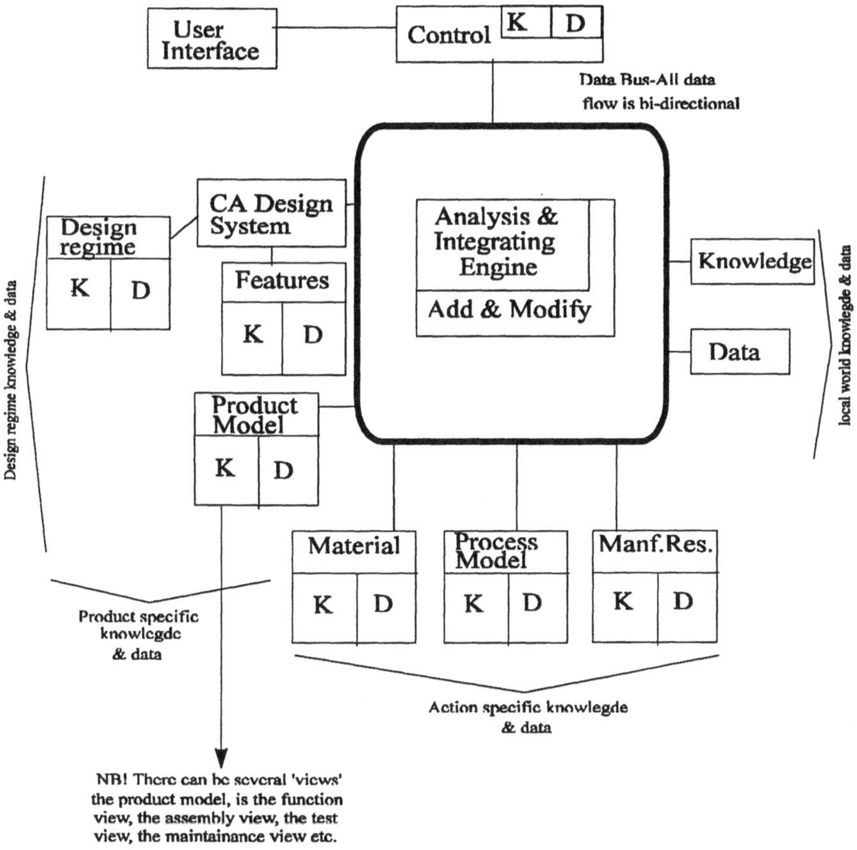

Fig.1. Revised Architecture

3 Control Module

The Control Module does not have a fixed plan of action with respect to the design process. Any encapsulation of a sequence of design actions has been deliberately avoided to ensure genericity. The Control Module manages the DEFMAT system state by reacting to design changes (signalled through the CAD interface) or in the state of the system. The actual sequence of analysis is controlled by the Analysis Engine. All changes in the system state are captured by 'System Variables' which define which actions trigger analysis and which domain knowledge is to be applied. For example the System Variables 'Analyse_Create_Joint' can be set to ON or OFF. If set to ON, the Control

Module will trigger the analysis engine whenever a new joint is created. The Control Module maintains it's own knowledge base in order that the controls associated with system variables and the system variables themselves may be updated without recoding.

4 Interface

It was considered of paramount importance that a single user interface was provided. The present implementation of the user interface uses OSF/Motif objects in a c programming environment. It is worthy of note that as well as the elements of each module being constructed from objects, each module may also be considered as an object. This module will incorporate the window manager of the DEFMAT system and all functionality relating to windows. All user interaction with the DEFMAT system will be through the U.I.. It will also provide any windows necessary for user input and analysis output during analysis. The overall goal of the CM/U.I. modules is to provide as generic as possible a solution. This implies that the U.I. windows are generic. Where possible the functions calling these windows contain the necessary parameters to customise those windows.

5 The Analysis Engine

The analysis engine and its associated infra structure loads, as directed by the Control Module, specific rule sets related to the particular analysis requested. Tools are available - only to the knowledge engineer - for modifying rule sets. Rules may be prohibitive, directive or suggestive in nature. The rule sets under present consideration are relatively simple in that at present multiple trade offs are not handled, nevertheless the rule set for PCB placement consists of 1500 separate rules. The rules themselves may be segmented and may reference particular system variables so that the analysis itself may be customised by the user if required

6 Product Model

The product model contains all of the information required to realise the product. In a future extension it will also contain pointers to the systems (CAE) and results obtained from the various processes used by the designer (Design Regime) to arrive at geometric forms. The present implementation is based upon STEP/EXPRESS - G schemas and code listings. EXPRESS - G is the standard grammatical representation for a product. The strict grammatical descriptions allow schemas to be directly to EXPRESS code for product representation.

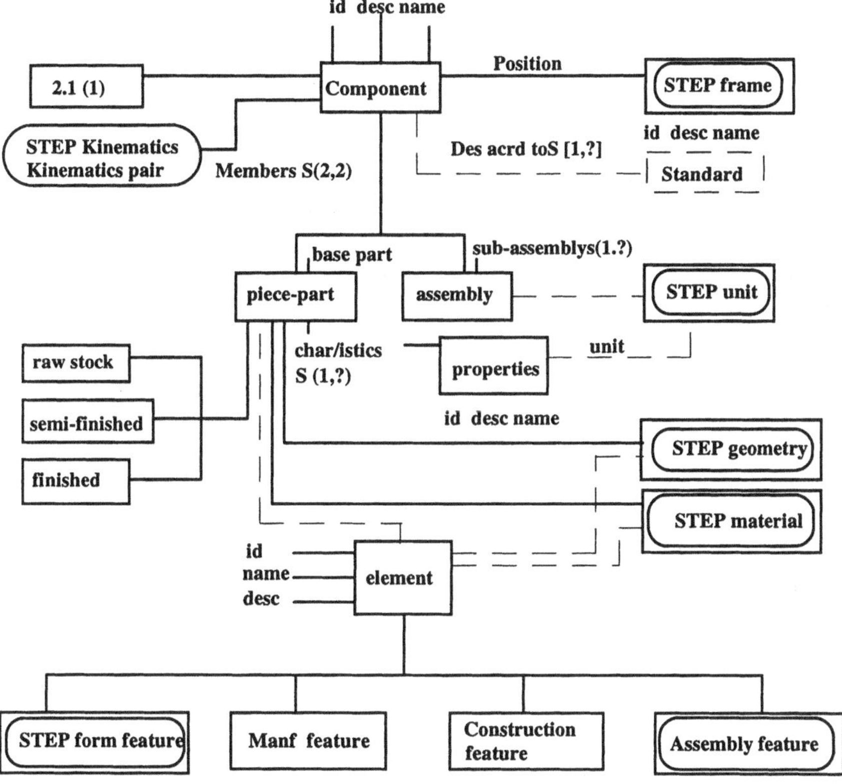

Fig. 2. Example of Product Model in Expresss G Representation

The product instances are filled as the design progresses on the CAD system. An example of a product model tree according to Express G is illustrated in Fig. 2 and the related Express code is shown in Fig. 3.

```
ENTITY
        SUBTYPE OF (Object)
        parentRef           :Reference;
        supplierRef         :Reference;
        orderRef            :Reference;
        sourceRef           :Reference;
        manf_docsRef        :Reference;
        standardRef         :Reference;
        locationRef         :Reference;
        id                  :STRING
        description         :STRING
        name                :STRING
        (+functions to define entity)

END ENTITY
```

Fig. 3. Express code for sample Product Model

At this stage of development of DEFMAT the features are obtained from the feature library or are specified during the design stage and subsequently entered into the library for future use. Feature recognition is not a part of the current development. In the present system, geometrical representations are stored as pointers to the CAD files. Long term storage of product data is achieved using the ONTOS database, which is also read/write accessible at run time via the User Interface.

7 Process Model

The process model contains knowledge and data concerning the manufacturing processes to be considered by the system. The information is expressed as sets of information following a simple hierarchy. The processes are naturally related to material knowledge and data that is held in an associated data base and the two groups of information are linked by rule sets. Thus for example if a designer selects tungsten as a material he would be advised against casting as a process and directed towards sintering.

The process model is thus the key provider of information for the design for manufacturing and assembly knowledge.

8 Manufacturing Resources

The manufacturing resources relate to specific equipment and processes available at a specified manufacturing facility. The DEFMAT analysis may direct the designer to a drilling process for producing a set of holes to a specified tolerance but the equipment may then not be available at the specified plant. The choice is then to outsource the component, purchase new equipment or consider further design alternatives. It is at this type of conflict that the design for manufacture may start interacting with the design functionality. The actual equipment model currently being referenced in a DFM/A analysis may be changed by the user, in which case the DFM/A rules will automatically reference the correct equipment parameters.

9 The Design Regime

The DEFMAT architecture incorporates Design Regime knowledge and data. This is the knowledge expresses as algorithms, classical solutions, data tables, etc., in fact all of the tools that a designer uses to derive and ascertain the functionality - kineasthetics and strenuosity - of a design and the possibility of simulation of the functionality. Thus the design of PCB's would require circuit simulation tools to be part of the Design Regime. Partitioned knowledge bases may be associated with each Design Regime and will be loaded by the Control Module when the user selects the Design Regime using the User Interface.

10 The DEFMAT Prototype

The DEFMAT prototype has been constructed using the PRO-ENGINEER CAD system, the NEXPERT knowledge engine and ONTOS for the data bases.

Thus the data resides in the ONTOS data base and during systems operation the NEXPERT knowledge base. It is the Control Module that ensures that NEXPERT is loaded with the relevant rule sets at specific modes of operation.

Pro-Engineer is a feature based CAD system, (used because it was available to the project team) but the architecture allows for any contemporary CAD system to be used.

Two interfaces are provided, an online interface and an offline interface. The online interface allows the simultaneous updating of the product model as the CAD model is updated. The offline interface exports representations of the CAD model in ASCII file format. The ASCII file contains information to generate product model instances that may subsequently be translated in product mode objects for subsequent analysis.

These strategies relate to the three possible modes of operation of DEFMAT:- nudging, phase checking an complete design checking. In the nudging mode, checks and advise are given on every new design feature as it is added. Phase checking is invoked by the designer at the completion of a component and the complete design checking analyses a completed design.

Design of a new product commences with conceptualisation, DEFMAT can provide some input at this stage by providing the design with assembly and fixing options that result in partially filled objects that can utilised or discarded as the design progresses. Browsing tools are also provided that allow the designer to browse through the many knowledge and data bases that are part of DEFMAT.

A new design - as is often the case - may constitute modification of existing parts as well as a blank sheet of a totally new product.

The designer interacts with the system through a series of menus. The option 'new' for a new design and the subsequent selection of a specific Design Regime will invoke, through the Control Module all of the actions needed to load the knowledge bases and tools, all of which is transparent to the designer.

As the designer works, knowledge bases are loaded to meet specific intent such that the designer see a continuum that ranges from, say, stress analysis through to manufacturing analysis. The prototype concentrates at this stage on manufacturing analysis.

11 System Maintenance

System maintenance tools are provided to enable the knowledge engineer to edit the knowledge. In the prototype the NEXPERT knowledge and data editor is utilised. ONTOS data can also be edited. It is essential that in later versions of the system generic editing tools are provided in order to maintain system openness. The acquisition of knowledge and data is a non trivial exercise. The transition from rule set scenario to another often has unclear boundaries and the designer or manufacturing engineer makes decisions based upon context. The rules within DEFMAT are implemented in instances, thus the same rules may be used for different class attributes so that though a product under design will change the rules are relevant and need only to be analysed using the new attribute values. Nevertheless the problem of rule boundary variation is still required to be addressed in future implementations.

12 Future Developments

The current DEFMAT implementation does not fully capture the potential of the architecture to operate at conceptual design level. To move towards this end of the design process will require further work in developing product models which can support the inherent qualitativity of conceptual design work. Ton incorporate downstream DFX considerations at the conceptual design stage will involve a great deal of work in quantising the DFX constraints at this design stage.

More attention must be given to the Design Regime and its relationships with the downstream processes. Consider a PCB and the possible effect upon rerouting it a component position were changed by 5 mm to suit an automatic assembly machine. Though DEFMAT is looking at problems as they occur and not after the event more attention needs to be given to relating the early stages of design to the manufacturing consequences.

The multiple level trade offs that designers perform, dependent upon context, need also to be studied and it may be that present knowledge engines need to be developed to efficiently work with increasingly complex rule structures.

The DEFMAT architecture enables the move towards product planning, requirement planning, quality assurance, etc. to be undertaken in a seamless environment.

The logical, device independent approach of DEFMAT has also resulted in an architecture that can be incorporated in detailed CIM-OSA models of plant operation that could eventually show the cost of particular design elements on manufacturing performance.

The knowledge elicitation process has yet to be comprehensively tackled for the DFM area, as no generic approaches for knowledge elicitation and acquisition have yet been developed. Creation of user interfaces capable of carrying out this task with minimum human intervention is a challenging problem if DEFMAT type systems can be introduced easily to smaller enterprises.

13 Conclusions

The DEFMAT project has paved the way for further action relating to all aspects of design for 'x'. Its modular object oriented approach opens up the possibility of the total product model where all activities related to a design may be traced back interactively at a workstation. It has shown that more attention needs to be given to user interface development and that a second generation of system development tools are needed to enable more rapid construction of DEFMAT type architecture.

It is believed that DEFMAT is the starting point for a whole new series of developments of design systems.

References

[YOS86]   H. Yoshikawa , E.A. Warman: Design Theory for CAD ,North
             Holland 1986
[WAR90]   E.A . Warman: Object Oriented Programming and CAD,
             Journal of Engineering Design Vol. 1, No 1,1990
[GOL82]   A. Goldberg , D. Robson: The Smalltalk Programming System,
             Eurographicss 82 (R.J. Hubbold Ed)

Systemkonzept zum Aufbau spezifischer Konstruktionssysteme

Jürgen Gausemeier, Thorsten Frank, Axel Humpert, Winfrid Schneider
Heinz Nixdorf Institut, Universität-GH Paderborn
Pohlweg 47-49, 33098 Paderborn

Zusammenfassung

Die Entwicklung proprietärer, geschlossener CAD-Systeme erweist sich langfristig als Sackgasse. Zukünftige CAD-Systeme müssen eine offene Systemarchitektur besitzen, die insbesondere die individuelle Gestaltung der Konstruktionssysteme durch den Kunden des CAD-Systems ermöglicht. Im vorliegenden Beitrag wird ein Systemkonzept vorgestellt, das die Basis für den Aufbau spezifischer Konstruktionssysteme schafft. Als notwendige Ansätze werden die Verwendung eines einheitlichen Arbeitsmodells (virtuelles Systemmodell) sowie die Bereitstellung anwendungsorientierter, integrierter Entwicklungs-, Anpassungs- und Konfigurationswerkzeuge herausgestellt. Die prinzipielle Realisierbarkeit wird abschließend anhand der kommerziell verfügbaren Entwicklungsumgebung BEA[1] aufgezeigt.

1 Motivation

Nach 25 Jahren Entwicklung und industriellem Einsatz von CAD ist unbestritten, daß der CAD-Technik eine zentrale Bedeutung bei der Steigerung der Produktivität und Flexibilität produzierender Unternehmen beigemessen werden kann. In dieser Zeit sind eine große Anzahl an CAD-Systemen entstanden. Die angebotenen CAD-Systeme sind auf die generellen Bedürfnisse ihres Einsatzgebietes ausgerichtet und erstrecken sich von einfachen 'Grafischen Editoren mit zusätzlichen technischen Fähigkeiten' bis hin zu leistungsfähigen CAD-Systemen mit mehreren hundert Funktionen. Insbesondere bei leistungsfähigen CAD-Systemen existiert derzeit ein Trend, die Leistungsfähigkeit dieser CAD-Systeme durch Bereitstellung zusätzlicher CAD-Funktionen weiter zu erhöhen. Dies führt

---

[1]BEA: Basic Environment for interactiv graphical Applications, Siemens Informationssysteme AG

zu komplexen, schwer handhabbaren CAD-Systemen, deren Ziel die universelle Einsetzbarkeit ist. Untersuchungen zeigen, daß von den bereitgestellten Benutzerfunktionen leistungsfähiger CAD-Systeme vom Endanwender nur einige hundert genutzt und davon nur ein geringer Teil sehr häufig verwendet werden [KIP94]. Damit steht die Entwicklung universeller CAD-Systeme in deutlichem Widerspruch zur mittlerweile vorherrschenden, pragmatischen Auffassung, daß CAD-Systeme ausschließlich die individuellen Bedürfnisse des zu unterstützenden Entwicklungsprozesses erfüllen müssen. Es zeigt sich, daß für zusätzliche, nicht benötigte Funktionalität niemand mehr bereit ist, zu bezahlen. Eine nüchterne Aufwands-/Nutzenkalkulation bestimmt über den Einsatz von CAD.

Vor diesem Hintergrund gewinnt die individuelle Anpaßbarkeit von CAD-Systemen erheblich an Bedeutung. Zukünftige CAD-Systeme sind dementsprechend flexibel zu gestalten. Sie müssen in der Lage sein:

- Vom CAD-Anbieter vor ihrer Auslieferung an den Endanwender gemäß dessen allgemeinen Anforderungen hinsichtlich Funktionalität und Produktmodell vorkonfiguriert zu werden.
- Vom CAD-Endanwender an seine spezifischen Bedürfnisse durch nachträgliche Einschränkung und Aufbereitung bereits vorhandener Funktionen sowie durch Erweiterung um neue Funktionen angepaßt zu werden.

Von heute zur Verfügung stehenden CAD-Systemen wird der Aspekt der Systemanpassung und -konfiguration nur in Teilbereichen unterstützt. Konfiguration, wie sie in den meisten CAD-Systemen vorhanden ist, beschränkt sich auf die Modifikation des Layouts einer Benutzungsschnittstelle oder auf die Auswahl von CAD-Systemkomponenten, die das System funktional ergänzen [HAß92]. Zur Systemerweiterung bieten heutige CAD-Systeme verschiedene Programmierschnittstellen wie FORTRAN und C++. Deren Nutzung führt zu Systemerweiterungen, die bei Releasewechseln oft nachzuführen und bei Systemwechseln neu vorzunehmen sind. Ferner sind für diese Anpassungen fundierte Programmierkenntnisse und Kenntnisse über den internen Aufbau des CAD-Systems beim CAD-Anwender erforderlich [GAU94]. Eine dynamische Konfiguration bzw. Anpassung des CAD-Systems an geänderte Aufgabenstellungen oder an verschiedene Benutzer unterschiedlicher Qualifikation ist in der Regel nicht möglich [HAß92].

Ausgehend von den in Abschn. 2. beschriebenen Anforderungen an frei gestaltbare CAD-Systeme wird in Abschn. 3. ein Systemkonzept vorgestellt, das die freie Gestaltung von CAD-Systemen unterstützt. Bestehende Anpassungs- und Konfigurationsmethoden werden soweit möglich genutzt, weiterentwickelt und zu einem gemeinsamen Basissystem integriert. Die vom Basissystem bereitgestellten Basismethoden werden zur Entwicklung, Anpassung und Konfiguration von CAD-Systemen genutzt. Abschn. 4. beschreibt die Entwicklungsumgebung BEA [BEA94], die einen Teil des geforderten Funktionsumfanges des Basissystems realisiert. Abschließend werden die geplanten nächsten Schritte zur vollständigen Umsetzung des vorgestellten Systemkonzeptes aufgezeigt.

2 Anforderungen
an frei gestaltbare CAD-Systeme

Von zukünftigen CAD-Systemen wird gefordert, daß sie Methoden zur freien
Gestaltung von CAD-Systemen anbieten [ABE91]. Hierzu sind neue CAD-Kon-
zepte notwendig. Das erarbeitete Referenzmodell für CAD-Systeme [REF90]
und die im Rahmen des vom BMFT geförderten Verbundprojektes "CAD-
Referenzmodell" weiterentwickelte Systemarchitektur [DIE94], [KOC94] bieten
einen Ansatz für solch ein neues Konzept. Hinsichtlich der Gestaltbarkeit von
CAD-Systemen werden im CAD-Referenzmodell zwei Bereiche aufgeführt
(Abb. 1.):

–   Systemanpassung.
–   Anwendungsbezogene Systemkonfiguration.

Systemanpassung: Darunter wird die Erweiterung oder Modifikation eines
CAD-Systems verstanden. Hierzu werden Werkzeuge zur Spezifikation und
Generierung der neuen bzw. modifizierten CAD-Funktionen benötigt. Diese Art
der Werkzeuge stehen heute in Form von Editoren, Programmiersystemen und
Compilern zur Verfügung. Wünschenswert ist jedoch die Bereitstellung solcher
Werkzeuge in einer Form, die auch von Nicht-DV-Spezialisten in seinem
engeren Anwendungsbereich auf seine spezielle Aufgabe bezogen gehandhabt
werden kann [REF90]. In diesem Zusammenhang ist von besonderer Bedeutung,
daß die Methoden zur Anpassung eines CAD-Systems als integraler Bestandteil
des CAD-Systems gesehen werden kann.

Anwendungsorientierte Systemkonfiguration: Sie basiert auf den vom CAD-
System bereitgestellten Funktionen und Konfigurationsregeln. Sie bietet dem
CAD-Anwender die Möglichkeit, das gekaufte CAD-System hinsichtich seiner
individuellen Belange anzupassen. Die Anpassung kann aus benutzerorientierter,
aufgabenbezogener und systemtechnischer Sicht erfolgen [HAß92]. Abb. 2.
verdeutlicht die verschiedenen Sichten der anwendungsorientierten Konfiguration. Für die anwendungsorientierte Systemkonfiguration werden im wesentlichen folgende Funktionen benötigt [REF90]:

–   Aktivieren und Deaktivieren von Prozessen[2].
–   Modifizieren aktiver Prozesse.
–   Organisation, Abwicklung und Überwachung der Daten- und Informations-
    flüsse zwischen einzelnen Prozessen.
–   Abbildung der logischen Konfiguration auf die verfügbare Hardware-
    Konfiguration.

---

[2]In Übereinstimmung mit [NN90] wird die DV-technische Realisierung einer Funktion
eines CAD-Systems als Prozeß bezeichnet.

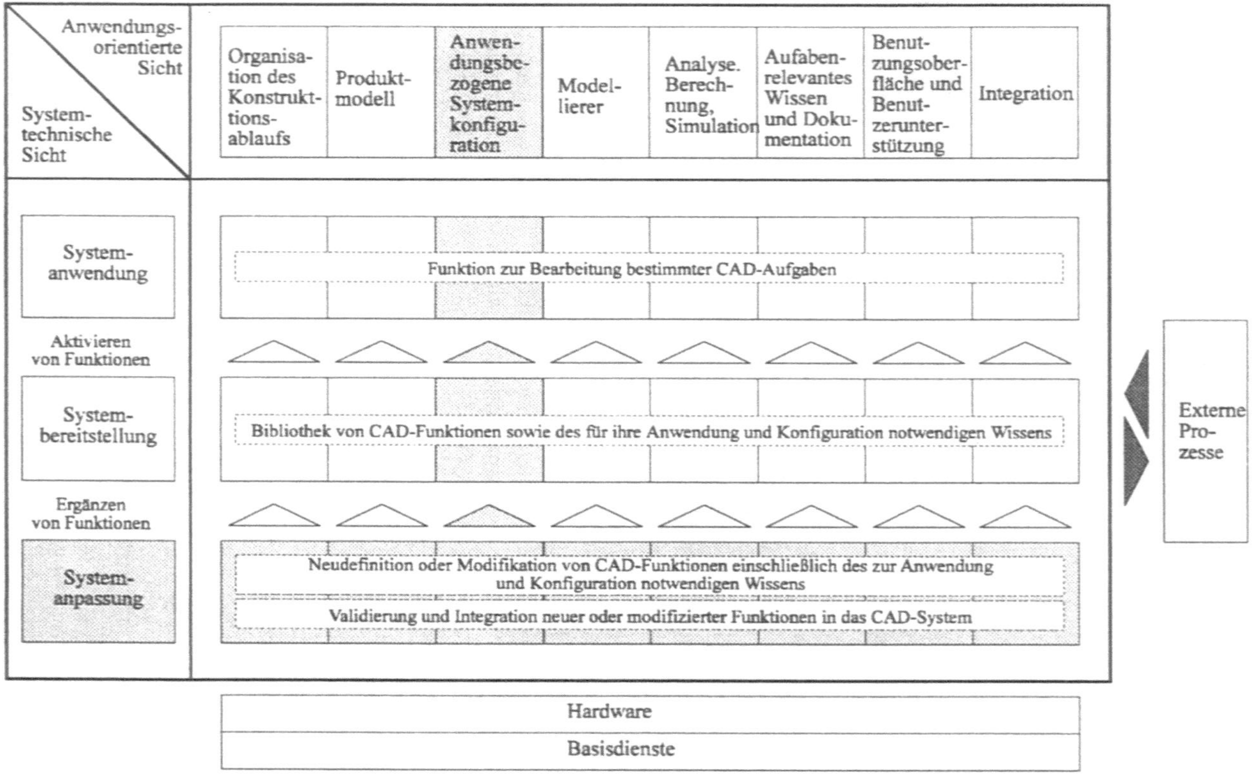

Abb. 1. Konfiguration im CAD-Referenzmodell [REF90]

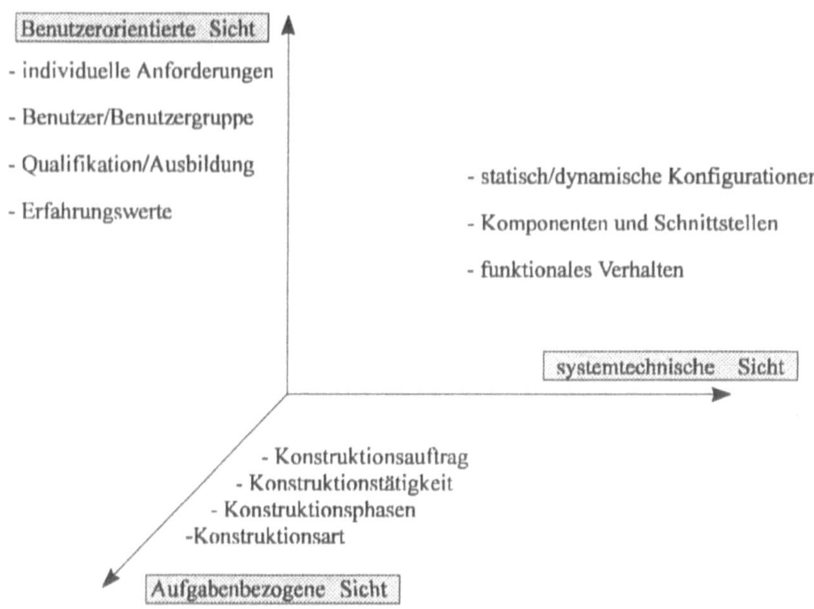

Abb. 2. Sichten der anwendungsorientierten Systemkonfiguration [HAß92]

Frei gestaltbare CAD-Systeme müssen für beide Bereiche, die System-anpassung und die anwendungsorientierte Systemkonfiguration, Lösungen anbie-ten. Als Anforderungen an ein Systemkonzept, das die Vereinfachung und Integration der Entwicklung, Anpassung und Konfiguration der zugrunde-liegenden Software zum Ziel hat, ergeben sich:

— Transparenz hinsichtlich Art und Ort der Implementierung.
— Interoperabilität der Objekte des Systems.
— Bereitstellung anwendungsorientierter Werkzeuge zur Unterstützung der Softwareentwicklung, -anpassung und -konfiguration.
— Unterstützung der Softwareentwicklung, -anpassung und -konfiguration zur Systemlaufzeit.

Transparenz hinsichtlich Art und Ort der Implementierung: Für die Anwender des gemeinsamen Arbeitsmodells sind Art und Ort der Implementierung zu verbergen. Die Anwender des gemeinsamen Arbeitsmodells müssen ohne Kennt-nis der physikalischen Verteilung und der verwendeten Programmiersprache die implementierten Klassen, Objekte, Datentypen, Attribute und Methoden ansprechen und für ihre Zwecke nutzen können. Die Objekte des Arbeitsmodells müssen die dazu benötigten Methoden bereitstellen. Gegenüber dem Anwender müssen sich die Objekte des Arbeitsmodells in allen Fällen einheitlich verhalten.

Interoperabilität der Objekte des gemeinsamen Arbeitsmodells: Jedes Objekt des gemeinsamen Arbeitsmodells muß in der Lage sein, Methoden eines anderen Objektes über Rechner-, Programmiersprachen-, Betriebssystem- und Hardwareplattformgrenzen hinweg durch einfache Nennung des Namens zu nutzen. Die Kommunikation zwischen den Arbeitsobjekten hat aus Sicht des Anwenders ebenfalls vollkommen transparent zu erfolgen.

Anwendungsorientierte Werkzeuge zur Softwareentwicklung, -anpassung und -konfiguration: Zur Entwicklung, Anpassung und Erweiterung des Systems sind entsprechende Werkzeuge bereitzustellen [GAU94]. Die Werkzeuge müssen sich an den Erfordernissen des jeweiligen Anwenders orientieren. Beispielsweise verlangt die rationelle Erweiterung des Systems um spezifische Konstruktionselemente durch den Konstrukteur völlig andere Werkzeuge als die funktionale Erweiterung des ausgelieferten Systems durch einen spezialisierten Softwareentwickler. Für die durchgängige Entwicklung, Anpassung und Konfiguration des Systems ist entscheidend, daß alle Werkzeuge integraler Bestandteil des Systems sind.

Softwareentwicklung-, anpassung und -konfiguration zur Systemlaufzeit: Von der Systemanpassung und anwendungsorientierten Konfiguration wird vielfach gefordert, daß sie dynamisch, d.h. zur Laufzeit des Systems durchgeführt werden kann. Der Benutzer hat dann die Möglichkeit, aus dem System heraus Erweiterungen oder Änderungen zu initiieren. Die Modifikationen werden vom System automatisch umgesetzt. Sie stehen dem Benutzer danach ohne expliziten Neustart des Systems zur Verfügung. Von besonderer Bedeutung ist dieser Mechanismus für benutzerspezifische Anpassungen durch den Endanwender des Systems. Der Endanwender spezifiziert die von ihm gewünschten Anpassungen mit Hilfe der Objekte und Methoden seiner Anwendung. Auf diese Weise muß er die ihm vertraute Benutzungsoberfläche nicht verlassen.

3 Systemkonzept

Nachfolgend wird ein Systemkonzept vorgestellt, das auf einer Entwicklungsumgebung für graphisch-interaktive Applikationen basiert. Die zugrundeliegende Entwicklungsumgebung, die integraler Bestandteil jeder mit ihr erzeugten Applikation ist, bietet die benötigten Funktionen zur Systementwicklung, -anpassung und anwendungsorientierten Systemkonfiguration. Auf diese Weise wird die geforderte Durchgängigkeit hinsichtlich der einzusetzenden Werkeuge realisiert. Im einzelnen basiert das Systemkonzept auf folgenden Lösungsansätzen:

- Virtuelles Systemmodell.
- Erweiterbare Basismodelle.
- Interpretative Makrosprache zur dynamischen Systemerweiterung.
- Objektorientierter Kommunikationsdienst.
- Objektorientiertes, integriertes CASE[3]-System.
- Anwendungsorientierte Anpassungs- und Konfigurationswerkzeuge.

Virtuelles Systemmodell

Das virtuelle Systemmodell ist ein einheitliches, logisches Arbeitsmodell des Systems. Es dient als Basis der Systementwicklung, -anpassung und anwendungsorientierten Systemkonfiguration. Das virtuelle Systemmodell stellt die geforderte Transparenz hinsichtlich Ort und Art der Implementierung sicher. Abb. 3. verdeutlicht die Stellung des virtuellen Systemmodells. Virtuelle Objekte sind für den Anwender zugängliche Objekte. Beispielsweise können dies für ein CAD-System Linien, Kreise, Rechtecke etc. sein. Sie fassen die auf Implementierungsebene über mehrere Rechner verteilten und in unterschiedlichen Programmiersprachen implementierten Klassen, Objekte und Methoden zusammen. Der Anwender kann über das virtuelle Objekt alle zugehörigen Klassen, Objekte und Methoden auf der Implementierungsebene gemeinsam ansprechen und bearbeiten. Dazu besitzt das virtuelle Objekt einen Basismethodensatz zur Visualisierung und Manipulation der Typ- und Instanzinformationen

Erweiterbare Basismodelle

Die erweiterbaren Basismodelle sind vom Hersteller auf der virtuellen Systemmodellebene definierte und mitgelieferte virtuelle Objekte. Bei den vordefinierten virtuellen Objekten der Basisapplikation kann es sich um Objekte des Produktmodells oder des Systemmodells handeln. Zu den virtuellen Objekten des Produktmodells eines CAD-Systems gehören die geometrischen Objekte wie Punkt, Linie, Quader etc. und die komplexeren semantischen Objekte wie Paßfedernut, Schraubenverbindung, Getriebe etc. Das vordefinierte Systemmodell umfaßt alle Objekte zum Aufbau von Benutzungsoberflächen, zur Eingabeverarbeitung, zur Datenhaltung etc. Die Objekte des Systemmodells bilden die Schnittstellen zu existierenden Graphikbibliotheken und Datenhaltungskomponenten. Die erweiterbaren Basismodelle dienen als Ausgangsbasis für weitere Module des Herstellers oder für die firmenspezifischen Erweiterungen. Beide Softwareentwicklungsprozesse werden nach der gleichen Vorgehensweise durchgeführt. Die Erweiterungen bilden gemeinsam mit den verwendeten Basismodellen das Gesamtsystem.

---

[3]CASE: Computer Aided Software Engineering

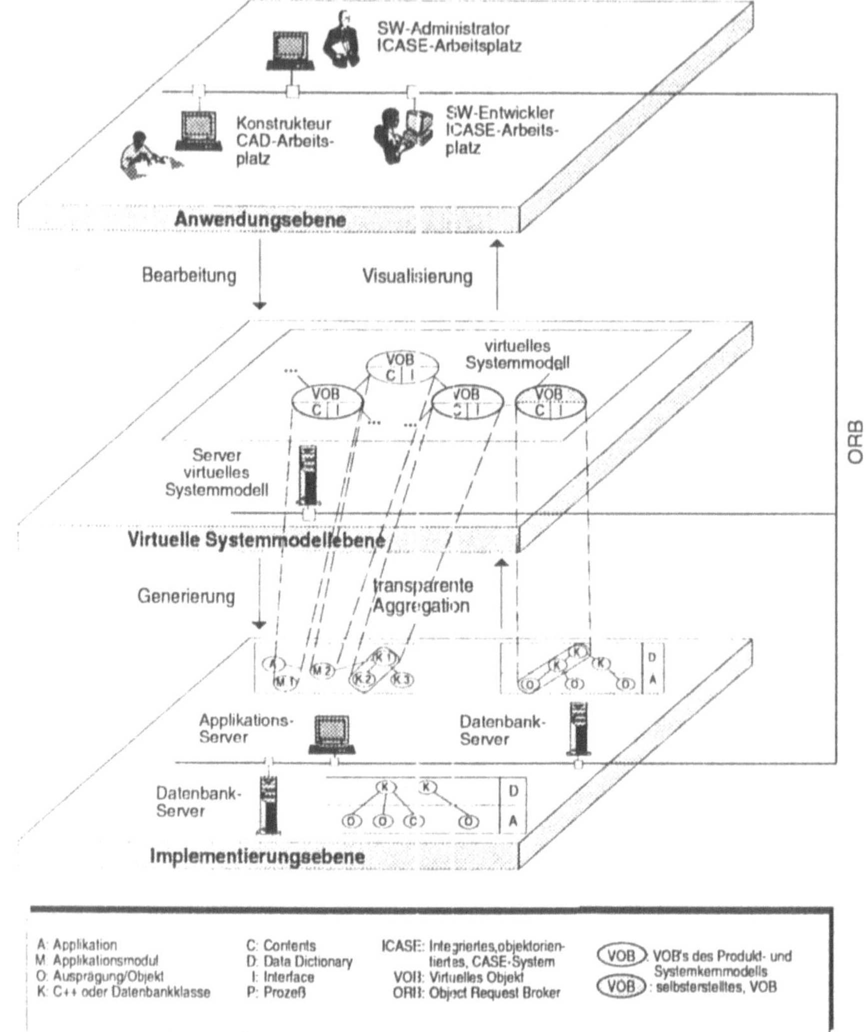

Abb. 3. Stellung des virtuellen Systemmodells

Objektorientierter Kommunikationsdienst

Mit Hilfe eines externen objektorientierten Kommunikationsdienstes wird die Interoperabilität der Objekte der Implementierungsebene realisiert. Der externe, objektorientierte Kommunikationsdienst ermöglicht, daß alle Objekte des Systems gleichberechtigt miteinander kommunizieren. Gleichberechtigt bedeutet, daß der Kommunikationsbus keinen Unterschied zwischen den einzelnen Objekten macht. Jedes Objekt ist in der Lage, in verteilten Rechnernetzen Nachrichten zu versenden und zu empfangen. Der externe, objektorientierte Kommunikationsdienst übernimmt u.a. die Übertragung und gegebenenfalls die Konvertierung auf andere Hardwareplattformen. Für diese Art der Kommunikation hat die Object Management Group (OMG), ein Zusammenschluß verschiedener Hersteller von Hard- und Softwareprodukten, den Quasistandard CORBA geschaffen [OMG92]. CORBA steht für Common Object Request Broker Architecture und stellt einen Kommunikationskern zur Inter Object Communication dar. CORBA ist in der Lage, die transparente Nutzung einzelner virtueller Objekte und deren Eigenschaften durch andere Objekte über Rechner-, Programmiersprachen-, Betriebssystem- und Hardwareplattformgrenzen hinweg zu gewährleisten. Voraussetzung ist die Bekanntgabe und formale Spezifikation der Schnittstelleneigenschaften der Objekte der Implementierungsebene mit Hilfe der Beschreibungssprache IDL[4].

Interpretative Makrosprache zur dynamischen Systemerweiterung
Systemerweiterung, die zur Laufzeit erfolgen, werden auf der Ebene des virtuellen Systemmodells spezifiziert und auf Implementierungsebene in eine interpretierbare Makrosprache umgesetzt. Dies bedeutet, daß auf Implementierungsebene Makrofiles und compilierte C++-Klassen parallel existieren und gemeinsam das gesamte Systemmodell bilden. Die dynamisch erzeugten virtuellen Objekte können eigene Methoden und Referenzen zu anderen virtuellen Objekten besitzen. Zur Referenzierung von anderen virtuellen Objekten und deren Methoden müssen in der Makrosprache die IDL-Spezifikationen der extern aufrufbaren Objekte zur Typdefinition verwendet werden. Mit Hilfe der interpretativen Makrosprache können neue Objekte gebildet werden, die sich in ihrem Verhalten in keiner Weise von den bereits vorhandenen Objekten unterscheiden.

Objektorientiertes, integriertes CASE-System
Die Softwareentwicklung auf Basis des virtuellen Systemmodells erfordert die Unterstützung einer Vorgehensweise zur objektorientierten Softwareentwicklung. Dazu dienen objektorientierte CASE-Systeme, die entsprechende Werkzeuge zur Spezifikation, Erzeugung, Bearbeitung und Visualisierung von Klassen und Objekten anbieten.

Objektorientierte, integrierte CASE-Systeme bezeichnen CASE-Systeme, die darüber hinaus den gesamten Softwareentwicklungsprozeß von der Analyse bis zur Dokumentation und Pflege unterstützen. Insbesondere die Unterstützung in den frühen Phasen der Softwareerstellung ermöglicht:

- Die enge Zusammenarbeit zwischen dem Softwareentwickler und dem CAD-Anwender im Rahmen der eingesetzten Entwicklungsmethodik.
- Die einfache Anpassung und Erweiterung der ausgelieferten Basismodelle.

---

[4]IDL: Interface Definition Language

Zur Vereinfachung dieser beiden Aufgaben bietet das objektorientierte, integrierte CASE-System insbesondere folgende Unterstüzung:

- Graphisch-interaktive Spezifikation des virtuellen Systemmodells.
- Unterstützung bei der Generierung der Implementierung.

Graphisch-interaktive Spezifikation des virtuellen Systemmodells: Die gesamte Spezifikation des virtuellen Systemmodells erfolgt graphisch-interaktiv. Dazu werden die virtuellen Objekte und deren Beziehungen in einem 3D-Arbeitsraum dargestellt. Der mit der Softwareentwicklung beauftragte Anwender navigiert durch diesen Arbeitsraum und wählt die zu bearbeitenden virtuellen Objekte aus. Bei der anschließenden Bearbeitung bzw. Neuerstellung der virtuellen Objekte wird er durch entsprechende Eingabemasken unterstützt. Mit Hilfe der Visualisierung des virtuellen Systemmodells in einem 3D-Arbeitsraum gelingt es, den Anwendern schnell einen Überblick über die Systemstruktur zu verschaffen, die Wiederverwendung bereits existierender virtueller Objekte deutlich zu erhöhen und zusätzliche semantische Informationen des Produkt- und Systemmodells abzubilden.

Unterstützung bei der Generierung der Implementierung: Ausgehend von den auf virtueller Systemebene beschriebenen virtuellen Objekten sind auf Implementierungsebene die entsprechenden Quelltexte, Makefiles, Einträge ins Data Dictionary der Datenbank etc. zu erzeugen. Das CASE-System unterstützt den Softwareentwickler bei dieser Aufgabe, indem es die auf virtueller Systemmodellebene spezifizierten Objekte in die Konstrukte der Implementierungsebene weitestgehend automatisch umsetzt. Der Generierungsprozeß der Implementierungskonstrukte ist mit der Funktion eines Compiler vergleichbar. Als Zielimplementierungssprachen werden die objektorientierte Programmiersprache C++, die Schnittstellenspezifikationssprache IDL und als Datenbankdefinitions- und -abfragesprache ODL[5]/OQL[6] verwendet. Prinzipiell läßt sich jedoch auch jede andere Zielsprache verwenden. Dazu ist der verwendete Software-Generator, der die Objekte der virtuellen Systemmodellebene in Konstrukte der Implementierungsebene umsetzt, anzupassen.

Anwendungsorientierte Anpassungs- und Konfigurationswerkzeuge
Für den Endanwender, der in der Regel kein oder nur sehr wenig Know how über die Softwareentwicklung besitzt, sind anwendungsorientierte Konfigurations- und Anpassungswerkzeuge bereitzustellen. Besonders geeignet sind Werkzeuge, die vom Endanwender aus der genutzten Applikation aufgerufen werden können. Ziel ist es, daß der Endanwender unter Verwendung der Funktionalität der Applikation in der ihm vertrauten Umgebung die von ihm gewünschte Anpassungen durchführen kann. Die anwendungsorientierten Anpassungs- und Konfigurationswerkzeuge basieren auf den Methoden des virtuellen Systemmodells und des objektorientierten, integrierten CASE-Systems.

---

[5]ODL: Object Definition Language
[6]OQL: Object Query Language

4 Beispiel einer integrierten CAD/CASE-Entwicklungsumgebung

Bei der Realisierung des vorgestellten Systemkonzeptes wird auf vorhandene, kommerziell verfügbare Softwareprodukte zurückgegriffen. Die CAD/CASE-Umgebung BEA (Basic Environment for interactiv graphical Applications) [BEA94] bietet sich als mögliche Komponente zur Umsetzung des Systemkonzeptes an. Im folgenden wird auf die von BEA bereits realisierten Konzepte näher eingegangen.

4.1 Komponenten von BEA

Wie in Abb. 4. dargestellt, besteht die CAD/CASE-Entwicklungsumgebung BEA aus drei Systemkomponenten. Dies sind "BEATool" [BEA94], die Klassenbibliothek "Basicapplication" und der Systemkern "BEArun" [BEA94].

BEATool: BEATool ist das objektorientierte, integrierte CASE-System von BEA. Es stellt Werkzeuge zur Softwarespezifikation und Quelltextgenerierung bereit. BEATool unterstützt den Softwareentwickler bei der Beschreibung der Objekte des virtuellen Systemmodells. Darüber hinaus ist BEATool in der Lage, das virtuelle Systemmodell zu interpretieren und auf Implementierungsebene entsprechende Strukturen und C++-Klassen zu generieren.

BEArun: BEArun ist ein universeller Systemkern, der den prinzipiellen Aufbau der mit BEA erzeugten Applikation festlegt. Er ist in jeder BEA-Applikation integriert. Der Systemkern stellt Objekte und Methoden zur Realisierung der Datenhaltung, des User- und Graphik-Interfaces sowie des Interpreters der Makrosprache AQL[7] bereit. Der Datenhaltungs-Manager [BEA94] verwaltet und speichert objektorientiert, persistent und assoziativ die Datenstruktur der Applikation. Der User-Interface Manager stellt eine konfigurierbare Standardbenutzungsoberfläche und die Dialogsteuerung bereit. Der Graphik-Interface Manager stellt die Graphiksteuerung sowie Hilfsmechanismen für die Ein-/Ausgaben und Prozeßkommunikation bereit. Der AQL-Interpreter als letzte Komponente beschreibt eine Laufzeitschnittstelle zu den drei beschriebenen Funktionseinheiten des Systemkerns. Objekte und Methoden des Systemkerns von BEA können auf virtueller Systemebene nicht bearbeitet und dargestellt werden. Sie stellen das Betriebsgeheimnis des Softwarelieferanten dar.

---

[7]AQL: Application and query language

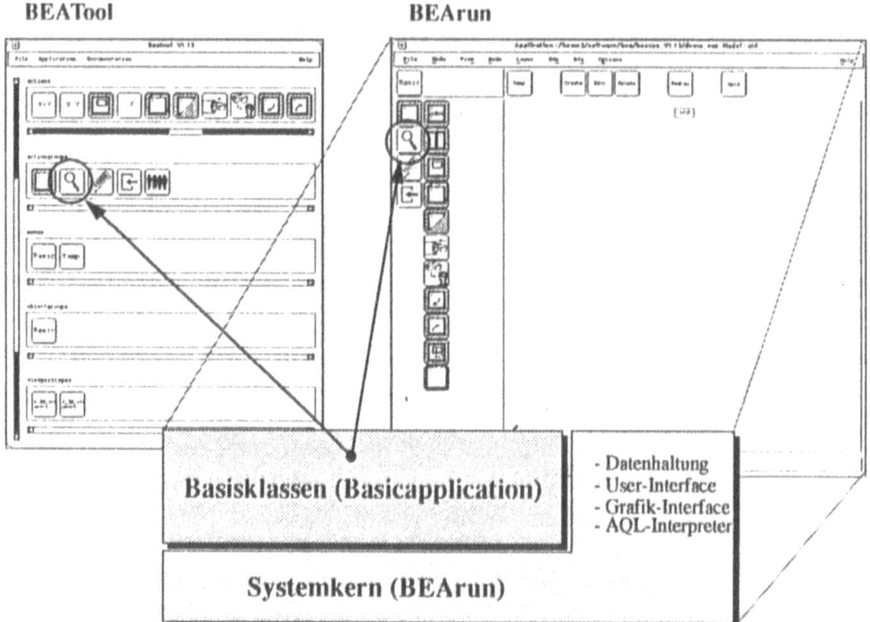

Abb. 4. Komponenten von BEA

Basicapplication: Damit wird eine Klassenbibliothek bezeichnet, die aufbauend auf dem Systemkern BEArun Basisklassen wie Picken, Zoomen etc. zur Verfügung stellt. Diese Bibliothek ist vom Hersteller auf der Ebene des virtuellen Systemmodells definiert und kann mit Hilfe von BEATool visualisiert, bearbeitet und ergänzt werden (siehe auch Abb. 4.). Die Klassenbibliothek "Basicapplication" ist die Grundlage für die Erstellung weiterer, anwendungsorientierter Basisapplikationen wie Gestaltmodellierer, Netzplanmodellierer etc. Dazu wird die Klassenbibliothek "Basicapplication" um die benötigten virtuellen Objekte erweitert.

Grundsätzlich kann jede unter BEA entwickelte Applikation zu Beginn einer Neuspezifikation in BEATool eingeladen werden. Die Klassen der eingeladenen Applikation dienen dann als Basisklassen für die neue Applikation. Die Objekte von BEArun, der Klassenbibliothek "Basicapplication" und der darauf basierenden Applikationen entsprechen dem vom Systemkonzept vorgesehenen Ansatz des vom Kunden beliebig erweiterbaren Produkt- und Systemmodells.

4.2 Softwareentwicklung und -anpassung mit dem objektorientierten ICASE-System BEATool

Der Softwareentwicklungsprozeß mit BEA hat den in Abb. 5. verdeutlichten Ablauf.

Weite Bereiche des Ablaufs der Softwareentwicklung werden durch BEATool [BEA94] unterstützt. Dazu bietet BEATool Werkzeuge zur Spezifikation und Softwaregenerierung. Mit Hilfe dieser Werkzeuge ist es möglich, auf der Ebene des virtuellen Systemmodells Objekte zu spezifizieren, die im weiteren Entwicklungsprozeß in Konstrukte der Implementierungsebene umgesetzt werden.

Der Einsatz von BEATool setzt zu Beginn des Softwareentwicklungsprozesses ein Konzept des zukünftigen Konstruktionssystems voraus. Auf Basis dieses Konzeptes erfolgt die Spezifikation des virtuellen Systemmodells. Dabei wird auf die vom Hersteller mitgelieferten Basisklassen 'Basicapplication' oder schon früher entwickelte Applikationen zurückgegriffen. Zeitgleich mit der Spezifikation von BEATool wird eine sogenannte Nodestruktur aufgebaut. Sie dient dem Systemkern zur Voreinstellung. Nach Abschluß der Spezifikation wird der Softwaregenerator von BEATool eingesetzt. Der Softwaregenerator ist in der Lage, die Spezifikation zu interpretieren und entsprechende Implementierungsklassen zu erzeugen. Die erzeugten C++-Quelltextrahmen werden unter Verwendung marktgängiger Editoren mit Sematik gefüllt. Der auf dieser Weise erweiterte Quelltext wird im Anschluß in einem Compile-& Bindprozeß mit dem bereitgestellten Systemkern zu einer lauffähigen Applikation verbunden. Zur Durchführung dieses Schrittes werden ebenfalls marktgängige Produkte eingesetzt.

Von besonderer Bedeutung für die Umsetzung des Systemkonzepts sind der von BEATool bereitgestellte Spezifikationseditor und Softwaregenerator. Diese werden im folgenden näher erläutert.

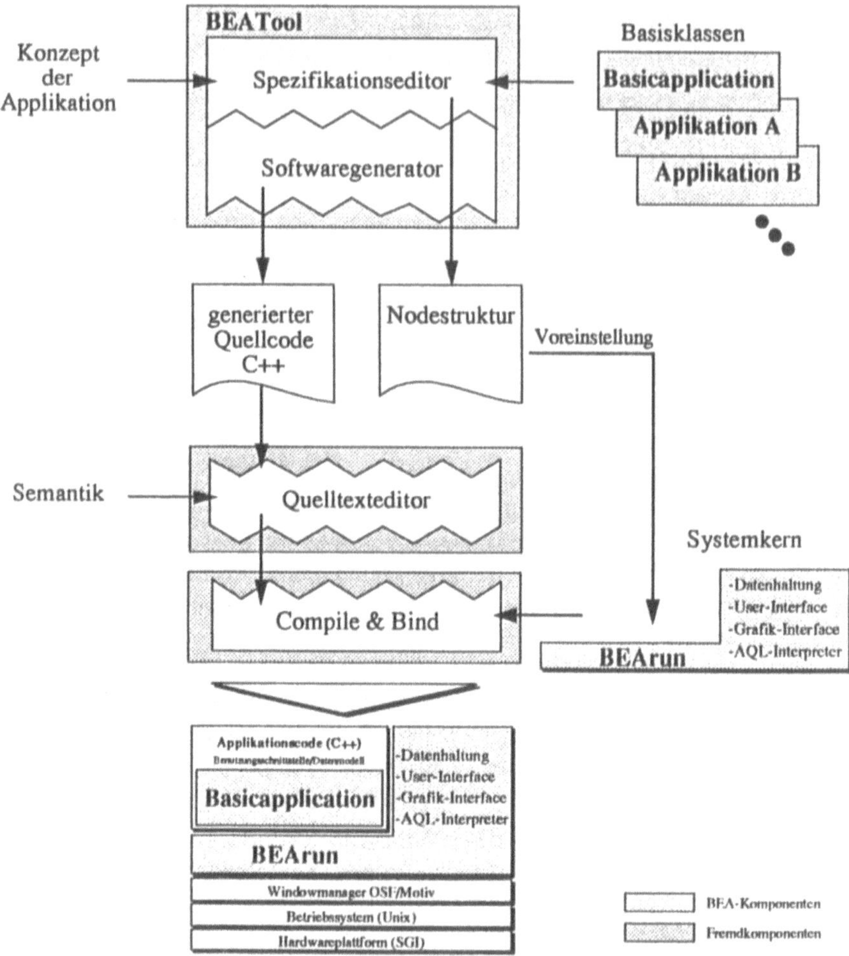

Abb. 5. Vorgehen bei der Softwareentwicklung mit BEA

Spezifikationseditor

Der Spezifikationseditor dient zum Aufbau des virtuellen Systemmodells. Der Spezifikationseditor unterscheidet 10 virtuelle Objekte mit semantisch unterschiedlicher Bedeutung (virtuelle Objekttypen) zur benutzerorientierten Modellierung des Systems. Mit Hilfe dieser virtuellen Objekte ist der Softwareentwickler in der Lage, beliebige graphisch interaktive Applikationen zu spezifizieren. Im einzelnen werden unterschieden:

– Objects
– Values
– Enumerations

- Actions
- Actiongroups
- Menues
- Objectgroups
- Events
- Viewports
- Popup Menues

Wie in Abb. 6. dargestellt, lassen sich die zur Verfügung stehenden virtuellen Objekttypen in Objekte zur Beschreibung der Funktionalität und der Benutzungsschnittstelle unterscheiden.

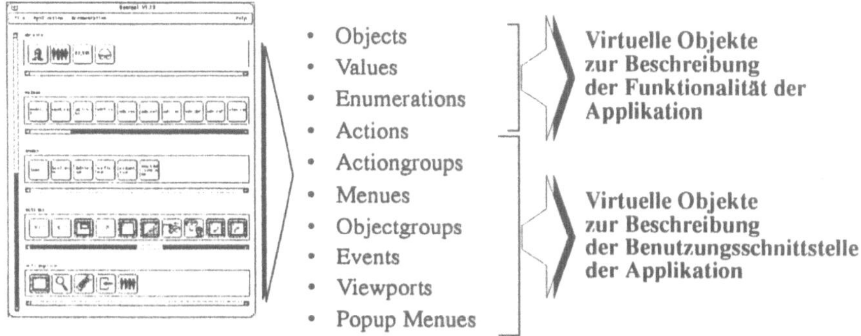

Abb. 6. Von BEATool bereitgestellte virtuelle Objekte

Die Spezifikation der einzelnen Objekttypen erfolgt mit Hilfe von objekttypbezogenen Eingabemasken. Abb. 7. verdeutlicht die Kaskade der Eingabemasken am Beispiel des virtuellen Objektes "point3d". Neben der Spezifikation eigener, neuer virtueller Objekte können in BEATool auch bereits vorhandene Basisklassen (Basicapplications oder beliebige Applikation) eingeladen werden. Diese stehen daraufhin im Spezifikationseditor zur Weiterverarbeitung uneingeschränkt zur Verfügung.

Die auf virtueller Systemebene definierten und eingeladenen Objekte werden in der von BEATool erzeugten Nodestruktur verwaltet. Abb. 8. zeigt einen Ausschnitt aus einer von BEATool erzeugten Nodestruktur. Die Nodestruktur dient zur Abbildung der spezifizierten virtuellen Objekte und deren Beziehungen. Beispielsweise lassen sich auf diese Weise Actions zu Actiongroups zusammenfassen oder bestimmte Objectvals und Properties einzelnen Objects zuordnen.

Definition des Objektes

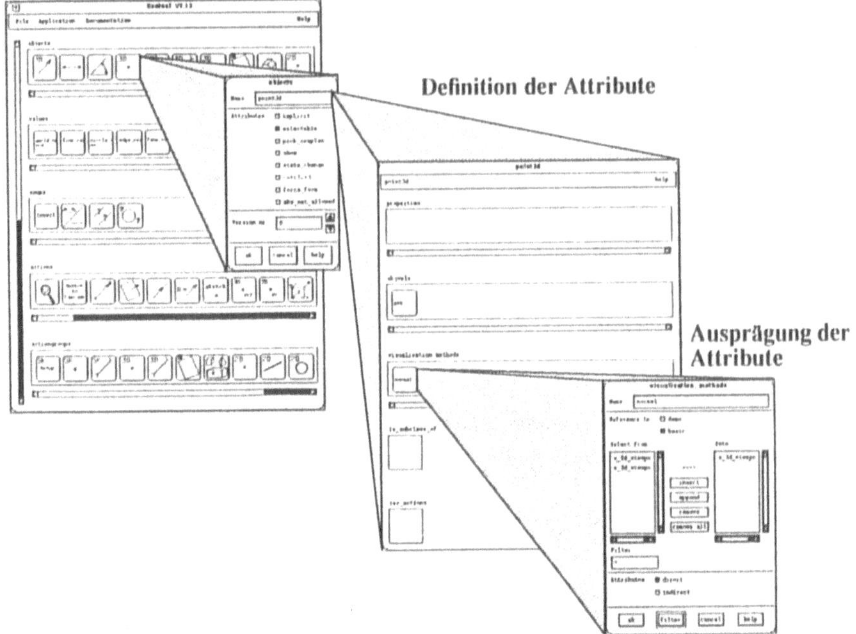

Abb. 7. Kaskade der Eingabemasken von BEATool am Beispiel des virtuellen Objektes
"point3d"

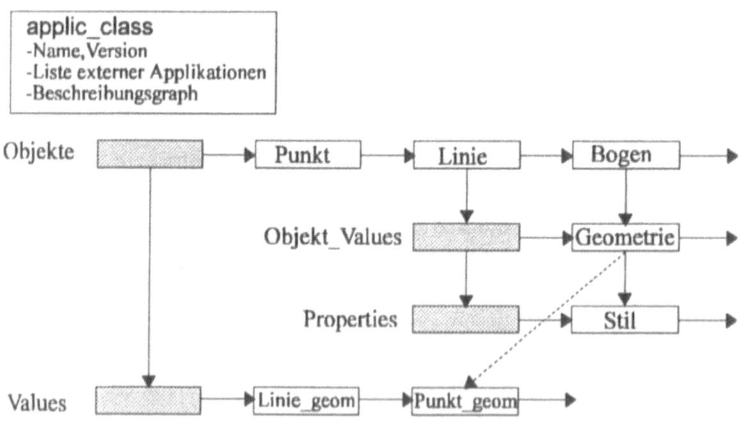

Abb. 8. Beispielhafter Ausschnitt einer BEA-Nodestruktur

Am Ende der Spezifikationsphase werden die erstellten virtuellen Objekte einem automatischen Check unterzogen. Dieser Check prüft das gesamte virtuelle Systemmodell auf seine Konsistenz. Insbesondere wird überprüft, ob der Systemkern BEArun in der Lage ist, die spezifizierten virtuellen Objekte zu handhaben.

Softwaregenerator
Nach erfolgreichem Check der Systemspezifikation auf virtueller Systemmodellebene wird die Systemspezifikation in C++-Klassen umgesetzt. Als Eingangsinformationen dient die Nodestruktur des virtuellen Systemmodells (siehe auch Abb. 5.).

Von den zur Verfügung stehenden virtuellen Objekten werden die Objekte der Objekttypen "Object", "Value" und "Action" in separate Klassen auf Implementierungsebene umgesetzt, da diese um verhaltensbeschreibende Sematik ergänzt werden müssen. Im einzelnen besitzen die drei genannten virtuellen Objekttypen folgende Bedeutung:

BEA-Objekte: BEA-Objekte sind für den Anwender zugängliche Entitäten des von ihm zu erstellenden Applikationsmodells aus Problemsicht. Beispielsweise können diese für ein CAD-System Linien, Kreise, Rechtecke etc. sein. Objekten sind bei der Spezifikation Visualisierungsmethoden, Properties und Objectvals zugeordnet. Letztere beinhalten die dem Objekt zugrundeliegende Datenstruktur.

BEA-Values: BEA-Values sind Datentypen, die C-Strukturen oder C++-Klassen repräsentieren. Sie können von BEA-Objekten als Variable oder von BEA-Aktionen als Parameter genutzt werden und repräsentieren datenorientiert die BEA-Objekte bzw. - Aktionen aus Problemsicht.

BEA-Aktionen: Aktionen verarbeiten bei ihrer Ausführung Parameter und können Instanzen von Objekten erzeugen.

Die anderen spezifizierten Objekte der Objekttypen "Enumerations", "Actiongroups", "Menue", "Objectgroups", "Events", "Viewports" und "Popup Menus" werden in Implementierungsklassen zusammengefaßt. Sie sind nicht als separate C++-Klassen auf der Implementierungsebene vorhanden. Dieser Abbildungsmechanismus wurde gewählt, da diese Objekttypen ausschließlich zur Konfiguration des Systemkerns dienen und nur geringe Sematikanteile besitzen.

4.3 Anwendungsorientierte Systemanpassung und -konfiguration mit BEA

Die anwendungsorientierte Systemanpassung und -konfiguration ist bei BEA-Applikationen durch Methoden des Systemkerns BEArun [BEA94] geprägt. Abb. 9. verdeutlicht am Beispiel des mit BEA erstellten 2D-CAD-Systems SIGRAPH-Design die Benutzungsschnittstelle einer BEA-Applikation. Die

Anwenderkonfiguration des Systems erfolgt über die markierten Bereiche der Benutzungsoberfläche. Für die Festlegung der Konfiguration werden dem Benutzer Eingabemasken, wie in Abb. 9. beispielhaft für die Definiton eines BEA-Objects dargestellt sind, zur Verfügung gestellt.

Die mit BEA realisierten Applikationen bieten dem Endanwender drei unterschiedliche Formen zur individuellen Systemgestaltung:

- Layoutkonfiguration,
- Menükonfiguration
-. Erweiterung des virtuellen Systemmodells.

Layoutkonfiguration: Sie unterstützt die Anpassung des Bildschirmlayouts der BEA-Applikation an die individuellen Anforderungen des Endanwenders. Beispielsweise kann der Endanwender mit Hilfe dieser Konfigurationsmethoden die Farbe der Applikation, die Anordnung der Menüleiste oder das Verstecken von Menues festlegen. Diese festgelegten Konfiguration wird in einem Konfigurationsfile abgelegt, das vor dem Neustart des Systems vom Systemkern interpretiert wird.

Menükonfiguration: Sie ermöglicht die strukturelle Veränderung der Applikationsmenüs während der Systemlaufzeit. Es ist möglich, Menüstrukturen, die durch Menü-Buttons und Aktionsgruppen gebildet werden, dynamisch zu erweitern oder zu reduzieren.

Erweiterung des virtuellen Systemmodells: Die Erweiterung des virtuellen Systemmodells wird mit Hilfe der integrativen Makroprogrammiersprache AQL [BEA94] realisiert. AQL ermöglicht die Definition zusätzlicher Objekte des virtuellen Systemmodells. Der AQL-Interpreter stellt sicher, daß die Erweiterungen zur Systemlaufzeit durchgeführt werden können. Bisher lassen sich die Objekttypen BEA-Object und BEA-Action zur Systemlaufzeit definieren. Wie in Abb. 8. dargestellt, bietet der vom Systemkern BEArun bereitgestellte Applikationsrahmen Funktionen für die Definition von zusätzlichen virtuellen Objekten. Die Funktionen werden als UDO (User Define Object) und UDA (User Define Action) bezeichnet. Mit Hilfe dieser Funktionen besteht die Möglichkeit, BEA-Objekte und BEA-Aktionen zu definieren und über eine ebenfalls vom Systemkern bereitgestellte Funktion zur Definition von Icons in das Applikationsmenue zu übernehmen. Die Semantik dieser neuen Objekttypen wird mit der Programmiersprache AQL beschrieben. Dazu bietet BEA zwei Vorgehensweisen:

- Graphisch-interaktive Definition der Semantik der neuen virtuellen Objekte durch Verwendung von Applikationsobjekten und -methoden.
- Schreiben von AQL-Programmen.

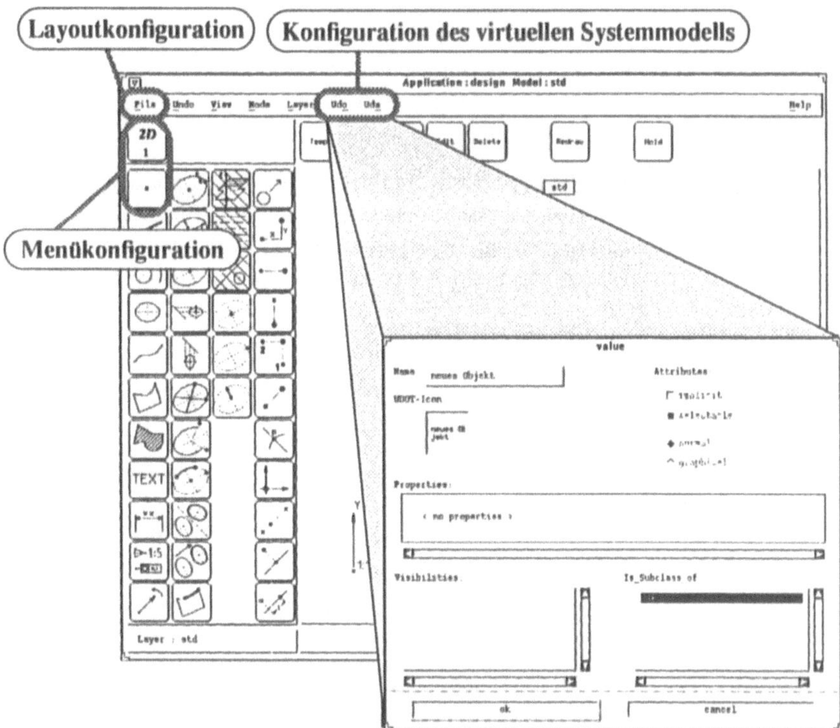

Abb. 9. Konfigurationsmöglichkeiten von BEA am Beispiel SIGRAPH-Design

Die graphisch-interaktive Definition der Semantik der neuen virtuellen Objekte erfolgt im für den Anwender üblichen Applikationsmodus. Dies ermöglicht, alle Applikationsobjekte und -methoden zu nutzen und zu neuen anwenderorientierten Objekten und Methoden zu kombinieren. Die Reihenfolge der verwendeten Objekte und Methoden wird von BEA protokolliert und automatisch in AQL-Statements umgesetzt. Auf diese Weise kann der Endanwender ohne spezielles Wissen über die Programmiersprache AQL und über den Aufbau der Systemsoftware Erweiterungen durchführen. Insbesondere ist er in der Lage, die von ihm individuell benötigten Konstruktionsobjekte schnell und einfach in seine Applikation zu integrieren.

Die Programmierung von AQL-Statements wird unter Verwendung marktgängiger Quelltexteditoren durchgeführt. Diese Art der Systemmodellerweiterung eröffnet dem Endanwender im Gegensatz zur graphisch-interaktiven Definition die Möglichkeit, völlig neue Objekte und Aktionen zu erzeugen.

Ausblick

Zusammenfassend zeigt sich, daß sich mit der Entwicklungsumgebung BEA das Systemkonzept zum Aufbau spezifischer Konstruktionssysteme in Ansätzen realisieren läßt. Hervorzuheben sind:

- Das gemeinsame Arbeiten auf Basis eines virtuellen Systemmodells.
- Die Bereitstellung eines Spezifikationseditors und Softwaregenerators als Komponenten eines integrierten, objektorientierten CASE-Systems.
- Die dynamische Erweiterung des Systems aus den auf BEA-basierenden Applikationen heraus.
- Standardkonfigurationsmethoden wie Layout- und Menügestaltung.

Zur vollständigen Umsetzung des in Abschn. 3. beschriebenen Systemkonzeptes ist die BEA hinsichtlich folgender Aspekte weiterzuentwickeln:

- Generierung von IDL-Beschreibungen auf der Implemtierungsebene.
- Verteilung des Systemkerns.
- Erweiterung des Spezifikationseditors hinsichtlich graphischer Modellierung und Visualisierung des virtuellen Systemmodells im 3D-Arbeitsraum.
- Integration von anwendungsorientierten Konfigurationsmethoden zur aufgabenorientierten und benutzerorientierten Systemkonfiguration.

Generierung von IDL-Beschreibungen auf der Implementierungsebene: Die von BEA erzeugten Header-Dateien entsprechen den Anforderungen üblicher include-Files. Eine Nutzung der Header-Dateien für eine netzwerkweite Kommunikation ist nicht möglich. Zur Gewährleistung der geforderten Interoperabilität der Objekte ist eine Anpassung der generierten Header-Dateien bzw. die zusätzliche Generierung einer entsprechenden Schnittstellenspezifikation erforderlich. Der Einsatz des Quasistandards COBRA als externer Kommunikationsdienst führt zu der Anforderung, ausgehend von der Spezifikation auf virtueller Systemmodellebene IDL-Schnittstellenbeschreibungen zu generieren.

Verteilung des Systemkerns: BEA bietet einen geschlossenen Systemkern, der Objekte und Methoden zur Realisierung der Datenhaltung, der User- und Graphik-Interfaces sowie des AQL-Interpreters beinhaltet. Die Softwareentwicklung auf Basis unterschiedlicher Hardwareplattformen unter Einsatz verschiedener Graphikbibliotheken erfordert die Öffnung des Systemkerns. Die Methoden zur Datenhaltung, Graphikausgabe und Dialogsteuerung sind zu trennen und als eigenständige, interagierende Objekte zu implementieren. Darüber hinaus sind Standardschnittstellen zu diesen Komponenten festzulegen, über die Bibliotheken und Datenbanken in das System integriert werden können. Der Softwaregenerator muß bei der Erstellung der Quelltextrahmen die durch diese Schnittstellen festgelegten Methodenaufrufe erzeugen.

Erweiterung des Spezifikationseditors hinsichtich graphsicher Modellierung und Visualisierung des virtuellen Systemmodells im 3D-Arbeitsraum: Der derzeit von BEA zur Verfügung gestellte Spezifikationseditor beruht auf der Eingabe mit Hilfe von Formularmasken. Eine graphisch-interaktive Beschreibung der einzelnen Objekte und Objekttypen des virtuellen Systemmodells sowie eine übersichtliche Darstellung der Zusammenhänge im virtuellen Systemmodell fehlen. Die Integration eines graphisch-interaktiven Spezifikationseditors wie das am HNI entwickelte Werkzeug VisOOP können dieses Defizit ausgleichen.

Integration von anwendungsorientierten Konfigurationsmethoden zur aufgabenbezogenen und benutzerorientierten Systemkonfiguration: Schwerpunkt der BEA liegt in der Bereitstellung von Methoden zur systemtechnischen Anpassung und Konfiguration. Entsprechende Methoden zur aufgabenbezogenen und benutzerorientierten Systemkonfiguration, wie sie vom Endanwender gefordert und vom Systemkonzept vorgesehen sind, werden von BEA nur in Ansätzen realisiert. Insbesondere fehlt ein integriertes Prozeß- und Benutzermanagement, das die Definition von aufgaben- und benutzerspezifischen Vorgangsketten ermöglicht.

Literatur

[ABE91]	O. Abeln: Vom CAD-Arbeitsplatz zur Konstruktionsleittechnik Teil 1. CADCAM Report, Nr.5, S.107-118, 1991
[ABE91]	O. Abeln: Vom CAD-Arbeitsplatz zur Konstruktionsleittechnik Teil 2. CADCAM Report, Nr.8, S.65-75, 1991
[BEA94]	N.N.: BEATOOL Rel. 1.1 (UNIX): BEATOOL Spezifikation Tool : User Guide, Dokumentation zum Entwicklungssystem "BEA Version 1.13", Siemens Nixdorf Informationssysteme AG, München, Bearbeitungsstand Juni 1994
[BEA94]	N.N.: BEArun Rel. 1.1 (UNIX) : BEArun End User Interface: User Guide, Dokumentation zum Entwicklungssystem "BEA Version 1.13", Siemens Nixdorf Informationssysteme AG, München, Bearbeitungsstand Juni 1994
[BEA94]	N.N.: DBM Reference Manual, Dokumenttation zum Entwicklungssystem "BEA Version 1.13", Siemens Nixdorf Informationssysteme AG, München, Bearbeitungsstand Juni 1994
[DIE94]	U. Dietrich, H. Hayka, H. Jansen, B. Kehrer: Systemarchitektur des CAD-Referenzmodells unter den Aspekten Kommunikation, Produktdatenmanagement und Integration, Fachtagung CAD'94, 17./18. März 1994, Carl Hanser Verlag, München, 1994.
[GAU94]	J. Gausemeier, T. Frank, A. Humpert: Impulse für die CAD-Technik durch integrierte CAD-Systeme, Konstruktion, Band 46, Heft 6, S. 237-244, Springer, Berlin; 1994
[GAU94]	J. Gausemeier, T. Frank, A. Hahn, W. Schneider: Architekturprinzipien zukünftiger, integrierter CAD-Systeme, Beitrag zur VDI-Fachtagung 'Datenverarbeitung in der Konstruktion '94', 27./28. Oktober 1994; VDI-Verlag, Düsseldorf 1994

[HAß92]   S. Haßlinger: Anwendungsorientierte Konfiguration in CAD-
             Systemen, Anforderungen und Auswirkungen, VDI-Berichte 993.3,
             VDI-Verlag, Düsseldorf 1992
[KIP94]   D. Kippels: Das CAD-Potential ist noch lange nicht ausgeschöpft,
             VDI-Nachrichten, VDI-Verlag, Düsseldorf 1994
[KOC94]   M. Koch, S. Haßinger: Konfigurierbare CAD-Applikationen auf der
             Basis eines flexiblen Benutzungsoberflächen-Systems, Fachtagung
             CAD'94, 17./18. März 1994, Carl Hanser Verlag, München, 1994
[OMG92]   Object Management Group. Object Management Architecture. Object
             Management Group Document Number 92.11.1; 1992 (ftp: omg.org.)
[REF90]   Autorenkollektiv: Referenzmodell für CAD-Systeme, Gesellschaft für
             Informatik (GI), Fachgruppe 4.2.1 Rechnerunterstützes Entwerfen und
             Konstruieren (CAD), AK 1

Konzept eines konfigurierbaren Konstruktionssystems auf Basis des CAD-Referenzmodells[1]

Stefan Haßinger, Marianne Koch, Joachim Rix
Fraunhofer-Institut für Graphische Datenverarbeitung (IGD)
Wilhelminenstr 7, 64283 Darmstadt

Kurzfassung

Das CAD-Referenzmodell stellt einen wesentlichen Beitrag zur Spezifikation und Umsetzung zukünftiger CAD-Systeme dar. Die primären Aspekte aus Systemsicht sind eine offene, modulare Systemarchitektur, eine konfigurierbare und anpaßbare Systemfunktionalität, ein homogenes Produktdatenmanagement und leistungsfähige Kommunikations- und Kooperationsmechanismen. Die Anwendungen können dynamisch in den Systemteil eingebunden werden und nutzen die bereitgestellte systemtechnische Funktionalität des Laufzeitsystems.

Dieser Beitrag stellt ein Konzept für ein konfigurierbares Konstruktionssystem auf der Basis der systemtechnischen Rahmenarchitektur des CAD-Referenzmodells vor. Das Konstruktionssystem bietet Möglichkeiten zur geometrischen Konstruktion von 2D-Konturen und Profilen und 3D-Flächen und Volumen. Zur semantischen Konstruktion ist ein Modul zur Feature-basierten Modellierung bereitgestellt. Im Konstruktionssystem kann graphisch-interaktiv sowohl geometrisch und semantisch konstruiert werden. Ein flexibler Konstruktionsprozeß ermöglicht eine homogene Nutzung von geometrischen und von semantischen, feature-basierten Objekten.

1 Einleitung

Das CAD-Referenzmodell [REF92], [REF94] stellt einen wesentlichen Beitrag zur Spezifikation und Umsetzung zukünftiger CAD-Systeme dar. Die primären Aspekte aus Systemsicht sind eine offene, modulare Systemarchitektur, eine konfigurierbare und anpaßbare Systemfunktionalität [HAß92], [KOC94], ein

---

[1]Dieser Bericht basiert auf Ergebnissen des Verbundprojektes "CAD-Referenzmodell", Förderkennzeichen 01HK210/6 des BMFT, Projektträger Arbeit und Technik (AuT).

homogenes Produktdatenmanagement und leistungsfähige Kommunikations- und Kooperationsmechanismen [DIE94]. Die Anwendungen können dynamisch in den Systemteil eingebunden werden und nutzen die bereitgestellte systemtechnische Funktionalität des Laufzeitsystems. Die Anwendungen sind hierarchisch organisiert. Basierend auf den Anwendungsressourcen, die allgemeine Anwendungssemantik bereitstellen, besteht der Anwendungsteil aus generischen Anwendungen, die branchenübergreifend und anwendungsbereichsunabhängig sind und spezifischen Anwendungen, die branchenspezifisch, produktspezifisch und auch firmenspezifisch sind. Die spezifischen Anwendungen definieren Anpassungen und Erweiterungen zu den generischen Anwendungen.

Dieser Beitrag stellt ein Konzept für ein konfigurierbares Konstruktionssystem auf der Basis der systemtechnischen Rahmenarchitektur des CAD-Referenzmodells vor. Kernkomponente stellt das Konfigurationssystem [HAß92], [KOC94] dar, welches eine dynamische, zur Laufzeit des Gesamtsystems aktivierte Konfiguration der Anwendungswerkzeuge im Anwendungsteil der Rahmenarchitektur unterstützt. Die systemtechnische Konfiguration, wie sie in diesem Artikel vorrangig beschrieben wird, bietet die Basis zur anwendungsorientierten Konfiguration der Systemfunktionalität und auch zur betrieblichen Anpassung des Gesamtsystems (Customizing). Das Konzept des Konfigurationssystems trägt einer systemtechnischen Konfigurierung der Basis-Anwendungs-Funktionalität im Bereich der Modellierung und einer aufgabenspezifischen Konfigurierung des interaktiven Konstruktionsprozesses Rechnung. Es werden die spezifischen Anforderungen aus Sicht der Konfigurierbarkeit der Komponenten zur Modellierung auch im Hinblick auf ein Customizing beschrieben und daraus abgeleitet, die dynamische Konfigurierung von Anwendungskomponenten dargestellt. Als Basis-Anwendungskomponenten werden primär Module zur 2D/3D geometrischen und zur semantischen Modellierung betrachtet.

Das konfigurierbare Konstruktionssystem bietet Möglichkeiten zur geometrischen Konstruktion von 2D-Konturen und Profilen und 3D-Flächen und Volumen. Zur semantischen Konstruktion ist ein Modul zur feature-basierten Modellierung bereitgestellt. Im Konstruktionssystem kann graphisch-interaktiv sowohl geometrisch als auch semantisch konstruiert werden. Ein flexibler Konstruktionsprozeß ermöglicht eine homogene Nutzung von geometrischen und von semantischen, feature-basierten Objekten. Auf aktuelle Entwicklungen bei der IGD wird in diesem Kontext eingegangen werden. Eine prototypische Realisierung eines konfigurierbaren Konstruktionssystems in C++ auf SUN unter UNIX basierend auf dem hybriden Volumenmodellierungs-Toolkit ACIS (Spatial Technology Inc.) wird vorgestellt werden. Das Konstruktionssystem besteht aus einem Modul zur durchgängigen 2D/3D-Modellierung, einem Modul zur Feature-basierten Modellierung, sowie aus den Infrastruktur-Komponenten des Systemteils wie z.B. das Benutzungsoberflächensystem. Das Benutzungsoberflächensystem basiert auf X/Motif und dem User-Interface-Management-

Toolkit Theseus++ (ZGDV Darmstadt) für das Dialogmanagement [KOC94]. Die graphisch-interaktive Präsentation von geometrischen und semantischen Objekten wird durch den Interaktionsmanager und Präsentationsmanager realisiert.

Der Beitrag gliedert sich in die folgenden Kapitel: In Abschn. 2 werden die systemtechnische Rahmenarchitektur des CAD-Referenzmodells und die darin eingebetteten Anwendungen kurz vorgestellt. Abschn. 3 gibt einen detaillierteren Einblick über die Struktur des Konfigurationssystem als Kernkomponente des Systemteils der Rahmenarchitektur. Hierin wird die Funktionalität zur statischen und dynamischen Konfiguration des Laufzeitsystems und im besonderen der darin ablauffähigen Anwendungswerkzeuge beschrieben. Der Konfigurationsprozeß aus Systemsicht und aus Anwendungssicht ist in Abschn. 4 dargestellt. Ein konfigurierbares Konstruktionssystem auf der Basis der Rahmenarchitektur des CAD-Referenzmodells und eine erste prototypische Realisierung sind in Abschn. 5 beschrieben.

2 Die Rahmenarchitektur des CAD-Referenzmodells

Die systemtechnische Rahmenarchitektur des CAD-Referenzmodells (siehe Abb. 1.) gliedert sich in einen Systemteil und einen Anwendungteil [REF94].

Der Systemteil besteht aus dem Benutzungsoberflächensystem, dem Konfigurationssystem, dem Kommunikationssystem, den Systembasisdiensten und den Datenmanagementsystemen für die Verwaltung des Anwendungswissens und der Produktdaten. Die modulare Struktur des Systemteils bietet die systemtechnische Basis für das konfigurierbare Laufzeitsystem. Die Systeme wie z.B. Benutzungsoberflächensystem und Konfigurationssystem kommunizieren miteinander über das Kommunikationsmedium (Pipeline), welches vom Kommunikationssystem administriert wird.

Die Rahmenarchitektur basiert auf dem Datenmanagementsystemen zur Administration des anwendungsspezifischen Wissens und den Produktdaten. Externe Systeme und die im Gesamtsystem integrierten Anwendungswerkzeuge kommunizieren über das Kommunikationssystem und -medium mit den Komponenten des systemtechnischen Teils. Externe Systeme sind in der Regel lose gekoppelt bzw. gekapselt integriert, während Anwendungswerkzeuge direkt bzw. gekapselt integriert sind.

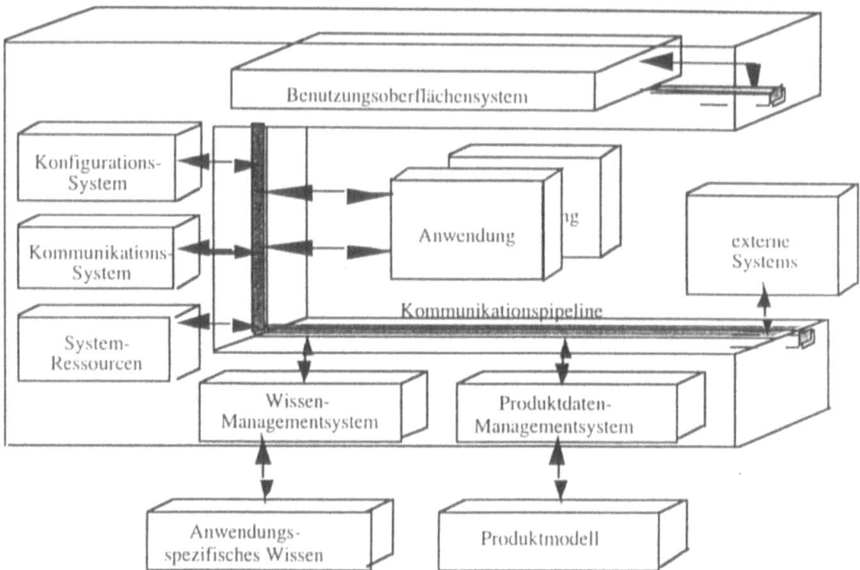

Abb. 1. Die systemtechnische Rahmenarchitektur

Der Anwendungsteil (siehe Abb. 2.) beinhaltet Werkzeuge, die die Anwendungssemantik bereitstellen und verarbeiten. Die Anwendungen sind hierarchisch klassifiziert in Anwendungsressourcen, generische Anwendungen und spezielle Anwendungen.
Spezifische Anwendungswerkzeuge nutzen generische Anwendungswerkzeuge; generische und spezifische Anwendungswerkzeuge basieren auf den Anwendungsressourcen. Die Anwendungsressourcen sind unabhängig vom jeweiligen Anwendungsbereich und vom Produktspektrum und stellen Kernfunktionalitäten für die Anwendungen zur Verfügung. Dies sind z.B. Modellierungswerkzeuge, Modellierer, Visualisierer etc.
Die generischen Anwendungen sind branchen- und firmenunabhängige Anwendungen, die Anwendungssemantik bieten. Hierzu zählen beispielsweise Featuremodellierer, Drehteilemodellierer, etc. Die spezifischen Anwendungen sind auf Anwendungsbereiche zugeschnitten und beinhalten branchen-, firmen- und produktspezifische Erweiterungen und Anpassungen bzw. stellen die firmenspezifische Anwendungssemantik bereit.

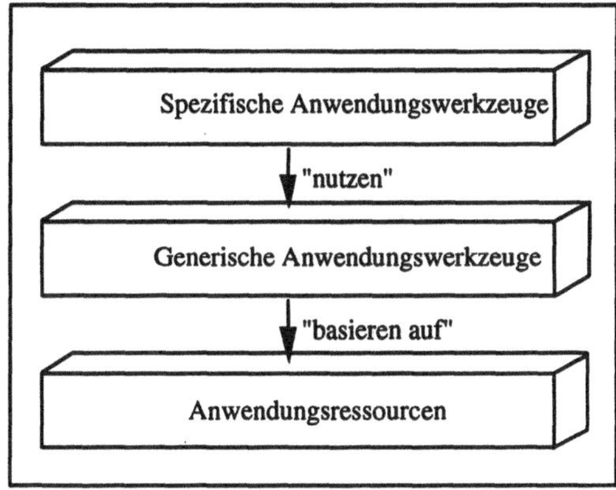

Abb. 2. Der Anwendungsteil der Rahmenarchitektur des CAD-Referenzsystems

3 Das systemtechnische Konfigurationssystem

Das Konfigurationssystem ist die zentrale systemtechnische Komponente zur Konfigurierung von Werkzeugen des Systemteils und des Anwendungsteils und zur Administration der Konfigurationsdaten [HAß92], [KÜH92]. Die Aufgabe der Konfigurierung der Systemfunktionalität besteht darin, zu einer gegebenen Aufgabe die benötigten Anwendungs- und System-Werkzeuge in der Laufzeitumgebung zur Verfügung zu stellen. Hierzu wird im Konfigurationssystem der Kontext (Auftrag, Aufgabe, Teilaufgabe) zur Abarbeitung bereitgestellt und die Konfigurierung der Laufzeitumgebung initiiert und administriert. Die Aktivierung der Werkzeuge, sowie die systemtechnische Prozeßsteuerung obliegt dem Kommunikationssystem. Das Konfigurationssystem unterstützt primär die dynamische Konfigurierung von Anwendungswerkzeugen, d.h. die Laufzeit-spezifischen Änderungen, die durch geänderte bzw. modifizierte Aufgabenstellungen angefordert werden. Diese Änderungen am Laufzeitsystem beinhalten das Aktivieren bzw. Deaktivieren zusätzlicher Anwendungswerkzeuge, das Ersetzen von Werkzeugen und Rekonfigurieren von Werkzeugen. Die statische Konfigurierung des Laufzeitsystems des Rahmenwerkes wird hierbei nur sekundär betrachtet.

Prinzipiell werden zwei Arten von Konfigurationen unterschieden:

–   Die statische Konfiguration definiert die Basis-System-Funktionalität, die bei der Initialisierung des Systemteils und des Anwendungsteils aktiviert wird. Diese statische Konfiguration wird von einem Initialprozeß zur Konfiguration der Basis-Laufzeitumgebung des Systemteils ausgeführt.

– Die dynamische Konfiguration ist im wesentlichen auf die Anwendungen und Anwendungswerkzeuge bezogen, die dynamisch und zur Laufzeit angefordert werden. Hierzu werden die benötigten Werkzeuge ausgewählt, zur Aktivierung vorbereitet und aktiviert. Die dynamische Konfiguration des Systems ändert sich abhängig von der Bearbeitung eines Prozeßablaufes.

Es werden gleichermaßen Werkzeuge und Teilsysteme des Systemteils (Benutzungsoberflächensystem, Kommunikationssystem, Systembasisdienste, Datenmanagementsystem, etc.) und Werkzeuge und Systeme des Anwendungsteils (Anwendungsressourcen, generische Anwendungen, spezifische Anwendungen) konfiguriert. Konfiguration tritt zur Initialisierungszeit der Prozesse des Systemteils (statische Konfiguration des Kommunikations- und des Konfigurationssystems) und zur Laufzeit des Systemrahmens auf (dynamische Konfiguration der Anwendungswerkzeuge).

Die Aufgaben des Konfigurationssystems sind:

– Dienstleistungen zur statischen und dynamischen Konfiguration des Gesamtsystems (bestehend aus Systemteil und Anwendungen) bereitzustellen,
– Konfigurationsdaten (systemtechnische, aufgabenspezifische) zu verwalten und zu koordinieren,
– dynamische Konfigurationen vorzubereiten und durchzuführen (mit Hilfe des Kommunikationssystems),
– Klassifikation von Werkzeugen (Aufgabe, Anwendungsgebiet, Einsatzbereich, etc.) zu unterstützen.

Im folgenden wird zunächst die Struktur und Funktionalität des systemtechnischen Konfigurationssystems vorgestellt. Der Konfigurationsprozeß aus Systemsicht, aus Anwendungssicht und aus Sicht der Anwendungswerkzeuge wird detailliert beschrieben.

3.1 Der Aufbau des Konfigurationssystems

Der strukturelle Aufbau des Konfigurationssystems (siehe Abb. 3.) enthält die folgenden Komponenten des Konfigurationsmanagements, des Anwendungskontextmanagements und des Werkzeugkonfigurationsspeichers.

Diese Komponenten stellen die folgenden Dienstleistungen zur aufgabenspezifischen Konfiguration bereit:

– die Konfigurations-Management-Dienste (Configuration Management Service) definieren die externen Dienste für den Systemteil (insbesondere für das Kommunikationsystem, das Benutzungsoberflächensystem und die

Anwendungen); es bedient Konfigurationsanfragen aus dem Systemteil, die vom Benutzer über das Benutzungsoberflächensystem oder von Anwendungen initiiert sind; es validiert die angeforderte Konfiguration und weist gegebenenfalls Konfigurationsanfragen zurück;

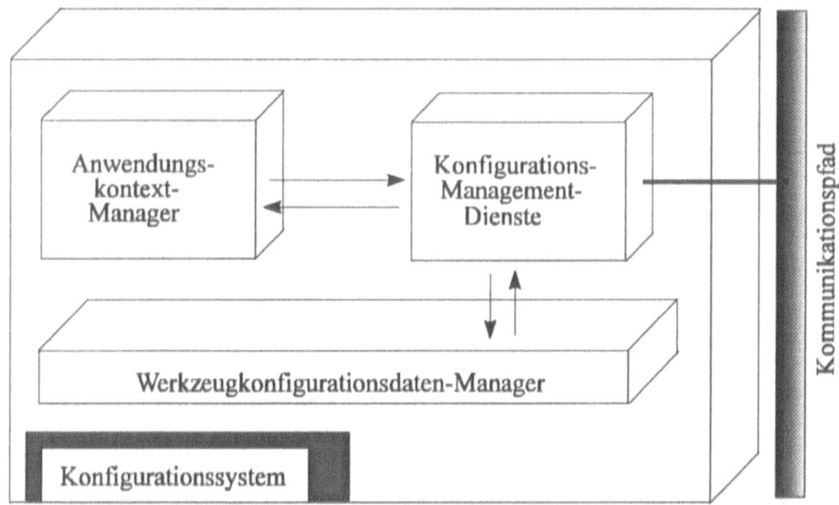

Abb. 3. Die globale Struktur des Konfigurations-Systems

— der Anwendungskontext-Manager (Application Context Manager) initialisiert die Laufzeitumgebung und kontrolliert die Abarbeitung der Anwendungen; er meldet die korrekte Initialisierung und Beendigung der Anwendungen und registriert die aktivierten Werkzeuge zur Laufzeit (aktuelle Konfiguration) und meldet gegebenenfalls Inkonsistenzen;

— der Werkzeugkonfigurationsdaten-Manager (Tool Configuration Repository) verwaltet und koordiniert sämtliche zur Konfiguration benötigten Daten aller Systemfunktionen (Systemteil, Anwendungsteil, externe Systeme); übernimmt neu hinzukommende Funktionalitäten (Systemanpassung, -erweiterung).

3.2 Die prinzipielle Funktionsweise des Konfigurationssystems

Das prinzipielle Systemverhalten (siehe Abb. 4.) des Konfigurationssystems ist nachfolgend aufgezeigt. Die Kommunikation mit anderen Komponenten des Systemteils erfolgt ausschließlich über das Kommunikationssystem, welches

Konfigurationsanfragen an das Konfigurationssystem weiterleitet. Die Protokollierung des Status der Anwendungen geschieht im AnwendungskontextManager, der die aktuelle aufgabenspezifische Laufzeitkonfiguration steuert.

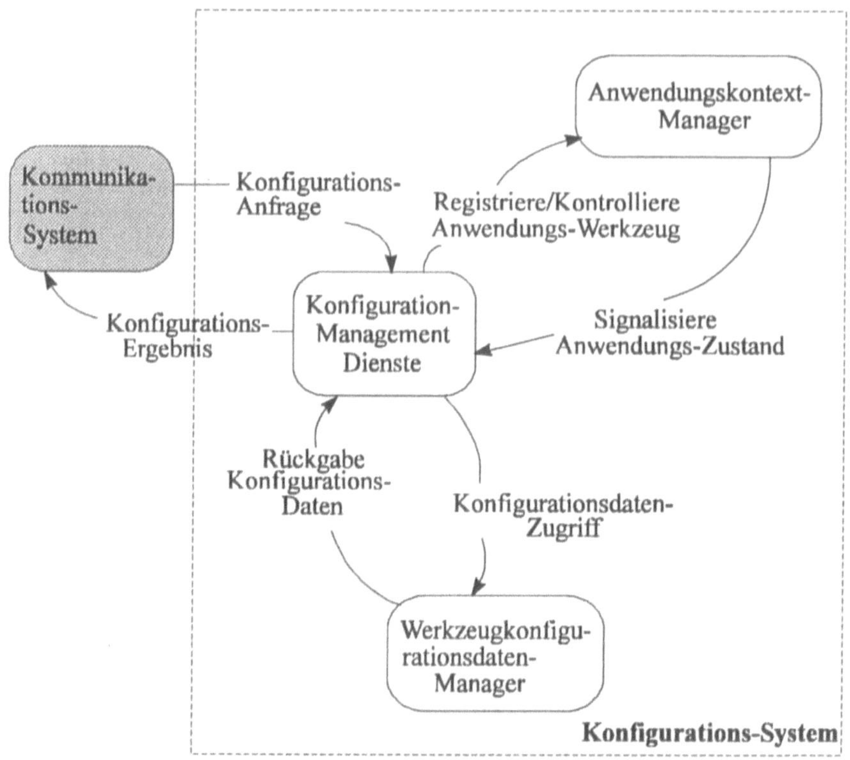

Abb. 4. Das prinzipielle Systemverhalten des Konfigurations-Systems

Das Konfigurationssystem empfängt Nachrichten, die eine Konfiguration (Initialisierung) bzw. eine Rekonfiguration (zur Laufzeit) des Gesamtsystems anfordern. Die Anfragen (Inquiries), die die aktuelle Konfiguration bzw. Konfigurationsmöglichkeiten betreffen, werden bearbeitet. Diese Nachrichten werden ausschließlich über das Kommunikationssystem an das Konfigurationssystem gesandt. Benutzerinitiierte bzw. aufgabenspezifische Konfigurationsanfragen werden durch das Benutzungsoberflächensystem [KOC94] bzw. von den Anwendungen an das Kommunikationssystem geleitet, welches seinerseits diese Nachrichten an das Konfigurationssystem weitergibt.

Der Zugriff auf die Dienstleistungen des Konfigurationssystems erfolgt ausschließlich über die Konfigurations-Management-Dienste, die den globalen Zugriff auf Objekte und von diesen Objekten extern zur Verfügung stehende

Nachrichtenprotokolle bereitstellen. Diese Dienste übernehmen die Kontrollfluß-steuerung innerhalb des Konfigurationssystems.

Die Arbeitsweise innerhalb des Konfigurationssystems sieht die folgende Bearbeitungsreihenfolge einer Konfigurationsanforderung vor:

- Eintrag der Konfigurationsanforderung im Anwendungskontext-Manager;
- Analyse der Konfigurationsanforderung (Kontextüberprüfung, Registrie-rung der Werkzeuge);
- Zugriff auf den Werkzeugkonfigurationsdaten-Manager;
- Auswahlprozess von Werkzeugen nach Anwendungskriterien;
- Übergabe der Konfigurationsergebnisse an das Kommunikationssystem

Das Kommunikationssystem [DIE94] aktiviert die so konfigurierten Werkzeuge im aktiven Laufzeitsystem und kontrolliert die systemtechnische Abarbeitung. Zur aufgabenorientierten Kontrolle der Anwendungswerkzeuge übermittelt das Kommunikationssystem die aktuellen Statusdaten an den Anwendungskontext-Manager des Konfigurationssystems. Zur Registrierung des Status der in der Laufzeitumgebung aktivierten Werkzeuge senden die Werkzeuge des Anwendungsteils und des Systemteils zyklisch Statusmeldungen an den Anwendungskontext-Manager des Konfigurationssystems zur Registrie-rung, der sich dynamisch ändernden Systemkonfiguration.

4 Der systemtechnische Konfigurationsprozeß

Die aufgabenorientierte Konfigurierung der Systemfunktionalität wird durch das Konfigurationssystem vorbereitet und initiiert. Durch die Selektion einer Aufgabe wird der Konfigurationsprozeß aktiviert. Die Aufgabe kann sowohl direkt über die Benutzungsoberfläche als auch indirekt über andere bereits aktivierte Anwendungen oder aber durch Fortschaltung des übergeordneten Prozeßablaufs initiiert werden. Von dem eigentlichen Auslöser einer Kon-figurierung wird abstrahiert. Die Administration der Konfigurationsdaten orientiert sich an Aufgaben und Anwendungen. Anwendungs- und System-werkzeuge, die zur Lösung einer Aufgabenstellungen benötigt und ausgewählt werden, können diesen Aufgaben assoziiert werden. Das Konfigurationssystem unterstützt hierzu den Auswahlprozeß (welches Anwendungswerkzeug ist passend und verfügbar) durch ein intelligentes Informationssystem, welches die Anforderungen in Form von Nachrichten in dem Informationssystem einträgt. Diese Anforderungen werden durch das Auffinden passender Werkzeuge erfüllt. Eine mögliche, neben weiteren Realisierungsformen kann z.B. in Form eines Blackboard-System Ansatzes [WEI92] bereitgestellt werden.

Die Aufgabe des Konfigurationssystem als systemtechnische Komponente des Systemteils ist es, Dienstleistungen zur Verfügung zu stellen, die es ermöglichen:

- Teilsysteme (bestehend aus mehreren Werkzeugen) und
- Gesamtsysteme (bestehend aus Teilsystemen und Werkzeugen) zu konfigurieren.

Unter einem Teilsystem wird ein autonomes, in sich funktional abgeschlossenes System bestehend aus Systemwerkzeugen und Anwendungswerkzeugen verstanden, welches unabhängig ablauffähig ist und nicht den vollen Umfang von Funktionalitäten des Referenzsystems beinhaltet. Ein Gesamtsystem bezeichnet ein vollständiges Laufzeitsystem, welches aus Teilsystemen und System- bzw. Anwendungswerkzeugen besteht.

Das übergeordnete, globale Zustandsübergangsdiagramm des Konfigurationsprozesses (siehe Abb. 5.) kennt drei Systemzustände:

- Systemrahmen nicht aktiviert,
- Systemrahmen aktiviert (und Anwendung(en) nicht aktiviert),
- Anwendung(en) aktiviert.

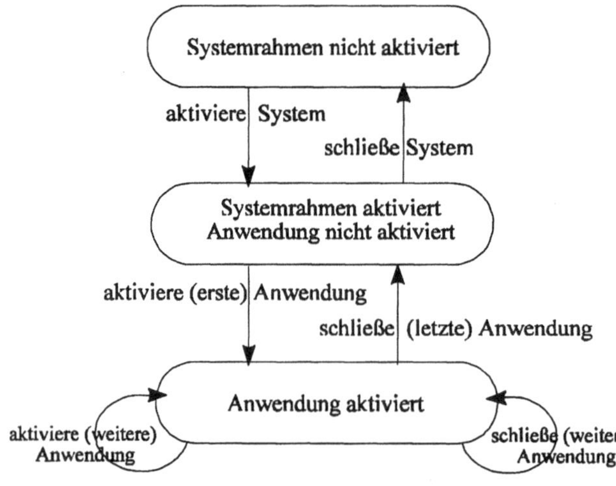

Abb. 5. Das globales Zustandsübergangsdiagramm

Die Zustandsübergänge implizieren Konfigurationen. Der Übergang "aktiviere System" lädt eine statische Basiskonfiguration des Systemteils bestehend aus systemtechnischen Werkzeugen (Kommunikationssystem und Konfigurationssystem u.a.). Ist der Systemteil konfiguriert und aktiviert, können Anwendungen gestartet werden (dynamisch). Der Zustandübergang "aktiviere Anwendung" definiert eine dynamische Konfiguration einer Anwendung. Weitere Anwendungen können zur Laufzeit (dynamisch) im Kontext einer Aufgabenabarbeitung aktiviert und durch "schließe Anwendung" wieder deaktiviert werden. Wird die letzte aktive Anwendung deaktiviert, so erfolgt der Übergang in den Zustand "Systemrahmen aktiviert". Aus diesem Zustand kann das Laufzeitsystem des Systemteils deaktiviert werden.

4.1 Der Konfigurationsprozeß einer Anwendung

Eine Anwendung besteht aus einem oder mehreren Anwendungswerkzeugen, die in der Laufzeitumgebung des Systemteils aktiviert sind und miteinander kommunizieren [HAß92], [KOC94]. Die dynamische Konfiguration dieser Anwendungen, bestehend aus Anwendungswerkzeugen wird durch ein verteiltes Laufzeitsystem, bestehend aus mehreren systemtechnischen Prozessen, unterstützt.

Der Konfigurationsprozeß einer Anwendung (siehe Abb. 6.) unterscheidet 4 Zustände:

–   Anwendung nicht aktiviert
–   Anwendungskonfiguration geladen
–   Anwendung konfiguriert
–   Anwendung aktiviert

Die Zustände und assoziierten Zustandsübergänge definieren Detaillierungen des globalen Übergangsdiagrammes (siehe Abb. 5.) für die Konfigurierung und Aktivierung der Anwendung. Es wird hierbei davon ausgegangen, daß eine Anwendung aus einem oder mehreren Anwendungswerkzeugen besteht, die in der aktuellen Laufzeitumgebung benötigt werden.

Die Aktivierung einer Anwendung beinhaltet das Laden der Anwendungskonfiguration ("lade Anwendungskonfiguration"), die Konfigurierung der Anwendung ("konfiguriere Anwendung") und die eigentliche Aktivierung des (der) Anwendungswerkzeuge(s) (durch "aktiviere Anwendungswerkzeug(e)"). Die Aktivierung der zu einer Anwendung assoziierten Anwendungswerkzeuge kann entweder direkt oder auf Ereignis hin erfolgen. Entsprechend den Aktionen zur Aktivierung einer Anwendung werden beim Schließen der Anwendung die Zustände gegenläufig "deaktiviere Anwendungs-Werkzeug(e)", "dekonfiguriere Anwendung" und "deaktiviere Anwendung" durchlaufen.

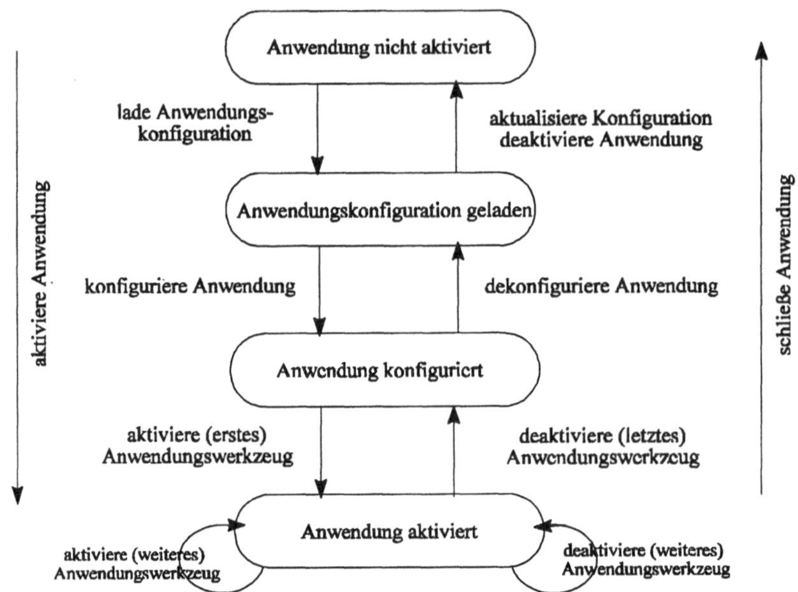

Abb. 6. Das Zustandsübergangsdiagramm zur Konfiguration einer Anwendung

Durch "konfiguriere Anwendung" wird die geladene Konfiguration für eine ausgewählte Anwendung zur Aktivierung vorbereitet. Die Konfigurationsdaten bestimmen hierbei, welche Anwendungswerkzeuge in welcher Zusammensetzung (Konfiguration) und in welcher zeitlichen Abfolge aktiviert werden. Die Aktivierung jedes einzelnen Anwendungswerkzeuges ist nachfolgend detailliert.

4.2 Der Konfigurationsprozeß eines Anwendungswerkzeugs

Die Konfiguration der Anwendungswerkzeuge ist dynamisch während der Laufzeit (Systemrahmen aktiv) möglich und wird im Kontext der Anwendung (Auftragsbearbeitung, Aufgabe, CAD-Prozeß) kontrolliert. Die Konfigurationsmöglichkeiten der Werkzeuge des Systemteils beschränken sich dagegen im wesentlichen auf die Konfiguration vor der Laufzeit (Initialisierung des Systemrahmens durch einen Initial-Prozeß) und sind zur Laufzeit stark eingeschränkt und für spezifische Teilsysteme (wie z.B. Kommunikationssystem) nicht erlaubt. Das Konfigurationssystem kontrolliert die Konfigurierbarkeit von Werkzeugen (nicht konfigurierbar, teilweise konfigurierbar, vollständig konfigurierbar) zur Laufzeit. Die Autorisierung zur Konfiguration (beispielweise durch unterschiedliche Benutzerrechte) obliegt jedoch nicht dem Konfigurationssystem, es stellt vielmehr lediglich die systemtechnische Funktionalität hierfür zur Verfügung.

Aus Sicht eines einzelnen Anwendungswerkzeuges werden 5 Zustände unterschieden:

- Anwendungswerkzeug nicht aktiviert,
- Anwendungswerkzeug selektiert,
- Anwendungswerkzeug registriert,
- Anwendungswerkzeug konfiguriert,
- Anwendungswerkzeug aktiviert

Das Zustandsübergangsdiagramm (siehe Abb. 7.) stellt diese Zustände und Übergänge dar. Die übergeordneten Operationen "aktiviere Anwendungswerkzeug" und "deaktiviere Anwendungswerkzeug" sind die entsprechenden Operationen in Abb. 6.

Der Konfigurationsprozeß eines einzelnen Anwendungswerkzeugs durchläuft die Zustände "selektiert", "registriert", "konfiguriert" und "aktiviert". Entsprechend werden diese Zustände gegenläufig beim Deaktivieren durchlaufen. Hierbei ist hervorzuheben, daß der Übergang zum Zustand "Anwendungswerkzeug aktiviert" innerhalb des Kommunikationssystems bearbeitet wird und dem Konfigurationssystem in Form einer Statusmeldung übermittelt wird.

Die Operation "selektiere Werkzeug" wählt ein abstraktes Anwendungswerkzeug aus. Im Zustand "Anwendungswerkzeug selektiert" wird die Assoziation dieses abstrakten Anwendungswerkzeugs zum konkreten Werkzeug vollzogen. Der Selektionsprozeß kann z.B. für das abstrakte Anwendungswerkzeug "hybrider Volumenmodellierer" das konkrete Werkzeug "ACIS Modellierer" auswählen. Durch die Operation "registriere Anwendungswerkzeug" wird sodann dieses konkrete Werkzeug markiert. Die Registrierung ist zur Koordinierung der selektierten und konfigurierten Werkzeuge notwendig. Die Laufzeitumgebung des Anwendungswerkzeugs wird durch die Operation "konfiguriere Anwendungswerkzeug" vorbereitet. Hierzu sind u.U. auch Anpassungen an dynamischen Schnittstellen notwendig. Die Konfigurationsdaten (Werkzeugsbeschreibung, Laufzeitumgebung, etc.) werden dem Kommunikationssystem übergeben, welches die Aktivierung des ausgewählten Werkzeugs ausführt und im weiteren kontrolliert. Kontroll- und Statusmeldungen über den Anwendungsprozeß werden vom Kommunikationssystem an das Konfigurationssystem übermittelt.

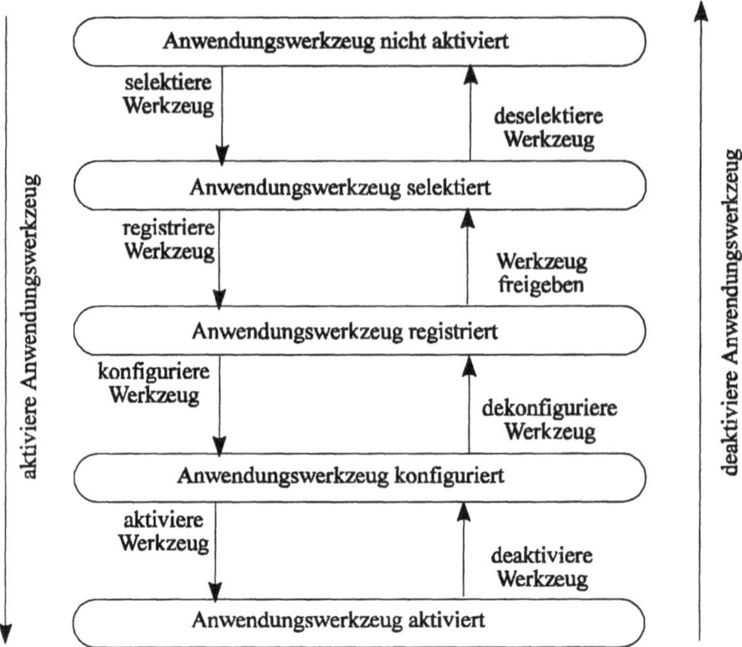

Abb. 7. Das Zustandübergangsdiagramm aus Sicht eines Anwendungswerkzeugs

Die Funktionalität des Konfigurationssystems und des Ablaufes des Konfigurationsprozesses wird nachfolgend anhand eines Beispiels veranschaulicht.

4.3 Beispiel einer anwendungsorientierten Konfiguration

Der Konfigurationsprozeß wird anhand eines Beispiels dargestellt. Die Systemumgebung beinhaltet die Anwendungswerkzeuge Volumenmodellierer (Anwendungsressource) und Design Feature Modellierer (generische Anwendung) und einen Drehteilemodellierer (spezifische Anwendung). Von einer Detaillierung dieser Komponenten wird hierbei abgesehen und die Konfiguration anhand dieser Komponenten prinzipiell beschrieben.

Die zu bearbeitende Aufgabe ist die Konstruktionsaufgabe "Detailgestaltung Drehteil". Zur Bearbeitung der einzelnen Konstruktionsschritte seien im Konfigurationssystem folgende Assoziationen zwischen Aufgabe und Anwendung(en) definiert:

Aufgabe	Anwendung(en)
"Grobgestaltung Drehteil"	Drehteilmodellierung und Volumenmodellierung
"Detailgestaltung Drehteil"	Drehteilmodellierung und Feature Modellierung

Ferner seien die Assoziationen Anwendung zu Anwendungswerkzeugen im Konfigurationssystem repräsentiert:

Anwendung	Anwendungswerkzeug(e)
"Drehteilmodellierung"	Drehteile-Modellierer XY
"Volumenmodellierung"	Hybrider Volumenmodellierer, CSG Modellierer, BRep Modellierer,
"Konstruktive Geometrie"	2D Sketcher, Konstruktives Geometrie Modul
"Feature Modellierer"	Form Feature Modellierer, Design Feature Modellierer, Parametrischer Modellierer

Die Aufgabe wird durch Betätigung eines Benutzungsoberflächenelements ausgelöst. Dies kann entweder direkt durch Aktivierung des Elements "Erzeuge Fase" oder, falls dieses Element nicht geladen ist, durch Nachkonfigurierung dieses UI-Elements und dessen Aktivierung erfolgen.

Bei Aktivierung des UI-Elements wird der entsprechende Dialogprozeß gestartet. Dieser Prozeß schickt die Nachricht "Erzeuge Fase" an das Kommunikationssystem. Da die Anwendungswerkzeuge des Feature Modellierers nicht aktiviert sind, kann das Kommunikationssystem die Nachricht nicht auflösen und schickt eine entsprechende Konfigurationsanfrage an das Konfigurationssystem. Dieses assoziiert die Nachricht der Anwendung "Detailgestaltung Drehteil", woraufhin die entsprechenden Anwendungswerkzeuge konfiguriert und durch das Kommunikationssystem aktiviert werden. Die Abarbeitung der Nachricht "Erzeuge Fase", die für die Zeit der Konfiguration blockiert wurde, kann nun durch Senden der Nachricht an das entsprechende Anwendungswerkzeug aufgelöst und abgearbeitet werden. Die Ergebnisse dieses Bearbeitungsschrittes werden über das Kommunikationssystem an das Benutzungsoberflächensystem geschickt und dort visualisiert. Der Dialogprozeß wird entsprechend reaktiviert und erwartet den Auslöser (Interaktion) der nächsten Aufgabe.

5 Ein konfigurierbares Konstruktionssystem

Ein konfigurierbares Konstruktionssystem, bestehend aus den systemtechnischen Komponenten des Benutzungoberflächensystems, des Konfigurationssystems, des Kommunikationssystems und des Produktdatenmanagementsystems ist in Abb. 8. dargestellt. Die Komponenten Benutzungsoberflächensystem und Konfigurationssystem sind in ihrer Modulstruktur detaillierter dargestellt; auf die Komponenten Kommunikationssystem und Produktdatenmanagementsystem wird in diesem Kontext nicht näher eingegangen (siehe [DIE94]).

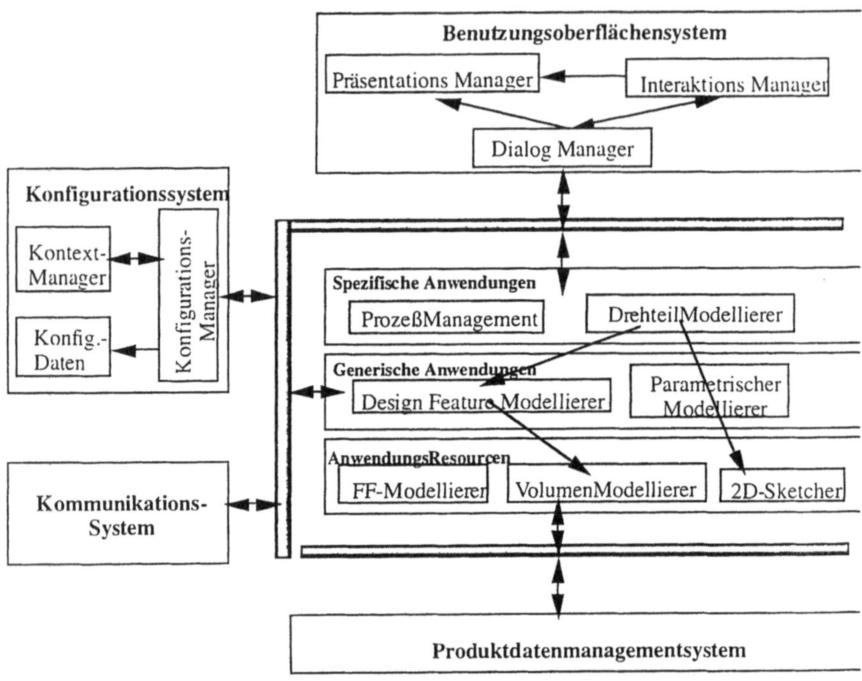

Abb. 8. Exemplarische Konstruktionssystem auf der Basis des CAD-Referenzmodells

Die Anwendungswerkzeuge der Basis-Anwendungsressourcen für die geometrische Modellierung sind ein Freiform-Modellierungs-Werkzeug, eine Volumenmodellierungs-Toolkit, sowie ein 2D-Sketcher zur Erstellung von 2D-Profilen und Konturzügen. Die generischen Anwendungen sind ein Design Feature Modellierer und ein parametrischer Modellierer. Diese Werkzeuge verarbeiten die gestaltsbezogene Semantik, die im Konstruktionsprozeß interaktiv erzeugt wird. Die spezifischen Anwendungen setzen funktional auf den generischen Anwendungen auf und erweitern diese um die produkt-spezifische oder firmenspezifischen Anforderungen seitens der Konstruktion. Hier sind exemplarisch das Prozeßmanagementwerkzeug zur Verarbeitung des Konstruktionsprozesses und ein spezifischer Drehteile-Modellierer erwähnt.

Die Anwendungswerkzeuge können direkt miteinander kommunizieren, indem sie Nachrichten über das Kommunikationssystem an andere Anwendungs-werkzeuge senden. Beispielsweise interagiert der Design Feature Modellierer mit dem Volumenmodellierer und dem Benutzungsoberflächensystem, um die Positionierung, Lage und Gestalt eines an einem Produktteil anzubringenden Design Features zu spezifizieren. Zur Evaluierung des Design Features sendet er eine Nachricht an den Volumenmodellierer zur expliziten Auslegungsrechnung der Gestalt des Features. Sind in der Laufzeitsystemumgebung die benötigten Anwendungswerkzeuge nicht aktiviert, so sendet das Kommunikationssystem eine Nachricht an das Konfigurationssystem, welches seinerseits diese Anfrage auflöst, um das benötigte Werkzeug zu aktivieren.

Eine erste prototypische Realisierung eines konfigurierbaren Konstruk-tionssystem basierend auf dem Volumenmodellierungstoolkit ACIS ist in Entwicklung. Das konfigurierbare Konstruktionssystem bietet Möglichkeiten zur geometrischen Konstruktion von 2D-Konturen und Profilen und 3D-Flächen und Volumen. Zur semantischen Konstruktion ist ein Modul zur Feature-basierten Modellierung bereitgestellt. Im Konstruktionssystem kann graphisch-interaktiv sowohl geometrisch als auch semantisch konstruiert werden. Ein flexibler Konstruktionsprozeß ermöglicht eine homogene Nutzung von geometrischen und von semantischen, feature-basierten Objekten. Auf aktuelle Entwicklungen bei IGD wird in diesem Kontext eingegangen werden. Eine prototypische Realisierung eines konfigurierbaren Konstruktionssystems in C++ auf SUN unter UNIX basierend auf dem hybriden Volumenmodellierungs-Toolkit ACIS (Spatial Technology Inc.) wird vorgestellt werden. Das Konstruktionssystem besteht aus einem Modul zur durchgängigen 2D/3D Modellierung, einem Modul zur Feature-basierten Modellierung sowie aus den Infrastruktur-Komponenten des Systemteils wie z.B. das Benutzungsoberflächensystem. Das Benutzungs-oberflächensystem basiert auf X/Motif und dem User-Interface-Management-Toolkit Theseus++ (ZGDV Darmstadt) für das Dialogmanagement [KOC94]. Die graphisch-interaktive Präsentation von geometrischen und semantischen Objekten wird durch den Interaktionsmanager und Präsentationsmanager realisiert.

Zusammenfassung und Ausblick

Dieser Beitrag stellt einen konzeptuellen Lösungsansatz zur anwendungs-orientierten Konfiguration von verteilten Systemkomponenten und -werkzeugen, die in der systemtechnischen Rahmenarchitektur des CAD-Referenzmodells integriert sind, dar. Das hierin beschriebene Konfigurationssystem bietet Möglichkeiten zur statischen und dynamischen Laufzeitkonfiguration von

System- und Anwendungswerkzeugen, die in der verteilten Umgebung mittels des Kommunikationssystems interagieren. Die Anwendungsorientierung wird hierbei durch die spezifischen Kontextdaten der Anwendung dem Konfigurationssystem übermittelt. Dieses System kann dann aufgabenspezifisch Anwendungswerkzeuge in der Laufzeitumgebung bereitstellen, die zur Abarbeitung dieser Aufgabe erforderlich sind.

Die Anwendung dieses systemtechnischen Konfigurationssystems im Gesamtsystem des CAD-Referenzmodells bietet Möglichkeiten einer dynamischen und aufgabenbezogenen Konfiguration der Systemfunktionalität. Diese Systemfunktionalität beinhaltet im wesentlichen auch Anwendungen und Anwendungswerkzeuge, die firmen- und produktspezifische Anpassungen realisieren und die somit ein Customizing des CAD-Referenzsystems ermöglichen. Das hier beschriebene Konfigurationssystem stellt einen Lösungsansatz zur systemtechnischen Unterstützung eines Customizing der CAD-Umgebung dar. Die organisatorischen Fragestellungen des Customizing und das Vorgehensmodell des Customizing haben jedoch weitreichendere Auswirkungen auf die Systemumgebung, die in diesem Artikel nicht adressiert wurden.

Die hier vorgestellten Ergebnisse sind wesentlicher Bestandteil der konzeptuellen Ausarbeitung zu Struktur und Funktionalität der Rahmenarchitektur des CAD-Referenzmodells. Die beschriebenen Konzepte werden in einer weiterführenden Projektphase prototypisch umgesetzt und unter Verwendung von kommerziellen Anbietersystemen realisiert.

6 Literaturverzeichnis

[DIE94]   U. Dietrich, H. Hayka, H. Jansen, B. Kehrer: "Systemarchitektur des CAD-Referenzmodells unter den Aspekten Kommunikation, Produktdatenmanagement und Integration", in: Proc. GI-Fachtagung "CAD '94", Paderborn, 17.-18.3.1994.

[HAß92]   S. Haßinger: "Anwendungsorientierte Konfiguration in CAD-Systemen: Anforderungen und Auswirkungen". In: VDI-Gesellschaft Entwicklung, Konstruktion Vertrieb. Datenverarbeitung in der Konstruktion, 1992

[HAß93]   S. Haßinger, J. Rix: CAD-Frameworks - Entwicklung eines Rahmenwerkes zur Integration unterschiedlicher CAD-Werkzeuge, Fraunhofer Bericht FIGD93i005

[KOC94]   M. Koch, S. Haßinger: "Konfigurierbare CAD-Anwendungen auf der Basis eines flexiblen Benutzungsoberflächensystems", in Proceedings GI-Fachtagung "CAD'94", Paderborn, März 1994

[KÜH92]   H. Kühner, S. Haßinger: Verbundprojekt CAD-Referenzmodell, Statusbericht Arbeitspaket AP3 "Anwendungsorientierte Konfiguration", Fraunhofer IGD, September 1992

[REF92]   Autorenkollektiv. Verbundprojekt CAD-Referenzmodell - : Aktueller Stand der CAD-Technik und der rechnergestützten Konstruktionsarbeit, FZI, Karlsruhe 1992

[REF94]   Autorenkollektiv. Verbundprojekt CAD-Referenzmodell - Gestaltung zukünftiger computergestützter Konstruktionsarbeit, Integriertes Organisations- und Technikkonzept Abschlußbericht Projektphase I, FZI, Karlsruhe 1994

[WEI92]   M. Weiß, F. Stetter. The Bidding Model of Configuration Control. In: F.L. Krause, D. Ruland (Hrsg.): CAD ´92. Springer Verlag 1992, Berlin.

Die Architektur eines Kommunikationssystems zur Unterstützung der internen und externen Integration in CA-Systemen

Ute Dietrich, Bernd Kehrer
Zentrum für Graphische Datenverarbeitung Rostock
Joachim-Jungius-Straße 9, 18059 Rostock

Kurzfassung

Für die Zielsetzung einer gesamtheitlichen Unterstützung des Produktentwicklungsprozesses innerhalb von Unternehmensstrukturen und bei der Kooperation mit Partnern und Zulieferern ist die Bereitstellung einer einheitlichen, alle Bereiche umfassenden Kommunikations- und Integrationsstrategie von sehr großer Bedeutung.

Um diese Strategien bereitstellen zu können, sind offene, modulare und dynamisch konfigurierbare Systemarchitekturen erforderlich.

In diesem Beitrag wird ausgehend von den im Rahmen des Verbundprojektes "CAD-Referenzmodell" erarbeiteten Architektur- und Integrationskonzepten für CAD-Systeme ein Lösungsansatz eines Client-Server-orientierten Kommunikationssystems vorgestellt, das Strategien für die interne und externe Integration in CA-Systemen unterstützt und Ansätze für die Einführung rechnergestützter kooperativer Arbeitsweisen im Produktentwicklungsprozeß bereitstellt.

1 Zielsetzung

Durch die Einführung und Nutzung von CA-Systemen im Rahmen von Produktentwicklungs-, Produktions- und Qualitätssicherungsprozessen können deutliche Produktivitätssteigerungen erreicht werden. Die erreichbaren Effekte werden jedoch in der Praxis häufig durch eine mangelnde Integration der eingesetzten Komponenten gemindert. Um die angestrebte Durchgängigkeit der DV-Unterstützung von Unternehmensprozessen zu erreichen, gewinnt die Bereitstellung von einheitlichen und innovativen Kommunikations- und Integrationsstrategien zunehmend an Bedeutung. Sie sind darüber hinaus eine wichtige Voraussetzung für die Einführung rechnergestützter kooperativer Arbeitsweisen in Unternehmensbereichen bzw. zwischen Unternehmen und ihren Partnern, Zulieferern und Kunden.

Im Rahmen des Verbundprojektes "CAD-Referenzmodell" wurde die Konzeption einer zukunftsorientierten Systemarchitektur für CAD-Anwendungen erarbeitet, die insbesondere die Anforderungen eines integrierten Produktentwicklungsprozesses berücksichtigt.

2 CAD-Referenzmodell

Das generelle Ziel des Verbundprojektes "CAD-Referenzmodell" ist die Formulierung rechnergestützter Konstruktionsarbeit, die insbesondere den Ansprüchen menschengerechter Arbeitsgestaltung genügt und eine qualitative und quantitative Verbesserung der Arbeitsergebnisse bewirkt.

Im Rahmen des CAD-Referenzmodells wurde eine Referenzarchitektur entworfen, auf deren Basis Sollkonzepte für die CAD-Systemgestaltung beschrieben werden und die den Anforderungen an die Offenheit, Modularität, Flexibilität und Anpaßbarkeit zukünftiger CAD-Systeme gerecht werden soll. Die Referenzarchitektur berücksichtigt dabei konsequent aktuelle Tendenzen der internationalen Normung (STEP, OSF/DCE, OSF/Motif,...), aktuelle Forschungsarbeiten (CFI, CORBA, ACIS,...) und aktuelle Technologien der Informationstechnik (objektorientierte Methodologie, Netzwerktechniken, Client-Server-Technik, Telekooperationstechniken /CSCW,...).

2.1 Architekturkonzept des CAD-Referenzmodell

Die im Rahmen des Projektes konzipierte Referenzarchitektur vermittelt einen Überblick über die zugrundegelegten Auffassungen von Struktur, Arbeitsweise und Dienstleistungen zukünftiger CAD-Systeme. Die Entwicklung der Architektur erfolgt dabei in 3 Ebenen, der Gundstruktur, der Grobspezifikation und der Feinspezifikation. Diese Ebenen unterscheiden sich durch ihren Detaillierungs- und Formalisierungsgrad und ermöglichen eine umfassende Beschreibung der Funktionalität.

Die erste Ebene, die Grundstruktur, beinhaltet 4 Hauptkomponenten: den Anwendungsteil und Systemteil, das Produktmodell und die Komponente für das anwendungsspezifische Wissen. Die deutliche Trennung dieser Komponenten soll eine möglichst effiziente, den Anwendungsbedingungen anpaßbare Konfigurierung der Anwendungs- und Systemkomponenten ermöglichen.

Der Anwendungsteil, *Application Part*, umfaßt die Menge der in einem CAD-System verfügbaren anwendungsbezogenen Komponenten, die zur Realisierung konstruktionsspezifischer Funktionalität zur Verfügung stehen.

Der Systemteil, *System Part*, umfaßt dagegen alle in einem CAD-System verfügbaren anwendungsunabhängigen Komponenten, die für die Bereitstellung, Konfigurierung, Abarbeitung und Integration von Komponenten des Anwendungsteils benötigt werden.

Das Produktmodell, *Product Model*, enthält alle für ein Unternehmen relevanten produktspezifischen Daten und stellt die logische und physikalische Einheit aller produktrelevanten Daten sicher [DIE94]. Die Wissenskomponente, *Application specific Knowledge*, stellt das anwendungsspezifische Wissen bereit, das zur Lösung einer Konstruktionsaufgabe benötigt wird.

2.2 Grobspezifikation der Referenzarchitektur

Grundsätzlich können alle Komponenten der CAD-Referenzarchitektur durch vier Merkmale charakterisiert werden: die *Kommunikationsfähigkeit* (Funktionalität zur Kommunikation mit ihrer Umgebung), die *Komponentenstruktur* (Gliederung in Teilkomponenten), die *Ablauflogik* (dynamisches Verhalten der Komponente) und die *Komponentenparameter* (Instanzvariablen der Komponente) [HEL91]. Bei der weiteren Beschreibung der Hauptkomponenten auf der zweiten Ebene soll zur näheren Spezifizierung hauptsächlich auf die Struktur der Komponenten eingegangen werden.

Die Komponenten des Anwendungsteils werden je nach Problemspezifiziertheit bzw. Allgemeingültigkeit in drei hierarchische Schichten (spezifische Anwendungen, generische Anwendungen und Ressourcen) untergliedert.

Die Ressourcen beinhalten die allgemeingültigen, anwendungsbereichsunabhängigen CAD-Basisfunktionen. Aufbauend auf den Ressourcen umfassen die generischen Anwendungen die problembezogenen Funktionen zur Umsetzung von CAD-Teilaufgaben. Produkt-, benutzer- bzw. unternehmensspezifische CAD-Applikationen, die eine hohe Problemspezifik aufweisen, werden der Schicht der spezifischen Anwendungen zugeordnet. Der Zugriff auf die Funktionalitäten der Ressourcen erfolgt ausgehend von den Anwendungen.

Zur Bereitstellung der für die Ausführung der Applikationen erforderlichen Dienste enthält der Systemteil sechs verschiedene modularisierte Subsysteme. [CFI91] Diese sind das Benutzungsoberflächensystem (*User Interface System*), das Konfigurationssystem (*Configuration System*), das Kommunikationssystem (*Communication System*), die Systemressourcen (*System Resources*) sowie die Produktdatenmanagement- (*Product Data Management-*) und Wissensmanagementsysteme (*Knowledge Management System*).

Die Unterteilung in verschiedene anwendungsunabhängige, nach Aufgaben-komplexen getrennte Subsysteme ermöglicht eine offene, konfigurierbare und modulare Realisierung von CAD-Systemkomponenten. Jede Systemkomponente stellt für das Gesamtsystem spezifische Dienste bereit:

- Das Benutzungsoberflächensystem ist für eine einheitliche, konsistente und ergonomische Benutzerführung über alle Applikationen verantwortlich.
- Das Konfigurationssystem sorgt für eine anwendungsspezifische Konfigurierbarkeit des Gesamtsystems.
- Das Kommunikationssystem stellt eine Kommunikation und Kooperation zwischen Anwendungskomponenten, Systemkomponenten und Benutzern sicher und beinhaltet Funktionalität zur Fehlerbehandlung und zum Recovery.
- Die Systemressourcen sind im Gesamtsystem für die Bereitstellung von Help-Funktionen sowie von Unterstützungsfunktionen zum Zugriff auf die im System vorhandenen anwendungsunabhängigen Tools und Ressourcen und deren Verwaltung verantwortlich.
- Das Produktdaten-Managementsystem sorgt für die Organisation und Realisierung des Zugriffs auf die Daten des Produktmodells und bietet Dienste für die Generierung der Modellschemata und die Konsistenz-sicherung der Produktmodelldaten an.
- Equivalent dazu sorgt das Wissens-Managementsystem für die Organi-sation und Realisierung des Zugriffs auf das anwendungsspezifische Wissen. Zusätzlich stellt es Funktionalität für die Verarbeitung und die Erweiterung des Wissens bereit.

Der Systemteil setzt dabei auf eine Grundfunktionalität auf, die durch die Dienste des Betriebssystems sowie vorhandene Netzwerkdienste bereitgestellt werden.

Das Produktmodell besteht in der Regel aus mehreren Partialmodellen, die unterschiedliche Sichten auf das Produkt darstellen, wobei im Rahmen des CAD-Referenzmodells diejenigen Partialmodelle betrachtet werden, die die Produktentwicklungsphase betreffen. Das Produktmodell wird in Anlehnung an den STEP-Ansatz in generische Basismodelle (Generic Resources), anwen-dungsabhängige Basismodelle (Application Resources) und Anwendungs-protokolle (Application Protocols) strukturiert. Die generischen Basismodelle sind unabhängig von einem Anwendungsgebiet spezifizierte Basismodelle, wie beispielsweise für Geometrie und Topologie, Produktstruktur und -konfi-guration, Formelemente und Materialien. Als anwendungsabhängige Basis-modelle werden die auf den generischen Basismodellen aufbauenden, unter Berücksichtigung anwendungsbezogener Funktionen entwickelten Basismodelle bezeichnet. Das Anwendungsprotokoll definiert dabei den Einsatzbereich und die Benutzungsform der Basismodelle für eine bestimmte Anwendung.

Problemspezifisches Wissen kann nach seinem Inhalt in drei hierarchische Schichten, den Wissensressourcen *(Knowledge Resources)*, dem generischen

Wissen *(generic Knowledge)* und dem spezifischen Wissen *(specific Knowledge)* und nach den Möglichkeiten der Verarbeitung in formales und informales Wissen gegliedert werden. Die Zuordnung zu den drei Schichten ist wie beim Anwendungsteil von der Problemspezifik und der Allgemeingültigkeit des Wissens abhängig. Formales und informales Wissen können dagegen in allen drei Schichten auftreten. Das formale Wissen beinhaltet alles Wissen, das systeminterne (z.B. regelbasierte) Überprüfungen, Schlußfolgerungen und Erklärungen ermöglicht, während beim informalen Wissen eine kontextbezogene Auswertung des Inhalts vom Benutzer vorgenommen werden muß.

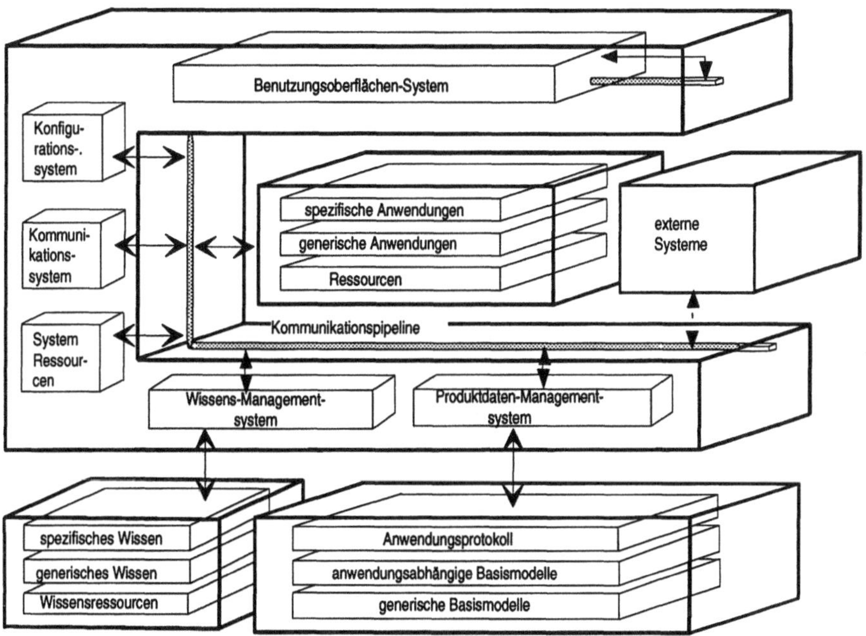

Abb. 1. Grobstruktur der Referenzarchitektur

Alle Anwendungskomponenten der Referenzarchitektur haben über eine einheitliche Kommunikationsschnittstelle (*C*ommunication *S*ystem *I*nterface -- CSI) Zugriff auf die Dienste des Systemteils. Der Zugriff wird durch das Kommunikationssystem gesteuert und erfolgt durch das Versenden und Empfangen von Nachrichten über eine Kommunikationspipeline, welche Bestandteil des Kommunikationssystems ist.

Dieses Konzept soll eine Modularisierung von System- und Anwendungskomponenten ermöglichen, die die Unabhängigkeit der Komponenten voneinander erhöht und damit die Austauschbarkeit und Erweiterbarkeit sowohl der anwendungsbezogenen als auch der anwendungsunabhängigen Komponenten bei vertretbarem Aufwand unterstützt. Die für das Hinzufügen bzw. Entfernen von Komponenten benötigten Werkzeuge werden in der Referenzarchitektur durch den Systemteil bereitgestellt.

Das Kommunikationssystem nimmt somit für die Realisierung der Zusammenarbeit der Komponenten eine zentrale Stellung ein:

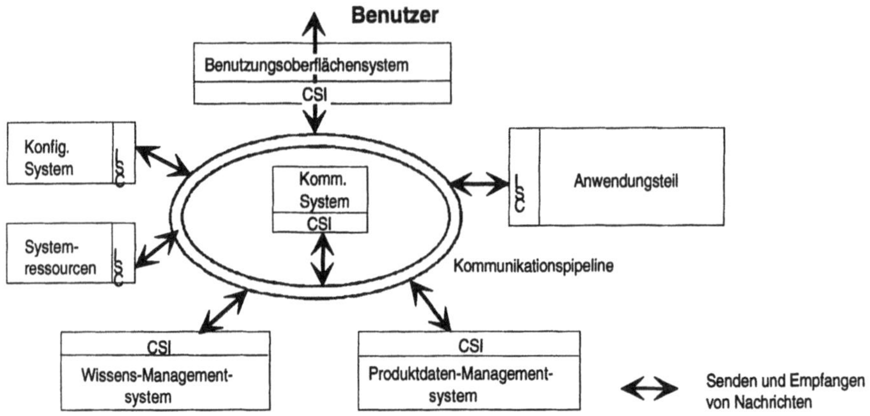

Abb. 2. Realisierung der Interaktion der Komponenten des Anwendungs- und Systemteils

3 Kommunikationsmodell

Im objektorientierten Sinne stellt sich das Gesamtsystem als eine Menge kooperierender Objekte dar, die gekapselte Funktionen oder Ressourcen enthalten und diese als Dienste für andere Komponenten zur Verfügung stellen. Nachrichten bilden im zugrundeliegenden Kommunikationsmodell das zentrale Kommunikationsinstrument zwischen den Objekten, wobei die aufrufenden Objekte keine Kenntnis über Ort, Adresse, Bezeichnung oder Art der Implementierung des gerufenen Objektes besitzen müssen. Der Transport dieser Nachrichten erfolgt dabei in Form typisierter Kommunikationsobjekte über die Kommunikationspipeline und ist unabhängig von aufrufenden und gerufenen Objekten.

Das aktivierende Objekt kann Nachrichten an ein spezielles Objekt oder an mehrere Objekte gleichzeitig oder an ein "abstraktes" Objekt ('BROADCAST') absenden. Nach Abarbeitung der entsprechenden Methode(n) werden die Ergebnisse an die anfordernde Komponente zurückgegeben.

Der Inhalt einer Nachricht wird durch ihre Attribute bestimmt. Diese Attribute werden von den sendenden Objekten festgelegt, z.B. :

- Nachrichtenklasse,
- Methodenname,
- Methodenargumente,
- ggf. Methodenresultate (abhängig von der Nachrichtenklasse),
- Name des aktivierenden Objektes,
- ggf. Name des Zielobjektes (abhängig von Nachrichtenklasse),
  - Nachrichtenstatus,
  - Ausführungsbedingung.

Die Ausführungsbedingungen können sich z.B. auf den Nachrichtenstatus anderer Nachrichten und auf die Existenz von Instanzen oder Systemzuständen beziehen.

Im Rahmen des Projektes wurden daher folgende Nachrichtenklassen spezifiziert:

- *direkte, unbedingte Aktivierung*
  mit / ohne Rückgabe von Methodenresultaten
  (die von einem Objekt gesendete Nachricht enthält den Namen des Zielobjektes und ist nicht an Ausführungsbedingungen geknüpft)
- *indirekte, unbedingte Aktivierung*
  mit / ohne Rückgabe von Methodenresultaten
  (dito : ...enthält nicht den Namen...)
  Die Aktivierung von Methoden erfolgt auf der Grundlage von Mustern (Pattern), die die Identifizierung von Zielobjekten unterstützen.
- *direkte, bedingte Aktivierung*
  mit / ohne Rückgabe von Methodenresultaten
  (die von einem Objekt gesendete Nachricht enthält neben dem Namen des Zielobjektes entsprechende Ausführungsbedingungen)
- *indirekte, bedingte Aktivierung*
  mit / ohne Rückgabe von Methodenresultaten
  (dito : ... enthält nicht den Namen ...)

Die Grundidee für die Einführung verschiedener Nachrichtenklassen ist, daß Objekte auf vielerlei Arten miteinander kommunizieren können, ohne die Form der Implementierung von Methoden und der Integration von Objekten sowie deren Lokation zu kennen. Die Suche passender Objekte kann über eine Liste realisiert werden, die alle im System verfügbaren Objekte (Instanzen), deren Methoden und "Interessen" an bestimmten Nachrichten enthält. Zur Erstellung dieser Liste beschreiben alle Objekte bei ihrer Konfigurierung die Arten der Nachrichten, die für sie interessant sind, d.h. bearbeitet werden können in Form von Mustern, einer Art Anforderungsprofil des Nachrichtenempfangs. [BUS93].

Die Kommunikation zwischen Objekten wird über das objektorientierte CSI realisiert. Das CSI beinhaltet das Kommunikationsprotokoll zur Festlegung der

Nachrichten, die empfangen bzw. verschickt werden sollen. Zusätzlich legt das in der Schnittstelle enthaltene Protokoll fest, wie dieser Nachrichtenaustausch erfolgt und welche Methoden nach dem Empfang einer Nachricht ausgelöst werden. Die formale Beschreibung der Schnittstelle (Schnittstellendefinition) wird mit der Interface Definition Language (IDL) vorgenommen und in der dazugehörigen IDL-Datei abgelegt. Mit ihrer Hilfe werden Attribute, Operationen sowie Parameter (Eingabe / Ausgabe) definiert, auf deren Basis eine Entgegennahme von Anfragen und eine Aktivierung der Methoden des Objektes erfolgt. [OMG91] Eine Methode kann nur dann erfolgreich aktiviert und abgearbeitet werden, wenn die empfangene Nachricht zum Typ der definierten Zielvariablen paßt. Jedes Interface besitzt einen Identifier und eine Versionsnummer, mit deren Hilfe eine eindeutige Identifizierung des Objektes möglich ist.

Um eine Integration externer, auf verschiedenen Systemarchitekturen laufenden Komponenten und Systemen zu ermöglichen, ist in das CSI ein Network Protokol Interface (NPI) eingebettet, über welches die Entgegennahme netzwerkweiter Anforderungen ermöglicht wird [BEY93].

Über das CSI erfolgen sowohl statische als auch dynamische Methodenaufrufe.

— *statischer Methodenaufruf*
    über eine statische Schnittstelle = Stub-Interface, welche für ein bestimmtes Objekt spezifiziert ist. (Die Generierung des spezifischen Source-Codes erfolgt aus der formalen Schnittstellenbeschreibung mit Hilfe des IDL-Compilers während der Compilierung des Gesamtsystems.)

— *dynamischer Methodenaufruf*
    über eine dynamische Schnittstelle = generisches Interface, welche die Konstruktion von Methodenaufrufen beliebiger Objekte zur Laufzeit aus im Interface Repository enthaltenen Schnittstellenbeschreibungen ermöglicht. Eine statische Erzeugung von objektspezifischen Aufrufschnittstellen ist nicht mehr erforderlich. (Für einen Aufrufer repräsentiert die dynamische Aufrufschnittstelle ein Objekt mit seinen Methoden.)

Um einen einheitlichen Zugriff auf die Daten des Produktmodells durch das Product Data Management System zu gewährleisten, wird bei allen Objekten, die einen Zugriff auf das Produktmodell haben, zusätzlich ein Data Manager Interface realisiert [DIE94].

Die Schnittstellen sind unabhängig von Hardware und Betriebssystem sowie den verwendeten Kommunikationsmechanismen. Sie sichern somit die Kompatibilität zu allen Komponenten, die in Zukunft auf diese Protokolle aufsetzen.

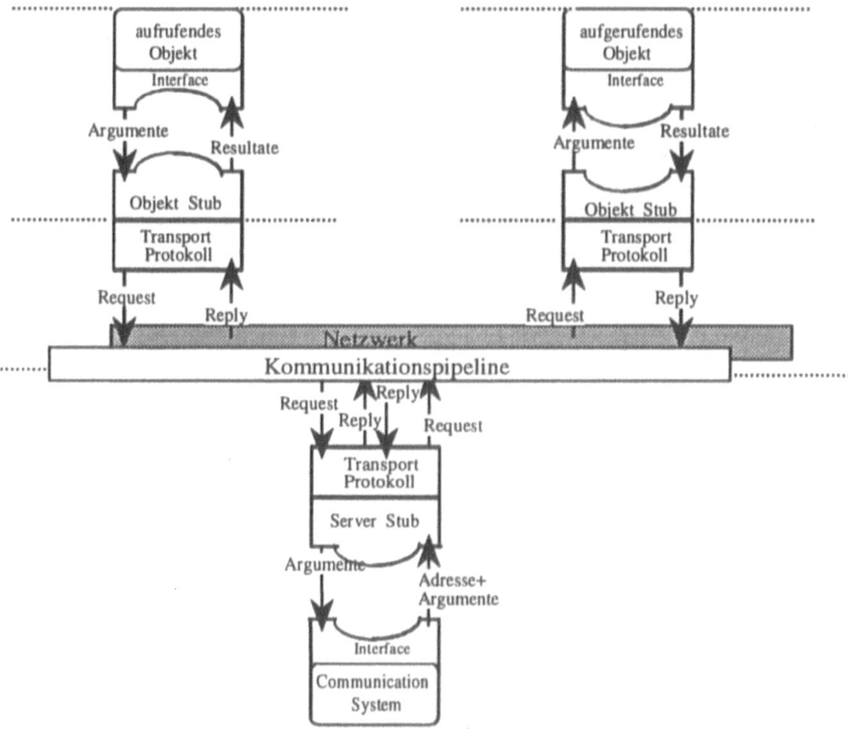

Abb. 3. Statische Erzeugung von Objektaufrufen -- Grundprinzip des RPC
[nach HÜL92]

4 Kommunikationssystem

Das Kommunikationssystem stellt aufbauend auf dem vorgestellten Kommunikationsmodell einen Lösungsansatz für die Kommunikations-, Kooperations-
und Integrationsanforderungen der System- und Anwendungskomponenten
untereinander und mit ihrer Umgebung dar. Mit Hilfe des Kommunikationssystems sollen allen Komponenten der Gesamtarchitektur Mechanismen für eine
einheitliche Objektinteraktion zur Verfügung gestellt werden, die es erlauben,
weitgehend autonome Komponenten in ein logisch zusammenhängendes System
auf der Basis dieser Kommunikationsstrategie zu integrieren.

Das Kommunikationsystem hat dabei im Gesamtsystem eine effektive
Kommunikation und Kooperation von CAD-Anwendungs- und System-
komponenten unter verschiedenen Bedingungen, wie z.B. Homogenität oder
Heterogenität, lokale oder verteilte Komponenten, sequentielle oder parallele
Zugriffe sicherzustellen.

4.1 Aufgabenstellung und Leistungsumfang

Die Aufgaben des Kommunikationssystems umfassen im wesentlichen die Entgegennahme von Nachrichten von Komponenten aus der Kommunikationspipeline, das Lokalisieren geeigneter Zielobjekte bzw. Methoden, den Auf- und Abbau von Kommunikationsverbindungen zu den gewünschten Komponenten, das Verteilen von Nachrichten, die Aktivierung und Deaktivierung der Komponenten sowie die Synchronisation des Zugriffs auf die Ressourcen und Komponenten des Gesamtsystems. Innerhalb des Kommunikationskonzeptes fungiert das Kommunikationsystem somit im Sinne eines Client-Server-Modells als Kommunikationsserver für alle Komponenten des Gesamtsystems. Durch das Kommunikationssystem werden die gewünschten Methoden eines Objektes im Auftrag eines Clients aufgerufen.

Je nach Einsatzbedingungen und gewünschter Funktionalität kann das Kommunikationssystem eine unterschiedliche Komplexität aufweisen. Der vom Kommunikationssystem abzudeckende Leistungsumfang hinsichtlich der Anwendungsbedingungen wird anhand der Leistungsstufen in Abb. 4. deutlich gemacht. Bei der Beschreibung der Architektur wird daher von einem modularen, konfigurierbaren Aufbau des Kommunikationssystems ausgegangen, der insbesondere die funktionalen Anforderungen des rechnerunterstützten kooperativen Arbeitens in verteilten Systemen unterstützen soll sowie eine den Anforderungen angepaßte Optimierung der Performance ermöglicht. Das Kommunikationssystem wird vom jeweiligen physikalischen und logischen Kommunikationsmedium getrennt.

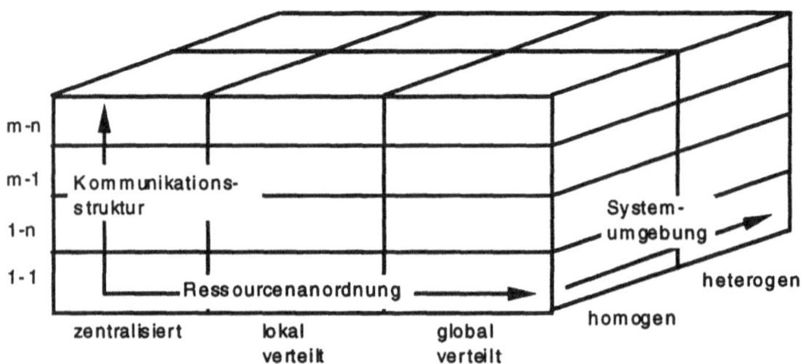

Abb. 4. Leistungsstufen des Kommunikationssystems

Die in Abb. 4. dargestellte Kommunikationsstruktur beschreibt die Teilnehmer (Quelle und Empfänger), die beim Kommunizieren über eine Verbindung beteiligt sind. Jede der 1:n-, m:1- und m:n- Verbindungen kann durch die Verwendung mehrerer 1:1-Verbindungen simuliert werden. Die dafür erforderlichen komplexen Protokolle müssen vom Kommunikationssystem bereitgestellt werden [SLO89]. Der Kommunikationsaufbau kann sowohl verbindungsorientiert als auch verbindungslos erfolgen. Im ersten Fall wird eine logische Verbindung zwischen den Komponenten aufgebaut und für die Dauer der Kommunikation beibehalten, da die Objektinteraktion nach dem Request/ Replay-Modells abläuft. Im zweiten Fall ist jede Nachrichtentransaktion eine einzelne, selbständige Operation, die unabhängig von vorhergehenden Nachrichten ist. Bei verbindungsloser Nachrichtenübermittlung wird keine logische Verbindung für die Dauer der Kommunikation aufgebaut, d.h., bei jeder Transaktion erfolgt ein Neuaufbau der Verbindung. Daher muß jede Transaktion die volle Adresse des Zielorts enthalten.

4.2 Struktur und Funktionalität

Zur Realisierung der an das Kommunikationssystem gestellten Anforderungen wurden auf der Ebene der Feinspezifikation für das Kommunikationssystem vier Dienste definiert, der Informations- und Objektmanager (*Information and Object Manager*), die Informationsunit (*Information Unit*), die Kommunikationsunit (*Communication Unit*) und die Synchronisationsunit (*Synchronizer*) (Abb. 5.). Die Funktionalität dieser Dienste wurde im Rahmen des CAD-Referenzmodells durch die Einführung entsprechender Komponenten und die Beschreibung ihrer Arbeitsweisen weiter detailliert.

Der Informations- und Objektmanager (IOM) enthält die gesamte Managementfunktionalität des Kommunikationssystems zur Bearbeitung von Kommunikationsanfragen und sorgt für deren reibungslose Abarbeitung. Die Aufgaben des IOM umfassen weiterhin das Feststellen von passenden Methoden und zugehörigen Objekten, das Aktivieren der Gesamtfunktionalität des Kommunikationssystems, die Überwachung des Zusammenwirkens sowie das Erkennen von Kommunikationsfehlern [BEY93]. Innerhalb des IOM stehen 4 Komponenten für die Realisierung der Funktionalität zu Verfügung. Der Management Request Broker (MRB) sorgt für eine Aktivierung und Überwachung der entsprechenden Dienste zur Bearbeitung von Kommunikationsanfragen und leitet, falls kein entsprechender Adressat gefunden wurde oder bei verteilten Anwendungen nicht lokal verfügbar ist, den Auftrag entweder an einen anderen zuständigen MRB oder an das Konfigurationssystem zur Nachkonfigurierung weiter [STR92].

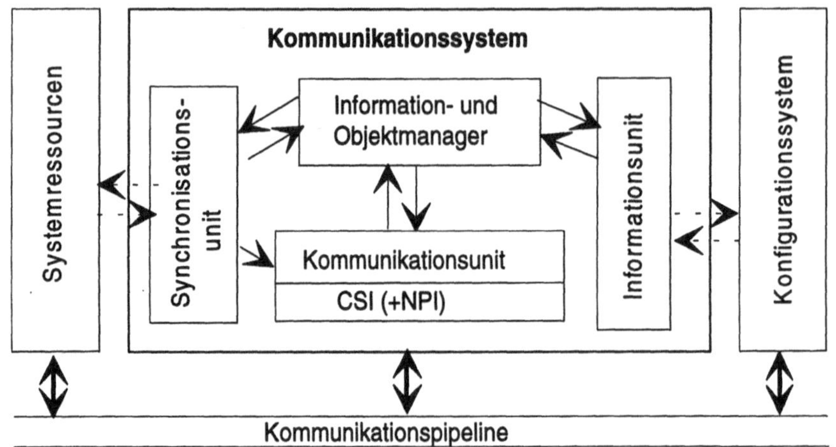

Abb. 5. Struktur des Kommunikationssystems

Die Zuordung der aus der Kommunikationspipeline entgegengenommenen Nachrichten zu entsprechenden Komponenten, die passende Methoden zur Bearbeitung der Anforderungen enthalten, wird durch die Message Dispatch Component anhand einer Liste, der 'List of Message Pattern', vorgenommen. Diese Komponente filtert alle an einer Nachricht interessierten Objekte durch einen Vergleich der Nachrichtenattribute mit den Empfänger-Pattern heraus und sorgt mit Hilfe der Informationsunit für eine Lokalisierung des/der Adressaten. Durch die Message Protocol Component werden alle eingetroffenen Nachrichten im Message Protocol protokolliert und zur Koordination der Abarbeitung von Kommunikationsanfragen und zur Freigabe von Kommunikationsmedien an die Synchronisationsunit weitergeleitet.

Zusätzlich ist im IOM Funktionalität für die Realisierung kooperativer Arbeitensweisen mit entfernten Benutzern in Form von Konferenzen vorgesehen. Der integrierte *Conferencing Manager* übernimmt bei Konferenzanforderungen die Initialisierung zum Aufbau entsprechender Kommunikationsbeziehungen sowie das Management und die Überwachung der Konferenz und der an der Konferenz beteiligten Komponenten.

Die *Informationsunit* stellt im System Dienste für das Identifizieren und Referenzieren von Informationen über die im Kommunikationsverbund verfügbaren Komponenten bereit und gewährleistet eine eindeutige Benennung im

Netzwerk. Sie gewährleistet somit im Gesamtsystem ein einheitliches, globales Adressierungsschema und unterstützt durch die Entkopplung von Namen und Adressen die Transparenz im System [SCH93]. Durch die Informationsunit werden dem Kommunikationssystem zwei Dienste für das Auffinden passender Objekte bzw. Methoden zur Verfügung gestellt. Die *Naming Component* stellt Funktionalität für die direkte Suche von Objekten über Identifikatoren und die indirekte Suche von Objekten aufgrund von Leistungsanforderungen bereit. Die direkte und indirekte Suche umfaßt dabei folgende Kriterien :

- direkte Suche nach dem Namen ('weiße Seiten'),
- Suche nach Attributen ('gelbe Seiten'),
- (unterstützt durch die im IOM enthaltende Message Dispatch Component),
- Abbildung eines Namens in andere Namen (Alias),
- Abbildung eines Namens auf eine Gruppe von Namen (Verteilerliste),
- Aktivierung des Interface Repository Handler zur Suche passender Schnittstellenbeschreibungen

und bildet die zugeordneten Namen auf entsprechende systeminterne Adressen ab.

Der *Interface Repository Handler* (IRH) ermöglicht das dynamische Referenzieren von Informationen über Objekte und daraus eine dynamische Generierung eines Objekt(Methoden)aufrufes mit Hilfe generischer Interface-Beschreibungen. Für die dynamische Generierung verfügt der IRH über eine Liste der Schnittstellenbeschreibungen aller im System verfügbaren konfigu-rierten Objekte (Interface Repository) [OMG91]. Ein aktivierendes Objekt kann dadurch zur Laufzeit die Schnittstellenbeschreibung eines Objektes erfragen und danach seinen Methodenaufruf generieren.

Die *Kommunikationsunit* empfängt und bedient die über die Kommuni-kationspipeline gesendeten Kommunikationsanforderungen der aufrufenden Objekte. Sie sorgt somit für die Aufbereitung von Nachrichten und Ergebnissen durch die Umwandlung von internen Nachrichtenformaten in Netzwerk-darstellungen und umgekehrt sowie für den Aufbau bzw. Abbau von lokalen und globalen Kommunikationsverbindungen zwischen den Komponenten.
Weiterhin werden durch die Kommunikationsunit Werkzeuge für eine dynamische Anpassung an gewünschte Kommunikationsstrukturen bereit-gestellt.

Der Kommunikationsunit stehen zur Erfüllung der Aufgaben 3 Komponenten zur Verfügung.

Die Interface Management Component (IMC) enthält die beiden für das Empfangen und Senden notwendigen Interfacemanager, den *NPI-Manager* und den *CSI-Manager*. Der IMC nimmt über eine generierte Schnittstelle die Nachrichten aus der Pipeline entgegen, sorgt bei langen Nachrichten für ein Segmentieren und Zusammensetzen bzw. Aufteilen der Komunikations-anforderungen und übernimmt die Interpretation und Aufbereitung der empfangenen Nachrichten. Durch den NPI-Manager werden dabei über das

Network-Protocol-Interface die entfernten und externen Anforderungen über
einen generierten Server-Stub entgegengenommen. Die verschiedenen Protokolle werden mit Hilfe des Dekodierungs-/ Kodierungsservices in eine
einheitliche Netzwerkdarstellung abgebildet. Der *CSI-Manager* beinhaltet den
IDL-Compiler mit einer entsprechenden Syntax, der die Schnittstellen-Defini-
tion aus einer Interface Definition Language in portierbaren Sourcecode
übersetzt (Abb. 6. [BIB92]). Dazu wird eine zugehörige IDL-Datei, die die
Definition sämtlicher Aspekte einer Schnittstelle enthält, generiert und an die
Nachricht 'angehängt'.

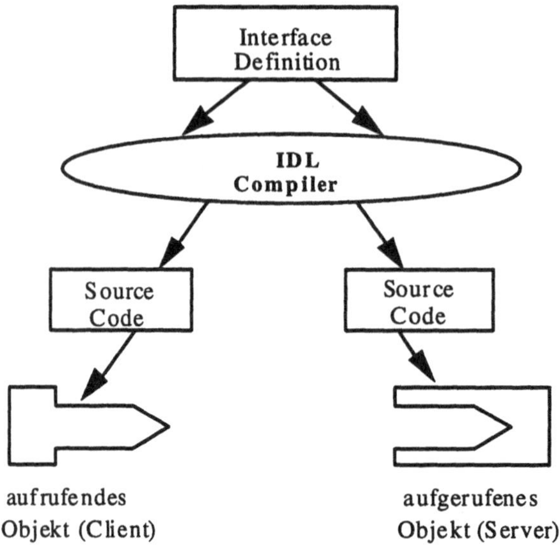

Abb. 6. IDL Interface Compiler- Erzeugung von Sourcecode für Client- und Server-
Stubs

Da die Komponenten der Gesamtarchitektur in einer verteilten Umgebung
vorhanden sein können, beinhaltet das Aufgabenprofil der Kommunikationsunit
die Gewährleistung einer eindeutigen und gegenseitigen Verifikation von
Kommunikationspartnern. Diese Aufgabe wird duch eine *Security Component*
realisiert, die somit sicherstellt, daß die Identität eines Kooperationspartners
verifiziert werden kann und die Informationen unverfälscht und aktuell
empfangen werden können. Der *Communication Manager* sorgt für die Einrichtung und den Abbau von lokalen (auf demselben Host) bzw. globalen (verteilte
Hosts) Kommunikationswegen und stellt bei Bedarf Routineinformationen
(Wegewahl) bereit. Im Rahmen der Bereitstellung von Funktionalität für das

kooperative Arbeiten verfügt der Communication Manager über Funktionalität für das Komprimieren/ Dekomprimieren von Dateien und für einen geregelten Nachrichtenempfang und -versand während einer laufenden Sitzung. Für den Fall, daß eine Kommunikationsverbindung verlorengeht, werden regelmäßig Kontrollpunkte vom Communication Manager an den IOM geliefert, um ein Wiederaufsetzen in einem bekannten Zustand zu gewährleisten.

Die *Synchronisationsunit* stellt dem Gesamtsystem Synchronisationsmechanismen für kooperierende Komponenten bereit, um zeitkritische Zugriffe zu koordinieren, Ressourcen (z.B. Kommunikationsmedien) gemeinsam zu nutzen (Resource Sharing) und um sicherzustellen, daß die Kommunikationsanforderungen in einer bestimmten Reihenfolge bearbeitet werden. Für die Sicherstellung eines reibungslosen Kommunikationsverlaufes verfügt der Synchronizer über Mechanismen zur Fehlererkennung und zur Lösung von Kommunikationsproblemen. Zusätzlich stellt die Synchronisationsunit Dienste für die Synchronisation der Zeitbasen unterschiedlicher Systeme bereit. Anwendungen in verteilten Umgebungen können nur dann störungsfrei abgearbeitet werden, wenn der zeitliche Bezug verteilter Komponenten und des Nachrichtenaustausches aller beteiligten Objekte auf die gleiche Basis gestellt ist. Dazu müssen bei verteilten Systemen die einzelnen System-Clocks synchronisiert sein [HÜL92]. Innerhalb der Synchronisationsunit stehen dabei 3 Komponenten zur Verfügung. Der *Resource Manager* sorgt im Rahmen der Gesamtarchitektur für die Verhinderung von Exklusiv-Zugriffen auf Komponenten und Ressourcen und damit für die Vermeidung von Deadlocks. Eine integrierte Protokollfunktion führt Buch darüber, was wem für wie lange zugeteilt wurde und regelt die Zuleitung und Freigabe von Komponenten und Ressourcen. Durch die *FIFO-Message-List* wird ein koordiniertes Abarbeiten von Kommunikationsanforderungen realisiert. Mit Hilfe dieser Liste erfolgt ein Verwalten aller eintreffenden Nachrichten und die Festlegung der Abarbeitungsfolge. Sich nicht störende Anforderungen können gleichzeitig abgearbeitet werden, während sich im Konflikt befindliche Anforderungen einer sequentiellen Abarbeitung unterliegen. Die *Monitoring Component* beinhaltet Funktionalität für die Fehlererkennung und Lösung von Kommunikationsproblemen sowie für die Registrierung und Auswertung von Fehlerhäufigkeit und Fehlertypen.

Um die Effizienz und Sicherheit bei der Abarbeitung von Kommunikationsanforderungen zu erhöhen, sind in einer verteilten Umgebung lokale Instanzen der Komponenten des Kommunikationssystems für die Realisierung der Kooperation von Komponenten verantwortlich. Der Informations- und Objektmanager nimmt bei der Realisierung von entsprechenden Kommunikationsanforderungen eine zentrale Rolle ein. Der im IOM enthaltende lokale MRB nimmt die Anforderung entgegen, lokalisiert mit Hilfe der lokalen Informationsunit den Adressaten und leitet, falls der Adressat nicht lokal ist, den Aufruf an sämtliche lokale MRB über die Kommunikationsunit weiter. Diese suchen nun in ihren lokalen 'List of Massage Pattern' nach potientiellen Partnern oder Interessenten und initiieren unabhängig voneinander die Ausführung der Dienste, die sich auf ihren Maschinen befinden.

Das Zuweisen und Steuern von Ressourcen basiert bei verteilten Anwendungen ebenfalls auf lokalen Entscheidungen an einer Station. Die Dezentralisierung der Verwaltung von Ressourcen führt zu autonomeren Stationen. Diese Vorgehensweise ermöglicht eine schnellere Reaktion auf Anforderungen, da die Komponenten und Ressourcen von der lokalen Synchronisationsunit verwaltet werden, die sich auf ihrer Station befindet. Die Koordinierung und Optimierung der Nutzung von verteilten Ressourcen erfordert einen nicht zu umgehenden Mechanismus zur globalen Kontrolle aller verfügbaren Ressourcen. Diese Kontrolle muß durch den verteilten Management Request Broker durch spezielle Protokolle [STR92] gewährleistet werden.

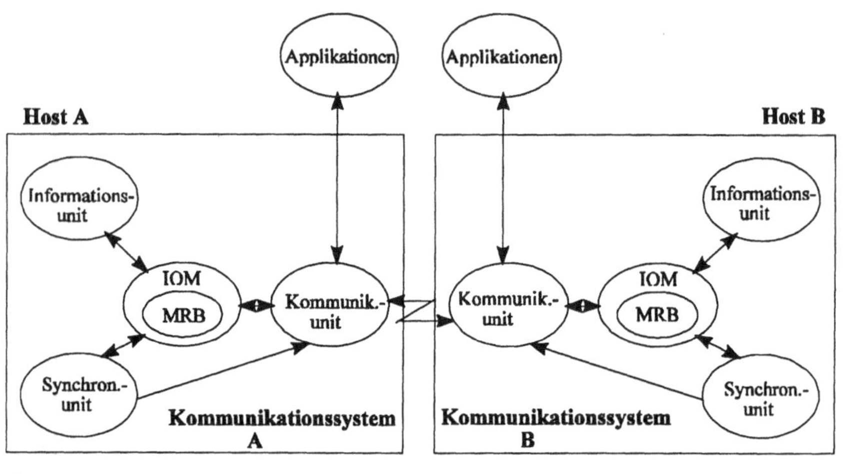

Abb. 7. Kommunikation in verteilten Systemen

5 Integrationsmodell

Ein derartiges Komunikationskonzept stellt einen wichtigen Lösungsansatz für die Realisierung von internen und externen Integrationsstrategien in CA-Systemen dar. Zu den im Rahmen des CAD-Referenzmodells durchgeführten Arbeiten am Integrationsmodell gehörte die Analyse der unterschiedlichen Anforderungen an die Integriertheit und Integrierbarkeit von CAD-System- und Anwendungskomponenten aus Anwendersicht und aus informationstechnischer Sicht die Gegenüberstellung von verschiedenen bekannten Integrationsmethoden und -werkzeugen sowie der Entwurf neuartiger Integrationskonzepte und Lösungsansätze. Die unterschiedlichen Integrationsanforderungen und -methoden wurden anhand 6 aufeinander aufbauender Integrationsebenen definiert. Weiterhin werden in diesem Integrationsmodell 3 verschiedene Integrationstypen eingeführt. Diese stellen die Mechanismen für eine direkte, gekapselte bzw. gekoppelte Integration von Anwendungs- und Systemkomponenten in das Gesamtsystem bereit.

5.1 Integrationsebenen

Die innerhalb des Integrationsmodells definierten Integrationsebenen sollen die jeweiligen Anforderungen und Methoden zur Integration von Benutzern, Prozessen, Systemen, Produktmodellen, Funktionen und Daten charakterisieren. Der Begriff der Integration beschreibt dann die Gesamtheit dieser Integrationsebenen [siehe CRM93].

Die Zielstellung der *Integration auf der Benutzerebene* ist einerseits die Vereinheitlichung und Vereinfachung von Benutzungsoberflächen durch die Anwendung standardisierter Werkzeuge für die Spezifikation, Verwaltung und Konfigurierung von Benutzungsoberflächen. Andererseits zielt die Integration auf dieser Ebene auf eine arbeitsorientierte Zusammenführung (ggf. geographisch entfernter) Benutzer zu kooperativ arbeitenden Benutzergruppen.

Die *Integration auf der Prozeßebene* betrifft alle Werkzeuge zur Integration der CAD Prozesse in die Gesamtheit der betrieblichen Prozeßketten, d.h. zur Unterstützung der Durchgängigkeit und Parallelisierbarkeit von Prozeßketten. Hierfür sind aus informationstechnischer Sicht prinzipiell 2 Strategien möglich: die Systemkommunikation auf der Grundlage integrierter Produktmodelle sowie die Systemkooperation und -synchronisation.

Bei der *Integration auf der Systemebene* werden die systemtechnischen Voraussetzungen für die Kommunikation und Kooperation von CAD-System- und Anwendungskomponenten untereinander und mit externen Komponenten bzw. Systemen geschaffen. In der Referenzarchitektur wird diese Aufgabe durch das Kommunikationssystem realisiert. Neben der Bereitstellung von Werkzeugen für den Austausch von Nachrichten und Funktionalität zur Interaktion der Komponenten umfaßt die Integration auf der Systemebene auch eine einheitliche Verwaltung und Zugriffskontrolle für Produktdaten. Lösungsansätze hierzu wurden in der Referenzarchitektur durch das Produktdaten-Managementsystem definiert.

Die *Integration auf der Produktmodellebene* betrifft die Methoden zur Spezifikation und Bereitstellung eines integrierten, den gesamten Produktlebenszyklus umfassenden Produktmodells, die insbesondere durch das Produktdaten-Managementsystem realisiert werden. Ein integriertes Produktmodell ist wesentliche Voraussetzung für die Integration auf der System-, Prozeß- und Benutzerebene. Insbesondere im Bereich der Prozeßintegration sind Effekte nur auf der Basis integrierter Produktmodelle zu erwarten.

Für die Integration auf der Produktmodellebene gehen wichtige Impulse von den Normungsaktivitäten der ISO im Bereich STEP aus, die im CAD-Referenzmodell berücksichtigt werden.

Die *Integration auf der Funktionsebene* verfolgt die Zielstellung, die Mehrfachverwendbarkeit von Funktionen (insbesondere Ressourcen und generische Anwendungen) durch verschiedene Methoden zur Vereinheitlichung der Anwendung und zur Erhöhung der Verfügbarkeit von Funktionen in einer Systemumgebung zu unterstützen. Ein wichtiger Ansatz hierfür sind objektorientierte Techniken.

Die niedrigste Integrationsebene, die *Integration auf der Datenebene*, zielt auf eine einheitliche rechnerinterne Darstellung von Produktdaten (Instanzen von Produktmodellen) und die Sicherung der Konsistenz. Die Datenintegration ist auf der Basis von Datenbanksystemen realisierbar und wird heute bereits relativ gut unterstützt.

Das vorgestellte Modell der Integrationsebenen im CAD-Referenzmodell stellt auch ein Rahmenkonzept für die stufenweise Realisierung einer integrierten CA-Umgebung dar.

5.2 Integrationstypen

Mit Hilfe der eingeführten Integrationstypen sollen für die Komponenten des Anwendungs- und Systemteils Aussagen über mögliche Methoden der Integration getroffen werden, aus denen die daraus resultierende Unterstützung der Integrierbarkeit bzw. Integrationsfähigkeit der Komponenten auf den Integrationsebenen abgeleitet werden können. Diese Vorgehensweise ermöglicht ebenfalls Aussagen über die Kommunikations- und Kooperationsfähigkeit der Komponenten mit der Referenzarchitektur. Unter *Kommunikation* wird im Rahmen des Referenzmodells eine Integration der Komponenten durch die gemeinsame Nutzung von Datenbereichen und den Austausch entsprechender Daten verstanden. Der Grad der Kommunikationsfähigkeit bestimmt demnach den Grad der Integrierbarkeit/ Integrationsfähigkeit auf der Daten- und Produktmodellebene von Anwendungs- und Systemkomponenten. Unter *Kooperation* wird eine Integration der Komponenten durch den Zugriff auf die im System verfügbaren Dienste, d.h. die Funktionalität von Anwendungs- und Systemkomponenten, verstanden. Der Grad der Kooperationsfähigkeit bestimmt somit den Grad der Integrierbarkeit/ Integrationsfähigkeit auf der Funktions-, System- und Benutzerebene dieser Komponenten.

Für die Integration unterschiedlich aufgebauter Komponenten werden innerhalb der Referenzarchitektur entsprechende Werkzeuge bereitgestellt, die den Zugriff auf vorhandene System- und Anwendungskomponenten bzw. externe Systeme ermöglichen.

Grundsätzlich unterscheiden sich die *Integration durch Kopplung*, die *Integration durch Kapselung* und die *direkte Integration* in Aufwand und Qualität der Realisierung (Abb. 8.).

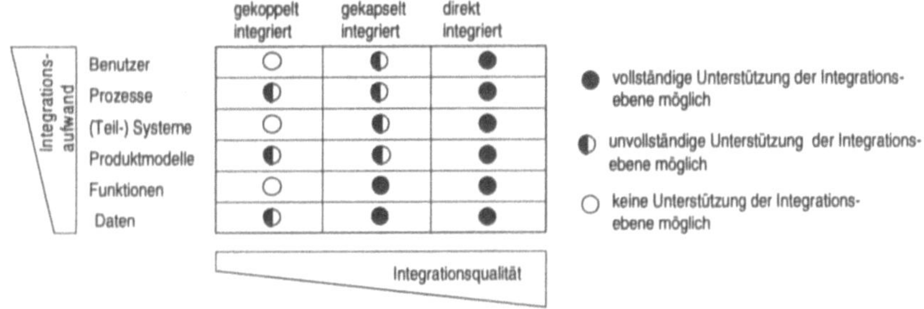

Abb 8. Integrationsmatrix im CAD-Referenzmodell

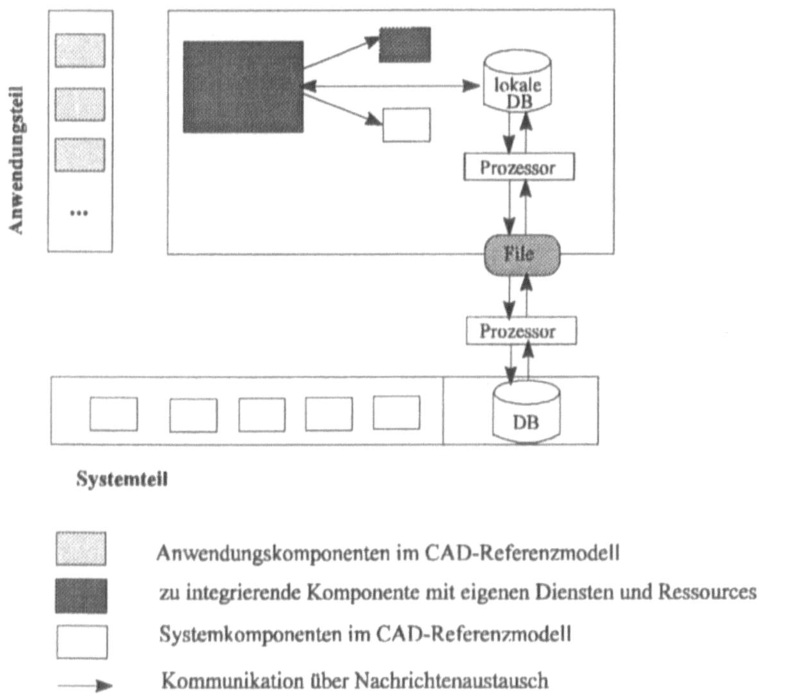

Abb. 9. Gekoppelt integrierte Komponente

Die *gekoppelt integrierten Komponenten* werden als vollkommen autonome Komponenten betrachtet, die in der Lage sind, Daten über definierte (i.a. neutrale) Austauschformate zu transferieren, nicht aber kooperierend zusammenzuarbeiten. Dieser Integrationstyp ermöglicht eine unvollständige Integrationsunterstützung und zwar nur auf der Ebene der Daten, Produktmodelle und Prozesse. Gekoppelt integrierte Komponenten können auf der Funktionsebene keine Unterstützung bieten, da ihnen die Schnittstellenbeschreibungen der im System vorhandenen Komponenten nicht bekannt sind. (Sie haben weder Kenntnis über das verwendete Kommunikationsprotokoll noch über das DMI). Die fehlende Unterstützung der Funktionsintegration schließt somit eine Integration auf der System- und Benutzerebene und damit eine kooperative Zusammenarbeit von entfernten Benutzergruppen aus (Abb. 9.).

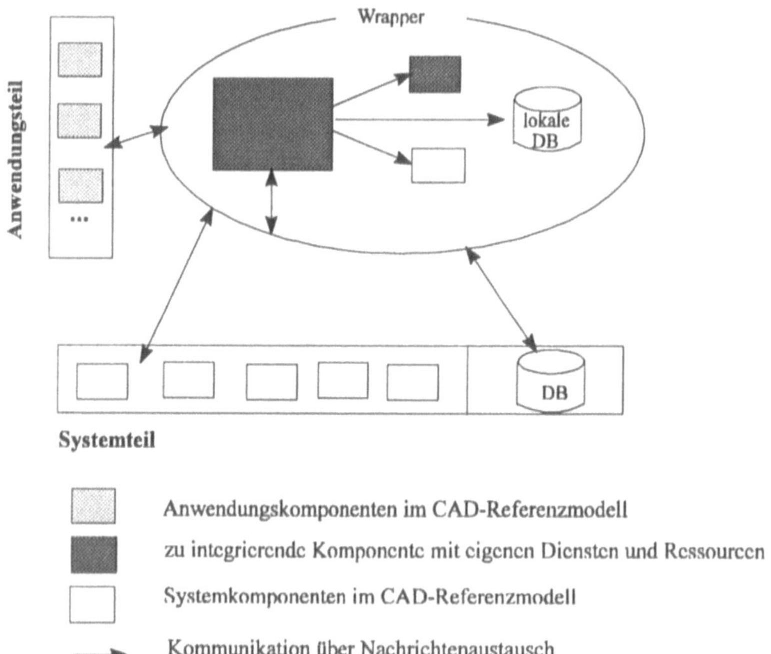

Abb. 10. Gekapselt integrierte Komponente

Gekapselt integrierte Komponenten können über eine Schale (Wrapper), die eine Einbettung in den Systemteil realisiert, mit anderen Anwendungs- und Systemkomponenten kooperieren. Die Integration über eine Schale kann prinzipiell auch eine vollständige Unterstützung der Funktions- und Datenintegration erreichen, die jedoch mit Performance- und Qualitätsverlusten verbunden ist. Neben den vom System genutzen Diensten, Komponenten und Daten greifen die gekapselt integrierten Komponenten u.a. auf eigene, ausschließlich von ihnen genutzte Dienste und Daten zurück. Diese Komponenten kennen nur die Schnittstelle zum Wrapper, über den dann der Zugriff auf andere Komponenten und Daten erfolgt.

Bei der *direkten Integration* erfolgt eine volle Abstützung der integrierten Komponente auf alle im System vorhandenen Komponenten, Dienste, Ressourcen und Daten. Voraussetzung für die direkte Integration ist eine genaue Kenntnis der Kommunikationsdienste und -protokolle des Gesamtsystems. Dieser Integrationstyp ermöglicht eine vollständige Unterstützung der Integration auf allen Integrationsebenen.

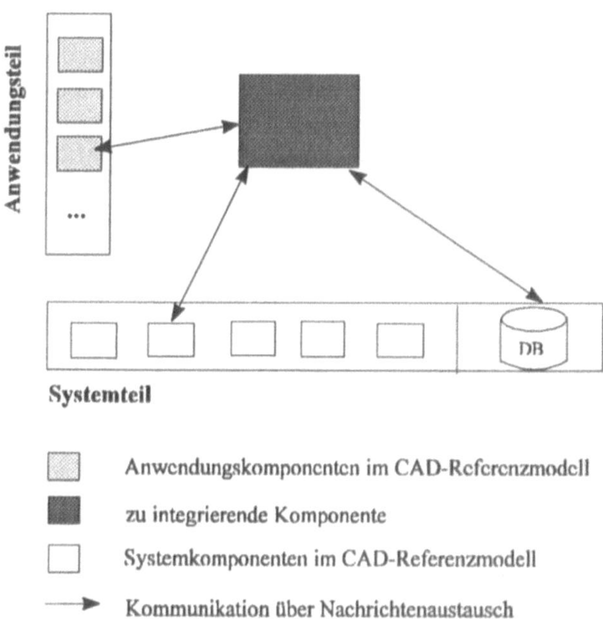

Abb. 11. Direkt integrierte Komponente

Der Typ der Integration erlaubt damit eine qualitative Bewertung der Integration von Anwendungs- und Systemkomponenten aus der Sicht der Kommunikations- und Kooperationsfähigkeit:

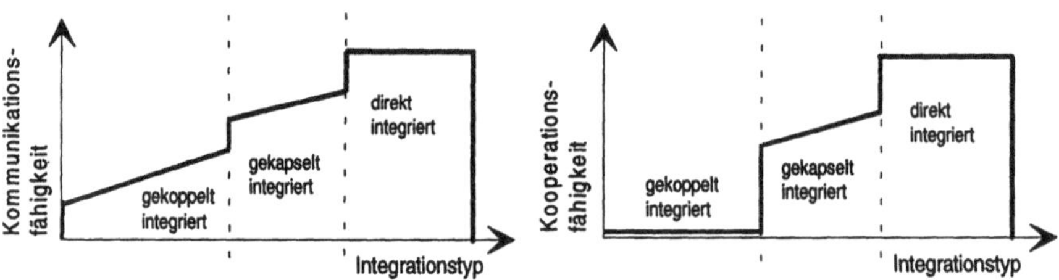

Abb. 12. Qualität der Integrationstypen bezogen auf die Kommunikation und Kooperation

5.3 Realisierung von Kommunikation und Kooperation

Lösungsansätze für die Realisierung von Kommunikation und Kooperation im Referenzmodell bezogen auf die Integrationstypen werden insbesondere durch das Kommunikationssystem realisiert, betreffen jedoch auch das Benutzungs-oberflächensystem und das Produktdaten-Managementsystem.

Die Integration erfolgt für alle drei Integrationstypen über die Kommunikationspipeline auf Basis des CSI bzw. des eingebetteten NPI. Bei der gekapselten Integration wird diese Schnittstelle in einem Wrapper implementiert, über den dann der Zugriff auf die objektspezifische Funktionalität realisiert wird. Zur gekoppelten Integration externer Systeme und Komponenten wird über das Kommunikationssystem eine Datenaustauschkomponente mit entsprechenden Pre- und Postprozessoren angesprochen, die z.B. die Transformation in ein neutrales Format realisieren, aus dem dann die Umwandlung in system-spezifische Daten erfolgt (s. Abb. 13.).

Die *Kommunikation* von Komponenten erfolgt auf der Daten- bzw. Produktmodellebene durch (Produktmodell)-Daten. Im Referenzmodell werden 3 Datenbereiche des Produktmodells unterschieden. Der lokale Arbeitsbereich beinhaltet die Daten auf applikationsspezifischem Niveau, die ausschließlich für eine bestimmte Applikation von Bedeutung sind und nach Abarbeitung der Applikation entweder verworfen oder in das Produktmodell eingetragen werden. Der private Arbeitsbereich wird vom PDMS verwaltet und stellt innerhalb des Produktmodells für einen Benutzer oder eine Applikation eine eigenständige, aber hinsichtlich der Zugriffsmöglichkeit auf die gesamten Produktmodelldaten offene Einheit dar. Die permanenten, produktdefinierenden Daten, die für die Produkmodellierung von allgemeinem Interesse sind und festgelegte Zwischen-

bzw. Endzustände der Produktentwicklung darstellen, sind degegen im globalen Bereich des Produktmodells enthalten [HAY94].

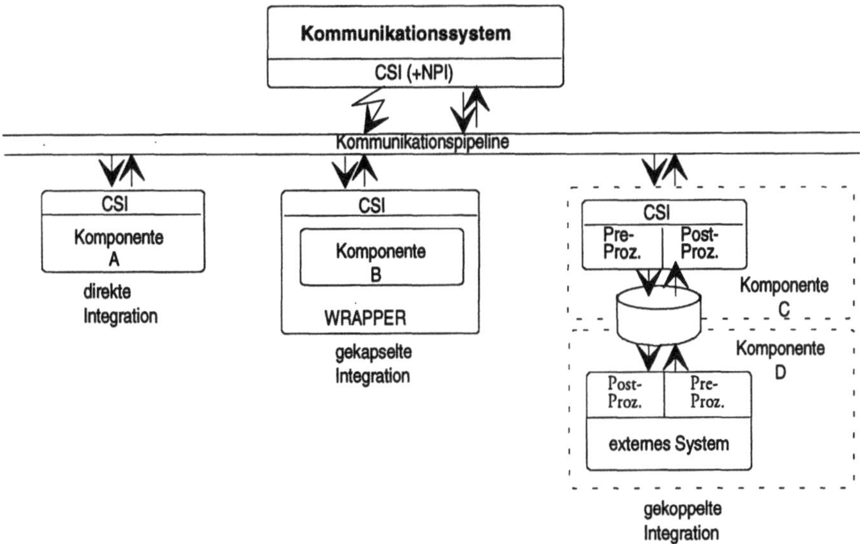

Abb. 13. Realisierung der Integrationstypen über das Kommunikationssystem

Die *Kooperation* kann ebenfalls auf unterschiedliche Art in Abhängigkeit von der Qualität der Integration realisiert werden. So kann die kooperative Zusammenarbeit auf der Benutzungsoberflächensystem-Ebene *(BOS)* über einen Austausch entsprechender Kommandos oder auf der funktionalen Ebene über einen direkten Zugriff auf die Dienste entfernter Komponenten, z.B über RPC, erfolgen.

Bezogen auf die Integrationstypen lassen sich damit folgende Aussagen über die Kommunikations- und Kooperationsfähigkeit ableiten:

Die gekoppelt integrierten Komponenten bearbeiten ausschließlich die im lokalen Arbeitsbereich abgelegten Daten, die erst nach Beendigung der Aktion mit Hilfe von Pre- und Postprozessoren in private bzw. globale Produktmodellbereiche übertragen werden. Da sie nur auf eigene Dienste zurückgreifen, ist keine Kooperation möglich (Abb. 14.).

Gekapselt integrierte Komponenten können sowohl die im globalen Produktmodellbereich als auch ihre auf anwendungspezifischem Niveau im lokalen Arbeitsbereich abgelegten Daten bearbeiten. Die Kommunikation ist über beide Datenbereiche eingeschränkt möglich. Der Zugriff auf die Daten im lokalen Arbeitsbereich erfolgt über Datentransfer. Grundsätzlich können auch beide Formen der Kooperation umgesetzt werden. Hier sind allerdings in Abhängigkeit der Mächtigkeit des realisierten Wrappers Transformationen der CSI-Aufrufe vorzunehmen (Abb. 15.).

Die direkt integrierten Komponenten kennen dagegen die vollständigen Schemabeschreibungen der Datenmodelle, die im anwendungsunabhängigen Bereich des Produktmodells abgelegt sind, und sind über das PDMS mit anderen Komponenten voll kommunikationsfähig. Auch eine Kooperation mit anderen Komponenten und ein Zugriff auf ihre eigene Funktionalität ist uneingeschränkt über die dargestellten Schnittstellen möglich. (Abb. 16.)

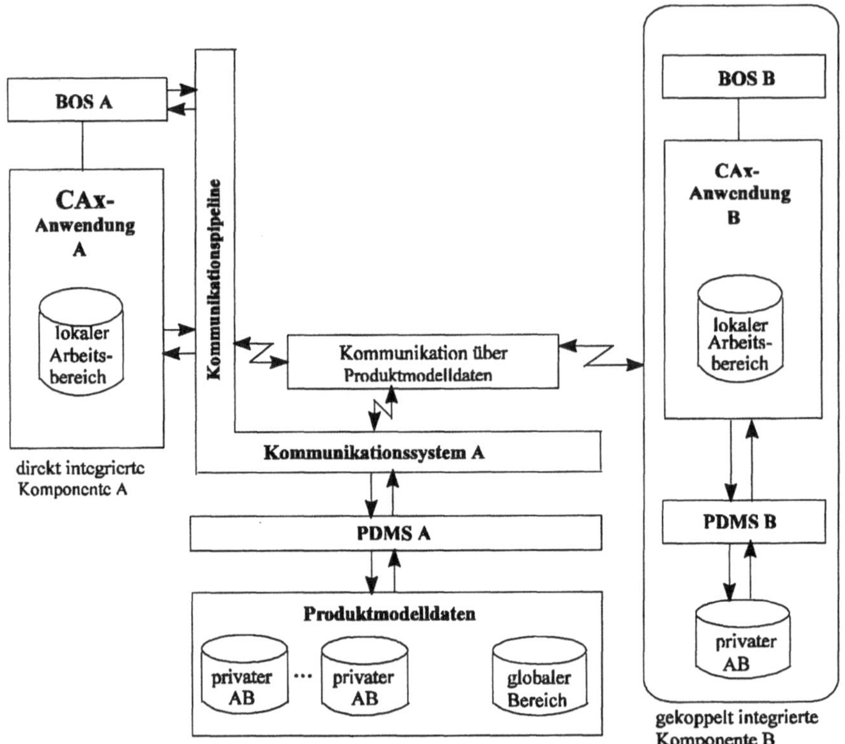

Abb. 14. Kommunikation gekoppelt integrierter Komponenten

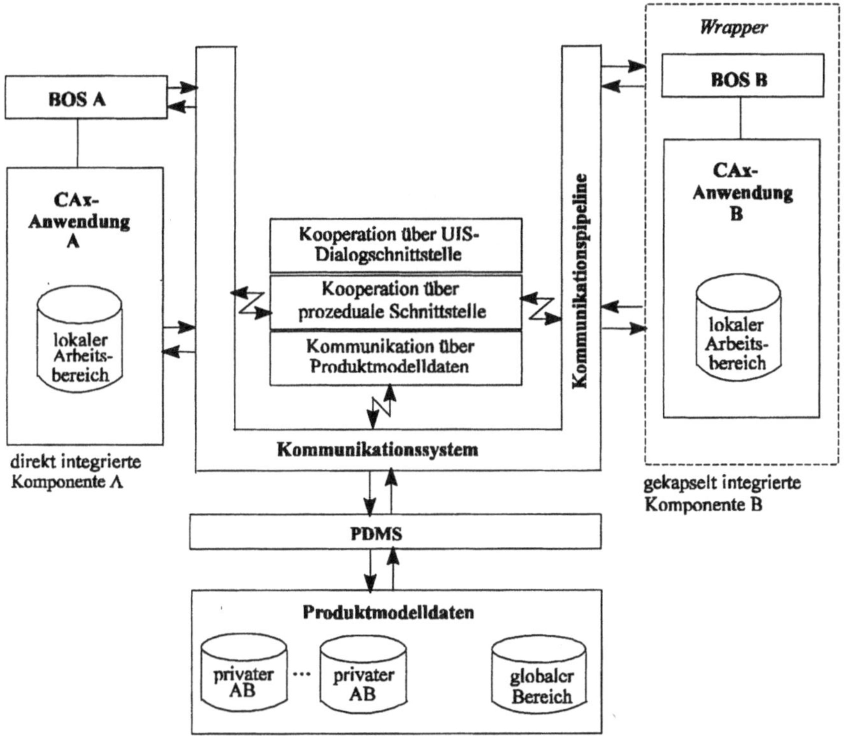

Abb. 15. Kommunikation und Kooperation gekapselt integrierter Komponenten

Eine effiziente Kommunikation und Kooperation von Komponenten, Systemen, Prozessen und Benutzern ist demzufolge nur bei direkter Integration zu erwarten. Dies verdeutlicht den Zwang zu offenen Systemarchitekturen.

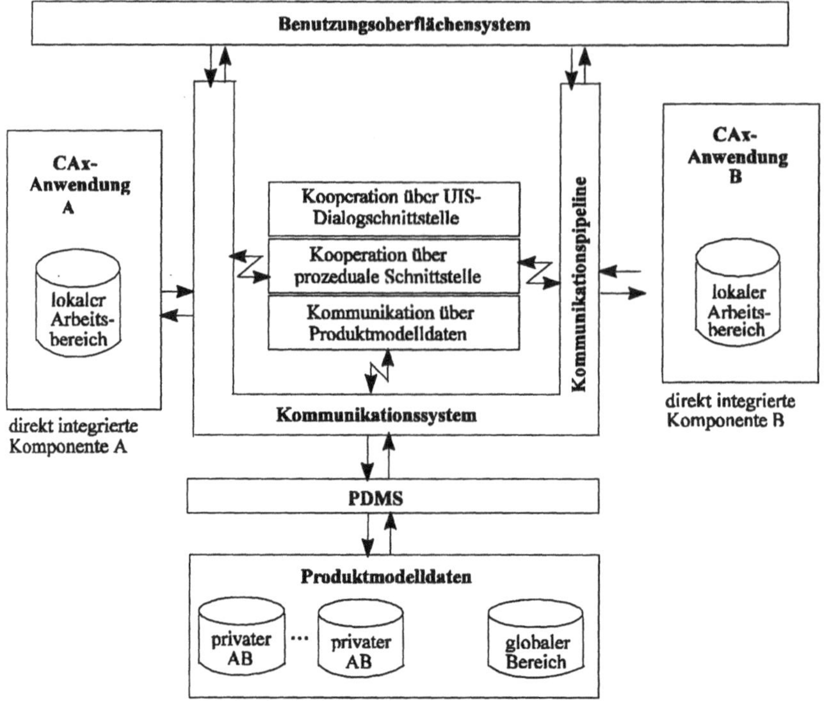

Abb. 16. Kommunikation und Kooperation direkt integrierter Komponenten

Zusammenfassung und Ausblick

Mit der vorgestellten Referenzarchitektur und den darauf aufbauenden Kommunikations- und Integrationsstrategien wurde ein Vorschlag für die Gestaltung einer neuen Generation von CAD-Systemen unterbreitet.

Die beschriebenen Ergebnisse zur Unterstützung der internen und externen Integration in CA-Systemen bilden das Grundgerüst, um die Forderungen nach Offenheit, Modularität, Flexibilität und Anpaßbarkeit von CAD-Systemen erfüllen zu können.

Gegenwärtig wird im Rahmen einer zweiten Projektphase gemeinsam mit deutschen CAD-Systemanbietern eine prototypische Realisierung der erarbeiteten Konzepte vorbereitet.

Literaturverzeichnis

[BEY93]   T. Beyer: Objektboerse, CORBA - OMG-Standard fuer
              verteilte Objekte, In: iX Nr. 2, 1993

[BIB92]   A. Biber: Verteilte Veränderung: Grundkonzepte, Teil 1:
              Threads als Basistechnologie, In: iX Nr. 5, 1992

[BIB92]   A. Biber: Rufer in der Ferne: Grundkonzepte des DCE, Teil2:
              RPCs als Anwendungswerkzeug, In: iX Nr. 6, 1992

[BUS93]   M. Busch: Kommunikation über alles -- Einführung in Suns
              ToolTalk-Service, Teil 1, In: iX Nr. 5, 1993

[CRM93]   Autorenkollektiv: Aktuellere Stand der CAD-Technik und der
              rechnergestuetzten Konstruktionsarbeit, Zwischenbericht
              Verbundprojekt "CAD-Referenzmodell - Gestaltung
              zukuenftiger computergestuetzter Konstruktionsarbeit", Karls-
              ruhe, 1993

[CFI91]   CAD Framework Initiative, Inc.: Framework Architecture
              Reference Draft Proposal, Version .87, Document Number 91,
              November 14, 1991

[HAY94]   H. Hayka: Abschlußbericht CAD-Referenzmodell-Das
              Produktdaten-Managementsystem, B.G. Teubner Verlag Stutt-
              gart, voraussichtliches Erscheinen Januar 1995

[HEL91]   H. Held: Objektorientierte Systementwicklung - Modellierung
              und Realisierung komplexer Systeme, (Hrsg) : Siemens
              Nixdorf, Informationssysteme AG, In: Verlag: Siemens
              Aktiengesellschaft, Berlin und Muenchen, 1991

[HÜL92]   R. Hülsenbusch: Verteilungswerkzeuge - DCE- Integrierte
              Tools für verteilte Anwednungen, In : iX Nr. 1, 1992

[OMG91]   Object Management Group: The Common Object Request
              Broker -Architecture and Specification, OMG Document
              Number 91.12.1, Revision 1.1, December 1991

[SCH93]   A. Schill: DCE- Das OSF Distributed Computing Environment
              Einführung und Grundlagen, Springer -Verlag Berlin Heidel-
              berg 1993

[SLO89]   M. Sloman, J. Kramer: Verteilte Systeme und Rechnernetze
              Hanser Verlag München und Prentice-Hall International 1989

[STR92]   H. Streppel: Das OSF Distributed Management Environment,
              In: Offene Systeme Nr. 1, 1992

Integration von CAD- und Publishing-Systemen über genormte Schnittstellen

Jörg Bönigk[1], Hans-Peter Wiedling[2]
[1]Zentrum für Graphische Datenverarbeitung Rostock
Joachim-Jungius-Straße 9, 18059 Rostock
[2]Zentrum für Graphische Datenverarbeitung Darmstadt
Wilhelminenstr. 7, 64283 Darmstadt

Abstract

Produktzyklen werden immer kürzer. Bei der Entscheidung, ob ein Produkt entwickelt wird, spielt die Zeit, bis das Produkt am Markt eingeführt werden kann, eine entscheidende Rolle. Dabei möchte man die Kontrolle über die Prozeßkette gleichzeitig verbessern. Die Produkt-Dokumentation spielt dabei eine wichtige Rolle. Teile der Produkt-Dokumentation werden schon im Produktionsprozeß benötigt, um z.B. ein effizientes Qualitätsmanagement durchführen zu können. Zur Erfüllung dieser umfassenden Anforderungen ist die Integration von CAx-Systemen und von Systemen zur Erstellung der technischen Dokumentation nötig.

Zur Realisierung ist es z.B. notwendig, die Konstruktion mit dem CAD-System und die Erstellung der Dokumentation mit dem Publishing-System noch stärker zu verzahnen, um Umwege über Konverter oder externe Programme auszusparen und somit Informationsverluste und den Bearbeitungsaufwand zu reduzieren und die Kosten zu senken. Möglichkeiten der stärkeren Integration beider Systeme ergeben sich durch die Verwendung standardisierter Austauschformate wie ISO 10303 (STEP) und ISO 8879 (SGML) und deren Synthese.

In den Ausführungen wird ein Konzept vorgestellt, das eine Synthese beider Standards enthält. Es wird ein Weg aufgezeigt, wie dieser Ansatz unter Verwendung der genannten Standards in die Praxis umgesetzt werden kann. Das dabei zu erzielende Rationalisierungspotential und die neuen Möglichkeiten, die sich in beiden Systemen durch die Integration ergeben, werden vorgestellt. Dazu gehört auch die Möglichkeit, multimediale technische Dokumente durch die Einbindung von Text, Graphiken, CAD-Modell-Daten, Video und Audio zu erstellen.

1 Einleitung

In den Betriebsabläufen der Unternehmen ist heute ohne den Einsatz der Elektronischen Datenverarbeitung eine geordnete Arbeitsweise kaum noch vorstellbar. In den letzten Jahren hat die EDV einen beispiellosen Siegeszug angetreten, von den kommerziellen Bereichen wie Buchhaltung, Bestellwesen und Materialwirtschaft über den technischen Bereich (CAD, CAQ, u.a.) und PPS bis hin zur Technischen Dokumentation. Trotzdem gibt es gerade im Bereich der Technischen Dokumentationen Forderungen, die noch nicht erfüllt worden sind, und neue Anforderungen, für die Lösungen gefunden werden müssen. Dazu gehören:

- Zur schnellen Markteinführung von Produkten mit immer kürzeren Produktzyklen ist es unerläßlich, die dazugehörigen technischen Dokumentationen möglichst gleichzeitig und mit dem geringsten Aufwand zu erstellen.
- Teile der Technischen Dokumentation werden schon im Produktionsprozeß benötigt, um ein effizientes Qualitätsmanagement durchführen zu können.
- Die auszuliefernde Technische Dokumentation muß bei Unikaten oder Variantenproduktion an das jeweilige Erzeugnis und die Kundenwünsche angepaßt sein (printing on demand).
- Die Kunden verlangen immer mehr die Bereitstellung der zu einem Produkt gehörenden Technischen Dokumentation in elektronischer Form.
- Als Ergebnis der ISO 9000 und von Produkthaftungsgesetzen müssen Dokumentationen für Produkte und sogar Varianten von Produkten über sehr lange Zeiträume aufbewahrt werden. Das setzt ein geeignetes, d.h. effizientes und zukunftssicheres Speicherformat voraus.
- In einigen Bereichen hat das Volumen der Produkt-Dokumentationen einen solchen Umfang angenommen, daß die Aufrechterhaltung eines aktuellen Dokumentenstandes mit konventionellen Mitteln nicht mehr gewährleistet werden kann.
- Medienbrüche bei der Weitergabe von Dokumenten zwischen den Unternehmen und zwischen Abteilungen innnerhalb eines Unternehmens sollen vermieden werden.
- Die Verfügbarkeit der Dokumentationen muß gesteigert werden.
- Die Dokumentationen innerhalb eines Unternehmens sollten einen hohen Wiederverwendungswert besitzen, um so Teile mehrfach nutzen zu können. Dazu gehört auch, daß einmal im Unternehmen erfaßte Daten, wie z.B. Konstruktionszeichnungen, Meß- und Prüfblätter, Stücklisten u.a. ohne großen Aufwand in die Produkt-Dokumentation übernommen und dort weiterverarbeitet werden können.

Im folgenden wird ein Konzept vorgestellt, das versucht, diesen Anforderungen unter der Verwendung von Standards gerecht zu werden. Es wird ein Weg aufgezeigt, wie dieser Ansatz unter Verwendung der Standards ISO 10303 (STEP) und ISO 8879 (SGML) in die Praxis umgesetzt werden kann. Das dabei zu erzielende Rationalisierungspotential und die neuen Möglichkeiten, die sich in beiden Systemen durch die Integration ergeben, werden vorgestellt. Dazu gehört auch die Möglichkeit, multimediale technische Dokumente durch die Einbindung von Text, Graphiken, CAD-Modell-Daten, Video und Audio zu erstellen.

2 Erläuterung der Standards

2.1 Produktdatenaustauschstandard STEP

Der Standard ISO 10303 (Product Data Representation and Exchange - *STEP*) wurde 1984 von der ISO initiiert, um eine neue, leistungsfähige und international anerkannte Schnittstelle zu schaffen, die zum Austausch des kompletten Datenumfangs eines Produktes über seinen gesamten Lebenszyklus geeignet ist. Dabei wurden vor allem Anwendungen aus den Bereichen Maschinenbau, Elektrotechnik/Elektronik, Bauwesen und Schiffbau berücksichtigt.

STEP beinhaltet folgende Zielsetzungen [MAC91] [KLE92]:

1. Vollständigkeit des Modelldatenaustauschs
2. vollständige Archivierungsmöglichkeit
3. Erweiterbarkeit, dadurch auch Sicherung der Aufwärtskompatibilität
4. effektive Verarbeitung und Speicherung, Vermeidung von Redundanzen
5. Schaffung eines international anerkannten Standards, der kompatibel zu anderen Standards ist
6. minimaler Satz von Elementen
7. benutzerseitige Erweiterung der Daten, Elemente und deren Syntax
8. Unabhängigkeit der Rechnerumgebung
9. logische Klassifizierung von Untermengen (Subsets)
10. formale Beschreibung der Spezifiation
11. Nutzung automatisierter Umsetztechniken für die Spezifikation und den Test

Anstatt eines globalen Produktmodells finden sich in STEP unterschiedliche Basis- bzw. *Informationsmodelle*, die in anwendungsunabhängige und anwendungsabhängige unterteilt werden (generic resources, application resources). In solch einem Informationsmodell werden bestimmte Aspekte des Produktmodells, wie z.B. die Objekte, ihre Eigenschaften und ihre Beziehungen zueinander, erfaßt und spezifiziert. Die einzelnen Basismodelle beschreiben den betreffenden Produktaspekt vollständig mit allen seinen Möglichkeiten. Die aufgabenspezifischen Anforderungen in der Praxis hingegen setzen das Zusammenspiel von ausgewählten Teilmengen aus verschiedenen Informationsmodellen voraus. Daher wird von STEP-Prozessoren nicht die Verarbeitung sämtlicher STEP-Informationselemente gefordert, sondern es wird die Definition von sogenannten Anwendungsprotokollen (application protocols) vorgenommen, die die Basis für jede Prozessorimplementierung sind. Diese Anwendungsprotokolle definieren den Kontext für die Verwendung der Informationselemente [KLE92].

Die Stärken von STEP liegen zur Zeit auf Material-, Geometrie- und Konstruktionsbeschreibungen.

2.2 Standard in der Technischen Dokumentation - SGML

Mit *SGML* (ISO 8879, Standard Generalized Markup Language) steht ein international einheitlicher Standard zur Beschreibung von Dokumenten zur Verfügung, der es ermöglicht, die technischen Dokumentationen systemneutral und herstellerunabhängig zu erstellen und auszutauschen.

SGML ist eine (Meta-)Sprache zur Beschreibung von Dokumentinhalt- und Struktur. Mit Hilfe von SGML können komplexe Dokumente anhand logischer Merkmale in der für die Anwendung geeigneten Art strukturiert werden. Dabei werden sogenannte Tags definiert, die in den Text eingefügt werden können, um die einzelnen Struktur-Elemente voneinander zu trennen (Auszeichnung bzw. Markup). Ein SGML-Dokument besteht aus einer SGML-Deklaration, einer Dokumenttyp-Definition (DTD) und den Dokument-Instanzen.

Die *SGML-Deklaration* beschreibt den verwendeten Zeichensatz und spezielle SGML-Eigenschaften, die im Dokument genutzt werden sollen.

Die *Dokumenttypdefinition (DTD)* ist eine Grammatik, die die Struktur und die Regeln zum Markup der Dokumentinstanzen definiert.

Die *Dokumentinstanz* enthält den getaggten Text des Dokuments einschließlich eines Verweises auf die DTD.

Weitere Eigenschaften von SGML beinhalten:

- Das Einbinden von Vektor- und Bitmap-Graphiken sowie weiterer Daten (z.B. Video, Audio) über Referenzen in SGML-Instanzen
- Das Fehlen von Layout-Informationen beim Austausch von SGML-Dokumenten, d.h. es obliegt jeder Nutzergruppe, die sich auf eine spezifische DTD geeinigt hat, auch eine Layout-Festlegung zu treffen und auf ihren Systemen zu realisieren. Hilfen sind dabei u.a. die FOSI-DTD (Formatted Output Specification Instance) der CALS-Initiative und der zukünftige Standard DSSSL (Standard Document Style Semantics Specification Language). Zu jeder DTD können mehrere Layouts zugeordnet werden, womit man z.B. das unterschiedliche Erscheinungsbild eines Dokuments in der gedruckten Fassung oder als Online-Dokument beschreiben kann.

- Die Möglichkeit, syntaktisch korrekte Teildokumente beschreiben zu können. Damit ist die verteilte Erstellung von Dokumenten einschließlich Konformitäts- und Konsistenzprüfungn möglich. Teildokumente, die als Ergebnis einer Recherche in einer SGML-Datenbank erzeugt wurden, können wieder genutzt werden, um daraus andere Dokumente aufzubauen.
- SGML ist ein weiterbearbeitbares Format. Dies ist zunehmend wichtig, um Medienbrüche zwischen Weitergabe und nachfolgender weiterer Bearbeitung in anderen Hard- und Software-Umgebungen zu vermeiden.

Der Einsatz des Standards SGML für Dokumentenbearbeitung und -austausch wurde in den letzten Jahren bereits bei einigen wichtigen Nutzern vollzogen. Einer der wichtigsten ist dabei das US-amerikanische Verteidigungsministerium (DoD), das in seinem CALS-Programm (Computer Aided Logistic Support) eine SGML-DTD als Standard für alle Formen von Dokumenten eines Produkts festgeschrieben hat (MIL-M-28001, Appendix D).

Weitere wichtige Nutzer sind z.B. die AAP (American Association of Publishers), die ATA (Air Transport Association), die festgelegt hat, daß technische Dokumentationen für Fluggeräte in Zukunft in SGML ausgeliefert werden sollen (ATA100), und die Automobilindustrie, die durch die Vorgabe der US-Umweltbehörde EPA (Environmental Protection Agency) gezwungen wird, ab 1996 ihre Produktbeschreibungen für Fahrzeuge, die in den USA auf den Markt gebracht werden, in SGML auszuliefern. Damit sind auch deutsche Fahrzeugexporteure betroffen.

Im Bereich des Normenwesens wurde unter Mitwirkung des ZGDV der Austausch von DIN-Normen im SGML-Format realisiert.

Zwei weitere sehr wichtige Anwendungen sind das WWW (World Wide Web), das den interaktiven Zugriff auf weltweit verteilte Dokumente ermöglicht und auf dem SGML-Dialekt HTML basiert, sowie der HyTime-Standard zur Beschreibung von Hyper- und Multimediaanwendungen.

Damit ist für SGML in der Zukunft eine breite industrielle Unterstützung von Anwendern und Anbietern sichergestellt.

3 Gegenwärtiger Stand der Dokumentenerstellung

3.1 Papierbasierter Dokumentationsprozeß

Eine auch heutzutage noch in Unternehmen anzutreffende Form der Erstellung der Technischen Dokumentation beinhaltet als Hauptkomponente das Zusammenstellen der einzelnen Seiten der Dokumentation auf großformatigen Druckvorlagen (s. Abb. 1.). Dabei werden auf dieser Seite alle Elemente, wie z.B. Text, Tabellen, Grafiken und Diagramme angeordnet und anschließend auf die erforderliche Größe kopiert. Der Austausch zwischen Unternehmen und Zulieferer, Unternehmen und Kunden und innerhalb des Unternehmens geschieht in Papierform [KUH89]. Das betrifft natürlich auch die Unterlagen aus der Konstruktion, die in der Form ausgeplotteter Zeichnungen an die Publishing-Abteilung übergeben werden.

Die Zeichnungen werden nachbearbeitet (Löschen von überflüssigen Bildelementen, z.B. mit TippEx, Hinzufügen von Beschriftungen und Bemaßungen) und dann durch Foto-Kopieren in die technische Dokumentation eingefügt. Bestimmte Forderungen der Publishing-Abteilung, wie z.B. das Erstellen von bestimmten Ansichten oder Schnitt- bzw. Explosionsdarstellungen, sind nur durch die Konstruktion nach Absprache erfüllbar. Kleinere Zeichnungen (z.B. einfache Schnitte, Prinzipskizzen) werden in der Publishing-Abteilung erstellt. Die Archivierung der Dokumente erfolgt ebenfalls in Papierform.

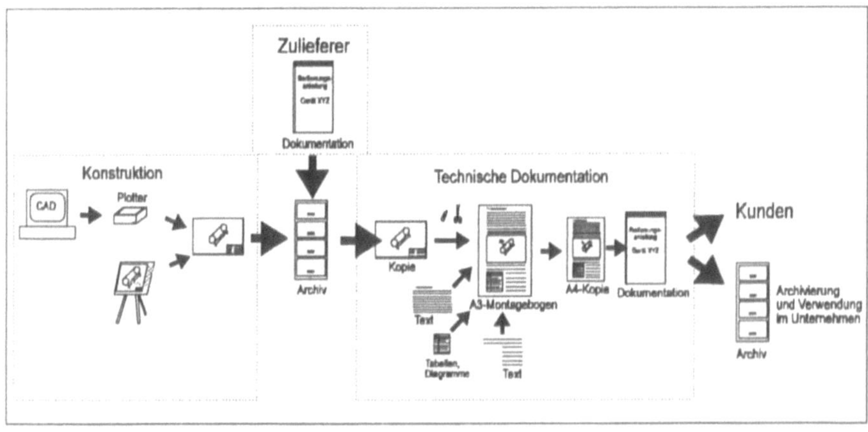

Abb. 1. Papier-Szenario

Diese Vorgehensweise weist viele entscheidende Nachteile auf:

– Der Nachbearbeitungsaufwand ist hierbei sehr hoch; sollen geänderte CAD-Daten in der technischen Dokumentation aktualisiert werden, entspricht das vom Ablauf und vom Aufwand einer Neuerstellung. Selbst bei einfachem Einfügen eines Textes ist die gesamte Seite neu zu erstellen.
– Ein sehr hoher Aufwand ist in der Publishing-Abteilung zur Verwaltung der Änderungen von Teilen der Dokumentation erforderlich. Dieser Aufwand steigt noch erheblich an, wenn Modifikationen z.B. für Ausstattungsvarianten zu erstellen und zu archivieren sind.
– Der Papier- und Platzbedarf ist sehr hoch.
– Die Wiederverwendung von Dokumentationsteilen ist kaum möglich.

3.2 DV-gestützte Systeme

Mit der Einführung der elektronischen Erstellung der technischen Dokumentation werden CAD-Daten entweder über den Umweg der Konvertierung in 2D-CAD- oder in Rasterbilddaten in die Dokumentation integriert (s. Abb. 2.). In beiden Fällen bedeutet das einen Konvertieraufwand, außerdem einen Aufwand zur Nachbearbeitung des Bildes und gerade bei der Umwandlung in Rasterbilddaten erhebliche Qualitätsverluste.

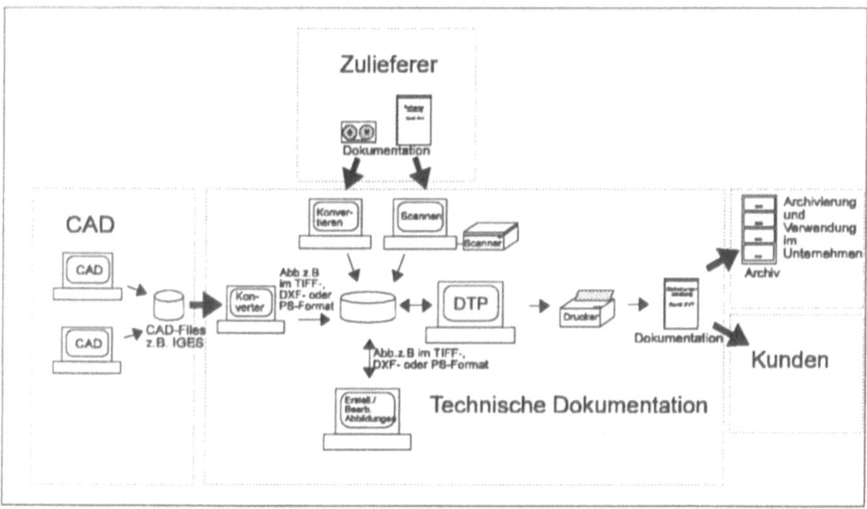

Abb. 2. DTP-Szenario

Vor der Umwandlung in 2D-CAD-Daten muß schon durch die Publishing-Abteilung die Ansicht (in Absprache mit der Konstruktion) festgelegt worden sein. Mit einigen neuen Systemen (Bsp. CADview [SCH94]) ist es zwar möglich, die 3D-Modelldaten für das Publizieren aufzuarbeiten (Wahl der Ansicht, Rotation, Clipping), trotzdem bleiben es dazwischengeschaltete Bearbeitungsstufen und erlauben keine direkte Kopplung.

Bei der elektronischen Erstellung der technischen Dokumentation gibt es gegenüber der vorherigen Vorgehensweise einige Vorteile:

- Die Inhalte der Dokumentation werden im elektronischen Format zumindest in der Publishing-Abteilung abgelegt und können bei Bedarf weiterverwendet werden.
- CAD-Daten der Konstruktion können übernommen, in entsprechende Formate konvertiert und weiterverarbeitet werden.
- Die Übernahme von Dokumenten von Zulieferern, Lizenzgebern u.ä. kann teilweise elektronisch über gewisse Quasi-Standardformate erfolgen, so daß nicht in jedem Fall eine Neuerfassung der übernommenen Dokumente notwendig ist.

Trotz dieser Verbesserungen gibt es aber nach wie vor eine Reihe von Problemen:

- Die Kopplung mit dem CAD-System ist auf den Umweg über Konverter angewiesen.
- Die Kopplung erfolgt über proprietäre oder über Quasi-Standardformate (Bsp. PS, RTF), die nicht von allen Konvertern in vollem Umfang unterstützt werden und teilweise, auch über relativ kleine Zeiträume hinweg, recht erheblichen Änderungen unterliegen, weswegen sie für eine Rolle als langlebige Speicher- oder als universelle Austauschformate nicht geeignet sind.
- Daten aus andersgearteten Systemen (z.B. Material-Teststationen) können meist nur auf sehr primitivem Niveau (z.B. ASCII) übernommen werden.
- Die Suche nach bestimmten Informationen im Text wird als Volltextsuche ohne mögliche Einschränkungen auf bestimmte Kontexte o.ä. durchgeführt.
- Medienbrüche an den Schnittstellen erschweren die Weitergabe und vor allem nachfolgende notwendige Weiterbearbeitungsschritte.

4 Zukünftiges Szenario

4.1 Synthese STEP-SGML

Es gibt eine Reihe von STEP-Eigenschaften, die für eine Anbindung an die technische Dokumentation sprechen:

- Beschreibung von Produkten über den gesamten Produktlebenszyklus
- Daten aus allen Phasen des Produktlebenszyklus gehören zum Umfang der Technischen Dokumentation (Bsp. Normen, Testberichte, Materialdaten)
- international genormtes Format, plattform- und firmenunabhängig
- nur ein Format, dadurch Reduzierung des Anpassungsaufwandes
- nicht von Kompatibilitätsproblemen betroffen
- hohe Investitionssicherheit in die Zukunft
- aus der EXPRESS-Spezifikation des Produktmodells läßt sich mit Hilfe von Schemawandlern weitgehend automatisch ein Datenbankschema generieren
- leichte Realisierung der STEP-Datenhaltung in Datenbanken
- dadurch leichterer Zugriff auf Daten, Versionsverwaltung
- erweiterbar

Besonders die Punkte 2, 3, 4, 7, 8 und 9 der Zielsetzungen von STEP im Abschnitt "2.1   Produktdatenaustauschstandard STEP" lassen die Einbindung von Möglichkeiten des Austausches von zu einem Produkt gehörenden Technischen Dokumentationen zu.

Die Einbindung von Standards der Technischen Dokumentation könnte über ein Anwendungsprotokoll erfolgen, das dann u.a. Teilmengen von den Informationsmodellen (IM bzw. Partialmodellen)

- IM42 (Geometric and topological representation - Geometrie des Teils),
- IM43 (Representation structure - logische Schnittstelle zur Geometrie),
- IM44 (Product structure configuration - Abb. von Erzeugnisstrukturen zur Ableitung von Stücklisten und Teileverwendungsnachweisen, Unterstützung der Darstellung von Konfigurationsvarianten, Verfolgung der Weiterentwicklung eines Produktes),
- IM46 (visual presentation - Abbildungsparameter und -regeln für Darstellung der Geometrie eines Bauteils in technischen Zeichnungen oder z.B. der Dokumentation in Ansichten und Schnitten),
- IM47 (Shape tolerances - Abmessungs-, Form- und Lagetoleranzen) und
- IM101 (Draughting) enthält und zumindest beim Austausch von 2D-Zeichnungsdaten an
- AP Teil 201 (Explicit Draughting)

angelehnt ist.

Eine andere Form der Kopplung kann darin bestehen, daß ein zum Publishing-System gehörendes Geometrie-Modul STEP-Files einlesen kann, die z.B. nach AP 203 (Configuration Controlled Design) erzeugt wurden. Dieses AP dient zum Austausch von Produktstrukturdaten in Verbindung mit einem 3D-Wireframe-Geometriemodell. Im Geometrie-Modul wird dann entweder die gewünschte Ansicht erstellt, beschriftet usw. und abgespeichert (in Standardformaten wie z.B. CGM, SPDL, o.ä.) oder das aufbereitete STEP-File wird über Referenzen in die SGML-Instanz eingebunden, verbunden mit Attributen, die Standardwerte für die Ansicht festlegen, und der entsprechende Formatierer übernimmt die Umwandlung in 2D-Abbildungen (bei Papierausgabe) bzw. im Viewer für Online-Dokumente ist es dann möglich, interaktiv Ansichten zu erzeugen, d.h., das 3D-Modell wird bis zum Endnutzer weitergegeben.

Weiterhin könnte im Geometrie-Modul die Möglichkeit der Protokollierung von Bearbeitungsschritten vorgesehen werden, um z.B. die Positionen der textlichen Ergänzungen relativ zu der Zeichnung ablegen zu können, damit bei Änderung der Geometrie die Bearbeitung automatisch wiederholt werden kann.

4.2 Internationale Integrationsbestrebungen

Bestrebungen zur Integration von STEP und SGML bzw. zur Herstellung einer Interoperabilität zwischen beiden Standards laufen in folgenden Gremien:

–   ISO TC184/SC4WG3/T14 Technical Publication: Integration STEP-SGML (Entwicklung eines STEP-Modells in einer dokumentorientierten Art, das interoperabel zu SGML, ODA und weiteren Standards ist), Entwicklung einer DTD für den elektronischen Austausch von ISO-STEP-Dokumenten
–   STEP-Einbindung in CALS (JCALS-Projekt)
–   NIPDE (National Initiative for Product Data Exchange) im NIST der USA (National Institute for Standards and Technology):
    –   Entwicklung eines "Product Documentation Capability Action Plan" (CAP) zu Beziehungen STEP-SGML ,
    –   Produktdokumentation innerhalb von STEP,
    –   STEP-SGML-Interoperabilität (wichtig für das CALS-Projekt),
    –   SGML tagging für STEP-Parts Bibliothek (Projekt SOLIS)

Bis jetzt sind noch keinerlei Ergebnisse verfügbar, die meisten Projekte befinden sich im Anfangsstadium bzw. in einer Stagnationsphase.

4.3 Eine integrierte Lösung

Mit der im Abschnitt "4.1. Synthese STEP-SGML" beschriebenen Kopplung zwischen STEP und SGML und unter konsequenter Verwendung der angeotenen SGML-Funktionalität könnte sich folgendes Szenario ergeben (Abb. 3.):

Alle geometrischen (Bsp. 3D-Geometriemodell) sowie alle weiteren produktspezifischen Daten (Angaben zum Material, Prüfvorschriften, Normen, Verweise auf Normteile in Katalogen o.ä.) werden im STEP-Format in einer EDB (Engineering Data Base) abgelegt, die Einbindung und Weiterbearbeitung in der Publishing-Abteilung erfolgt durch Zugriff auf diese EDB. In der Publishing-Abteilung werden Abbildungen, Tabellen und Diagramme interaktiv erstellt mit:

- dem gewünschten Erscheinungsbild der Illustration (Rotation, Clipping, Schnitte, Explosionsdarstellung, Bemaßungen), wobei dieses bei Änderung der geometrischen Gestalt des Produkts oder von entsprechenden Produktteilen bei Bedarf automatisch anhand der protokollierten Bearbeitungsschritte mitgeändert wird,
- textlichen Ergänzungen,
- Verweisen (Links) auf Stellen im Text bzw. von Textstellen auf Teile der Abbildung,
- Verweisen auf Produktdaten in der Datenbank.

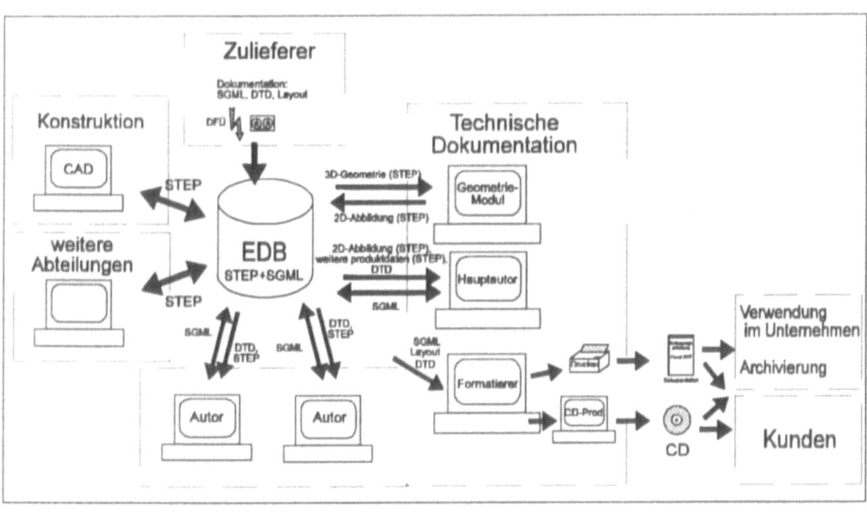

Abb. 3. STEP-SGML-Szenario

4.3.1 Aufbau des Publishing-Systems

Das Publishing-System besteht in dem dargestellten Szenario aus folgenden Komponenten:

- kontextsensitive Editoren für die SGML-Instanzen
- Geometrie-Modul für die Bearbeitung von CAD-Daten (s. Abb 4.)
- allgemeines Bildverarbeitungsmodul zum Bearbeiten von Rasterbildern, zum Scannen usw.
- SGML-Datenbank einschließlich Revisionsmanagement
- Formatierer für die Aufbereitung der Dokumente zum Druck, als elektronische oder Online-Dokumente
- Viewer zum Navigieren durch elektronische Dokumente

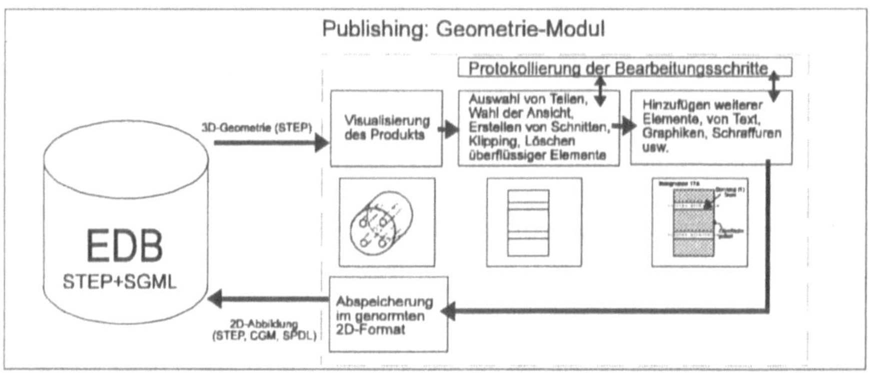

Abb. 4. Geometrie-Modul

Die Anbindung von Zusatzfunktionen an das Publishing-System erfolgt bei entsprechendem Bedarf über dessen API (Application Programming Interface).

4.3.2 Darstellung der Prozeßkette Technische Dokumentation

4.3.2.1 Verteilte Erstellung mit Datenbank-Anbindung

Die Erstellung der Dokumentation kann in mehreren Arbeitsgruppen erfolgen. Durch die Verwendung von DTD für Teildokumente ist auch bei den einzelnen Autoren gewährleistet, daß ihre Bearbeitungseinheiten konsistent sind und jederzeit in das Hauptdokument eingefügt werden können. Zur Ablage des Dokuments und von Dokumentteilen und zum automatischen Aktualisieren von Daten im Dokument wird eine SGML-Datenbank benutzt. Damit ist es auch möglich, kontextsensitive Suchabfragen zu starten und die Ergebnisse dieser Abfragen wieder als Teildokumente in das Hauptdokument einzufügen.

Eine Variantenerstellung- und verwaltung ist relativ leicht zu realisieren; Textteile, die für alle Varianten gültig sind, werden z.B. anders getaggt als solche, die nur für eine bestimmte Variante Gültigkeit besitzen. Damit ist dann die Generierung der Dokumentation zu einer bestimmtem Variante und durch die Verwendung einer SGML-Datenbank auch die Versionsverwaltung möglich.

4.3.2.2 Freigabe / Archivierung / Änderung

Die Freigabe des Dokuments erfolgt durch den Hauptautor nach der SGML-Validierung durch einen Parser entsprechend der zugehörigen DTD. Damit wird das freigegebene Dokument in die Datenbank eingecheckt und dort archiviert. Weitere Bearbeitungsstufen, wie z.B. Formatierer, können dann auf diese Instanz und die zugehörige DTD und DSSSL-Layoutbeschreibung zugreifen und verschiedene Dokumente erzeugen.

Bei notwendiger Änderung des Dokuments wird es vom Autor aus der Datenbank ausgecheckt, bearbeitet und nach erfolgreicher Validierung als neue Version in die Datenbank eingecheckt.

4.3.2.3 Übernahme von Dokumenten

Dokumente, die von anderen übernommen werden müssen, z.B. von Zulieferern, Lizenzgebern oder Normungsbehörden, werden als SGML-Instanzen inclusive der DTD und referenzierter externer Dateien geliefert. Die Übernahme der geometrischen, Material- und Publishing-Daten kann durch die Verwendung des genormten Formats ohne Nachbearbeitung erfolgen, d.h., diese Dokumente werden in die Datenbank eingecheckt und bei Bedarf können benötigte Teile aus diesen Dokumenten einfach in die eigenen Dokumente eingefügt werden.

4.3.2.4 Weitergabe an Kunden

Die Weitergabe der Technischen Dokumentation an den Kunden erfolgt in elektronischer Form, z.B. auf CD, zusammen mit geeigneten Viewern, wobei bei der Aufbereitung der Dokumente für die Weitergabe ein spezifisches Layout zugeordnet wird. Der Kunde kann Features, wie z.B. Verfolgen von vorgegebenen Hypertext-Links, Setzen eigener Links, Querverweise, Indexverzeichnis, Bookmarks, Annotationen, kontextsensitive Suche und Glossar ausnutzen.

Das bringt bei dieser neuen Form des Vertriebs mehrere Vorteile mit sich:

- geringerer Platzbedarf, einfache Handhabung
- duch Verfügbarmachung auf Netzwerken gleichzeitiger Zugriff durch mehrere Nutzer möglich.
- einfache Benutzbarkeit von zusätzlicher Funktionalität, wie z.B. Einfügen von Annotationen mit verschiedenen Zugriffsrechten, Setzen von Lesezeichen, Hyperlinks
- schnellere Aktualisierung
- einfacher und schneller Zugriff auf Informationen möglich
- Einbindung von zusätzlicher Programmfunktionalität möglich, z.B. Rasterbildviewer, Audio-Player, Renderer für 3D-CAD-Daten

- Einbinden von Serviceleistungen möglich, z.B. direkter Druck von Bestellungen aus einem Ersatzteilkatalog heraus oder direkte Bestellung von Ersatz- oder Zubehörteilen bei Online-Kopplung
- Einbindung von Multimediakomponenten (Video, Graphiken, Sprache, Sound) möglich.

4.3.3 Verbesserungen und Rationalisierungspotential

Wichtigste Vorteile des dargestellten Szenarios sind:

- Reduzierung des Konvertierungsaufwandes
- Mehrfachnutzung eines Dokuments (Monitor, Papier, CD-ROM, Datenbank) möglich
- Reduktion des Papieraufwandes
- Sicherstellung der Konsistenz und Vollständigkeit von Dokumenten, auch bei verteilter Erstellung
- Dokumentendurchgängigkeit in der Prozeßkette
- Strukturierung der Dokumente in einem wiederverwendbaren, international standardisierten Format
- Erstellung und Austausch der Dokumente in heterogenen Hard-/Software-Umgebungen
- Investitionssicherheit durch hersteller- und systemneutrales Format
- zukunftssichere, platzsparende elektronische Langzeitarchivierung möglich
- Weitergabe / Nutzung der Dokumente in elektronischer Form
- Kopplung mit CAx-Komponenten über international genormtes Format und Datenbankanbindung.

Ausblick

Bis jetzt enthalten Dokumente üblicherweise die Komponenten formatierter Text und Grafik (Zeichnungen, Fotos). In Zukunft können diese Dokumente zu HyperMedia-Dokumenten weiterentwickelt werden, das bedeutet, daß die Dokumente zusätzlich Hypertext- und Multimedia-Funktionalität aufweisen werden. Dazu gehören dann solche Komponenten wie

- Dokumente, d.h., in einem Dokument finden sich Verweise auf weitere Dokumente, die bei Bedarf betrachtet werden können,
- Ton (Geräusche, Sprache),
- Video (z.B. Videoaufnahme einer Reparatur als anschauliche Anleitung) und
- Kombination des Dokuments mit anderen Programmen (Repräsentation von ausführbarem Code, z.B. Start von Animationen).

Zusammenfassung

In diesem Beitrag wurden Forderungen der Technischen Dokumentation im Hinblick auf die Kopplung an heterogene Hard-/Software-Umgebungen und neue Anforderungen an die Erstellung, Archivierung und Nutzung der Technischen Dokumentation erläutert. Es wurden Wege aufgezeigt, wie die angesprochenen Probleme, wie z.B. hoher Bearbeitungs-, Konvertierungs-, Papier- und Verwaltungsaufwand, eingeschränkte Austauschmöglichkeiten und geringe Möglichkeiten der Wiederverwertung durch die Verwendung der Standards SGML und STEP beseitigt werden können. Gleichzeitig werden damit aber auch neue Möglichkeiten zur Nutzung der Dokumentation und zur Informationsgewinnung geschaffen. Dazu gehören der Zugriff auf Online-Dokumentations-Datenbanken und die Nutzung von Hypermedia-Dokumenten mit Komponenten wie z.B. Video und Audio.

Literatur

[[AND88]   R. Anderl, B. Schilli: STEP-Eine Schnittstelle zum Austausch inte grierter Modelle, in: H.R. Weber (Hrsg.): CAD-Datenaustausch und -Datenverwaltung, Schnittstellen in Architektur, Bauwesen und Maschinenbau, Springer-Verlag Berlin Heidelberg 1988

AND92]   R. Anderl: STEP-Grundlagen, Entwurfsprinzipien und Aufbau, in: F.L. Krause, D. Ruland, H. Jansen: CAD '92 - Neue Konzepte zur Realisierung anwendungsorientierter CAD-Systeme, Springer-Verlag Berlin Heidelberg 1992

[AND93]   R. Anderl: Produktmodell für Mechanik und Elektrotechnik, CIM-Ergebnisse aus Forschung und Praxis, Referatensammlung, DIN, Stuttgart 1993

[BOR90]   U. Bormann, C. Bormann: Offene Dokumentbearbeitung. Status und Weiterentwicklung, Informationstechnik 32 (1990) Heft 3

[BRO89]   H. Brown: Standards for Structured Documents, Computer Journal 32 (1989) Heft 6

[GEB89]   A. Gebauer; L. Hertweck: Dokumentaustausch in einer Multi Vendor-Umgebung, Informatik-Fachberichte, Band 222 (1989), Springer-Verlag Berlin, Heidelberg, New York

[HEN91]   L.R. Henderson: CALS as a solution for digital delivery of technical documents, ComputerAided Design, 23(1991) Heft 4

[HÜB92]   W. Hübner: Elektronische Handhabung und Austausch technischer Dokumente in der Anwendung, DIN Mitteilungen und Elektronorm, Band 71 (1992) Heft 3

[KLE92]   K. Klement: Präsentation mit STEP, Springer-Verlag Berlin Heidelberg 1992

[KUH89]   H. Kuhlmann: Elektronische Handhabung von Dokumenten, Konferenz-Einzelbericht: 26. Konferenz Normenpraxis (ANP), 6. internationale Konferenz Normenpraxis (IFAN), Referatensammlung, Berlin, D, 28.-29. September 1989

[LAU94]   R. Laudenbach: SGML-basiertes Publikationsystem am Beispiel BMW Workshop SGML in der Praxis, IBM Europäisches Zentrum für Netzwerkforschung (ENC), Heidelberg, April 1994

[MAC91]   H.-R. Mache: Stand der Schnittstellen-Normung für den Produktdaten austausch im Bereich Maschinenbau, in: K.-W. Jäger (Hrsg.): Schnitt stellen bei CAD/CAE-Systemen, VDI-Verlag, Düsseldorf 1991

[MÜH91]   M. Mühlhäuser: Hypermedia-Konzepte zur Verarbeitung multimedialer Information, Informatik-Spektrum 14 (1991) Heft 5

[RAT94]   H.H. Rath: SGML - Eine Einführung, Workshop SGML in der Praxis IBM Europäisches Zentrum für Netzwerkforschung (ENC), Heidelberg, April 1994

[SAE93]   U. Saelzer: SGML: Die sanfte Revolution der technischen Dokumentation, Computerwoche, 20 (1993) Heft 20

[SCH90]   A. Scheller: Einsatz von SGML im Deutschen Forschungsnetz.Methoden, Erfahrungen und Graphikintegration, Informations technik 32 (1990) Heft 3

[SCH92]   S. Schmidt: Wo steht die offene Informationsverarbeitung ? Bulletin. Schweizer Elektrotechnischer Verein 83 (1992) Heft 1

[SCH94]   J. Schwab, J. Trampler: Schaukasten - CAD-Daten visualisieren und für DTP konvertieren, iX 2/2994, S. 54 ff.

[SHA93]   L. Shanping, N.P. Juster: An Exchange Strategy for Product Information, in: J. Rix, E.G. Schlechtendahl (editors): Interfaces in Industrial Systems for Production and Engineering, Proceedings Workshop, 1993

[SMI89]   J.M. Smith: Standard Generalized Markup Language and related standards, Computer Communications 12 (1989) Heft 2

[WRI92]   H. Wright: SGML frees information, BYTE 17(1992) Heft 6

[ZEL92]   M. Zell: Eine Herausforderung der 90er Jahre, Infografik (1992) Heft 6

Der Produktdatenbus
als Basis für eine CAD-Workbench

Prof. Dr. K. Brökel[1], Dr. J. Willert[2], A. Weidig[1]
[1]Universität Rostock, Fachbereich Maschinenbau und Schiffstechnik
Institut für Konstruktionstechnik
[2]Fichtel & Sachs AG Schweinfurt

1 Einleitung - Aktueller Stand
der CAD-Entwicklungen

Heutige CAD-Systeme zeichnen sich durch einen großen Umfang an geometrischer und nichtgeometrischer Modellierfunktionalität aus. Neuere Entwicklungen, wie parametrisches und featurebasiertes Design, ermöglichen das schnelle Erstellen von Entwürfen und das Bearbeiten von Variantenkonstruktionen. Assoziative Datenstrukturen haben sich als ein sehr guter Ansatz zur Verringerung von Änderungsaufwand und zur Vermeidung von Fehlern herauskristallisiert. Sie sind ein weiterer Schritt in Richtung einer Datendurchgänigkeit im Konstruktionsprozeß. Die 3D-Geometriemodellierung mit der dazugehörigen Datenstruktur stellt den Kern jedes Systems dar. Das Problem ist die Anbindung von nichtgeometrischen Informationen an die 3D-Datenstruktur. Hierzu bieten sich unterschiedliche Methoden an. In [SEN94] werden drei prinzipielle Wege genannt, die heute von Systemanbietern gegangen werden (Abb. 1.). Weitere aktuelle Entwicklungen auf dem CAD-Gebiet sind im unterem Teil der Abb. 1. aufgeführt.

Die Einbindung beliebiger CA-Module in bestehende CAD-Systeme erfolgt über Schnittstellen. Diese Integrationsmethode ist mit Nachteilen, wie Redundanz und Widersprüchlichkeit von Daten verbunden. Nicht standardgerechte Schnittstellen verhindern die Kombination beliebiger Module. Ein konfigurierbares CAD-System erfordert eine standardgerechte Integrationsbasis.

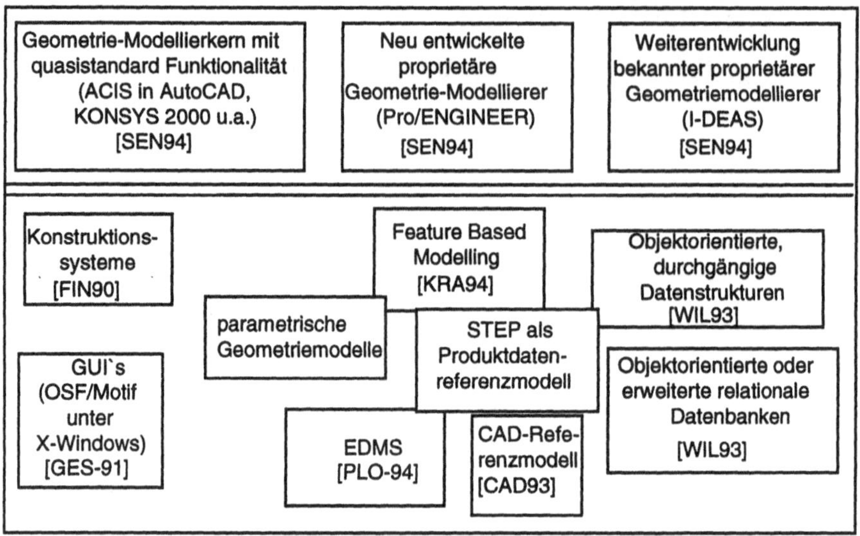

Abb. 1. Aktuelle Tendenzen der CAD-Entwicklung

2 Ziel und Motivation der Entwicklung einer CAD-Workbench

Unter dem Begriff der CAD-Workbench soll ein komplexes Programmsystem zur Unterstützung der Ingenieurstätigkeit im maschinenbaulichen Produktentwicklungsprozeß verstanden werden. Die Erarbeitung von Ansätzen zur Entwicklung einer solchen multifunktionalen Konstrukteursarbeitsumgebung erfolgt aus Sicht der Konstruktionstechnik mit dem Ziel der Erhöhung des rechnerunterstützten Arbeitsanteiles im konstruktiven Entwicklungsprozeß vor der eigentlichen Geometriemodellierung und der Erleichterung der Zusammenarbeit mit anderen Abteilungen des Unternehmens. Durch das der Workbench zugrunde liegende Architekturmodell, soll die Integration von verschiedenartigen CAD- und Engineering-Tools in ein Gesamtsystem unterstützt werden. Das Konzept einer modularen, multifunktionalen CAD-Workbench für die rechnerintegrierte Produktentwicklung ermöglicht es dem Konstrukteur, die von ihm benötigte Funktionalität erzeugnisbezogen und flexibel konfigurierbar, sowie spezifisch kombinierbar zu Verfügung zu stellen. Dieses trägt zur weiteren Entwicklung der von vielen Anwendern geforderten frei konfigurierbaren Konstruktionssysteme bei. Der Einsatz von STEP als Produktdatenreferenzmodell soll die Akzeptanz des Standards bei den Anwendern erhöhen und die Möglichkeiten des ISO 10303 über den normalen Geometriedatenaustausch hinaus verdeutlichen. Die Entwicklung einer CAD-Workbench auf der Grundlage des Produktdatenbuskonzeptes soll konstruktionstechnische und informationstechnische Entwicklungstendenzen der heutigen CAD-Welt miteinander verbinden.

3 Architektur der CAD-Workbench

Die Workbench muß sowohl Routineaufgaben, wie Suchen, Verwalten, Informieren, Darstellen usw., als auch kreative Ingenieurtätigkeiten (Konstruktions- und Entwicklungsaufgaben), z.B. Gestaltmodellierung und Berechnung, durch geeignete Funktionalitäten unterstützen. Die daraus abgeleitete Zweiteilung der Funktionskomplexe in Datenmanagement und Datengenerierung und -manipulation ist in Abb. 2. dargestellt.

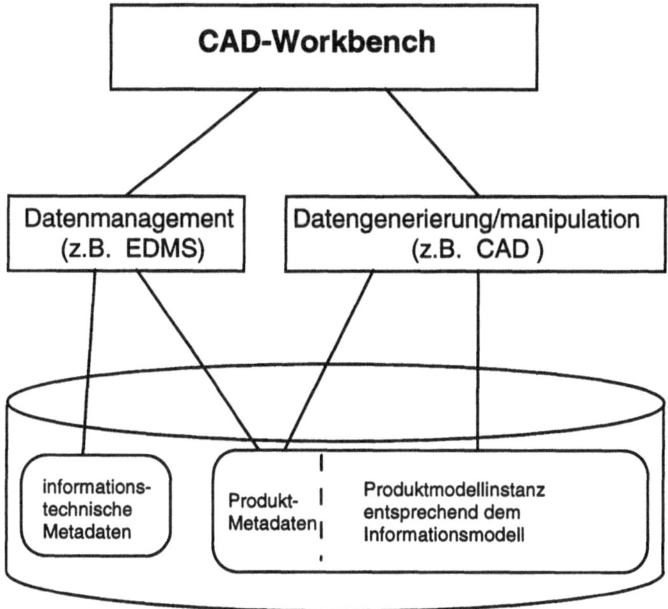

Abb. 2. Hauptaufgabe einer CAD-Workbench

Die einzelnen Funktionen, hier vergleichbar mit den Arbeitsaufgaben eines Konstrukteurs, werden unter einer einheitlichen Nutzeroberfläche angeboten (Abb. 3.). Neben den heute allgemein verfügbaren Funktionen wie 2D/3D-Geometriemodellierung sind auch Funktionen notwendig, wie z.B. überschlägliche Berechnung, Informieren über Norm- und Zukaufteile sowie Vorschriften und Materialdaten. Weiter werden den Konstruktionsprozeß begleitende Ablaufinformationen mit intelligenten Hilfe- und Fehlerbehandlungsfunktionen benötigt. Zur Unterstützung der kooperativen Arbeit in heterogenen Netzwerken muß die direkte Einbindung oder der leichte Aufruf von Programmen anderer Fachabteilungen möglich sein.

Die eindeutige Zuordnung verschiedener Unterstützungstools und den in ihnen enthaltenen Funktionen zu den beiden großen Funktionskomplexen ist hinsichtlich der momentan dynamischen Entwicklung der EDM-Systeme nicht möglich. Begriffliche Uneinheitlichkeit besteht auch bezüglich der Metadaten und der Zuordnung dieser im Verwaltungssystem. Eine grobe Unterscheidung in informationstechnische und Produkt(projekt)-bezogene Metadaten (siehe Abb. 2.) erscheint hier mindestens notwendig. Bei den geplanten und realisierten Funktionen werden die informationstechnischen Metadaten, wie Filename u.ä., weitgehend ausgeklammert.

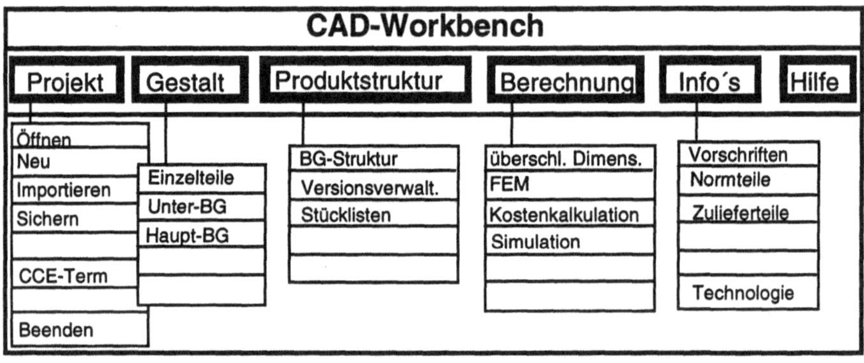

Abb. 3. Beispielhafte Funktionalitäten einer CAD - Workbench

Die Entwicklung der CAD - Workbench ist durch die Integration von Daten, Datenstrukturen, Datenverwaltung und Konstruktionsmethoden in ein komplexes Produktmodellierungssystem gekennzeichnet. Voraussetzung zur Bereitstellung von nutzerspezifisch frei konfigurierbaren Konstruktionssystemen ist ein Integrationskonzept, welches die beiden grundlegenden Integrationsansätze, Datenintegration und Methodenintegration, beinhaltet. Die Datenintegration im maschinenbaulichen Konstruktionsprozeß hat einen durchgehenden rechnerinternen Datenfluß während des gesamten konstruktiven Entwicklungsprozesses zum Ziel. Der Ansatz der Methodenintegration dient dem Ziel der Entwicklung einer modularen Systemarchitektur zur Integration heterogener, konstruktionsunterstützender, kommerzieller und eigenentwickelter Programmsysteme. Als Bindeglied zwischen beiden Integrationsansätzen kann das Produktmodell eines Erzeugnisses oder einer Erzeugnisgruppe als Invariante des speziellen konstruktiven Entwicklungsprozesses fungieren. Der produktspezifische, datenbezogene Integrationsanteil beschränkt sich auf die Entwicklung eines speziellen Produktmodells. Dieses kann im Hinblick auf eine Unterstützung des Nutzers durch Erfahrungen der Konstruktionslogik als Leitfaden für die Durchführung der konkreten konstruktiven Aufgabe genutzt werden. In der Theorie der Wissensverarbeitung wird das Produktmodell als eine Menge von Frames mit noch nicht belegten Slots verstanden. Die Instanziierung des Produktmodells und die damit verbundene Lösung der Konstruktionsaufgabe wird durch die Anwendung eines flexibel konfigurierbaren Systems allgemein anwendbarer Konstruktionsmethoden vorgenommen. Wichtig hierbei ist die eindeutige und standardisierte Definition der Schnittstellen zwischen Konstruktionsmethode und Produktmodell auf semantischer und informationstechnischer Seite. Die Entwicklung der dem speziellen Produktmodell entsprechenden Datenstruktur kann durch allgemein anwendbare Produktdatenmodellierungstools unterstützt werden.

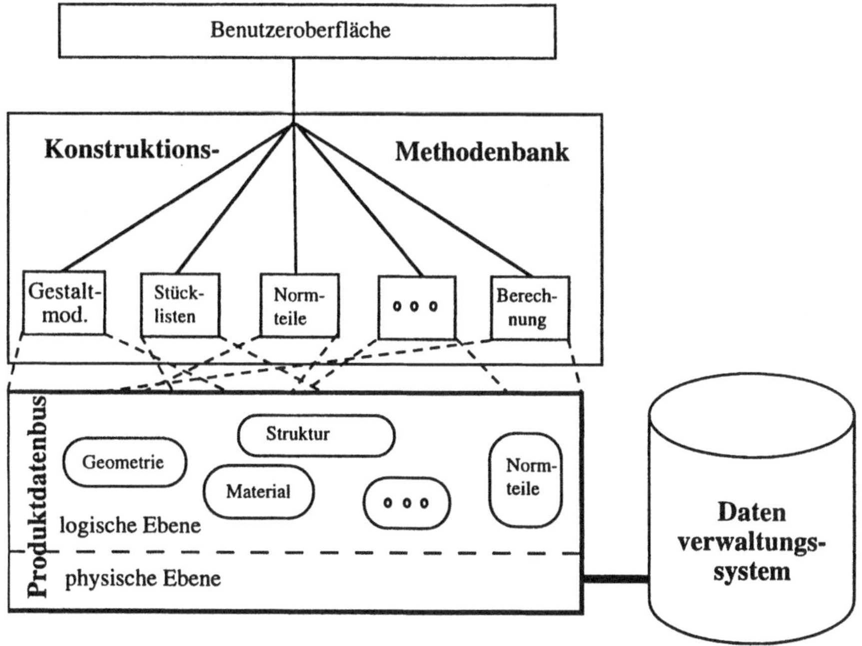

Abb. 4. Der Produktdatenbus - zentraler Bestandteil einer CAD-Workbench

Ein Überblick der grundlegenden Systemkomponenten ist in Abb. 4. dargestellt. Als zentrales Verbindungselement zwischen den beiden wichtigen Systemkomponenten Methodenbank und Datenverwaltungstool wird der Produktdatenbus eingesetzt. Über den Produktdatenbus wird die Kommunikation der Konstruktionsmethoden mit dem Datenverwaltungsmodul durchgeführt. Der Produktdatenbus ist eine Datenpipline, die eine Kopplung der einzelnen Konstruktionsmethoden untereinander ermöglicht. Dies entspricht einer Integration auf der Produktmodellebene. Die Integration auf Produktmodellniveau faßt unterschiedliche semantische Blickrichtungen eines Erzeugnisses oder einer Erzeugnisklasse, wie geometrische, funktionelle, konstruktive, technologische und administrative Aspekte, zusammen. [CAD93].

4 Der Produktdatenbus

4.1 Architektur des Datenbusses

Zur Arbeit mit dem Produktdatenbus hat sich die Einteilung in eine logische und eine physische Ebene als zweckmäßig erwiesen. In der logischen Ebene erfolgt die Definition des zugrunde liegenden Produktmodells und die Zuordnung der von den einzelnen Methoden benötigten und verarbeiteten Informationsmengen. Um eine weitgehende Flexibilität bei der Festlegung des mit der gesamten CAD-Workbench verarbeiteten Informationsumfanges zu erreichen, ist der Einsatz eines Standards unumgänglich. Hierfür ist eine für Anwender und Hersteller von Konstruktions-Tools gleichermaßen bekannte und auch verständliche Repräsentationsform zu finden. Die standardkonforme Definition der Semantik der Schnittstellen zwischen Konstruktionsmethode und Produktdatenbus erleichtert die freie Konfigurierbarkeit und die Arbeit der Workbench - Entwickler erheblich.

Aufgabe der physischen Ebene ist die Verwirklichung des Datenzugriffs der verschiedenen Konstruktionsmodule auf temporär-dynamische und statische Datenmengen. Voraussetzung für die Anwendung des Produktdatenbuskonzeptes auf dieser Ebene ist der Austausch der methodeneigenen Datenverwaltung durch ein globales Workbench - Datenmanagement.

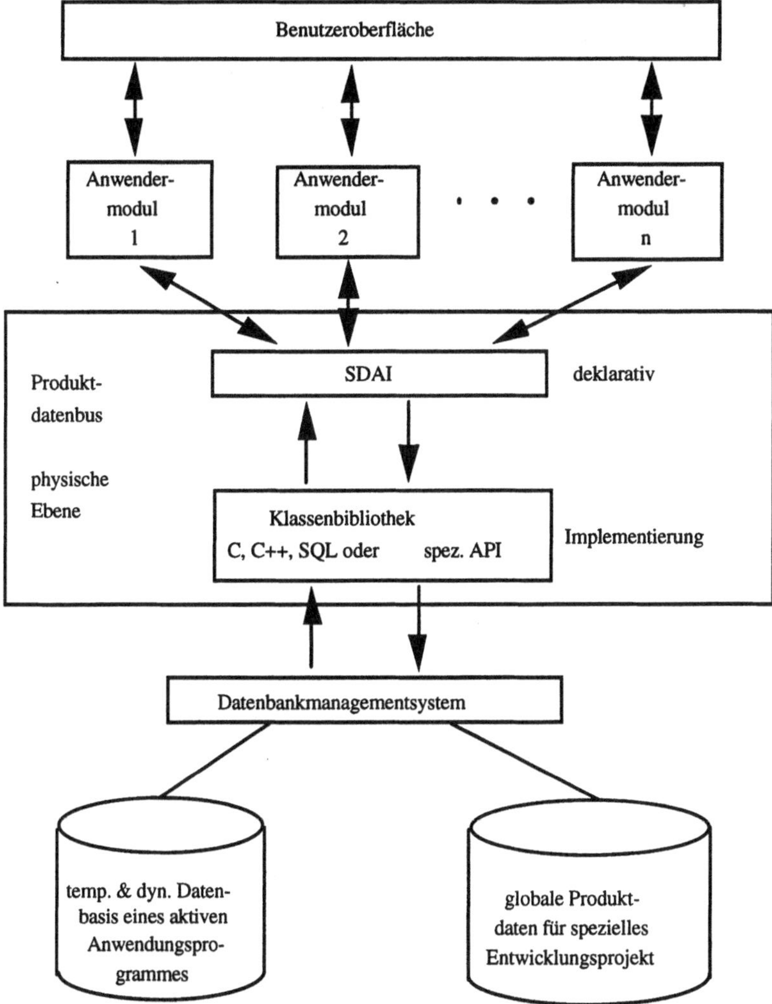

Abb. 5. Standardgerechtes Datenmanagement auf der physischen Ebene des Produktdatenbusses

Hierbei muß zwischen:

1. der Verwaltung statischer und
2. der Verwaltung dynamischer, temporärer Daten

unterschieden werden. Unter statischen Daten werden alle Datenbestände verstanden, welche nach Abschluß einer Produktmodellierungsfunktion den aktuellen Zustand der Produktbeschreibung darstellen und ohne derzeitige Zugriffsmöglichkeiten in einer physischen Speicherstruktur abgelegt sind.

Dynamisch temporäre Daten repräsentieren Datenbestände, auf die während der Laufzeit einer Konstruktionsmethode ein ständiger Zugriff möglich ist und die sich während der Arbeit mit dem System ändern. Leichter gestaltet sich hierbei die Substitution der statischen Datenverwaltung. Eine Einbindung kommerziell vertriebener Konstruktions-Tools über vorhandene Schnittstellenfunktionalität ist z.Z. nicht vollständig möglich, da nicht der volle Umfang der generierten Produktdaten über die Anwenderschnittstellen verfügbar ist. Dieser Nachteil ist durch eine Erweiterung des Schnittstellenumfanges durch die Toolanbieter auszugleichen. Auf Basis der standardgerechten Produktdatenstruktur ist auch beim physischen Datenmanagement der Einsatz genormter Schnittstellenfunktionalität möglich. Eine Systemkonfiguration zum Einsatz des in der Entwicklung befindlichen SDAI (*S*tandartd *D*ata *A*ccess *I*nterface) von STEP ist in Abb. 5. dargestellt.

Zum leichteren Umgang mit dem PDB wurde eine Gliederung des Busses in einzelne Datenstränge vorgenommen (Abb. 6.). Die Zuordnung des Informationsumfanges für die einzelnen Datenstränge erfolgt analog der Partialmodellgliederung des STEP-Produktdaten-Referenzmodelles. Es werden Subsets der STEP-Partialmodelle verwendet. Prototypartige Implementierungen wurden für den Geometrie/Topologie- und den Produktstruktur-Strang durchgeführt. Dies entspricht der kompletten Gestaltbeschreibung eines Produktes einschließlich der zugehörigen Stücklisten. Unter Gestaltbeschreibung sind aus konstruktionstheoretischer Sicht alle Informationen zu verstehen, welche das äußere Aussehen eines Erzeugnisses beschreiben. Hierzu zählen Einzelteilgeometrie, Baugruppenstruktur und relative sowie absolute Lageinformationen der einzelnen Bestandteile.

In diesem Zusammenhang sei auf die Probleme bei der Definition der Sichten der einzelnen Konstruktionsmethoden auf das gesamte Produktmodell hingewiesen. Die meisten allgemeingültigen Konstruktionsmethoden verarbeiten Daten verschiedener Partialmodelle (Datenstränge) des Produktmodells. Dadurch ergibt sich eine zusätzliche Schwierigkeit bei der Definition der Schnittstellen. Größere Aufwendung bei der Erarbeitung des Produktmodells sind aufgrund der Überschneidungen des Informations- und Datenbedarfs der einzelnen Tools notwendig. Diese Probleme treten bei der Gestaltung der logischen Datenbusstruktur ebenfalls auf.

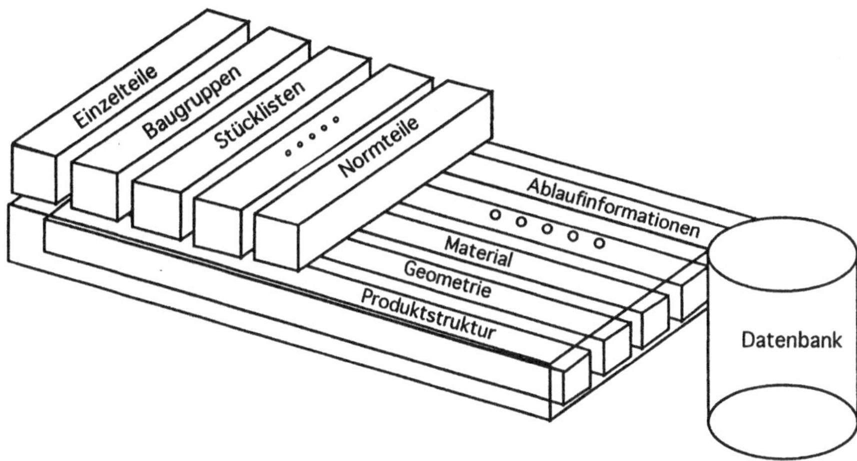

Abb. 6. Datenstränge des Produktdatenbusses

4.2 Das Produktmodell - Die logische Struktur des Produktdatenbusses

Das Produktmodell ist der zentrale Punkt in den Integrationsansätzen des Konzeptes eines Produktdatenbusses. Als Basis für das Produktmodell der CAD-Workbench wurde ein aus dem ISO 10303 (STEP) abgeleitetes Produktdaten-referenzmodell genutzt. Es ist vorgesehen in einer Testimplementierung einen Informationsumfang zu realisieren, der am Application protocol 203 "Configuration controlled design" von STEP (siehe Abb. 7.) angelehnt ist. Er wird um notwendige nutzerdefinierte Informationseinheiten erweitert. Von den im Part 203 enthaltenen Geometriemodellen wurde das Modell "Facetted_B_Rep" verwendet.

Das Produktmodell als logische Busebene hat zwei verschiedene Zustandsformen:

1. statisch - während der normalen Arbeitsphase mit der CAD-Workbench und

2. dynamisch - während der Konfigurationsphasen der Workbench.

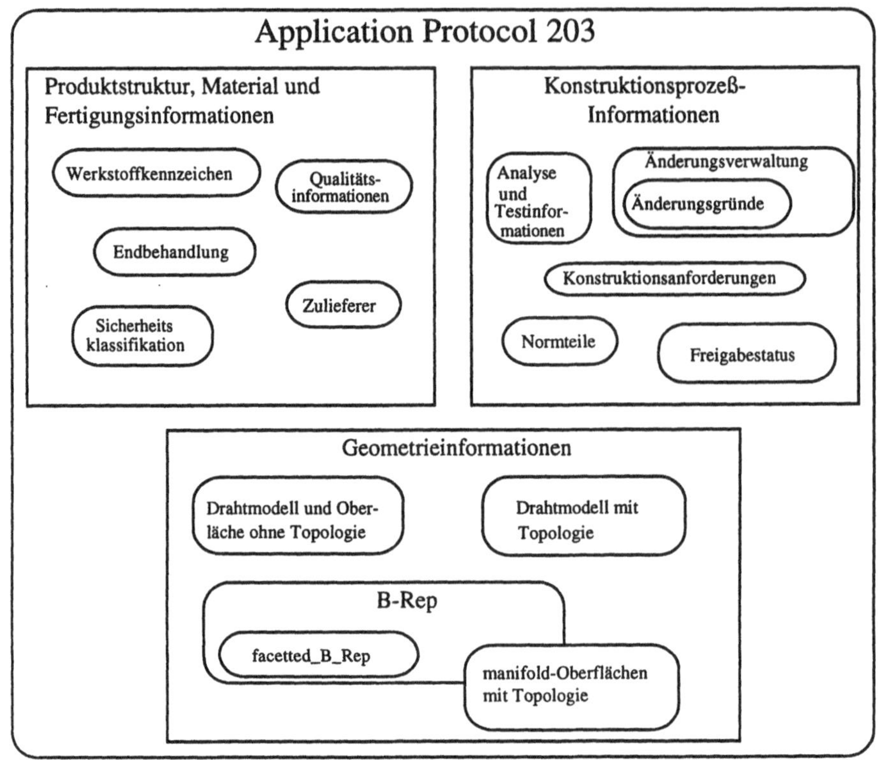

Abb. 7. Beispielhafter Überblick zum Informationsumfang des AP203 von STEP

Dynamische Aspekte während der Konstruktions- und Entwicklungsarbeit beziehen sich nur auf die Instanzen eines Produktmodells und nicht auf dessen Struktur. Der Informationsumfang eines Produktmodells ergibt sich aus dem Informationsbedarf der einzelnen in die Workbench integrierten Konstruktions- methoden. Der Entwurf eines Produktmodells verläuft in mehreren Stufen, welche in leicht abgewandelter Form auch für die Anpassung des Produkt- modells bei Neueinbindungen von Konstruktionsmethoden durchlaufen werden müssen.

Ein allgemeiner Ablaufplan zur Erstellung von Produktmodellen, wie er in der GI Fachgruppe 4.2.1 AK 7 entwickelt wurde, ist in Abb. 8. dargestellt. In der Abbildung wird bewußt nicht das Wort Phasen, sondern der Begriff Aktivitäten verwendet, da nicht immer ein sequentieller Durchlauf möglich ist, sondern auch iterative Schritte notwendig sind. Eine softwaretechnische Unterstützung der einzelnen Aktivitäten ist durch verschiedene Werkzeuge möglich. Besondere Bedeutung für die Qualität des entwickelten Produktmodells haben die ersten drei Hauptaktivitäten "Istanalyse", "Detaillierung und Formalisierung" und "Anwendungsneutraler Abgleich der Produktdatenstruktur". Der Abgleich und die standardgerechte Darstellung der Informationseinheiten sind auf Grund der unterschiedlichen Namenskonventionen und Begriffsverständnisse der beteiligten Fachdisziplinen schwierige und aufwendige Prozesse. STEP stellt mit der Sprache EXPRESS und der grafischen Repräsentationsform EXPRESS-G gute Werkzeuge zur formalen Beschreibung und übersichtlichen Darstellung des Produktmodells bereit.

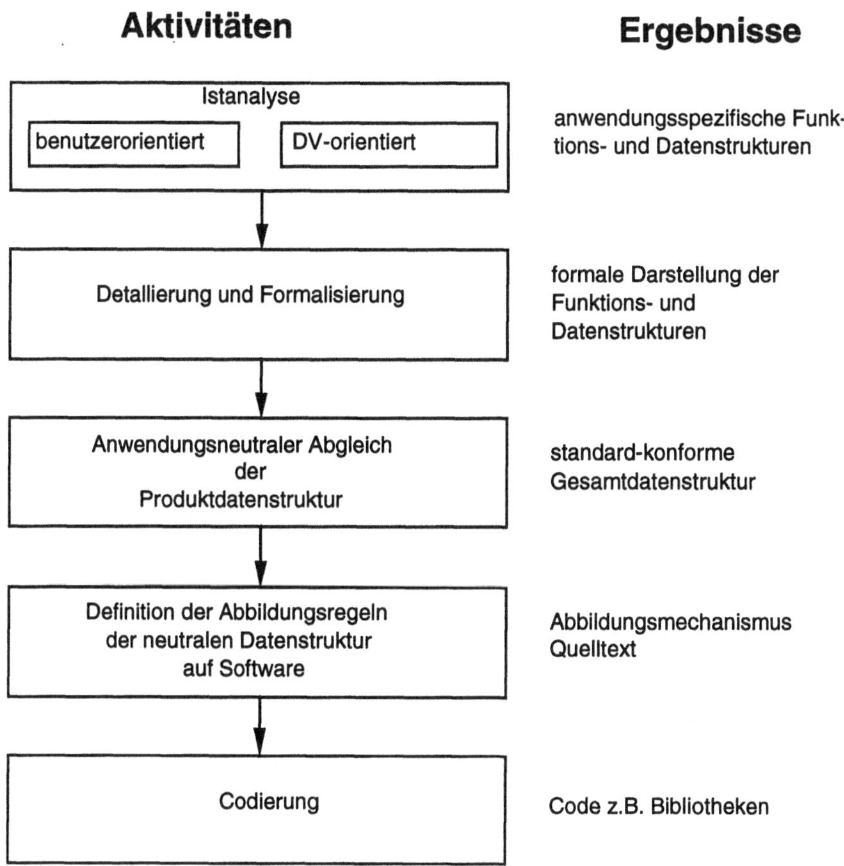

Abb. 8. Aktivitätenplan zur Erstellung eines Produktmodells

Der Umfang des spezifischen Produktmodells für eine spezielle CAD-Workbench hängt stark von den rechnergestützten Konstruktionsmethoden im betrieblichen Umfeld ab. Es wird mit steigender Anwendung STEP-kompatibler Produktbeschreibungen zunehmend komplexe Strukturen annehmen. Die Erstellung und Anpassung des Produktmodells ist dabei ein interdisziplinärer Arbeitsprozeß von Systemanwender und Systementwickler.

5 Erste Arbeitsergebnisse

Für praktische Untersuchungen wurden erste prototypartige Implementierungen und Vorarbeiten durchgeführt. Ein Schritt in Richtung auf eine konkrete Anwendung ist die "Definition der Abbildungsregeln der neutralen Datenstruktur auf Software" (siehe Abb. 8.). Hierbei ist zwischen standardisierten Deklarationen und eigenen Mappingregeln zu unterscheiden (siehe Abb. 9.).

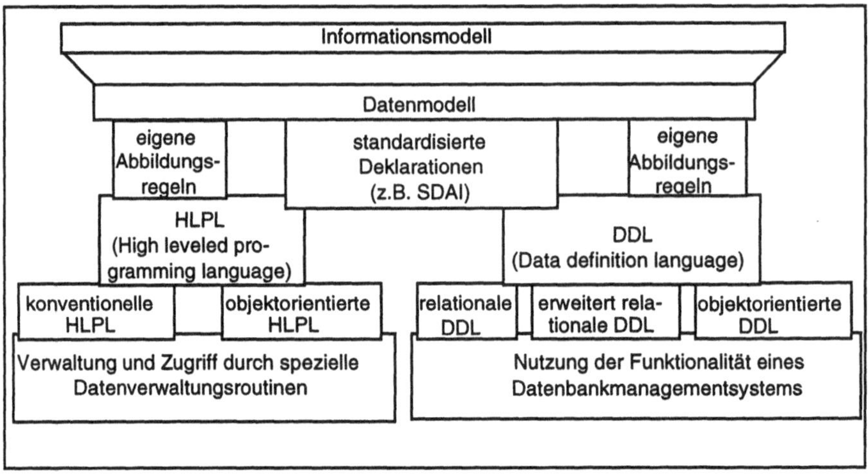

Abb. 9. Abbildungsmöglichkeiten der Produktdatenstruktur auf Software

Für die Auswahl eines geeigneten Datenbankmanagementsystem (DBMS) sind in erster Linie die Anforderungen der formalen Sprache EXPRESS entscheidend. Wichtig sind hierbei objektorientierte Ansätze wie Klassenbildung, Typisierung der Referenzen und Vererbung. Die Netzwerkfähigkeit des DBMS ist für "Concurrent Engineering" - Arbeitsweisen von Interesse. Das erweitert-relationale DBMS "Postgres" erfüllt alle Voraussetzungen zur Abbildung von EXPRESS-Datenstrukturen [KUS94], [GUD94]. Die Vererbung wird durch die folgende Sprach - Konstruktion ermöglicht:
* create calendar_date (day_compont= int4, month_component=int4) inherits date
Bei der Klassenerzeugung in Postgres erbt das Entity calandar_date alle Attribute des Entitys date. Dem ererbten Attribut year_component werden die Attribute day_compont und month_component vom Type Integer hinzugefügt. Die Referenzierung der Attribut-Instanzen erfolgt über den von Postgres selb-

ständig erzeugten und eindeutigen Objektidentifikator *OID*. In der verwendeten Postgres Version 4.1 ist die *OID* noch nicht typisiert, diese Möglichkeit ist für die Nachfolgeversion angekündigt. Ein Netzwerkzugriff auf Postgres-Datenbanken ist prinzipiell möglich, wurde aber bis jetzt aus Bedarfsgründen noch nicht realisiert. Es gibt Bestrebungen den SDAI-Vorschlag unter Verwendung der Schnittstellensprache "Postquel" von Postgres sowie C^{++} zu verwirklichen.

Die dynamisch, temporäre Datenverwaltung der einzelnen Konstruktionsmethoden kann

1. durch eigene Verwaltungsmethoden oder
2. durch die direkte Nutzung des DBMS erfolgen (Abb. 9.).

Verwirklicht wurde die temporäre Datenverwaltung über doppelt verkettete Zeigerlisten in C^{++} (Weg 1). Mit der SDAI wird der deklarative Teil der Spracheinbindung beschrieben. Die programmtechnische Umsetzung der geforderten Funktionalität ist in der jeweiligen Implementierung zu realisieren (Abb. 5).

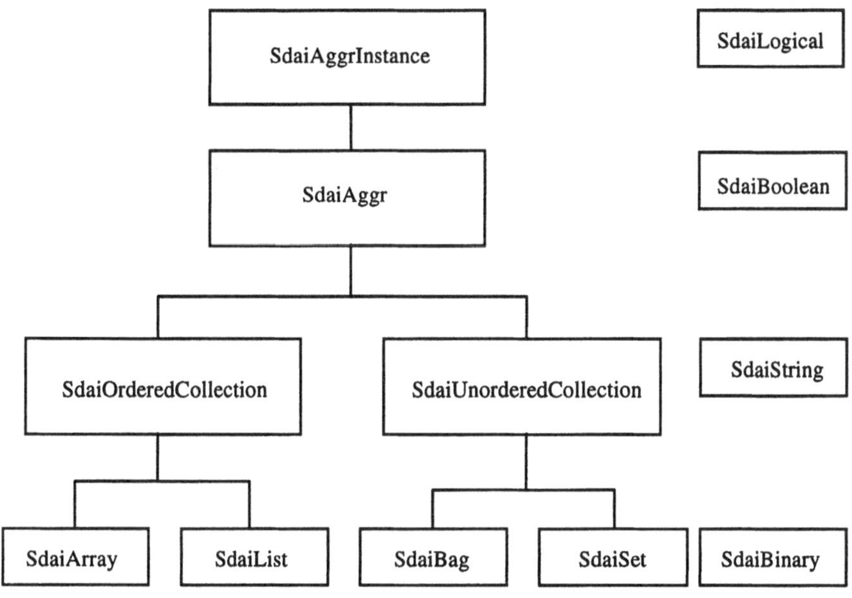

Abb. 10. Vorhandene Bibliotheksklassen für SDAI

Bei der Erstellung von C^{++}-Bibliotheken mit SDAI-konformen Zugriffsmethoden wurden Klassen und Funktionen für die EXPRESS Basis- und Aggregatdatentypen implementiert. Die in C^{++}-Klassen umgesetzten Typen sind in Abb. 10. dargestellt. Die Klassen und Funktionen der SDAI-Session -

Verwaltung sind für den jetzigen Stand der Implementierung nicht notwendig. Bei der Umsetzung des Abbildungsvorschlages auf C^{++} wurden mehrere Unklarheiten im SDAI-Vorschlag gefunden, welche unterschiedliche eigene Interpretationen zulassen.

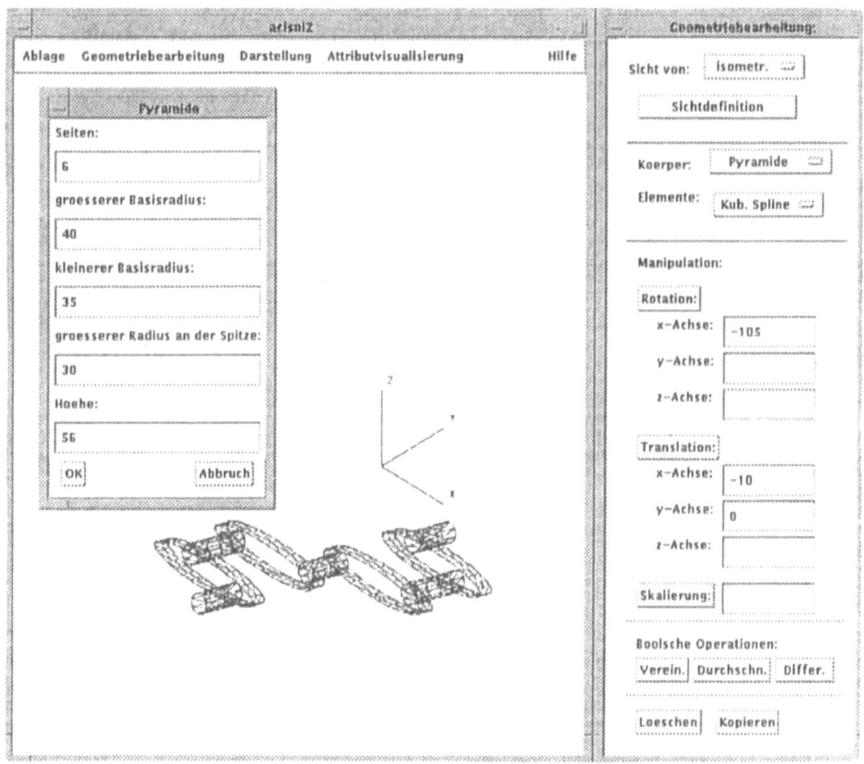

Abb. 11. Benutzeroberfläche Geometriemodellierungsmodul

Das Problem der Verwaltung von dynamischen Datenmengen während der Laufzeit direkt durch das Datenbankmanagementsystem befindet sich gegenwärtig in der Diskussion.

Zum Prototyping einer CAD-Workbench wurde eine Oberfläche unter OSF/Motif entwickelt [BÖS94]. Für die geometrische Modellierung wird der ACIS-Kern verwendet. Die Oberfläche ermöglicht die interaktive Arbeit über die API-Schnittstelle und das Direct Interface von ACIS. Unter Nutzung von Masken sind die Parameter zur Erzeugung der eingebundenen Kurven-, Flächen- und Volumenelemente manipulierbar. Die vier Kurventypen Pcurve, Straight, Ellipse und Spline können generiert werden. Kugel, Kegel, Torus, Ebene und Freiformflächen stehen als Flächentypen zur Verfügung. Die topologischen API-

Funktionen zur Generierung von Solid, Sheet und Wire Body sowie Face und Edge wurden verwendet. In der Hierarchie tiefer liegende Topologie - Entities sind durch die Behandlung von Bodies automatisch integriert. Die Objektmanipulation erfolgt durch den Aufruf der notwendigen API-Funktionen. Über das Direct Interface sind Transformationen, boolsche und einfache Operationen möglich. Einfache Operationen sind Kopieren und Löschen.

Die Visualisierung erfolgt unter Verwendung von PHIGS und der Facetter-Husk von ACIS. Die Darstellung der vom Facetter erzeugten Daten (Polylinien) erwies sich einfacher als das direkte Mapping der ACIS-Geometrieelemente auf PHIGS. Von entscheidender Bedeutung für die Ergebnisse der Darstellung, ist die Auswahl einer View-abhängigen oder einer View-unabhängigen Facettierung. Das für die Manipulation unumgängliche Identifizieren von Objekten mit der Maus wurde direkt mit ACIS - Funktionen realisiert. So ist ein direkter Zugriff auf einzelne ACIS-Elemente ohne zusätzliche Datenstrukturen möglich. Die Konvertierung der ACIS-internen Datenstrukturen in eine STEP-konforme Darstellung ist problemlos möglich. Zur Datenkonvertierung werden von der Firma "STEP-Tools Inc." [STE94] Prozessoren angeboten.

Eine Testversion zum Umgang mit STEP-konformen Produktstrukturinformationen ist unter einer Motif-Oberfläche implementiert. Die Generierung und Manipulation der Daten der Erzeugnisstruktur erfolgt durch das Ausfüllen bzw. Ändern von Masken. Die Namensgebung und Eingabelogik ist an STEP angelehnt. Bei einer Anpassung an die Begriffswelt des Konstrukteurs sind die Probleme des Mappings der jeweiligen Produktinformationseinheiten auf die standardisierten Informationseinheiten von STEP zu lösen. Die Speicherung von teilweise inkonsistenten Zwischenzuständen ist zu beachten. Eine Einbindung in die Gesamtoberfläche soll nach Abschluß dieser Arbeiten erfolgen.

Die Verbindung von Erzeugnisstruktur und Geometrie zu einer kompletten Gestaltbeschreibung (STEP-konforme Datenstruktur und Format) wird z.Z. durch einen alphanumerischen Dialog gelöst. Eine grafisch interaktive Eingabe und Unterstützung kann nach dem Zusammenfügen aller Module erfolgen. Eine Beispielmaske zur Eingabe von Informationen über Baugruppen- oder Einzelteilversionen und der Funktionsumfang sind in den Abb. 12. und 13. dargestellt.

Zusammenfassung

Die Idee des Produktdatenbusses stellt aus der Sicht des Systementwurfes ein CA-Integrationskonzept dar. Das Produktmodell der CAD-Workbench wird durch die Verwendung von genormten Informationseinheiten des ISO 10303 (STEP) gebildet. Ausgehend von den Partialmodellen wird ein Produktdatenbus definiert. Er enthält alle zur Produktbeschreibung notwendigen Informationen. Testimplementierungen unter Nutzung des geometrischen Modellierers ACIS, des Datenbankmanagementsystems Postgres sowie der Standardsoftware OSF/Motif, C^{++} und PHIGS beweisen die Realisierbarkeit des Konzeptes.

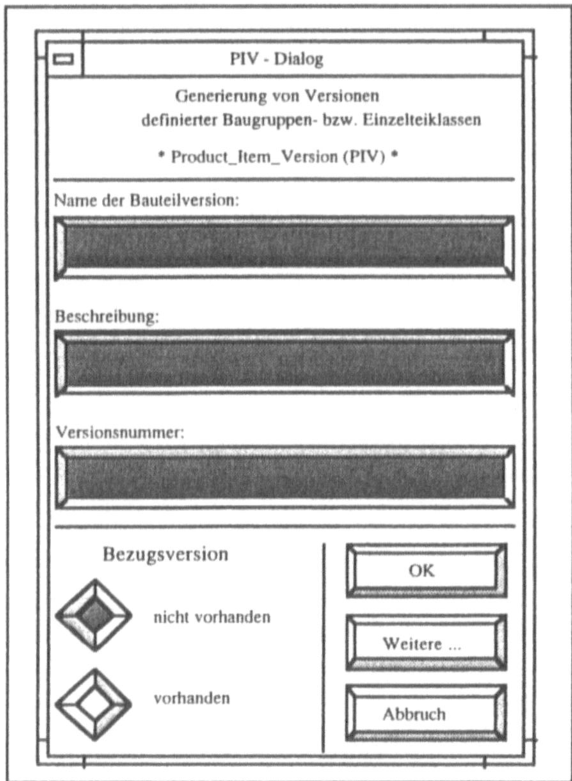

Abb. 12. Maskenbeispiel Bauteilversion

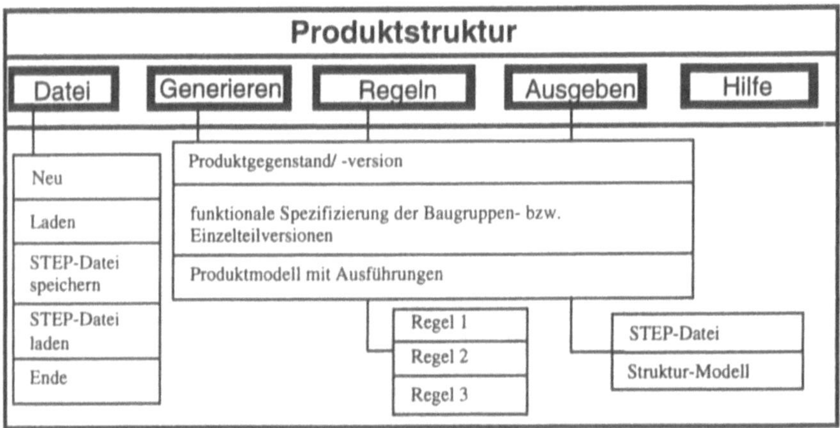

Abb. 13. Funktionsumfang Produktstrukturmodellierer

Literatur

[BÖS94]   U. Bösche: Visualisierung geometrischer Produktdaten mit ACIS und PHIGS, Studienarbeit, Uni Rostock 1994

[BRÖ94]   K. Brökel; J. Willert: Die Verbindung von CAD und Produktmodellierung in der Konstruktionstechnik, CIM´94, Gliwice 1994

[CAD93]   Aktueller Stand der CAD-Technik und der rechnergestützten Konstruktionsarbeit, Verbundprojekt "CAD-Referenzmodell" FZI, Karlsruhe April 1993

[FIN90]   K.-W. Finkenwirth: Fertigungsgerechtes Konstruieren mit CAD -Konzept eines Konstruktionssystems zur Informationsverarbeitung mit CAD-Systemen; Dissertation Universität Erlangen-Nürnberg 1990

[GAU94]   J. Gausemeier, T. Frank; M. Genderka: Erfolgspotentiale integrierter Ingenieursysteme (CAE), CAD´94, Paderborn 1994

[GES91]   Gestaltungsempfehlungen für Benutzeroberflächen von CAD-Systemen, Gesellschaft für Informatik e.V. FG 4.2.1 AK 2, 1991

[GUD94]   W. Guddat: Realisierung einer STEP-Produktdatenbank auf POSTGRES, Diplomarbeit, Uni Erlangen-Nürnberg 1994

[KRA94]   F.-L. Krause, M. Ciesla, E. Rieger, A. Ulbrich, M. Stephan: Featureverarbeitung - Kernkomponente integrierter CAE-Systeme, CAD´94, Paderborn 1994

[KUS94]   S. Kuschfeldt: Beispielhafte Implementierung von Datenverwaltungsmöglichkeiten für STEP-kompatible Produktdatenstrukturen, Projektarbeit, Uni Rostock 1994

[PLO92]   Engineering Daten Management Systeme, ein Technologiereport; Kiedrich 1992; Ploenzke - Informatik

[SEN94]   U. Sendler: 3D-CAD, Die Produktivität der neuen Systemgeneration, Springer-Verlag 1994

[STE94]   Produktinformation der Firma "STEP Tools Inc."

[WIL93]   J. Willert: Gestaltung standardgerechter Produktmodelle in der maschinenbaulichen Konstruktion, Dissertation A Universität Rostock, 1993

Semantische Features zur anwendergetriebenen Generierung von Branchenlösungen

W. Grahl[3], H. Jansen[1], F.-L. Krause[1], E. Rieger[2], F. Swoboda[3], R. Ziemann[2]
[1] Fraunhofer-Institut für Produktionsanlagen und Konstruktionstechnik Berlin (IPK)
[2] Institut für Werkzeugmaschinen und Fertigungstechnik der TU Berlin (IWF)
Pascalstr. 8-9, 10587 Berlin
[3] CADsys Vertriebs- und Entwicklungs-GmbH Chemnitz
Bernsdorferstraße 210-212, 09126 Chemnitz

Abstract

Die Featuretechnologie bietet neue Chancen, die Produktentwicklung auch von kleinen und mittelständischen Unternehmen effizienter zu gestalten. Ein flexibel konfigurierbarer Produktmodellierer auf der Basis von Featuretechnologie wird beschrieben, der ohne größeren Aufwand an die betrieblichen Bedürfnisse angepaßt werden kann. Damit soll die Gestaltung einer dem Betrieb adäquaten Produktentwicklungsumgebung durch benutzerseitige Definition neuer branchenspezifischer Elemente in Form von Features für unterschiedliche Branchen ermöglicht werden. Nach einer Definition des Featurebegriffs werden zunächst die branchenneutralen Funktionalitäten des Modellierers erläutert, indem die Systemarchitektur mit ihren Kernkomponenten sowie die Produktdatenschnittstelle als Integrationsbasis für den Informationsfluß zwischen Modellierkern und Anwendungssystemen beschrieben werden. Es folgen Ausführungen über den Ansatz zur Realisierung von Branchenlösungen mit einer Darstellung von Validierungskriterien sowie zwei beispielhaften Umsetzungen, die die Arbeitsweise aufzeigen. Der Beitrag greift in einer abschließenden Bewertung die mit der Featuretechnologie zu bewirkenden Veränderungen in der Vorgehensweise bei heutigen Produktentwicklungsprozessen auf. Zusammenfassend werden die Vorteile der mit der Verfügbarkeit eines anwendungsneutralen Featuremodellierkerns verbundenen flexiblen Möglichkeiten zur benutzergetriebenen Generierung problemspezifischer Modellierungsbausteine dargestellt. Ein Ausblick auf die mit dieser Technologie verbundenen Entwicklungspotentiale für die Zukunft beschließt den Beitrag.

1 Featuretechnologie als Zukunftskonzept für die Produktentwicklung

Die schwierige wirtschaftliche Situation erfordert von industriellen Unternehmen innovative Produktkonzepte und hohe Flexibilität, um Marktnischen aufspüren und auf individuelle Bedürfnisse eingehen zu können. In allen wesentlichen Industriebereichen erscheint auch für klein- und mittelständische Unternehmen ein marktorientiertes Behaupten ohne wirkungsvolle informationstechnische Unterstützung insbesondere im Produktentwicklungsbereich kaum noch denkbar. Unternehmen dieser Kategorie haben daher einen besonderen Bedarf an flexiblen, die Produktentwicklung unterstützenden Systemen. Derartige Systeme sind in für solche Unternehmen vertretbaren Preiskategorien meist nur als Standardlösungen niedriger Leistungsklassen zu erhalten und bieten damit einen meist unzureichenden Rahmen für die gewünschte Flexibilität und Wirtschaftlichkeit.

In der rechnerunterstützten Produktentwicklung beginnt sich allerdings derzeit ein Wandel hin zum Einsatz von featurebasierten Systemen zu vollziehen. Im Gegensatz zu konventionellen CAD-Systemen bieten Features den Vorzug, neben der Modellierung der Produktgeometrie auch die darüber hinausgehende Produktsemantik in den Entwicklungsprozeß einzubeziehen. Die Planung und Gestaltung von Produkten kann dann mit einer dem Anwender vertrauten Semantik vorgenommen werden [SAL93], [SHA91].

Vor diesem Hintergrund wird im vorliegenden Beitrag ein Modellierungssystem auf der Basis semantischer Features vorgestellt, das für die Anwendung in unterschiedlichen Branchen prädestiniert ist. In Erweiterung des Feature-Begriffs, der als 'Form-Feature' ein geometrieorientiertes Element bzw. eine geometrieorientierte Elementgruppe, wie z.B. das geometrische Makro, beschreibt, stellt die Semantik den Hauptinhalt der Definition dar. Damit werden unter dem Begriff 'Feature' gestaltende Objekte aus dem Blickwinkel des Produktentwicklers verstanden. Mit dieser featureorientierten Arbeitsweise wird der Anspruch verbunden, das Gestalten von Produkten durch die Handhabung kompletter Konstruktionselemente, wie sie in der Vorstellung des Anwenders oft schon vorhanden sind, effizienter zu machen.

Die zugrundeliegende Definition von Features ermöglicht neben einer Nutzung der Gestaltinformation durch Einbeziehung der Semantik die Integration weiterer, den Produktentwicklungsprozeß bestimmender Informationen, wie Belastungen und Festigkeiten, Qualitätsanforderungen und Herstellungskosten. Über die geometrische Beschreibung der Bauteilgestalt hinaus ist damit der Austausch semantischer Informationen zur Verwendung in allen Phasen der Produktentwicklung zu unterstützen. Als semantikbehaftete Objekte können Features den gesamten Produktentwicklungsprozeß von der Kundenanforderung bis zur Produktfreigabe begleiten. Hierbei besteht die wesentliche

Anforderung darin, daß die Features aufgaben- und produktspezifisch definiert sind und flexibel an die sich ändernden Rahmenbedingungen der Produktentwicklung angepaßt werden können.

Zur Featuremodellierung sind Methoden erforderlich, die die Featureverarbeitung anwendungsneutral unterstützen. In diesem Zusammenhang werden Struktur und Funktionsweise des neutralen Featuremodellierkerns erläutert.

Um eine durchgängige Adaptierbarkeit der bereitgestellten neutralen Featuremodellier-Funktionalität an die branchenspezifischen Bedürfnisse zu erhalten, werden die Aspekte der semantischen Featuremodellierung und der softwaretechnischen Architektur hinsichtlich Benutzungsschnittstellen und funktionaler Komponenten des Kerns zur Featureverarbeitung FEAMOS (*FEA*ture *MO*delling *S*ystem) vorgestellt.

Die branchenspezifische Ausrichtung des Systems erfolgt durch das Definieren anwendungsorientierter Features. Zum Verständnis dieses Ansatzes und der weiteren Vorgehensweise beim Arbeiten mit Features werden gleichermaßen die Aspekte 'Definieren von Features' und 'Modellieren mit Features' eingehend beleuchtet. Dazu wird die, auf EXPRESS basierende, textuelle Beschreibungssprache PDGL (*Part Design Graph Language*) zur systemunabhängigen Repräsentation der generischen Features verwendet.

Die sich hieraus ergebende Arbeitsweise des Modellierens mit Features wird sowohl aus allgemeiner Sicht als auch aus branchenorientierter Sicht beschrieben. Dazu werden Beispiele für die Anwendung dieses Konzeptes aus den Branchen 'Haustechnik' und 'Maschinenbau' vorgestellt.

2 Features als semantische Modellierungsobjekte

2.1 Definition des Featurebegriffs

Im Rahmen der Produktentwicklung werden Features als Gestaltungselemente angesehen, auf die alle entwicklungsrelevanten Informationen abbildbar sind [SHA91], [COQ92], [HOU91]. Features sind Trägerobjekte geometrischer und semantischer Produktinformationen. Sie bilden die Grundlage für den Aufbau eines anwendungsneutralen Featuremodells, welches die Integrationsbasis für die an der Entwicklung beteiligten Systeme bildet.

Um auch funktionsrelevante Elemente ohne geometrischen Bezug in der Modellierung handhaben zu können, wird die von KRAUSE [KRA90] gegebene Definition (Feature:= Form-Feature & Semantik) zu:

Feature:= *Semantik* v Form-Feature

erweitert [RIE94]. Die Bestandteile der Definition werden dabei folgendermaßen verstanden:

Features oder genauer semantische Features werden als geometrieorientierte Objekte beschrieben, die auf drei Klassen von Attributen basieren. Statische Informationen werden als Datenattribute bezeichnet. Regeln und Methoden bestimmen das Verhalten der Features. Mit Hilfe von Relationen werden die Zusammenhänge unter semantischen Features abgebildet.

Form-Features werden als strukturorientierte Gruppierung geometrischer Elemente definiert, die Flächenverbände sowie Subvolumen ohne jegliche Semantik beschreiben. Es ist zwischen expliziten und impliziten Form-Features zu unterscheiden. Explizite Form-Features werden in der rechnerinternen Darstellung des verwendeten geometrischen Modellierers repräsentiert, während impliziten Form-Features eine prozedurale Beschreibung zugrundeliegt. Jedes Form-Feature wird implizit repräsentiert, verfügt jedoch nicht immer über eine explizite Abbildung. Eine wesentliche Eigenschaft von Form-Features ist, daß sie unterschiedlichen semantischen Features zugeordnet werden können.

Feature-Semantik charakterisiert die anwendungsorientierte Bedeutung [KRA94] und kann dementsprechend auch branchenorientiert ausgelegt werden. In Abhängigkeit von der Branche kann beispielsweise zwischen haustechnik- und maschinenbauorientierter Semantik unterschieden werden. Entsprechend der Branchenorientierung unterscheiden sich die semantischen Inhalte der Features, wie zum Beispiel für:

– maschinenbauorientierte Semantik, die den funktionalen Zusammenhang zwischen den Features eines oder verschiedener Bauteile enthält. Weiterhin sind technologische Informationen enthalten, die Aussagen über die konstruktive Verwendung angeben und eine Unterstützung der Arbeitsplanung durch Auswertung der fertigungsrelevanten Information ermöglichen. Features können das geometrische Modell durch Erzeugen geschlossener Volumen (Normteile), Manipulation von Teilregionen eines Volumens (lokale Manipulationen), Attributierung von Teilregionen (Toleranzen) oder gar nicht (funktionale Kennwerte) verändern .

– haustechnikorientierte Semantik, die Informationen über die Kennwerte der als Features beschriebenen Bauelemente und deren Bezug zu ihren geometrischen Darstellungen enthält. Die in den Features gespeicherten Informationen enthalten Aussagen über zu verwendende Standardbauelemente und deren Variantenvielfalt. Außerdem sind Vorgaben über ihre Verwendung enthalten. Im geometrischen Modell werden Features in der Regel durch geschlossene Volumen repräsentiert.

2.2 Arbeiten mit Features

Mit Hilfe von Features ist es dem Anwender möglich, eine Modellierung vorzunehmen, die intuitiv an seine individuelle Arbeitsweise anpassbar ist. Der Gestaltungsprozeß erfolgt durch Elemente, die im Sinne der Anwendung funktionale Einheiten bilden und die alle die zu ihrer Ausprägung notwendigen Informationen enthalten. Gegenüber der Modellierungsmethodik konventioneller CAD-Systeme, bei denen der Anwender seine Konstruktion aus rein geometrischen Grundelementen aufbaut, verläuft die featurebasierte Modellierung durch Anwendung konstruktiv vorgeprägter, semantikbehafteter Elemente [BJØ92], [TON94]. Gleichzeitig werden die zur Ausprägung benötigten Parameter vom Anwender interaktiv spezifiziert. Features verstehen sich als Gestaltungsobjekte, die neben einer datenorientierten Beschreibung auch Information über ihr Verhalten in bezug auf die Anwendung beinhalten.

Bei der featurebasierten Modellierung werden Vererbungsprinzipien genutzt. Features können selbst wieder Bestandteile anderer Features sein, ohne dabei deren Eigenschaften zu verändern. Durch die Definition neuer Features ist es möglich, innerhalb einer Hierarchiewelt zu immer komplexeren Features zu gelangen. Die Definition branchenspezifischer Features erfolgt unter diesem Aspekt in einfacher Weise graphisch-interaktiv durch den Anwender: Er selektiert Teile des Modells, welche konstruktive Teillösungen mit eigener Semantik darstellen, und deklariert sie zu neuen Features. Die Menge der branchenspezifischen Features kann auf diese Weise beständig ausgebaut werden. Der Anwender hat die Möglichkeit, jedem neudefinierten Feature eine seinem Zweck entsprechende Bezeichnung zu geben, unter der dieses Feature anschließend identifizierbar ist. Mit der Definition eines neuen Features werden vom Anwender auch die zu seiner Ausprägung benötigten Parameter spezifiziert. Die systemunabhängige Repräsentation von generischen Features ermöglicht die anwendungsspezifische Anpassung des neutralen Modellierkerns an branchenorientierte Bedürfnisse.

3 Branchenneutrale Funktionalitäten zur Featureverarbeitung

3.1 Anforderungen an Systemarchitektur und Systemfunktionalität

Zur Featuremodellierung sind Methoden erforderlich, die anwendungsneutral die Featureverarbeitung unterstützen. Aufgabe des Featurekerns FEAMOS ist die rechnerinterne Abbildung des in der jeweiligen Anwendung erzeugten Modells einschließlich der zur Erzeugung verwendeten Operationen sowie der mit der Abbildung verbundenen Bereitstellung der semantikbehafteten Produktinformation unter Berücksichtigung anwendungsspezifischer Erfordernisse. Die aus der zentralen Aufgabe des Featurekerns resultierenden Anforderungen sind [KRA94]:

–   anwendungsorientierte Definierbarkeit von Features,
–   hinreichende Mächtigkeit der anwendungsspezifischen Featureinformationsinhalte,
–   Bereitstellung von Funktionalität zur Erzeugung und Manipulation des Featuremodells,
–   anwendungsunabhängige Repräsentation der Features und
–   Repräsentation produktbezogener Informationsinhalte und Modellierungshistorie.

3.2 Kernkomponenten
zur branchenneutralen Featureverarbeitung

PDGL - eine deklarative Sprache zur Beschreibung generischer Features
Um eine hohe Flexibilität hinsichtlich der anwendungsbezogenen Spezifikation bei gleichzeitiger Systemunabhängigkeit zu erreichen, wurde zur generischen Beschreibung der Features die textuelle Sprache PDGL (Part Design Graph Language) entwickelt [KRA91]. Die Verwendung von EXPRESS als syntaktische Basis gewährleistet eine hinreichende Sprachmächtigkeit zur Beschreibung der für die Produkt- und Prozeßmodellierung benötigten Informationen. Im Unterschied zu EXPRESS, das zur strukturierten Informationsmodellierung im Rahmen der ISO 10303 (Product Data Representation and Exchange) [ISO92] zur Standardisierung des Produktdatenaustauschs konzipiert wurde, dient PDGL der generischen Beschreibung von Features. Eine PDGL-Beschreibung besteht aus zwei Blöcken, die gemeinsam das SCHEMA bilden. Der erste Block (ENTITY-Block) enthält die Definition des Featuretyps mit seinen charakterisierenden Daten und Unterfeatures. Der zweite Block besteht aus einer Funktion (FUNCTION-Block), die die Erzeugung des im ENTITY-Block definierten Featuretyps einschließlich der Herleitung seiner Geometrien beschreibt, siehe auch Abb. 1.

PDGL-Interpreter zur Erzeugung des rechnerinternen Modells
Die vom Anwender ausgewählten Features werden durch einen im Featurekern integrierten PDGL-Interpreter zur Laufzeit verarbeitet und in die korrespondierende rechnerinterne Darstellung überführt. Die zur Ausprägung eines Features benötigten Parameter werden vom Anwender interaktiv bereitgestellt, ggf. werden Defaultwerte akzeptiert. Der Prozeß startet mit der Interpretation

des ENTITY-Blocks; dabei wird der Featuretyp als solcher in der rechner-internen Darstellung angelegt. In der rechnerinternen Darstellung des Feature-kerns werden nur die semantischen, nicht geometrischen Informationen gespeichert. Enthält das Feature explizite Geometrien, dann werden diese als Bezüge auf das zugehörige rechnerinterne Modell des Geometriemodellierers gehandhabt. Der Featurekern und der Geometriemodellierkern sind durch eine funktionale Schnittstelle verbunden, die es ermöglicht, Funktionen anderer Anwendungsmodule als Teil des PDGL-Funktionsvorrats zu definieren. Beim Programmstart werden diese über ihr PDGL-Schlüsselwort automatisch in einer Funktionsliste erfaßt und bei der Interpretation wie PDGL-Funktionen behan-delt. Der Featuremodellierkern ist in seiner Realisierung daher anwendungs-neutral. Es ist somit möglich, den hier verwendeten geometrischen Modellier-kern ACIS [BRA88] durch andere Geometriemodellierer auszutauschen oder andere Funktionsmodule, wie beispielsweise für den Zugriff auf Sachmerkmals-leisten, einzubinden. Jedes auf diese Weise verarbeitete Feature ist Teil des Featuremodells, wobei zwischen einzelnen Instanzen Beziehungen semantischer Art bestehen können.

Produktstruktur zur semantikorientierten Verarbeitung der Featureinformation
Zur rechnerinternen Darstellung des Strukturmodells wurde eine Baumstruktur entwickelt, die als Part Design Tree (PDT) bezeichnet wird. Der PDT verwaltet im Gegensatz zum CSG-Baum Features anstelle einfacher geometrischer Volumenelemente. Dadurch können strukturbezogene Operationen die im Modell enthaltene Semantik berücksichtigen.

Der PDT besteht aus Feature-, Transformations-, Kombinations- und Baugruppenknoten. Featureknoten repräsentieren die verwendeten Features, Transformationsknoten beschreiben Transformationen, die mittels Positionier-features ausgeführt werden. Beide Knotentypen können nur als Endknoten innerhalb des PDT auftreten. Baugruppenknoten enthalten Verweise auf eine be-liebige Anzahl von zugeordneten Knoten, die Features, Einzelteile oder Unterbaugruppen repräsentieren. Kombinationsknoten besitzen in der Regel Verweise auf zwei andere Knoten und repräsentieren Einzelteile, die ihrerseits wieder aus Baugruppen bestehen dürfen. An jeden Knoten kann ein Name vergeben werden. Damit kann ein Knoten, der die Wurzel zu einem Teilbaum bildet, als Einzelteil identifiziert werden.

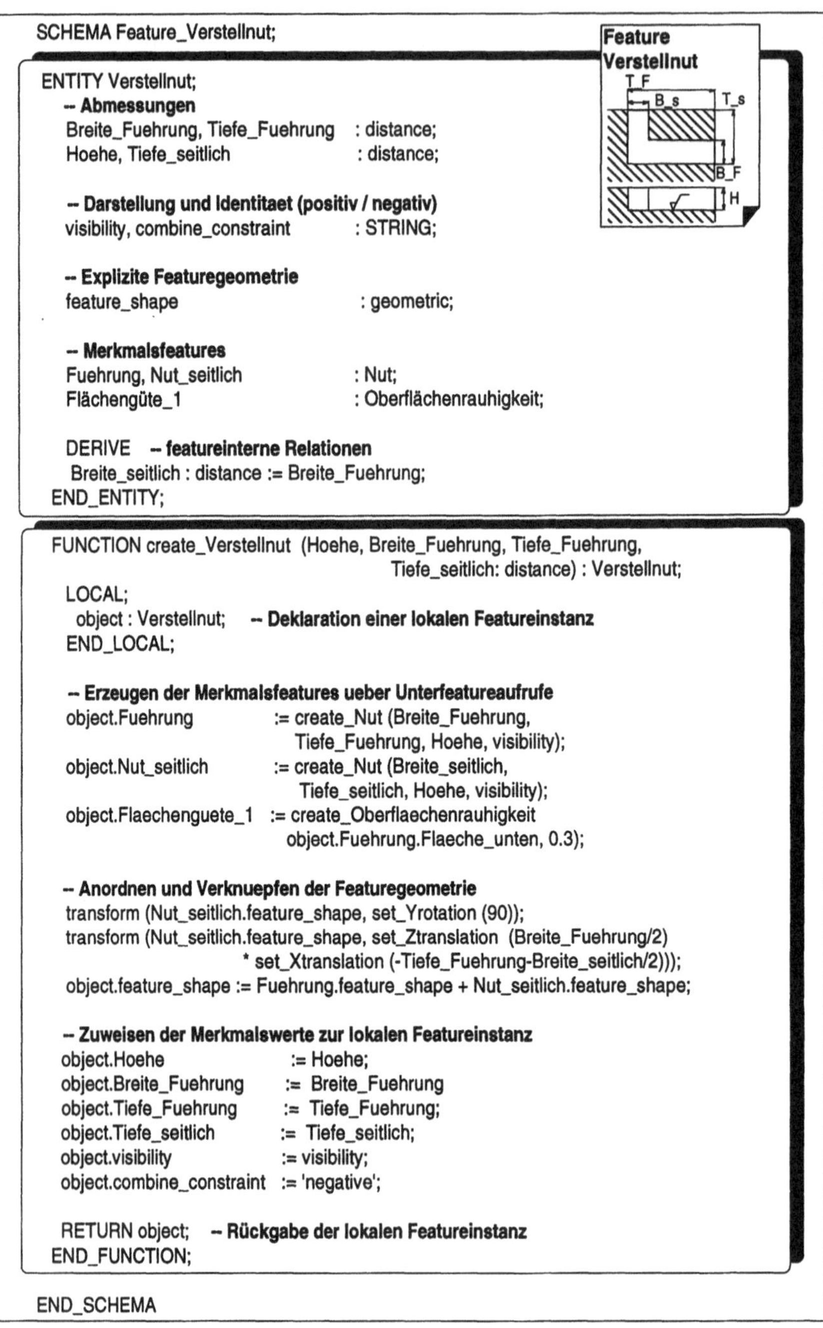


```
SCHEMA Feature_Verstellnut;

  ENTITY Verstellnut;
    -- Abmessungen
    Breite_Fuehrung, Tiefe_Fuehrung   : distance;
    Hoehe, Tiefe_seitlich             : distance;

    -- Darstellung und Identitaet (positiv / negativ)
    visibility, combine_constraint    : STRING;

    -- Explizite Featuregeometrie
    feature_shape                     : geometric;

    -- Merkmalsfeatures
    Fuehrung, Nut_seitlich            : Nut;
    Flächengüte_1                     : Oberflächenrauhigkeit;

    DERIVE   -- featureinterne Relationen
     Breite_seitlich : distance := Breite_Fuehrung;
  END_ENTITY;

  FUNCTION create_Verstellnut (Hoehe, Breite_Fuehrung, Tiefe_Fuehrung,
                               Tiefe_seitlich: distance) : Verstellnut;
    LOCAL;
      object : Verstellnut;    -- Deklaration einer lokalen Featureinstanz
    END_LOCAL;

    -- Erzeugen der Merkmalsfeatures ueber Unterfeatureaufrufe
    object.Fuehrung           := create_Nut (Breite_Fuehrung,
                                  Tiefe_Fuehrung, Hoehe, visibility);
    object.Nut_seitlich       := create_Nut (Breite_seitlich,
                                  Tiefe_seitlich, Hoehe, visibility);
    object.Flaechenguete_1    := create_Oberflaechenrauhigkeit
                                  object.Fuehrung.Flaeche_unten, 0.3);

    -- Anordnen und Verknuepfen der Featuregeometrie
    transform (Nut_seitlich.feature_shape, set_Yrotation (90));
    transform (Nut_seitlich.feature_shape, set_Ztranslation (Breite_Fuehrung/2
                      * set_Xtranslation (-Tiefe_Fuehrung-Breite_seitlich/2)));
    object.feature_shape := Fuehrung.feature_shape + Nut_seitlich.feature_shape;

    -- Zuweisen der Merkmalswerte zur lokalen Featureinstanz
    object.Hoehe              := Hoehe;
    object.Breite_Fuehrung    := Breite_Fuehrung
    object.Tiefe_Fuehrung     := Tiefe_Fuehrung;
    object.Tiefe_seitlich     := Tiefe_seitlich;
    object.visibility         := visibility;
    object.combine_constraint := 'negative';

    RETURN object;   -- Rückgabe der lokalen Featureinstanz
  END_FUNCTION;

END_SCHEMA
```

Abb. 1. Beispiel der PDGL-Beschreibung des Features 'Verstellnut'

3.3 Die Produktdatenschnittstelle als Intergrationsbasis für den Informationsfluß zwischen Anwendungssystemen

Die Architektur des Modellierkerns FEAMOS zeichnet sich durch eine strenge Modularität aus, welche die Grundlage für die anwendungsspezifische Konfigurierbarkeit des Systems bildet, siehe Abb. 2. Auf der Basis von FEAMOS ist der branchenneutrale Produktmodellierer mit seinen Anwendungsmodulen aufgebaut.

Der Informationsaustausch zwischen den einzelnen Anwendungsmodulen sowie die Verarbeitung korrespondierender Informationen erfolgt über eine anwendungsneutrale Produktdatenschnittstelle, siehe Abb. 3. Sie ermöglicht es allen Modulen des Produktmodelliersystems unter Berücksichtigung der verwendeten Featuresemantik auf die gemeinsame Modellbasis - repräsentiert durch das Featuremodell - zuzugreifen. Dazu werden beispielsweise Methoden zur Modellerzeugung, -manipulation und -visualisierung angeboten. Darüber hinaus werden Mechanismen zur Nutzung der in den Modulen enthaltenen Funktionen bereitgestellt, um die bei der Definition neuer Features hinzukommende Semantik anwendungsspezifisch verwerten zu können. Neben einer Grundkonfiguration bestehend aus Feature- und Geometriemodellierkern, Benutzungsumgebung und ggf. Datenbank kann die Modellierumgebung durch entsprechende Konfiguration der Produktdatenschnittstelle um weitere Anwendungsmodule - beispielsweise der Arbeits- und NC-Planung - erweitert werden.

Komponenten der Produktdatenschnittstelle
Die Produktdatenschnittstelle ist zweischichtig ausgelegt und besteht aus einer anwendungsneutralen und einer darauf aufsetzenden, anwendungsbezogenen Schicht. Die anwendungsneutrale Schicht bilden Funktionen, die modellinvariant Informationen für andere Module bereitstellen. Hierzu zählen beispielsweise Funktionen zum Erzeugen und Traversieren der Produktstruktur. Diese Funktionen basieren auf der rechnerinternen Struktur. Aufgrund ihrer Anwendungsneutralität berücksichtigen sie keine Semantik und erlauben Datenzugriffe nur auf der Ebene der rechnerinternen Darstellung. Die anwendungsspezifische Schicht bilden Funktionen aus logischer Modellsicht. Diese nehmen Bezug auf die in den Features enthaltene Semantik. Kennzeichnend für diese Schicht sind Funktionen, die auf der Basis verwendeter Features die Modellstruktur hinsichtlich einer speziellen Semantik auswerten.

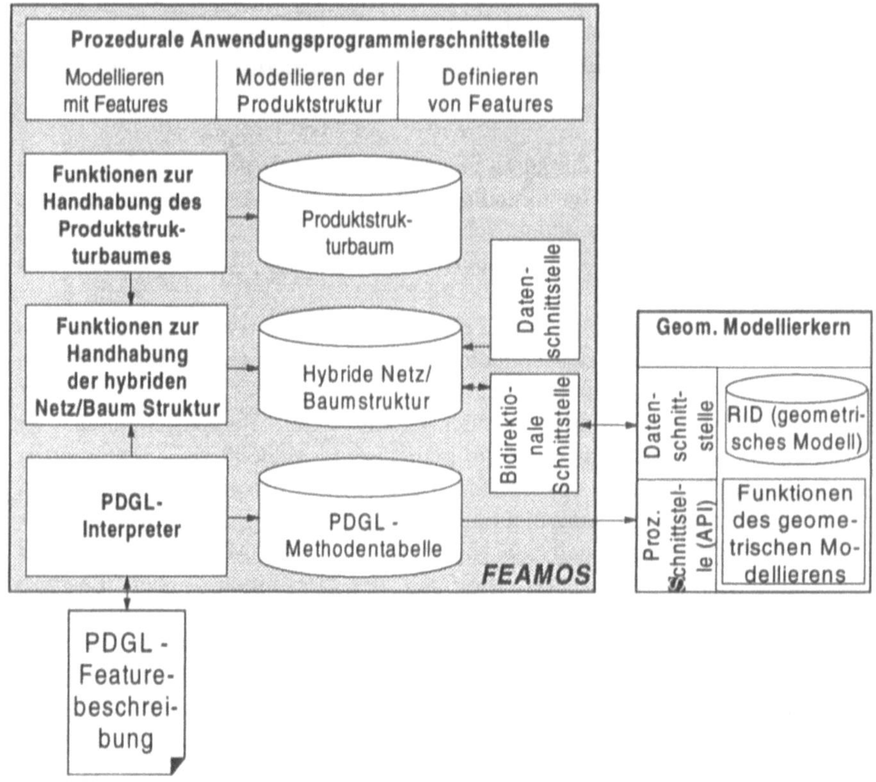

Abb. 2. Architektur des Featuremodellierkernes FEAMOS [RIE94]

Struktur der anwendungsspezifisch konfigurierbaren Produktdatenschnittstelle
Eine semantikorientierte Modellauswertung erfordert Werkzeuge zur anwendungsspezifischen Konfigurierung und konsistenten Erweiterung der Schnittstelle. Die objektorientierte Programmierung bietet hierzu Möglichkeiten an, die darin bestehen, aufbauend auf einer Basisfunktionalität durch Ergänzung von Methoden anwendungsspezifische Erweiterungen vornehmen zu können. Die Basisfunktionalität wird durch eine Basisklasse, die virtuelle Schnittstellenoperationen spezifiziert, bereitgestellt. Darauf aufsetzend existiert eine Schicht abgeleiteter Klassen, in denen die Schnittstellenfunktionen definiert werden. Beide Klassen bilden zusammen die Kernfunktionalität der Schnittstelle. Durch Ableiten neuer Klassen, die anwendungsspezifische Funktionserweiterungen definieren, baut der Anwender die Schnittstelle aus. Die Schaffung und anwendungsgerechte Bereitstellung einer geeigneten Basisfunktionalität ist damit die Grundlage für die anwendungsbezogene Konfigurierbarkeit der Produktdatenschnittstelle.

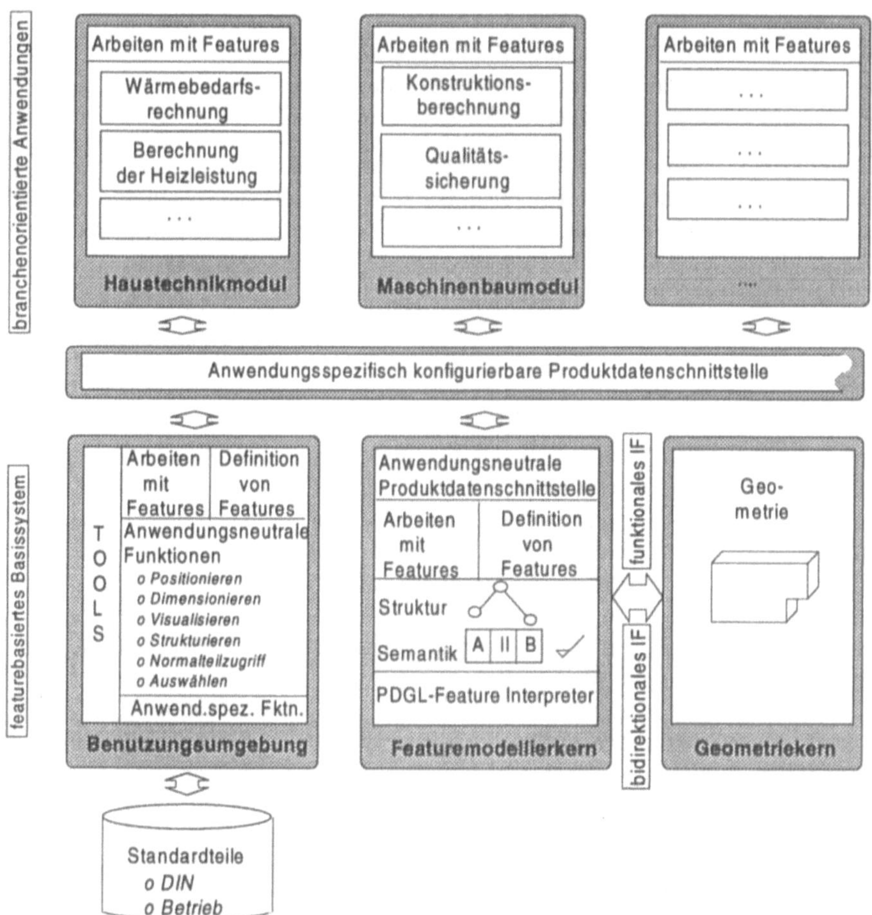

Abb. 3. Architektur des branchenspezifisch konfigurierbaren Produktmodelliersystems

4 Ansatz zur Realisierung von Branchenlösungen

Die anwendergetriebene Generierung branchenspezifischer Systeme erfordert flexible, vom Anwender in einfacher Weise bedienbare Werkzeuge zur Definition branchenorientierter Elemente (z.B 'Heizkörper' in der Haustechnik, 'Gelenkwelle' im Maschinenbau) und auf diese abgestimmte Verarbeitungs-methodiken (z.B. 'berechne Raumwärmebedarf' in der Haustechnik, 'berechne Gelenkkräfte' im Maschinenbau). Dazu werden die folgenden Eigenschaften des in Kap. 3 beschriebenen Featuremodellierkerns ausgenutzt:

- Anwendungsneutralität der rechnerinternen Featuredarstellung,
- Möglichkeit der Abbildung semantischer Informationen,
- Einbeziehung anwendungsspezifischer Methoden und
- Definierbarkeit branchenorientierter Features durch den Anwender.

Grundlage der anwendergetriebenen Generierung von Branchenlösungen ist die Abbildung branchenspezifischer Information in semantischen Features. Darüber hinaus lassen sich anwendungsspezifische Verarbeitungsmethoden über die Produktdatenschnittstelle in das System einbinden. Die Erweiterung des Produktmodelliersystems um branchenspezifische Komponenten erfordert die flexible Definierbarkeit neuer Features durch den Anwender. Das Ergebnis des Feature-Definitionsprozesses ist ein neuer, anwendungsorientierter Featuretyp in seiner generischen Beschreibungsform. In bezug auf das System entspricht die generische Form einer durch PDGL vorgenommenen Featurebeschreibung.

Hieraus folgt, daß geeignete Funktionalitäten zur anwendergerechten Feature-definition bereitstehen. Die direkte Eingabe einer PDGL-Beschreibung mittels Texteditor setzt vom Anwender in zu hohem Maße Systemkenntnisse voraus und stellt aus dieser Sicht keine geeignete Vorgehensweise dar. Zum Zweck einer anwendergerechten Feature-Definitionsmethodik wurde eine Vorgehensweise realisiert, bei der das Feature bottom-up mit den zur Verfügung stehenden Modellierfunktionalitäten vom Anwender 'konstruierend', d.h. aus der Anwendung heraus erzeugt wird. Hierzu selektiert der Anwender einen Teil des zugrundeliegenden Modells und deklariert es als neues Feature. Das dabei entstehende rechnerinterne Modell entspricht zunächst der spezifischen Ausprägung des zu definierenden Features. Aus diesem leitet das Systems anschließend selbst die generische Featurebeschreibung ab und erzeugt eine PDGL-Datei. Somit wird aus der Sicht des Anwenders das Definieren neuer Features zur Aufgabe des Konstruierens neuer Features, wodurch es ihm möglich ist, dabei graphisch-interaktiv in der ihm vertrauten Umgebung zu arbeiten.

Auf Systemebene existieren Funktionen, die durch Verarbeitung des rechner-internen Modells anwendungsneutral das neue Feature generieren. Aus Modell-sicht wird dabei die Verallgemeinerung der spezifischen Modellinhalte vorge-nommen, das heißt, daß aus der spezifischen Darstellung die generische Form erzeugt wird. Entsprechend der in Kap. 3 gegebenen Erläuterungen zum Aufbau von PDGL, wird aus der Modelldatenbasis die Typdefinition des neuen Features als Entity, begrenzt durch die Sprachkonstrukte 'ENTITY' und 'END_ENTITY', und der Erzeugungsfunktion, begrenzt durch die Sprachkonstrukte 'FUNCTION' und 'END_FUNCTION', erzeugt. Die Inhalte der Typdefinition folgen direkt aus den im semantischen Featuremodell enthaltenen Features. Die Erzeugungs-funktion als Abfolge prozeduraler Anweisungen besteht aus den Aufrufen der bei der Konstruktion des Features verwendeten Unterfeatures. Daher wird die neue Erzeugungsfunktion direkt durch Evaluieren des Produktstrukturbaums abgeleitet, siehe Abb. 4.

Zur Definition eines Features sind Informationen bezüglich des Typbe-zeichners und die Namen der zu seiner Instanziierung benötigten Parameter hinzuzufügen. Den Typbezeichner fragt das System vom Anwender ab. Die Instanziierungsparameter ergeben sich aus der Menge der Übergabeparameter der verwendeten Unterfeatures, die nicht in einer parametrischen Abhängigkeit stehen. Da die Parameternamen Teil der Featuresemantik sind - sie charakterisieren deren Bedeutung -, erhält der Anwender die Möglichkeit, neue Namen zu vergeben oder ihnen feste Werte zuzuweisen. Das neuerzeugte Feature steht noch während des aktuellen Programmlaufs für weitere Konstruktionsarbeiten zur Verfügung.

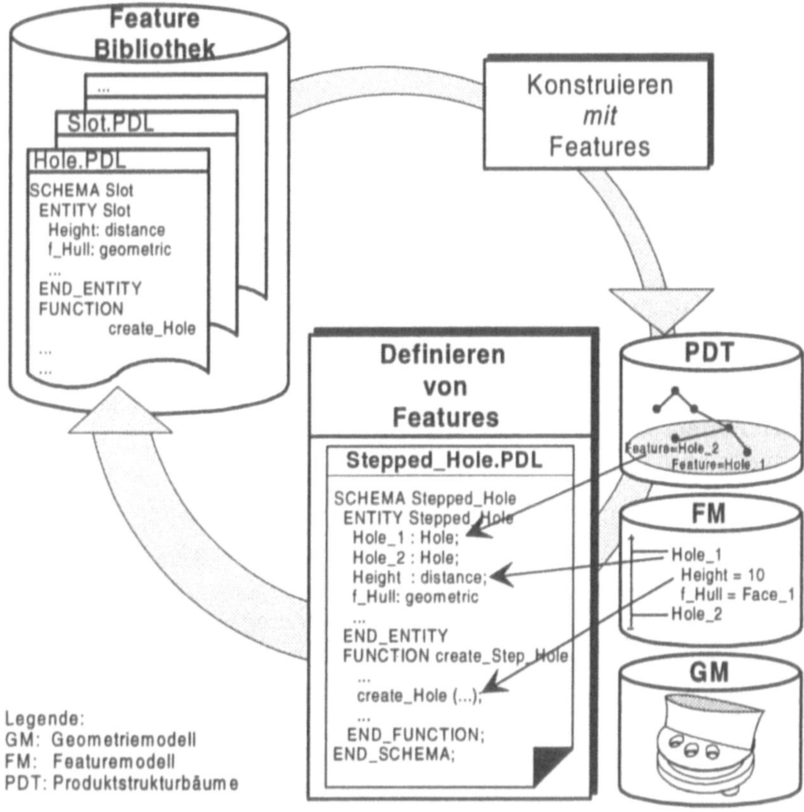

Abb. 4. Ableitung der zur Definition neuer Features erforderlichen Information aus dem rechnerinternen Modell

5 Branchenorientierte Umsetzung

5.1 Validierungskriterien

Das vorgestellte Konzept zur Realisierung eines branchenspezifisch konfigurierbaren Systems auf Basis semantischer Features wurde exemplarisch anhand ausgewählter Aufgaben aus den Branchen Haustechnik und Maschinenbau umgesetzt. Hierzu wurden die für die einzelnen Branchen benötigten Features definiert und die jeweils zugrundeliegenden Modellierungsabläufe exemplarisch durchgeführt.

Im Rahmen der Untersuchungen gelten folgende Kriterien zur Validierung des beschriebenen Konzeptes:

- Alle branchenrelevanten Informationen müssen sich vollkommen als Teil des rechnerinternen Featuremodells abbilden lassen.
- Es dürfen keine Brüche zwischen den ineinander übergehenden Planungsphasen hinsichtlich der Modellabbildung auftreten.
- Die zur Modellierung benötigten Elemente müssen sich als Features definieren lassen.
- Die bei der Modellierung verwendeten Features müssen sich mit den verfügbaren Funktionalitäten handhaben lassen.

5.2 Umsetzung in der Haustechnikbranche

Stellvertretend für die Branche 'Haustechnik' wird im folgenden die Modellierung einer Heizungsinstallation beschrieben. Charakteristisch für den Konstruktionsverlauf ist die sukzessive Festlegung der Modellierungsinformation in aufeinanderfolgenden Planungsschritten, siehe Abb. 5.

Jeder Planungsschritt benötigt Informationen aus dem vorhergehenden und ist zugleich Ausgangspunkt für den nachfolgenden Planungsschritt. Um eine frühzeitige und durchgängige Rechnerunterstützung bei der Modellierung zu erreichen, müssen Features zunächst mit unvollständigen Informationen instanziierbar sein. Diese werden dann durch weitere im Planungsverlauf hinzukommende Informationen ergänzt. Für die Erzeugung der Featureinstanzen werden unvollständige Informationen daher zunächst als Defaultwerte gehandhabt.

Der Planungsmethodik zufolge ist die Gebäudehülle die Ausgangsbasis der Haustechnikinstallation. Die zur ihrer Modellierung erforderlichen Elemente wie beispielsweise Wände, Türen und Fenster werden als Features eingeführt. Diese enthalten neben geometrischen auch semantische Informationen; beispielsweise enthält das Feature 'Wand' Informationen über die Wandabmessung, den

Wärmedurchgangskoeffizienten und die Raumzugehörigkeit. Die Informationen sind notwendig für die anschließende Wärmebedarfsrechnung.

Geschosse und Räume werden vom Produktmodellierer als Baugruppen gehandhabt. Neben der geometrischen Darstellung ist somit die Strukturinformation im rechnerinternen Modell enthalten, die eine logische Beschreibung des Gebäudes, seiner Geschosse und der dazugehörigen Räume repräsentiert, siehe auch Abb. 6. Wichtige Raumparameter wie beispielsweise Wärmebedarf oder Anzahl der zu installierenden Heizkörper lassen sich darin als Raumattribute definieren.

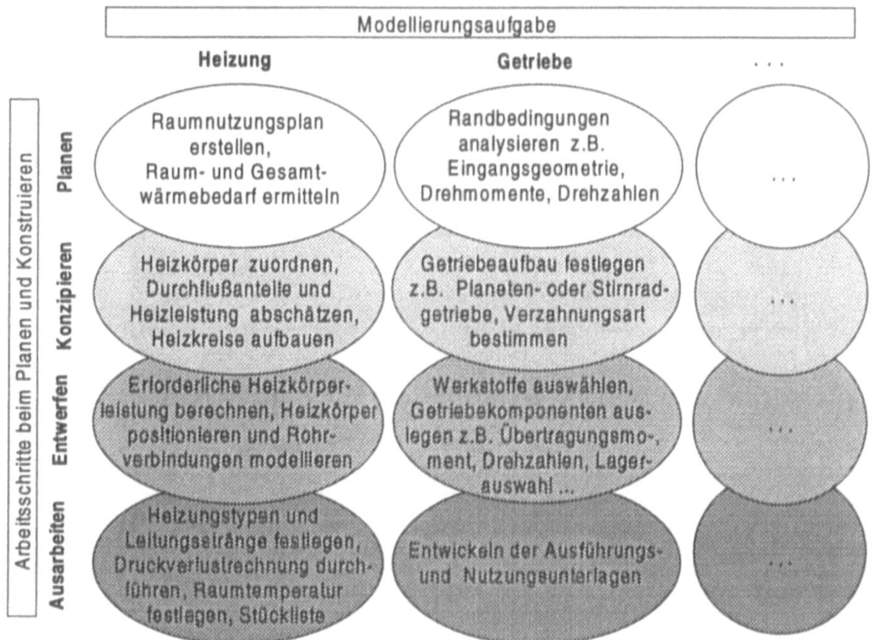

Abb. 5. Analogien der Vorgehensweisen bei der Bearbeitung branchenspezifischer Konstruktionsaufgaben

Mit dem Vorhandensein eines semantischen Modells der Gebäudehülle ist die Ausgangssituation für die nun folgende Modellierung der Heizungstechnik geschaffen. Jedem Raum wird als erstes die für ihn vorgesehene Anzahl von Heizkörpern zugeordnet. Die Positionen der Heizkörper brauchen in dieser Phase noch nicht genau festgelegt werden, das heißt, die Zuordnung erfolgt zunächst rein logisch. Die Heizkörper werden anschließend zu Heizkreisen verbunden und die erforderlichen Heizkörperleistungen werden zugeordnet. Den Verbund mehrerer Heizkörper zu einem Heizkreis regeln Verbindungsfeatures, die den Heizkreis zunächst ebenfalls nur logisch, d.h. ohne ·geometrische

Verbindlichkeiten, beschreiben, siehe Abb. 7. Die Arbeitsmethodik in der Planungs- und Konzeptionsphase zeigt deutlich eine mehr strukturorientierte Vorgehensweise. Ermöglicht wird das durch den im Modellierer implementierten Strukturmodus, der die Erstellung einer Modellstruktur ohne zwingende geometrische Konsistenz in einer als Top-Down bezeichneten Arbeitsweise gestattet. Die erforderliche Konsistenzprüfung wird automatisch beim Wechsel des Struktur- in den Geometriemodus durchgeführt.

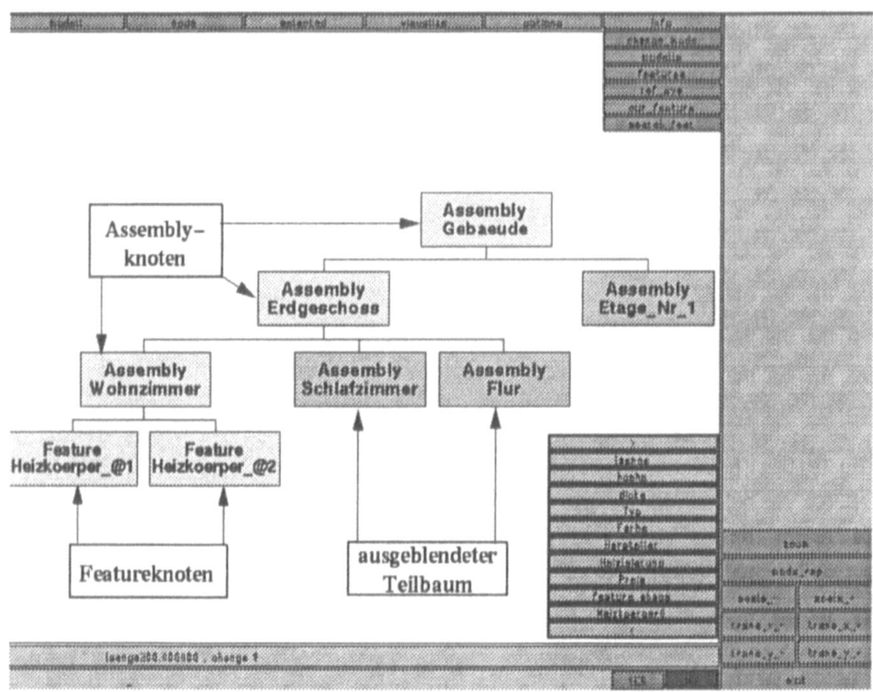

Abb. 6. Logische Struktur des Haustechnikmodells (Planungsphase)

In der eher geometrieorientierten Ausarbeitungsphase werden alle logischen Elemente in einem dem Anwender überlassenen Detaillierungsgrad ausmodelliert. Dabei werden beispielsweise die Positionen der Heizkörper und die Rohrverläufe festgelegt, siehe auch Abb. 8. Konkrete Heizkörpertypen und Verbindungselemente lassen sich aus Standardteilbibliotheken auswählen und in das Modell einbringen, siehe Abb. 9. und Abb. 10. Nach Auswertung des Produktstrukturbaumes wird eine Stückliste erstellt. Außerdem steht das dreidimensionale geometrische Modell der Heizungsinstallation für anschließend vor Ort durchzuführende Installationsaufgaben zur Verfügung.

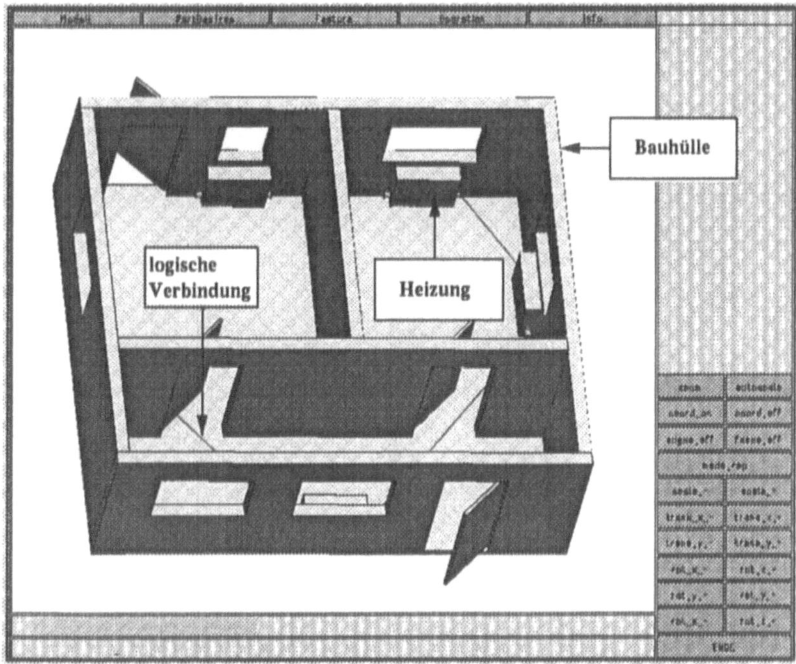

Abb. 7. Logischer Aufbau von Heizkreisen, dargestellt anhand idealisierter
Verbindungen

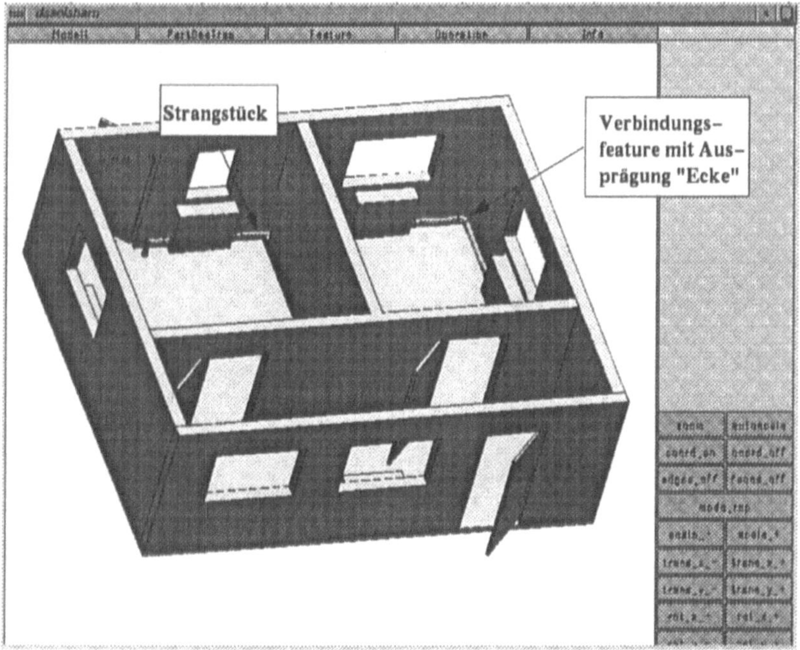

Abb. 8. Modell der Heizungstechnik

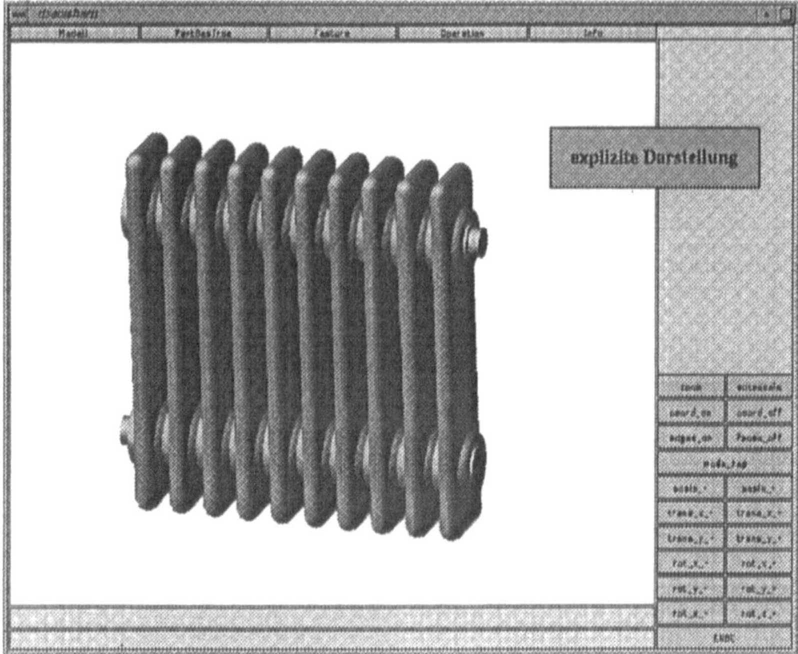

Abb. 9. Modell eines Röhrenradiators

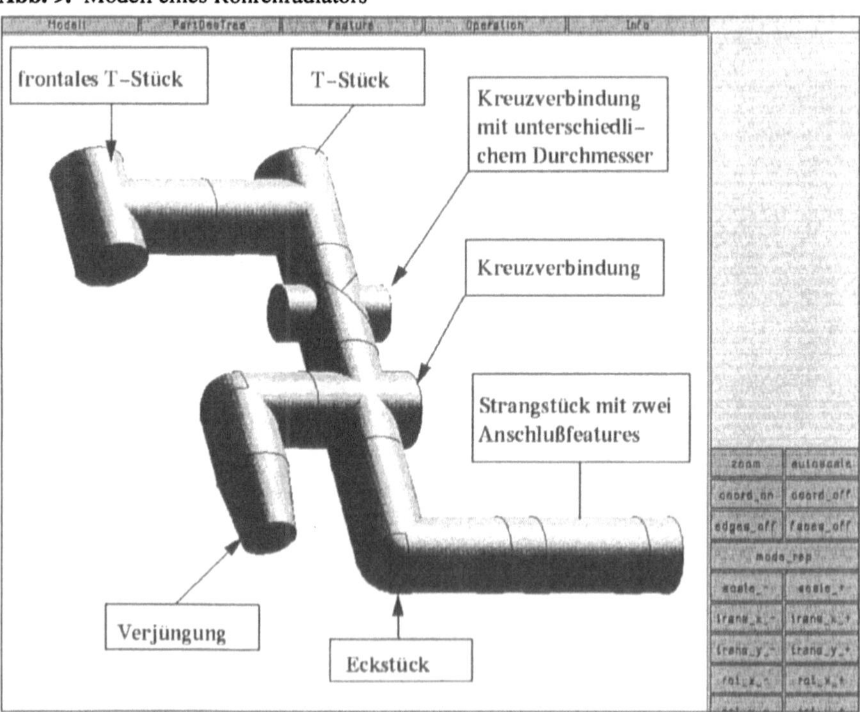

Abb. 10. Verschiedene Ausprägungen von Verbindungsfeatures

5.3 Umsetzung anhand ausgewählter Beispiele aus der Maschinenbaubranche

Vergleichbare Anwendungsbeispiele aus Bereichen des Maschinenbaus wurden bereits in früheren Arbeiten dargestellt [KRA94]. Stellvertretend hierfür sei die in Abb. 11. dargestellte Gelenkwelle genannt. Im Mittelpunkt dieser Arbeiten stand die ganzheitliche Integration des Produktentwicklungsprozesses durch Vernetzung der Anwendungssysteme zu featurebasierten Prozeßketten [BJØ92]. Basierend auf dem Featuremodell wurden Ansätze zur Unterstützung der Produktentwicklung mit den Teilaufgaben Entwurf, Konstruktion, integrierte Fertigungsplanung und Qualitätssicherung realisiert. Die angestrebte Unterstützung der Produktentwicklung beginnt mit der Formulierung der Anforderungen, die zur Festlegung der Produktstruktur mit den maßgebenden Modulen führt [KRA93]. Die Gestaltung des Produktes wird durch die featurebasierte Modellierung in Entwurf und Ausarbeitung unterstützt. Die in der featurebasierten Produktbeschreibung enthaltene semantische Information wird zur Prozeßauswahl und Operationsplanung ausgewertet. Ergebnis der Prozeßkette sind die zur Bearbeitung benötigten NC-Programme. Zusätzlich wird die Auslegung von Vorrichtungen unter technologischen Gesichtspunkten unterstützt [KRA94].

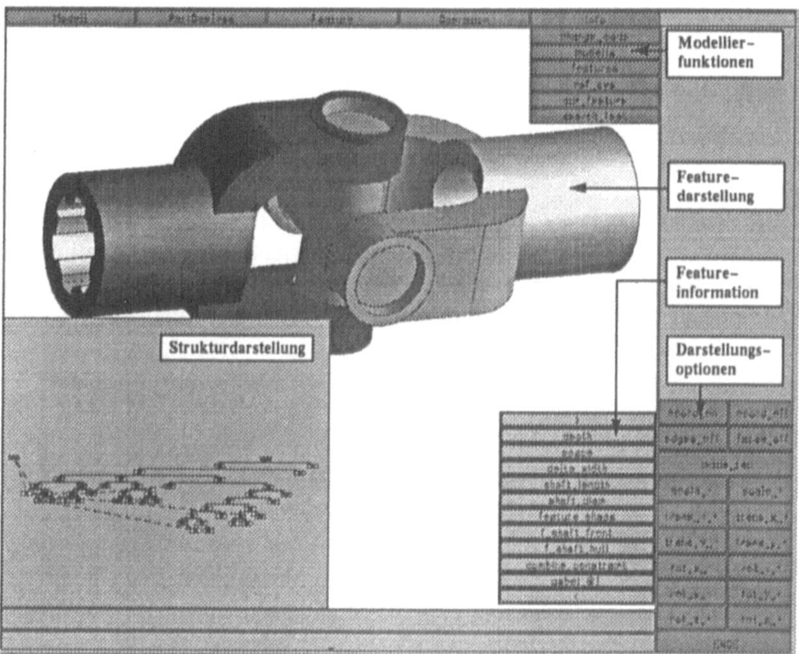

Abb. 11. Modell einer Gelenkwelle

Ausblick

Mit dem vorgestellten Prototypen eines flexibel konfigurierbaren Produkt-modellierers auf der Basis der Featuretechnologie wurden neue Wege beschritten, die aus den gegenwärtigen wirtschaftlichen Zwängen heraus entstandenen komplexen Anforderungen an Produktentwicklungssysteme aufzugreifen und einen den hohen Erwartungen der Anwender entsprechenden Lösungsansatz anzubieten.

Die angesprochenen Vorzüge der Featuretechnologie beruhen auf der Fähigkeit zur integrierten Verarbeitung geometrischer, technischer und funktionaler Informationen im Produktentwicklungsprozeß. Features bieten dem Anwender die Möglichkeit, mit ihm vertrauten branchenspezifischen Elementen zu arbeiten. Alle nachgelagerten Phasen der Produktentwicklung können auf die im Featuremodell enthaltenen Informationen zugreifen und diese systemunterstützt verarbeiten.

Die Grundlagen der Featuretechnologie wurden mit Bezug auf den Kernmodellierer FEAMOS kurz beschrieben und durch eine Anleitung zur Definition und Anwendung von Featureelementen ergänzt. Ausgehend von der Beschreibung der branchenneutralen Funktionalitäten der Featureverarbeitung und der für die Integration von Anwendungsbausteinen erforderlichen Produkt-datenschnittstelle wurde der entwickelte Ansatz zur Realisierung von branchenspezifischen Produktmodellierern dargelegt und anhand zweier Anwendungsbeispiele aus der Haustechnik und dem Maschinenbau erläutert.

Die Vorteile der dargestellten Abläufe lassen sich zusammenfassend auf eine Flexibilisierung der bei der Produktentwicklung verwendeten Systeme fokusieren. Der Anwender gewinnt dadurch die Möglichkeit, sehr rasch auf die aus wandelnden Marktanforderungen sich ergebenden Produktinnovationen durch Konfiguration adäquater branchenspezifischer Produktentwicklungssysteme zu reagieren.

Zukünftige Entwicklungsbestrebungen werden auf eine Intensivierung der Rechnerunterstützung in den frühen Phasen der Produktentwicklung ausgerichtet sein. Die dargestellte Orientierung der Features an der Semantik bildet hierzu eine wesentliche Voraussetzung. Weiterhin ist es erforderlich Methoden, die vor allem auf das funktionale Verhalten der verwendeten Gestaltungselemente Einfluß nehmen, verstärkt in die rechnerinterne Modellbildung einzubeziehen.

Anmerkung

Die im Beitrag vorgestellten Arbeiten wurden im Rahmen des vom Sächsischen Staatsministerium für Wirtschaft und Arbeit geförderten Projektes 'Entwicklung eines Werkzeugs zur Gestaltung kundenspezifischer Systeme in der Konstruktion und Fertigungsvorbereitung für kleine und mittelständische Unternehmen' durchgeführt .

Literaturverzeichnis

[BER92]   A. Bernardi, C. Klauck, R. Legleitner, M. Schulte, R. Stark: Feature Based Integration of CAD and CAPP, In: Informatik Aktuell, CAD'92 Neue Konzepte zur Realisierung anwendungsorientierter CAD-Systeme, Hrsg.: Krause, F.-L.; Ruland, D.; Jansen, H., Springer Verlag, Berlin, 1992, 295-311

[BJØ92]   O. Bjørke, O. Myklebust (eds.): IMPPACT - Integrated Modelling of Products and Processes using Advanced Computer Technologies, Tapir Publishers, Trondheim, 1992

[BRA88]   I.C. Braid: Improving Product Models and Kernel Modellers Proceedings of the 2nd Toyota Conference, Aichi, Japan, 2.-5. Oktober 1988, 275-302

[COQ92]   E. Coquebert, F. Feru, H. Chaouch, D. Deneux, R. Soenen: State of the Art and Evolution in Feature-Based Modelling, Int. Joural of CADCAM and Computer Graphics, Vol. 7, No. 2/1992, 169-200

[HOU91]   F. van Houten: PART: A Computer Aided Process Planning System, PhD Thesis, CIP-Gegevans Koninklijke Bibliotheek, Den Haag, NL, 1991

[KRA90]   F.-L. Krause, A. Ulbrich, F.H. Vosgerau: Featurebasiertes System konzept für die integrierte Produktentwicklung, VDI Berichte 861.3, Datenverarbeitung in der Konstruktion '90, VDI-Verlag Düsseldorf, 1990, 55-70

[KRA91]   F.-L. Krause, S. Kramer, E. Rieger: PDGL - A Language for Efficient Feature Based Product Gestaltung, Annals of the CIRP, Vol. 40/1, 1991, 135-138

[KRA93]   F.-L. Krause, A. Ulbrich, R. Woll: Methods for Quality-Driven Product Development, Annals of the CIRP Vol. 42/1, 1993, 151-154

[KRA94]   F.-L. Krause, M. Ciesla, M. Stephan, E. Rieger, A. Ulbrich: Feature verarbeitung - Kernkomponente integrierter CAE-Systeme, In: CAD'94 - Produktdatenmodellierung und Prozeßmodellierung als Grundlage neuer CAD-Systeme, Hrsg.: J. Gausemeier, Carl Hanser Verlag, München Wien, 1994, 125-148

[KRA94]   F.-L. Krause, M. Ciesla, M. Stephan, E. Rieger, A, Ulbrich: Features als semantische Objekte integrierter Prozeßketten, In: CAD'94 - Pro duktdatenmodellierung und Prozeßmodellierung als Grundlage neuer CAD-Systeme, Hrsg.: J. Gausemeier, Carl Hanser Verlag, München Wien, 1994, 421-438

[ISO92]   N.N.: ISO DIS 10303-11 Product Data Representation and Exchange Part 11, The EXPRESS Language Reference Manual, ISO TC 184/SC4/N151, August 1992

[RIE94]   E. Rieger: Semantikorientierte Features zur kontinuierlichen Unterstützung der Produktgestaltung, Dissertation TU - Berlin, 1994

[SAL93]   O.W. Salomons, F.J. van Houten, H.J.J. Kais: Review of Research in Feature-Based Design, Jounal of Manufacturing Systems, Vol. 12, No. 2, 1993, 113-132

[SHA91]   J.J. Shah: Assessment of Feature Technology. Journal for Computer-aided Design, Vol. 23, June 1991, 331-343

[TÖN94]   H.K. Tönshoff, J.C. Aurich, T. Baum: Configurable feature based CAD/CAPP System, In: Proceedings of the IFIP Conference "Feature Modeling and Recognition in advanced CAD/CAM Systems", Part II, Valenciennes, France, 1994, 757-770

Accelerating Interaction in 3D Space
by Means of Constraints

Pavel Slavik
Czech Technical University, Dept. of Comp. Sci.
Karlovo nam. 13, 121 35 Praha 2, Czech Republic

Zusammenfassung

In diesem Beitrag wird das Problem der Beschleunigung graphischer Interaktion in der dreidimensionalen Umgebung diskutiert. Es gibt mehrere Möglichkeiten, wie die Interaktion im 3D-Raum beschleunigt werden kann. Im folgenden werden die Resultate der Experimente mit der constraintbasierten Interaktion vorgeführt. Die Constraints wurden durch eine spezielle Sprache beschrieben. Die Beschleunigung der Interaktion besteht darin, daß es zwei Klassen von Objekten gibt:

- unabhängige
- abhängige.

Der Nutzer führt nur die Interaktion mit den unabhängigen Objekten durch. Die Führung der abhängigen Objekte wird abgeleitet von der Führung der unabhängigen Objekte. Diese Abhängigkeit ist durch Constraints in der Form von Befehlen in einer speziellen Sprache ausgedrückt. Durch diese Technik können auch die non-geometrische Attribute der Objekte beinflußt werden. Das ermöglicht verschiedene Zustände der Objekte zu visualisieren. In dieser Weise können wir eine Beschleunigung des Informationflusses zwischen dem System und dem Nutzer erreichen. Der Nutzer manipuliert nur mit bestimmten Objekten, was wesentlich die Interaktion beschleunigt - besonders im 3D-Raum. Die Constraints repräsentieren eine bestimmte Wissenbasis, die der konkreten Anwendung entsprechen kann.

1 Introduction

There are several criteria used to evaluate the quality of a CAD system. From the user's point of view, quality is usually determined in accordance with the quality of its user interface, which has several aspects. One of them is the speed of communication between the user and the CAD system. This speed can be achieved in two ways:

–   using sophisticated hardware (e.g. graphical accelerators)
–   by implementing new sophisticated interaction techniques.

This paper describes experiments with 3D interaction techniques which have significantly reduced the time needed for this interaction. These techniques also created a user-friendly environment of human-computer interaction.

Interaction in the CAD environment is usually a complex task. Users usually manipulate objects on the screen — in this way the information proceeds from the user to the CAD system. The objects on the screen have usually some specific meanings and properties from the point of view of an application. This fact can be used to speed up the human-computer interaction.

In the traditional approach a user interacts with objects on the screen sequentially. This means the user considers each object independently, ignoring the mutual dependencies between objects. As a result, if we introduce some dependencies between objects (in accordance with the application) we can considerably change the style of interaction. The principal idea, is that only interaction with "important" objects occurs. The behavior of other objects is derived from the interaction with these "important" ones. The question arises how to express dependencies between objects? One possibility is the use of constraints.

Constraint based interaction has been a field of research for several years. Until now, however, researchers have focused mostly on the interaction and use of constraints in 2D space [BEN90], [BOR86], [MAU90]. Therefore, the aim of our research [SOM92] was to extend these techniques for use in 3D constraint based interaction. We concentrated on the specification of a language in order to describe the relations and constraints. For the sake of simplicity and also to prove the correctness of some techniques, the first version of the system was limited to two dimensional case. The two dimensional case will be used to explain the basic ideas the experimental system was based on.

The relations and constraints in 3D were expressed by adding additional language constructions to the language. One of the main problems was how to solve the interaction in 3D space using a conventional 2D input device. Another problem is related to the difficulty associated with the visualization of 3D objects the user manipulates. Finally, the user's orientation in 3D space by means of 2D input devices was the third consideration that required attention. The problem of a furniture layout in a room was chosen as an application to prove the usefulness of the technique devised.

Constraints have been used in the field of geometric modelling in last years. Their main purpose has been to describe links between characteristics of designed parts and to monitor data consistency during the design.

Applications exist in which the objects and relations between them can have a specific character. This can include: nongeometric characteristics (which can either be related to physical properties of objects — i.e. weight, costs etc.) or characteristics that can be used as support for the user during the visualization process (various flags attached to objects etc).

The geometric relations can have a more general character. For example, in many applications it is desirable to define "forbidden" areas for certain objects. This is the case of some transportation problems where spatial relations exist between transported objects: some objects are not allowed to enter certain areas. The use of constraints for such a class of problems will considerably increase the speed of the interaction process.

2 The Approach to the Solution of the Problem

The user interface module consists of several parts. The intermediate contact with a user is mediated through the presentation module (which is a part of the user interface). The objects on the screen are controlled either by a stream of data generated by an application or by input data generated by the user. These objects usually mirror some physical aspects and some relations between corresponding real objects. It is desirable to describe these relations formally. This formal description, which represents a sort of implicit knowledge that describes the object behavior in general, can be applied to the presentation module to control the behavior of objects on the screen. The application or the user sends some data (e.g. the position of some objects) into the presentation module and the the data is then interpreted in the context of the implicit knowledge (formal description of relations). This technique considerably reduces the volume of the data which should be used to control the behavior of objects on the screen.

The formal description of relations can have different forms. One of them is the use of constraints. A constraint describes a relation that must always be satisfied. We can imagine, as an example, two objects with a constant distance. When one object is moved — e.g. as a result of a user's interaction — the other object should move automatically in such a way that the distance between both objects is preserved. That means the constraint is permanently evaluated. It ressembles the well known situation from spreadsheets where some relations between variables are defined. When a variable is set to another value all variables dependent on it should be set to a new value.

In our system we have introduced two classes of objects: independent and dependent. The independent objects can be moved without limitations (within the borders of the screen or of the window). This results in the movement of the dependent object to satisfy the constraints imposed (e.g. some distance between two objects must be preserved under any circumstance). The constraints can be defined as equations.

Example:

There are two objects: O1 and O2 , with reference points [x1,y1] and [x2,y2] respectively. The constraint defining the constant distance D can have the following form:

x2 = x1 + xD; y2 = y1 + yD;

where xD and yD are projections of the distance D in both axes. This constraint enables us unambiguously define the relative position between both objects.

Attributes of an object can also be considered non-numerical (e.g. shape or color). These can also be described by means of constraints which have a form of equations.

The constraints in our system can be divided into two categories:

– constraints describing relations among objects
– constraints describing relations in the frame of the object space (e.g. certain parts of the object space are "forbidden" for some objects)

It should also be noted that the spatial relations could have various forms — e.g. placement of atoms in a general molecule where certain groups of atoms create "closed" parts of a molecule where certain fixed angles between hydrogen and carbon atoms exist.

We solved the problem of constraint based interaction in three phases:

1. the design and the implementation of the 2D version
2. the design and implementation of the simplified 3D version
3. the design and implementation of the full 3D version

The full 3D system is a pilot system for the application in architecture where various relations among objects (furniture) are defined. A user can interactively manipulate the independent objects whereas the given relations (constraints) in 3D are preserved.

3 Solution in 2D

Constraints can be expressed in different ways. A very frequent approach is to describe the constraints in terms of the mutual relations that exist among objects (e.g. left, right, above etc.). These relations can be quantified to determine distances among objects and other. The set of relations can be described in a graph form. There exist several classes of graphs which are used to describe relations like constraint network, rule graph or relational graph.

These descriptions also express the various techniques available to describe mutual dependencies between objects (constraints, rules, etc.). User interface designers often use these techniques to describe dialogs in which end users may enter information in an arbitrary order. Interaction object designers may also use these techniques to describe the appearance and behavior of interaction objects.

Both the arbitrary order of information input and the description of the appearance and behavior of interaction objects are characteristic for the CAD applications. In our notation we will use relational graphs where each node will represent a set of values and the arcs will be labeled by a set of constraints. The constraints transform set of values in one node into another set of values in another node (both nodes are joined by the arc).

We have concentrated on constraints in the environment where objects have a certain hierarchy — there were relations of dependence and independence among the objects investigated. Another feature of our approach is that the relations among objects are expressed in the form of arithmetic expressions. That means that the attributes of dependent objects are unambiguously computed from the attributes of independent objects that are related to the object evaluated. To impose other constraints on the mutual positions of objects in general it is possible to define different areas in the object space where the placement of an object is either allowed or forbidden.

The set of constraints valid for the given set of objects is described as a set of equalities and nonequalities in a special language. This language can be considered as a superset of a language of arithmetic and logical expressions. The implemented system for 2D manipulation was a pilot system so the objects chosen are very simple ones. They include: a square, circle, triangle, rectangle in horizontal position and rectangle in vertical position. We shall call these objects basic shapes.

The objects are identified by a positive integer number which shall further be referred to as an index.

The attributes of an object:

—   shape
    statement: SHP[index]:= identification of a basic shape
    Identification of the basic shape is in the form of an integer number.

—   color
    statement: COL[index]:= color
    Color is represented as an integer number.

—   size (magnitude)
    statement: MGN[index]:= size
    Size is an integer number representing one of three sizes available (small, medium, big).

—   x and y coordinates of a reference point of an object

coordinates have a form of an arithmetic expression which contains real numbers, four basic arithmetic operators and arithmetic functions abs, sqr, sqrt, ln, exp, sin, cos, tg, arctg.
Besides this basic form another "branched" form exists:

SWITCH   boolean expression1: arithmetic expression1;
*   boolean expression2: arithmetic expression2;*

*   ...*

*   boolean expressionN: arithmetic expressionN;*
*   True: arithmetic expression;*

Boolean expressions are evaluated in a top-down manner until the first expression with the TRUE value is found. The value of a corresponding arithmetic expression is interpreted as the coordinate value. The last item (with the TRUE value) guarantees that some defined value will be interpreted as a coordinate value.

statement: X[index]:= arithmetic expression;
*   or*
*   X[index]:= SWITCH   bool. expr1:ar. expression1;*
*   bool. expr2:ar. expression2;*

*   ...*

*   TRUE: ar. expression;*

The same for Y[index].

–   flag
     the flag is either on or off. The value of the flag is described using a boolean expression which can contain keywords (TRUE,FALSE), boolean operators not, and, or and conditions. A condition has the standard form:

     –   arithmetic expression1 *operator* arithmetic expression2
          operators: =, <,>,<=,>=
statement: FLAG[index]:=boolean expression

The FLAG statement is used to construct conditions which give information
     when the object is in a "forbidden" area of the object space.

When the full description of the constraints is completed, the statements are compiled into the data structure. The formal description of such a data structure can be expressed using a relational graph. The compiler checks whether the graph is an acyclic one. In case there are cycles in the graph, the user is asked to mark one object (represented as a node in the relational graph) as an independent one. This process is repeated until the graph is free of cycles.

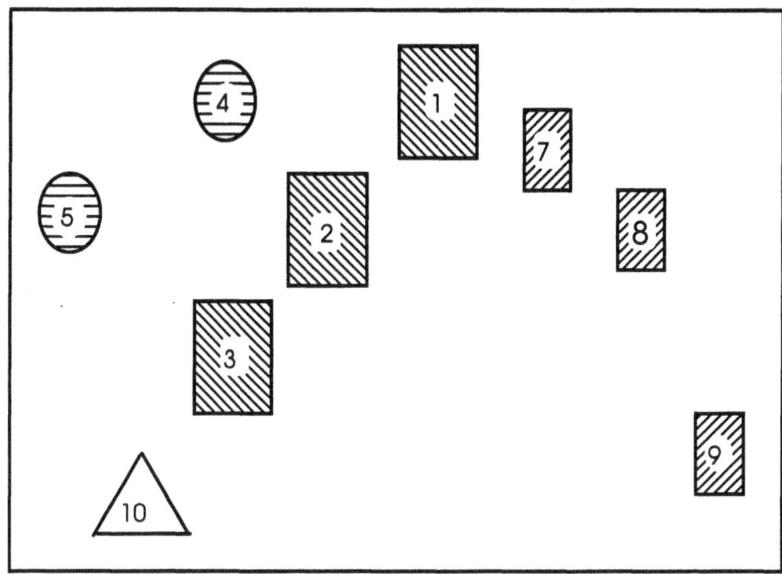

Fig. 1. Constraint based manipulation with 2D objects

The use of a graph as a model of relations (constraints) between objects allows the user to use various formalisms to handle constraints. A good example is the constraint evaluation which can be understood as a propagation of values through a graph. This evaluation can be performed in two modes [LAR92]:

– eager evaluation
– lazy evaluation.

In the first case all values of dependent objects are re-computed after the user enters new information. In the later case only values of objects currently visible on the screen are re-computed. The lazy evaluation techniques postpones computations that cannot affect the currently displayed interaction object thereby decreasing the time to modify the values of interaction objects visible to the user. However, lazy evaluation introduces extra book-keeping in order to keep track of values which are to be computed. Lazy evaluation is most effective in situations where changes may occur to any object, but the user is viewing only a limited number of them.

We can give an example of the program which describes some relations among several two dimensional objects. Let us consider some abstract device which ressembles the control panel. The object number 10 represents some input value and the objects 4, 5, 6 are pointers on some measuring instruments. The pointer number 4 position is linearly dependent on the number 10 position, the pointer number 5 position is dependent quadratically on the number 10 position and finally the pointer number 6 position is dependent exponentially on the number 10 position. When some of the pointers exceed the maximum value (which is determined as object 1 for the value represented by the object 4, the object 2 corresponds to the object 5 and the object 3 corresponds to the object 6) the corresponding indicator "falls" down. To each object 4, 5, 6 corresponds one indicator as follows: 4-7, 5-8, 6-9. See the picture documenting the behavior of the 2D system.

The program which describes the above given situation has the following form:

```
shp[1]:=4;            mgn[1]:=2;        col[1]:=10;
shp[2]:=4;            mgn[2]:=2;        col[2]:=10;
shp[3]:=4;            mgn[3]:=2;        col[3]:=10;

{rightmost positions}

shp[4]:=2;            mgn[4]:=1;        col[4]:=12;
shp[5]:=2;            mgn[5]:=1;        col[5]:=12;
shp[6]:=2;            mgn[6]:=1;        col[6]:=12;

{pointers}

shp[7]:=4;            mgn[7]:=1;        col[7]:=11;
shp[8]:=4;            mgn[8]:=1;        col[8]:=11;
shp[9]:=4;            mgn[9]:=1;        col[9]:=11;

{indicators indicating the case when some limit is exceeded}

shp[10]:=3;           mgn[10]:=2;       col[10]:=14;

{the input value}

flag[1]:= x[1] > 0.7          or        y[1] > 0.7;
flag[2]:= x[2] > 0.7          or        y[2] > 0.7;
flag[3]:= x[3] > 0.7          or        y[3] > 0.7;
flag[10]:=x[10] > 0.7    or        y[10] < 0.7;
```

{definition of the "allowed" spaces where independent objects can move. The flag is visible in case when the object with the given number is out of the given range}

```
x[7] := 0.8;  x[8]:= 0.85;  x[9]:=0.9;
y[7]  := switch
        x[10] < x[1]: y[1];
        else: 0.9;
y[8]  := switch
        sqr(x[10]) < x[2] : y[2];
        else: 0.9;
y[9]  := switch
        exp(x[10])-1 < x[3]: y[3];
```

```
        else: 0.9;
x[4]  := switch
          y[7] < 0.8: x[10];
          else: x[1];
x[5]  := switch
          y[8] < 0.8:sqr(x[10]);
          else: x[2];
x[6]  := switch
          y[9] < 0.8: exp(x[10]) -1;
          else: x[3];
```

{the functions determine the positions of pointers in dependence on the position of the control object number 10}

```
flag[4]:= x[4] > x[1];
flag[5]:= x[5] > x[2];
flag[6]:= x[6] > x[3];
```

{the flag is set on in the case when the object exceeded the limit; flags 7,8,9 are implicitly set to false}

```
y[4]:= y[1]; y[5]:= y[2]; y[6]:= y[3];
```

```
end.
```

The user can interact with objects displayed on the screen. The art of the operation demanded is chosen in a menu by means of the mouse. The independent objects are displayed first in their initial positions. The user identifies and moves them using the mouse into their desired position. When all independent objects are placed, the positions and other attributes of the dependent objects are computed in the proper order. The placement of the dependent objects on the screen follows immediately.

This example documented the style of interaction supported by the use of constraints. The first advantage is the limited amount of information the user is required to input into the system. The user performs only the interaction with independent objects. The behavior and appearance of dependent objects is derived from the behavior of the independent objects. The second advantage is the result of the application of constraints to the non positional attributes (shape, color etc.) of objects. Various situations can be distinguished immediately by the user when a shape or color of an object has changed. The communication speed up works in both ways (user $\leftrightarrow$ system).

4 The 3D System — the Simple Version

The 3D objects used in this case are of a standard size and shape — the cubes only. Other remaining object attributes we have mentioned in the 2D system have been preserved. The description of the constraints has the same form as the 2D case. The syntax of the language is almost the same. The only extension occurs when a third coordinate (z) is added to the coordinate description of the object position.

The processing of the constraints is the same and the way of the interaction ressembles the 2D case very much. It was necessary to conform both the way of interaction and the display of "3D scene" containing 3D objects. The interaction in 3D space is performed either by a special device [SLA91] or by some techniques using the conventional 2D input device [EMM90], [EDW88]. We have adopted the idea of a 3D cursor which is manipulated by the standard 2D input device (e.g. mouse).

Using the three button mouse, we can move the cursor (3D one) in both x and y directions. The mouse is activated by the mouse button in the middle. The left and right mouse buttons allow cursor movement in +z and -z directions. This is a very effective method as it does not require complicated recomputation of the projected cursor coordinates. From the user's point of view, it is rather complicated to determine the exact position of the 3D cursor in 3D space from its projection. Without the knowledge of the exact position of the 3D cursor, therefore, it is impossible to move it efficiently.

The solution chosen has been as follows:

Besides the projection of the 3D cursor, its shadow on the "ground" plane (x-z) is also displayed. The light source is placed in the infinite so the rays are perpendicular to the x-z plane. This information (position of the cursor's shadow) is interpreted in the following context: the shadows of the objects (cubes) are also displayed. So the user has the complete information about the spatial relations he is interested in. To make the user interface as natural as possible the size of the 3D cursor (both its projection on the screen and its shadow) varies depending on the distance from the user: the further the cursor is from the viewpoint, the smaller its size (projection and shadow).

To simplify projection and manipulation, all cubes are in a "standard" position - i.e. their faces are parallel to the coordinate planes (x-y, x-z, y-z). This simplifies considerably the hidden surface removal. We can use the painter's algorithm after ordering objects in accordance with their z -coordinate.

Another problem we needed to solve was the display of the movement in 3D space. Because we wanted to display the objects in real time we reduced the amount of computation required to a minimum. Correspondingly, we used the same approach used in many 2D interfaces (Finder [ALS85] etc.) where objects currently moving are displayed in the form of their outline. When the object reached its final position the complete picture of the object was displayed. That means that the moving 3D objects are represented as wireframe objects.

During the object manipulation a collision can occur and the user should be notified about this situation. The information provided should cover both information about the collision and about the position of the colliding objects. The colliding objects (objects with non-empty intersection) are displayed as wireframe objects. This is valid for the final position. In such a way we can avoid the complicated computations which would determine the intersection lines of both objects. The shadows of both objects are also drawn in dotted lines.

5 The Full 3D System with Constraints

This system summarizes all the experience we have gained during the design and implementation of the previous two systems. Because it was targeted for a special application the set of basic objects must include at least the most common 3D objects: a prisma, pyramid and regular parallelepiped. In case of prisma only regular polygons can be used as the base. These basic objects can be assembled together to create a piece of furniture (table, chair, sofa etc.).

This type of an interaction can be a great help for designers. They can define the relations among several pieces of furniture (e.g. a table and a group of chairs) where only one piece (e.g. the table) is considered independent. Manipulation of this piece alone implies "derived" manipulation of the other (dependent) pieces of furniture (e.g. chairs). Clearly, this can considerably speed up the whole design process. It is also possible to define some "forbidden" areas (e.g. too cold or too hot) where certain objects must not occur.

It was necessary to solve various collisions and error situations in the system. These problems must be solved by the intervention of the user. There are four basic situations:

1. The definition of the constraints contains a cycle. The user is asked to define a dependent object as an independent one. The identification of the object is performed by its index selection.
2. An independent object whose flag is set was displayed. When the flag is set the object is in a "forbidden" or "dangerous" area. This object is displayed as a wireframe object.
3. Collisions of the objects. Similar to the simple system, the objects are displayed as wireframe objects.
4. The object has been moved (transformed) outside of the object space. Such an object is not drawn at all. A warning noting about this situation is displayed.

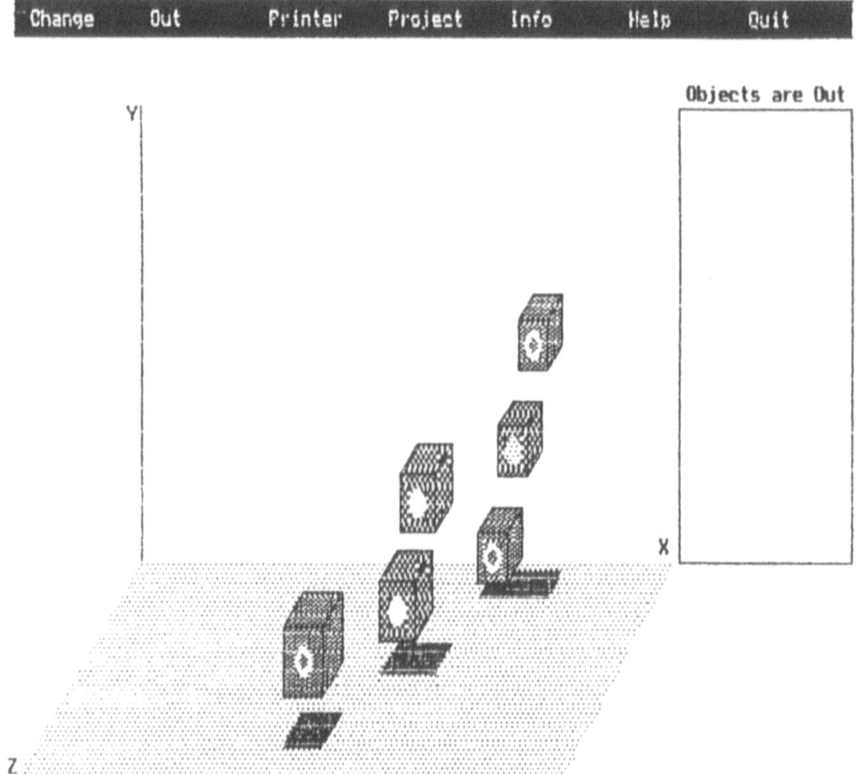

Fig. 2. Contraint based manipulation with simple 3D objects

As in the simple system, considerable attention has been paid to the display process. For better orientation in 3D space the shadows of the objects (furniture) were included. In an ideal case it would be desirable to define the position of the light source and to define also other light characteristics. Because of the high complexity we had to limit ourselves to the special case when the direction of the light rays is perpendicular to the "ground" plane (x-z). Similarly, the shading of object faces was not considered. Time consuming computations led also to slight simplification of interaction in 3D space.

The system also enables a user to define and store some objects. In such a way we can construct a user oriented library of objects. It is also possible to edit in an interactive way, descriptions of the objects already defined. Another feature of the system is an interactive change of the dimensions of the object space (room) where the layout of the furniture is performed. Finally, the possibility to save and then load the current state of the session is another positive attribute.

There are some auxiliary functions which make the system more userfriendly. For example, there is zoom and means for displaying different views of the 3D scene. The initial experiments with the system showed that it meets the requirements for the real application system of this kind.

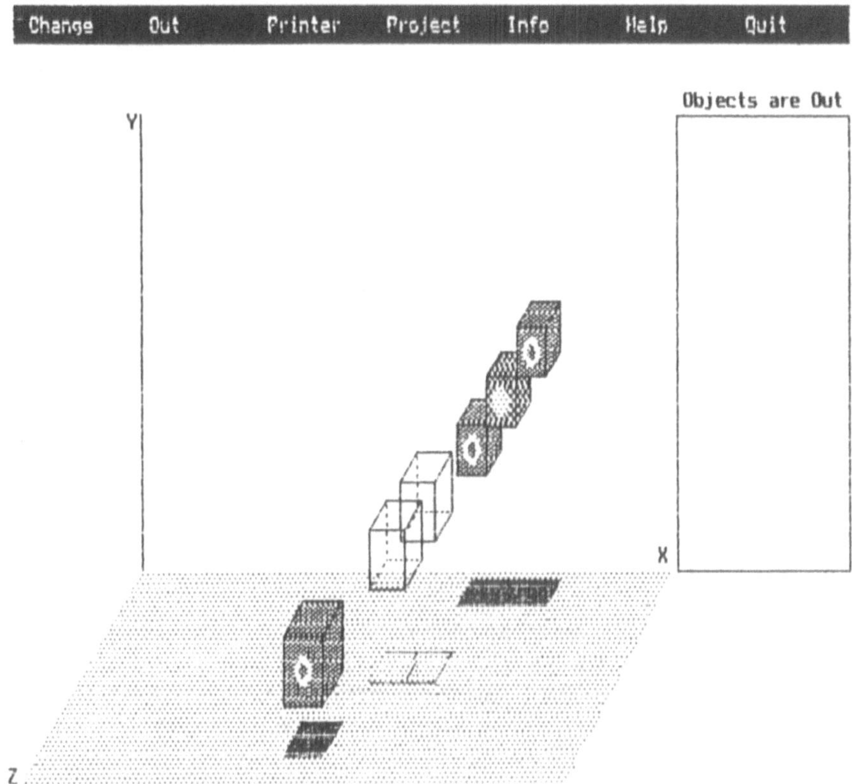

Fig. 3. Collision of 3D objects

6 Conclusion

In this paper we have described the design and implementation of the system for constraint based interaction in 3D. Userfriendly techniques for the 3D interaction also have been introduced. A general tool for the formal description of constraints — a special language — has been designed and implemented. The implementation of the system for application in architecture has proved the possibility of the use of these techniques in the application environment. A very important feature of the system is that the 3D interaction is performed using a standard 2D input device.

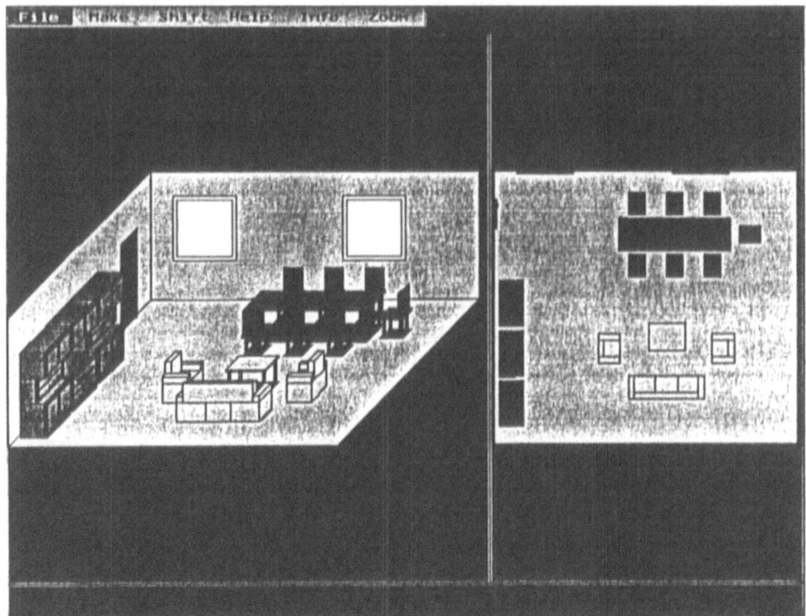

Fig.4. Constraint based manipulation of 3D Objects

The above results serve as a basis for the design and implementation of a three-dimensional geometry manager. This idea is an extension of geometry managers widely used in GUIs. Automatic geometry managers are desirable because they free a programmer from both the individual manipulation with single objects and from coding the algorithms to perform spatial layout. Instead, a programmer needs only to specify the constraints to be enforced by the geometry manager. Finally, this technique leads to the significant acceleration of interaction because the interaction in 3D space by means of 2D input devices is quite complicated and timeconsuming. Omitting out direct manipulations with dependent objects (as their state and appearance are derived by means of constraints from the state of independent objects) increased the speed of the interaction.One very important aspect is that objects on the screen can behave "automatically" in accordance with the physical laws related to the application performed. The user gets complex and consistent information about the result of the interaction step performed.

The work with our experimental system was very flexible. One of the important characteristics was the possibility to edit the source text of the program (which described the constraints). As a result, the user has a powerful tool to experiment in dynamic way, with different types of constraints in the frame of one application.

References

[ALS85]   J.M. Alswang: Macintosh - The Definitive User's Guide, Prentice - Hall 1985

[BEN90]   M. Benyon: Evaluating Definitive Principles for Interaction in Graphics, In New Advances in Computer Graphics (R. A. Earnshaw, B. Wyvill - Eds.). Springer 1990, pp.291-302

[BOR86]   A. Borning, P. Duisberg: Constraint - Based Tools for Building User Interfaces, ACM Transactions on Graphics 4/86, pp. 345-373

[EDW88]   L. Edwards, W. Kessler, L, Leifer: The Cutplane: A Tool for Interactive Solid Modelling, SIGCHI Bulletin 10/88, pp. 72-77

[EMM90]   M. J. G. M. van Emmerik: A Direct Manipulation Techniques for Specifying 3D Object Transformation with a 2D Input Device Computer Graphics Forum 4/90, pp.355-361

[LAR92]   J.A. Larson: Tools for Building Interactive User Interfaces, Prentice Hall Inc, 1992

[MAU90]   D.L. Maulsby, K.A. Kittlitz, I.H. Witten: Constraint - Solving in Interactive Graphics: A User - Friendly Approach, In New Advances in Computer Graphics (R. A. Earnshaw, B. Wyvill - Eds.), Springer 1990, pp. 305-318

[SLA91]   M. Slater, A. Davison: Liberation from Flatland: 3D Interaction Based on the Desktop Bat, In Eurographics 91. North Holland 1991, pp.209-222

[SOM92]   Z. Somogyi: Constraint Based Interaction in 3D Space,(In Czech), Master Thesis , Czech Technical University, Prague 1992

Bildgestützte 3D-ReKonstruktion: Aspekte der Integration von Digitaler Bildverarbeitung und 3D-Modellierung

U. Köthe, W. Luth, K. Otto
Fraunhofer-Institut für Graphische Datenverarbeitung, Außenstelle Rostock
Joachim-Jungius-Str. 9, 18057 Rostock

Kurzfassung

Vorgestellt wird das Konzept eines hybriden 3D-Rekonstruktionsverfahrens. Zielstellung der Verfahrensentwicklung ist ein nutzerfreundliches entwicklungsfähiges System, das interaktive Konstruktionskomponenten mit automatischen Verfahrensschritten der digitalen Bildverarbeitung verbindet. Ausgehend von den Anforderungen an ein derartiges System werden die wesentlichen Elemente eines Lösungsansatzes vorgestellt.

1 Einleitung

Mit dem breiten Einsatz von CAD-Systemen für Entwurf und Konstruktion, aber auch für die Modellerstellung mit anschließender Visualisierung wird die Datenerfassung und -eingabe zu einem immer wesentlicheren Zeit- und Kostenfaktor. Neben einer Neukonstruktion ergibt sich auch für die Erfassung, Modellierung, Modifikation und Visualisierung vorgegebener Objekte (als physische Objekte oder in Form bildhafter Repräsentationen wie Bilder, Zeichnungen, Pläne) ein breites Anwendungsfeld. Beispiele sind die Erfassung existierender Objekte mit dem Ziel, sie konstruktiv zu verändern, aber auch Szenarien, in denen vorhandene Objekte mit generierten Objekte gemeinsam darzustellen sind. Die Entwicklung der Rechentechnik eröffnet immer breitere Möglichkeiten der photorealistischen Darstellung, der Animation und des interaktiven Navigierens in Szenen, so daß die Erstellung der dafür erforderlichen Szenenbeschreibungen zunehmend zu einem begrenzenden Faktor des Einsatzes wird.

Für die Erfassung der für die Objektrekonstruktion notwendigen Daten ergeben sich zwei grundsätzliche Verfahrensansätze:

1. die Vermessung am physischen Objekt
2. die indirekte Vermessung anhand von Bilddaten

Nachteile der Vermessung am physischen Objekt mittels Triangulationsverfahren (Handvermessung, Theodolit) oder direkter Abstandsmessung (Tachymeter, 3D-Scanner, 3D-Koordinatenmeßgerät) bestehen in dem hohen technischen und zeitlichen Arbeitsaufwand vor Ort, einer beschränkten Auflösung und der notwendigen Nachbearbeitung für den Übergang in ein CAD-System.

Aus diesem Grund werden zunehmend Vermessungen anhand von Bilddaten eingesetzt:

- Klassische photogrammetrische Verfahren sind durch einen hohen gerätetechnische Aufwand (Präzisionsmeßkammern) und komplexe Rekonstruktionsverfahren gekennzeichnet.
- Hybride Verfahren beschränken sich dagegen auf die Verwendung unkalibrierter Kleinbild- oder Videokameras. Die Einbeziehung direkt vermessener 3D-Referenzen ermöglicht den Einsatz vereinfachter Rekonstruktionsalgorithmen und dient gleichzeitig der Stabilisierung dieser Verfahren. Kennzeichnend ist die direkte Anbindung oder Integration in ein 3D-CAD-System. Die ausschließlich interaktive Datenerfassung mittels Digitizer oder Mouse bedingt einen hohen Arbeitszeiteinsatz.
- Die Forschungen und Entwicklungen zur 3D-Szenen- und Objekt-rekonstruktion auf dem Gebiet der Digitalen Bildverarbeitung sind haupt-sächlich auf die Automatisierung der Primärdatenerfassung (Eckpunkt-, Konturdetektion, Korrespondenzanalyse) gerichtet. Trotz großer Fortschrit-te scheitert der Einsatz dieser Verfahren für komplexe Szenen und Objekte an der unzureichenden Stabilität der Verfahren sowie dem sehr hohen rechentechnischen Aufwand.

2 Anforderungen an ein interaktiv basiertes Rekonstruktionssystem

Ein neu zu entwerfendes System zur Rekonstruktion von 3D-Objekten aus Bilddaten sollte einer Reihe grundlegender Anforderungen gerecht werden, die heutige Systeme nicht oder nur unzureichend erfüllen. Die Mängel existierender hybrider Systeme resultieren vor allem aus der Anbindung an klassische CAD-Systeme, die durch die Ergänzungen die Rekonstruktion zwar ermöglichen, jedoch nur beschränkt an die Spezifik der Aufgabe anpaßbar sind.

Als wesentliche Forderungen an ein interaktives Rekonstruktionssystem sind zu nennen:

1. Das System muß individuell an unterschiedliche Rekonstruktionsaufgaben anpaßbar sein. Diese *Variabilität* kann vor allem dadurch erreicht werden,

daß das System mit unterschiedlichen Bibliotheken der zu verwendenden konstruktiven Grundelementen verbunden werden kann.

2. Das Nutzer-Interface soll einen Betrieb des Systems auch ohne aufwendige Einarbeitung des Nutzers gestatten. Die Interaktionen müssen durch Direktmanipulationen mit den konstruktiven Grundelementen und der jeweiligen Teilrekonstruktion ausführbar sein. Dabei ist auf 3D-Interaktionstechniken zu verzichten. Ein *intuitives Nutzerinterface* erfordert weiterhin eine Nutzerführung, die die Variabilität der Interaktionen in jedem Arbeitsschritt soweit als möglich beschränkt.

3. *Skalierbarkeit* der Rekonstruktion heißt, daß die Modellbildung von einer generalisierten Objektrepräsentation ausgehend schrittweise detailliert werden kann. Dadurch ergibt sich auch eine einfache Realisierung unterschiedlicher Nutzeranforderungen bzgl. der Genauigkeit und Detailtreue des Rekonstruktionsergebnisses.

4. Eng verbunden mit der Skalierbarkeit ist die Forderung nach der *Konsistenz* der Teilrekonstruktion. In jedem Verfahrensschritt ist zu sichern, daß das Ergebnis ein dreidimensionales Objekt mit allen für eine Manipulation und Visualisierung notwendigen Eigenschaften darstellt.

5. *Modularität* ist eine Forderung, die die Rekonfigurierung des Systems durch Einfügen oder Austausch von Systemkomponenten unterstützt. Damit kann das System sowohl an unterschiedliche Nutzerforderungen angepaßt, als auch durch neu entwickelte Komponenten ergänzt werden.

6. Die *Teilautomatisierung* zielt auf eine Unterstützung des Nutzers. Verfahrensschritte, für die automatisch arbeitende Lösungen vorliegen, sollten nicht direkt durch den Nutzer aufrufbar sein, sondern bei Vorliegen der Ausführungsbedingungen vom System ausgelöst werden.

3 Grobkonzept des Systems

Die Rekonstruktion erfolgt durch die Nachkonstruktion anhand von Bilddaten. Dabei werden keine Kenntnisse über die Aufnahmestandorte und die internen Kameraparameter vorausgesetzt. Das Grobkonzept folgt insoweit den bekannten Ansätzen, daß die Zielstellung darin besteht, schrittweise eine Objektbeschreibung zu entwickeln, deren Visualisierung sich mit den Bilddaten in Übereinstimmung befindet.

Unterschiede ergeben sich in der Wahl der für die Konstruktion verwendeten Grundelemente, in der Art der Manipulation dieser Elemente sowie durch die Integration automatischer Verfahren der digitalen Bildverarbeitung.

3.1 Konstruktive Grundelemente

Als konstruktive Grundelemente werden Volumenmodelle einfacher geometrischer Grundkörper (z.B. Quader, Prismen, Zylinder u.a.) verwendet. Daneben können auch anwendungsspezifische Volumina (z.B. bestimmte standardisierte Bauelemente) in die Bibliothek aufgenommen werden.

Die Verwendung von dreidimensionalen Konstruktionselementen gewährleistet in Verbindung mit ihrer Verknüpfung über modifizierte Boolesche Operationen die Konsistenz der aus ihnen erstellten Objektbeschreibungen.

3.2 User-Interface

Das User-Interface besteht neben einer Reihe von Auswahlmenüs aus zwei Arbeits- und einem Darstellungsfenster. Aus den vorliegenden digitalisierten Bildern der zu rekonstruierenden Szene werden zwei Bilder ausgewählt und in den Arbeitsfenstern dargestellt. Ein Menü ermöglicht die Auswahl eines konstruktiven Grundelements.

Das ausgewählte Grundelement wird mittels Standardtransformations- und Projektionsmatrizen als Drahtgitterdarstellung auf die Bilddaten projiziert. Durch Direktmanipulation der *Projektion* des Elements wird eine Anpassung an die Abbildung des zu rekonstruierenden Objektes realisiert. Durch die schrittweise Anpassung der Projektion des Volumenelements wird die Anzahl der freien Parameter des Elements eingeschränkt. Eine unter diesen Randbedingungen vorgenommene Anpassung an das zweite Bild dient der Schätzung der Parameter der relativen Kameraposition. Nach Einfügen weniger Volumenelemente sind die Parameter der Abbildung definiert. Damit werden weitere Restriktionen für neu einzufügende Elemente wirksam. Die aktuellen Beschränkungen werden direkt an die Interaktionssteuerung weitergegeben und ermöglichen damit ein zielorientiertes Arbeiten.

Alternativ oder ergänzend kann die Berechnung der Kameraposition über extern bereitgestellte 3D-Referenzdaten oder über interaktiv zu bestimmende 2D-Referenzpunkte erfolgen.

3.3 Teilautomatisierung durch Einsatz der digitalen Bildverarbeitung

Verfahren der digitalen Bildverarbeitung sind primär auf die Extraktion von Bildprimitiven (Punkte, Kanten und Flächenelemente) und deren exakte Positionsbestimmung ausgerichtet. Dabei werden Genauigkeiten bis in den Subpixelbereich erreicht. Probleme ergeben sich insbesondere durch die unzureichende Stabilität dieser Verfahren. Die Ursachen liegen in der mangelnden Modellunterstützung beim Einsatz.

Unter den Bedingungen der Vorgabe der geometrischen Grundelemente und ihrer interaktiven Grobpositionierung können diese Verfahren unter Rahmenbedingungen eingesetzt werden, die diese Mängel weitgehend ausschließen.

Als Beispiele für die Einsatzmöglichkeiten von Bildverarbeitungstechniken im Rahmen des vorgeschlagenen Systems sollen drei Aspekte betrachtet werden.

1. Unter der Bedingung der Grobpositionierung der Elemente können Verfahren der Eckpunkt- und Kantendetektion zur Feinpositionierung eingesetzt werden. Damit wird der Nutzer von der Notwendigkeit eines sehr genauen Arbeitens entlastet. Gleichzeitig erhöht diese automatische Feinanpassung die Akzeptanz der Arbeit mittels Mouse auf digitalisierten Bildern (im Gegensatz zur Verwendung eines Digitalisiertablets) und ist damit Voraussetzung für alle weiteren auf der Auswertung von Rasterbildern basierenden Automatisierungsschritte.

2. Die Möglichkeit, über die Projektionen der Oberflächen der Volumenelemente *automatisch* Texturen aus den Rasterbildern zu entnehmen, bereitet eine Visualisierung des rekonstruierten Objektes unter Einbeziehung eines Texturemapping vor. Die Anbindung dieser Texturen an die räumliche Struktur stellt die Voraussetzungen für ihre räumliche und radiometrische Entzerrung zur Verfügung. Damit ist eine gegenüber der heute üblichen Nutzung natürlicher Texturen qualitativ bessere Visualisierung erreichbar.

3. Prinzipiell sind aus den Intensitätsverteilungen in Bildsegmenten Rückschlüsse auf die räumliche Orientierung von Objektflächen, ihre Krümmung sowie die Lage und Form der Lichtquellen ableitbar. Bedingt durch die Notwendigkeit, alle genannten Aspekte im Komplex zu analysieren, liefern die durch die Bildverarbeitung bereitgestellten Verfahrensansätze des "shape from shading" mehrdeutige und zudem sehr ungenaue Lösungen. Unter den Bedingungen der Vorgabe der Segmente (der Projektionen der das Objekt begrenzenden Flächenelemente), ihrer räumlichen Orientierung und einer Parametrisierung der Oberflächenkrümmung lassen sich diese Verfahren zielgerichteter für die genaue Bestimmung der Oberflächenkrümmung sowie der Charakteristika der Beleuchtung einsetzen. Die damit erreichbaren Ergebnisse können

einerseits zu einer weiteren Verbesserung der Objektbeschreibung und andererseits zu noch besseren Texturen führen.

4 Vorteile des Verfahrensansatzes

1. Die Beschreibung der Szene (des Objektes) ist in jeder Phase des Rekonstruktionsprozesses dreidimensional und kann damit jederzeit durch ein 3D-Visualisierungssystem gehandhabt werden.
2. Unter Verwendung der für CSG üblichen Mengenoperationen kann die Rekonstruktion von einer generalisierenden Darstellung ausgehen und entsprechend den Anforderungen detailliert werden.
3. Durch die Vorgabe der Form des jeweils aktuell verwendeten Konstruktionselementes werden bei der Anpassung weitere Restriktionen wirksam, die eine schnellere und sicherere Bestimmung der Transformationsparameter (Abmessungen, Position und Orientierung des Elementes, sowie unter Verwendung weiterer Bilder der Parameter der Kameraposition und -orientierung) ermöglichen; durch Anbindung neuer Konstruktionselemente an die *dreidimensionale* Teilrekonstruktion sowie die durch das Verfahren gegebene Berücksichtigung der Perspektive können wesentliche Arbeitsschritte auf *einem* Bild erfolgen.
4. Die Plazierung der *Projektionen* der Volumenelemente beschränkt die Interaktionen auf zweidimensionale Operationen; das Interface wird dadurch einfacher und intuitiver und erfordert ein deutlich geringeres räumliches Vorstellungsvermögen des Operateurs.
5. Das interaktive Manipulieren der Projektionen entspricht einer Interaktion zwischen Projektion und unterlegtem Bild; damit ergibt sich eine natürliche Schnittstelle für die Teilautomatisierung durch den Einsatz von Verfahren der digitalen Bildverarbeitung.
6. Die Berücksichtigung der durch vorangegangenen Interaktionen erzeugten Randbedingungen schränkt die Menge der im nächsten Arbeitsschritt jeweils sinnvoll möglichen Interaktionen ein, es kann eine teilweise Steuerung des Rekonstruktionsprozesses (Führung des Operateurs) erfolgen; damit wird eine weitere Schnittstelle für eine mögliche Teilautomatisierung bereitgestellt.
7. Durch das vorgeschlagene System wird nicht nur die geometrische Struktur des zu rekonstruierenden Objektes erfaßt, sondern auch die Oberflächencharakteristika. Damit wird eine Visualisierung der Objektbeschreibung ohne weitere Zwischenschritte möglich. Gleichzeitig ergeben sich Möglichkeiten für die Integration von Verfahren zur Bestimmung und Bewertung der Materialeigenschaften des zu rekonstruierenden Objektes.

5 Rechentechnische Umsetzung

Mit der Umsetzung einzelner Komponenten des Systems wurde begonnen. Als Basis dienen die GL-Bibliothek und das Modellierungssystem ACIS auf SGI-Workstation.

Abb. 1a-l zeigt die einzelnen Phasen einer interaktiven Anpassung zweier Grundelemente.

Abb. 2. zeigt das zweite Arbeitsfenster mit dem darauf projizierten Teilmodell vor der Anpassung der Kamerapositionierung.

Abb. 3. zeigt eine Darstellung der gerenderten und mit den automatisch extrahierten Texturen versehene Teilrekonstruktion.

Abb. 1. (a-f) Phasen der interaktiven Anpassung zweier Grundelemente

Abb. 1.(g-l) Phasen der interaktiven Anpassung zweier Grundelemente (Fortsetzung)

Abb. 2. Ansicht des zweiten Arbeitsfensters mit projizierter Modelldarstellung

Abb. 3. gerenderte und mit Textur belegte Modelldarstellung

Möglichkeiten zur Integration der Visualisierung von Freiformflächen in CAD-Systeme

Matthias Boldt
Karl-Marx-Straße 112, 15745 Wildau

Kurzfassung

Die technologischen Erfordernisse der letzten Jahre führten zur Entwicklung leistungsfähiger CAD-Systeme. Besonders im Automobil- und Flugzeugbau wurde dabei die Benutzung sogenannter Freiformflächen forciert. Neben der Modellierung dieser Flächen spielt ihre realitätsnahe Darstellung eine entscheidende Rolle.

Die in den vergangenen Jahren entwickelten Visualisierungsverfahren für Freiformflächen können auf eine unterschiedliche Art und Weise in CAD-Systeme integriert werden. Mit Hilfe einer angemessenen Systematisierung kann die Integration der Behandlung von Freiformflächen in bestehende Visualisierungs- und CAD-Systeme erleichtert werden. In diesem Rahmen läßt sich auch klar herausstellen, für welche Aufgaben die unterschiedlichen Verfahren besonders geeignet sind.

Bei der Integration von Visualisierungsverfahren, insbesondere für Freiformflächen, kommt den Schnittstellen zu diesen eine hervorragende Bedeutung zu.

1 Motivation und Probleme

Eine Reihe der in den letzten Jahren entwickelten 3D-CAD- und Modellierungssysteme gestatten die Modellierung mit Freiformflächen. Es wird jedoch nur durch einen Teil dieser Systeme auch eine realitätsnahe Darstellung der erzeugten Objekte angeboten. Diese hat zumeist eines oder mehrere der folgenden Ziele

- Beschleunigung und Vereinfachung der Arbeit des Konstrukteurs,
- Entlastung des Vorstellungsvermögens des Konstrukteurs,
- Qualitätssicherung der konstruierten Objekte und
- Produktpräsentationen und Werbung.

Abb. 1. "Telefon" - modelliert mit 15 Bezier-Flächen

Die Abb. 1. zeigt ein Objekt, das aus mehreren Bezier-Flächen und einigen Polygonen, Kegelstümpfen und Kugeln besteht. Es ist für den Konstrukteur auf jeden Fall günstig, schon während der einzelnen Phasen des Entwurfes mittels eines realitätsnahen Bildes eine Kontrolle (zum Beispiel der Übergänge zwischen den einzelnen Flächen) vornehmen zu können.

Weiterhin bringt die Verwendung von Freiformflächen natürlich Vorteile für die Modellierung (einfache Definition und Modifikation) und führt zu einer recht erheblichen Verringerung der zu speichernden und zu übertragenden Datenmengen. So benötigt die Beschreibung des in Abb. 1. dargestellten Objektes etwa 3,5 kByte in Form einer ASCII-Datei.

Für eine effektive und flexible Arbeit mit einem graphischen System, das eine Visualisierung, insbesondere solch komplexer Objekte wie Freiformflächen enthält, sind mehrere qualitative Stufen in der Darstellung notwendig. Dies könnte zum Beispiel die folgende Zweiteilung sein:

1.   Eine schnelle Darstellung mit relativ geringen qualitativen Anforderungen (keine Schatten, Spiegelungen, Texturen).
2.   Eine Darstellung mit hohen Anforderungen (meist wesentlich langsamer als 1.)

Die erste Stufe ist auf jeden Fall zur ersten Bewertung der modellierten Objekte einsetzbar, wobei die zweite Stufe im wesentlichen der Präsentation oder Qualitätskontrolle dient. Durch die meist schnellere Arbeitsweise der Variante 1, bedingt durch die verwandten Verfahren, kann der Konstruktionsprozeß mit Freiformflächen unterstützt werden. Für die Berechnung eines Bildes (500*500 Pixel) des Objektes aus Abb. 1. benötigt ein PC mit 80486 / 40MHz genau 40 Sekunden. Dabei wurden die Bezier-Flächen mittels eines adaptiven

Unterteilungsverfahrens in Dreiecke unterteilt und diese anschließend mit einem Scanline-Algorithmus visualisiert.

Für einfache Demonstrationen und Videosequenzen ist die Variante 1 oft ausreichend. Eine frühzeitige Kontrolle der entworfenen Objekte mittels einer Visualisierung spart auf jeden Fall Zeit, da der Konstrukteur sein Werk unmittelbar beurteilen kann. Variante 2 wird im Gegensatz dazu benötigt, wenn zum Beispiel Einzelbilder für Präsentationen oder Werbezwecke angefertigt werden müssen. Es kommen dann zumeist Ray-Tracing als Visualisierungsverfahren (oder/und Radiosity als Schattierungsmethode) zum Einsatz. Durch die Verwendung eines langsameren Verfahrens darf jedoch nicht die Arbeit des Konstrukteurs beeinträchtigt werden.

Die Integration der Visualisierung der Freiformflächen ist bei vielen Systemen mangelhaft gelöst. So kann es zum Beispiel vorkommen, daß geringe Ungenauigkeiten, die in der Modellierung entstanden sind, durch den Visualisierungsalgorithmus "retuschiert" werden. Eine Qualitätskontrolle ist mit einem solchen Algorithmus kaum durchführbar. L. S. Wolfe ([WOL93]) schreibt dazu:

"Most CAD systems can produce shaded images of surfaces. They do this by approximating the surfaces with a mesh of polygons. Then they use either Gouraud or Phong shading algorithms to produce a pretty picture. *Unfortunately, the picture may mask small blemishes in the actual surface.* Indeed, the shading techniques are designed specifically to hide little glitches in the surface, not to accentuate them."

Ein Darstellungsalgorithmus, der diese Probleme erzeugt, ist auf jeden Fall verbesserungswürdig oder nicht einsetzbar für die Bewertung von Konstruktionen mit Freiformflächen.

In vielen Systemen muß der Nutzer für die Darstellung von Freiformflächen einen Schwellwert oder einen Unterteilungsgrad eingeben. Da dieser zumeist für den jeweiligen Nutzer unverständlich ist, wird durch unsinnige Experimente die Arbeit behindert. Eine weitere Behinderung ergibt sich oft durch eine mangelhafte Anbindung der Visualisierungsverfahren an das Modellierungssystem. Ist das Betriebssystem nicht mehrprozeßfähig, so kann die realitätsnahe Darstellung der konstruierten Objekte, die mitunter einige Minuten dauert, ein weiteres Arbeiten aufhalten. Die fortschrittlichen Eigenschaften eines CAD-Systems werden damit nicht genutzt.

2 Klassifikation von Verfahren und Bewertungen

Um die allgemeine Akzeptanz moderner CAD- und Visualisierungssysteme zu erhöhen und eine effiziente Arbeit mit diesen zu gewährleisten, müssen insbesondere die im vorhergehenden Abschnitt genannten Probleme gelöst werden.

Durch eine Bewertung der existierenden Verfahren kann eine optimale Auswahl für den jeweiligen Einsatz getroffen werden. Somit ist es möglich, die Verfahren sinnvoll, vor allem entsprechend ihren Vorteilen, einzusetzen.

Ebenso ist die Entwicklung einer Klassifikation dieser Verfahren notwendig. Nur so können die ihnen innewohnenden Probleme umfassend beschrieben werden, um einer Lösung zugeführt zu werden.

Nachfolgend sollen eine entsprechende Klassifikation und die Bewertung verschiedener Verfahren zur Visualisierung von Freiformflächen beschrieben werden.

2.1 Eine neue Methodologie

Abb. 2. schlägt eine Methodologie vor, die im Gegensatz zu den bisherigen Klassifikationen, eine Unterteilung der einzelnen Verfahren entsprechend den Behandlungsmethoden für Freiformflächen, die innerhalb von Visualisierungsverfahren angewandt werden, vornimmt. Die Klassifikationen, die eine Unterteilung entsprechend des HSR-Schrittes vornehmen, können auf Visualisierungsverfahren kaum angewendet werden, wenn Behandlungsmethoden für Freiformflächen unterschieden werden sollen. Bei fast allen dieser Klassifikationen lassen sich die Visualisierungsverfahren für Freiformflächen in eine oder zwei Klassen einordnen. In [BOL94] wird die Entwicklung der neuen Klassifikation ausführlich erklärt.

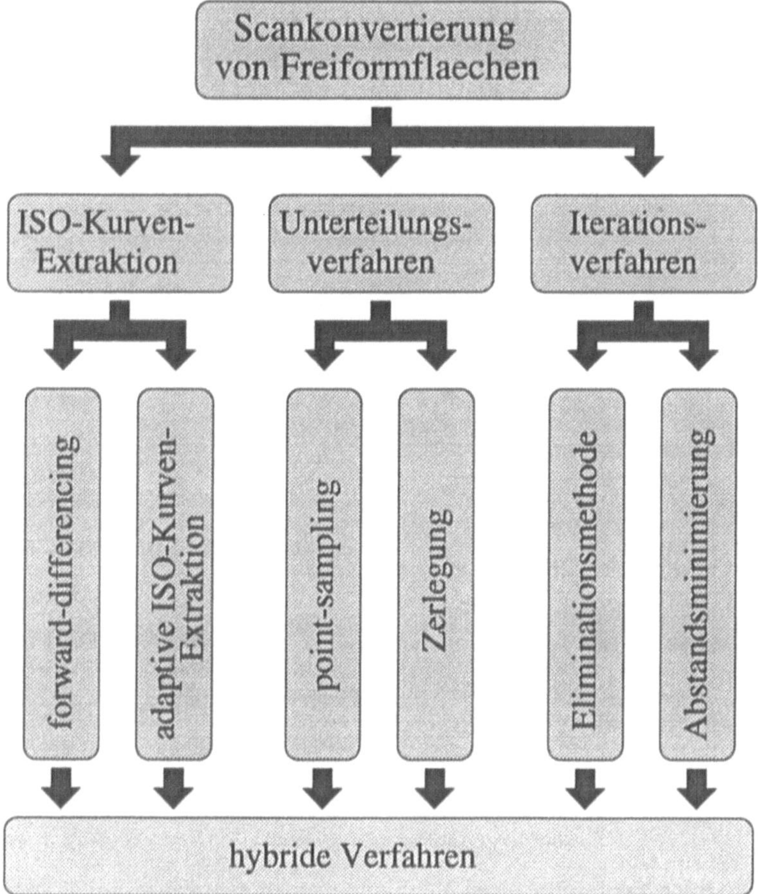

Abb. 2. Klassifikation der Verfahren zur Behandlung von Freiformflächen

Abb. 3. zeigt die Kombination der entwickelten Klassifikation für Behandlungsmethoden für Freiformflächen während der Scankonvertierung[1] mit einer Klassifikation der Visualisierungsverfahren entsprechend des HSR-Schrittes[2]. Letztere ist entsprechend [TOS91] für Window-Algorithmen ausgeführt. Sie gestattet eine weitere Verfeinerung der Unterteilung der Bildraumalgorithmen[3]. Die beiden Klassifikationen sind in einer vereinfachten Visualisierungspipeline zusammengeführt.

---

[1] Zerlegung der Objekte in die einzelnen Bildpunkte
[2] hidden-surface-removal
[3] Entsprechend der Klassifikation nach Sutherland in Bildraum-, Objektraum- und Priorit"atenalgorithmen

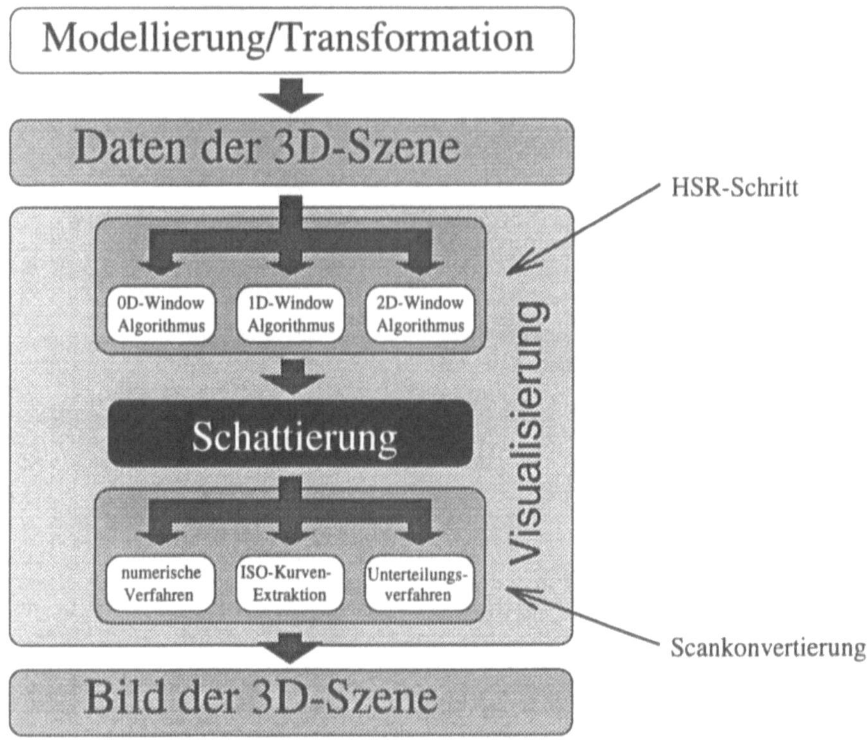

Abb.3. Visualisierungspipeline mit Klassifikationen entsprechend der Freiformflächenbehandlung und dem HSR-Schritt

Bei der Untersuchung der einzelnen Verfahren werden eine ganze Reihe von Problemen deutlich, die ungelöst letztendlich die Akzeptanz von Seiten der Nutzer negativ beeinflussen:

- *Schwellwerte;* Viele Verfahren bedürfen eines Schwellwertes für den Abbruch von Unterteilungen oder Iterationen. Nur eine Berechnung aus den Daten der darzustellenden 3D-Szene ist akzeptabel. In [GIG92] und [BOL94] sind dafür Algorithmen und Hinweise zu finden.

- *Cracks;* Adaptive Unterteilungsverfahren erzeugen im allgemeinen Cracks[4]. Diese Lücken können nachträglich beseitigt werden. Ein solches Verfahren zur Crack-Beseitigung verlangt jedoch zusätzliche Rechenzeit und es entstehen im allgemeinen T-Punkte. In [BOL94] wird ein Verfahren zur adaptiven Unterteilung von Bezier-Flächen vorgeschlagen, mit dem die Entstehung von Cracks generell vermieden wird.

---

[4] Lücken in der polygonalen Approximation von Freiformflächen werden als Cracks bezeichnet, wenn sie durch unterschiedlich große Polygone erzeugt wurden.

- *T-Punkte*; Fehlstellen in der Interpolation entlang von Polygonkanten, die oft infolge von Crack-Beseitigungen entstehen. Dies tritt natürlich nur in Verfahren auf, die eine solche Interpolation vornehmen. Dazu zählen zum Beispiel der z-Buffer- und Scanline-Algorithmus.

- *Trimmverfahren*; Dem Trimmen[5] von Freiformflächen kommt eine immer größere Bedeutung zu. Viele Modellierungssysteme benutzen dieses Verfahren, um die Konstruktionsmöglichkeiten mit Freiformflächen zu erweitern oder um CSG[6] auch auf diese anwenden zu können. Getrimmte Flächen müssen von Visualisierungsalgorithmen auch verarbeitet werden können. Bisher wurden jedoch noch nicht für alle Methoden zur Visualisierung von Freiformflächen Trimmverfahren entwickelt.

Ausführliche Beschreibungen der aufgeführten und weiterer Probleme sowie Lösungsvorschläge, sind in [BOL94] zu finden.

2.2 Bewertung verschiedener Verfahren

Die in Abb. 2. vorgestellte Methodologie für Behandlungsmethoden von Freiformflächen in Visualisierungsverfahren gestattet ebenfalls eine Bewertung der einzelnen Verfahren hinsichtlich des Rechenzeit-, Speicherplatz- und Implementationsaufwandes. Die in Abb. 3. dargestellte Visualisierungspipeline verdeutlicht weiterhin, daß es eine Reihe von Kombinationsmöglichkeiten der einzelnen Methoden im Scankonvertierungs- und HSR-Schritt gibt.

Durch eine Einschätzung und Übersicht über die vorhandenen Verfahren wird eine Unterstützung für die Implementation möglich. Tabelle 1 zeigt die abschließenden Ergebnisse der Bewertung. Die anderen Bewertungen sind ausführlich beschrieben in [BOL94] zu finden.

Die in Tabelle 1 genannten HSR-Algorithmen sind die in der Praxis meist genutzten. Sie ordnen sich wie folgt in die Klassifikation entsprechend dem HSR-Schritt nach [TOS91] und Sutherland[7] ein:

- *z-Buffer* --> 0D-Window-Algorithmus --> Bildraumverfahren
- *Scanline* --> 1D-Window-Algorithmus --> Bildraumverfahren
- *Ray-Tracing* --> 0D-Window-Algorithmus --> Bildraumverfahren
- *Prioritätenverfahren* --> Prioritätenverfahren

---

[5] Engl. "'trimming'" --- Ausschneiden von Teilen der Freiformfläche. Dazu werden Bereiche des Parameterraumes als nicht zur Fläche gehörig definiert.

[6] Constructive-Solid-Geometry

[7] Diese Klassifikation ist zum Beispiel in [FOL90] beschrieben.

Tabelle 1. Die Ergebnisse der Bewertung

	Verfahren zur Behandlung der Flächen		
	ISO-Kurven-Extraktion	numerisch	Unterteilung
HSR-Algorithmen	z-Buffer	*		o
	Scanline		o	*
	Ray-Tracing		*	o
	Prioritäten	o		o

* = sehr gut   o = gut

Es wird in Tabelle 1 deutlich, daß insbesondere die Unterteilungsverfahren für eine Integration in HSR-Algorithmen geeignet sind. So werden diese auch in einem Großteil der verfügbaren Literatur beschrieben. Trotzdem gibt es nach wie vor noch Probleme bei der Nutzung dieser Verfahren. Einige der Probleme (Schwellwerte, Cracks, T-Punkte, fehlende Trimmverfahren) sind bereits im vorhergehenden Abschnitt benannt worden.

2.3 Implementation von Methoden zur Visualisierung von Freiformflächen

Bei der Implementierung eines Verfahrens zur Visualisierung von Freiformflächen oder der Integration eines solchen in ein bestehendes Visualisierungssystem, sind einige Probleme und Bedingungen zu beachten. Einige wurden bereits genannt und sollen an dieser Stelle nochmals hervorgehoben werden. Die aufgeführten Bedingungen stellen nur eine Auswahl der wichtigsten dar.

— Bezier-Flächen eignen sich auf Grund einer ganzen Reihe von Eigenschaften am besten für die Visualisierung. Eine Scankonvertierung anderer Definitionsformen von Freiformflächen ist zumeist aufwendiger. Im Gegensatz dazu ist eine Modellierung mittels NURBS-Flächen günstiger (ebenfalls wegen einer Reihe von Eigenschaften dieser Flächen). Für weiterführende Erklärungen sei nur auf [FAR88] und [BOL94] verwiesen.

— Für die Arbeit des Verfahrens benötigte Schwellwerte sind unbedingt aus Daten der 3D-Szene zu bestimmen. Nur so kann der jeweilige Nutzer effektiv arbeiten und wird nicht mit für ihn unwichtigen Details und Einstellungen belastet.

- Ein multiprocessing oder multithreading ist soweit wie möglich zu nutzen. Damit wird es möglich, während der Arbeit die Erzeugung einer realitätsnahen Darstellung anzustoßen. Es kann dann weiterhin gearbeitet werden — der oft relativ aufwendige Prozeß der Erzeugung eines realitätsnahen Bildes der modellierten 3D-Szene behindert nicht (oder kaum). Erst damit wird ein effektives Arbeiten mit dem Gesamtsystem möglich. Die Nutzung von multiprocessing oder multithreading ist auch eine unabdingbare Voraussetzung für eine CSCW[8] -Anwendung.

- Die Nutzung leicht übertragbarer und komprimierter Bildformate beschleunigt die Übertragung von berechneten realitätsnahen Darstellungen. Dies beschleunigt vor allem auch CSCW-Anwendungen bei Nutzung von Netzen mit geringen Übertragungsraten.

- Wie bereits in einem vorhergehenden Abschnitt ausgeführt, ist es von Vorteil für ein effektives Arbeiten mit dem System, mehrere qualitative Stufen der Visualisierung dem Nutzer anzubieten.

- Es ist meist notwendig, den Aufwand und Nutzen für die Einführung neuer Datenstrukturen gegen die Nutzung der Datenstrukturen des Modellierungssystems abzuschätzen. Oft ist die Nutzung neuer Datenstrukturen eine Voraussetzung für die effektive Arbeit des zu implementierenden Verfahrens.

- Ein konsequent objektorientierter Aufbau ist Voraussetzung für eine lange Lebensdauer des implementierten Algorithmus. Außerdem werden so natürlich Übersichtlichkeit, Modularität und Wartbarkeit optimal gestaltet. Nicht zuletzt ist eine objektorientierte Gestaltung Voraussetzung für den Aufbau von CSCW-Applikationen. Nur so können dafür notwendige moderne Technologien wie object-request-broker und objektorientierte Datenbanken effektiv eingesetzt werden.

- Eine nicht zu unterschätzende Rahmenbedingung ist die Wahl von leistungsfähigen externen und internen Schnittstellen. Wenn diese durch das Modellierungssystem nicht bereits vorgegeben sind, so kann an dieser Stelle viel an Leistungsfähigkeit vergeben oder gewonnen werden. Der nachfolgende Abschnitt führt diese Problematik weiter aus.

Es ist ersichtlich, daß die genannten Bedingungen und Probleme nicht nur bei der Visualisierung von Freiformflächen auftreten.

Besonders CSCW-Anwendungen werden zukünftig eine immer größere Rolle in Verbindung mit CA...-Systemen spielen. Auch aus diesem Grund ist die Beachtung der oben genannten Bedingungen für eine Implementation eines Visualisierungsalgorithmus für Freiformflächen notwendig. Ein nächster Grund sind die steigenden qualitativen Anforderungen an Softwareentwicklungen, da der weiteren Entwicklung der Hardware Grenzen gesetzt sind. So wird es in

---

[8] Computer-Supported-Cooperative-Work

absehbarer Zukunft keine verfügbaren Spezialschaltkreise zur Visualisierung von Freiformflächen geben. Der Produktion solcher IC's steht nach wie vor der fehlende (Massen-)Markt entgegen.

3 Schnittstellen

Die Schnittstellen zu einem Visualisierungssystem oder -algorithmus haben eine große Bedeutung für die Integration eines solchen Systems in ein CAD- oder Modellierungssystem. Es kann zwischen

- *internen* Schnittstellen zwischen einzelnen Modulen eines Systems (z. B. zwischen Modellierung und Visualisierung) und
- *externen* Schnittstellen (z. B. zum Datenaustausch zu anderen Systemen oder zur Speicherung von Daten)

unterschieden werden. Nur wenn diese angemessen und effektiv implementiert wurden, kann eine vernünftige Leistungsfähigkeit des Systems erreicht werden. Eine Zeitersparnis bei der Ubertragung der Daten und eine eventuelle Einschränkung des benötigten Speichers beeinflussen die Leistung des Systems in jedem Falle positiv.

Folgende graphische Systeme[9] sollen hier, in Bezug auf die Nutzung von Freiformflächen in ihnen, vorgestellt werden:

- *PHIGS* mit der Erweiterung *PHIGS+*
- *starbase* der Hewlett-Packard-Company
- *GL* — die Graphics Library von Silicon Graphics Inc.

Als erstes System soll hier *"PHIGS"* mit der Erweiterung *"PHIGS+"* betrachtet werden, die die Darstellung von Freiformflächen gestattet. PHIGS+ bietet zwei Möglichkeiten zur Definition von Freiformflächen:

- *(A)* trimmed NURBS-patches
- *(B)* parametrische polynomiale Flächen

Bei Benutzung von (A) können NURBS-Flächen mit jeweils beliebiger Knoten- und Kontrollpunktanzahl und beliebiger Ordnung definiert werden. Weiterhin ist die Angabe mehrerer Trimmkurven (NURBS-Kurven) möglich, die Teile der definierten Fläche "abschneiden". (B) gestattet die Darstellung uniformer B-Spline-Flächen, Bezier-Flächen oder auch von der jeweiligen

---

[9] Andere Systeme, wie GKS-3D oder OpenGL entbehren leider der Möglichkeit zur direkten Darstellung von Freiformflächen.

Implementierung abhängiger Freiformflächen. Dabei können die Flächen wieder rational oder nichtrational sein.

Ein weiteres graphisches System ist *"starbase"* ([STA87]), das von der Hewlett-Packard-Company zu einigen ihrer Workstations ausgeliefert wird. Es beinhaltet die Möglichkeit der Definition und Ausgabe von NURBS-Flächen. Diese können den Grad 2...6 besitzen und rational oder nichtrational sein. Das Kontrollnetz kann beliebig viele Punkte besitzen. Dabei lassen sich die notwendigen Knotenvektoren über separate Funktionen einstellen (so sind auch Bezier-Flächen oder uniforme B-Spline-Flächen sehr einfach über spezielle Routinen definierbar). Über eine weitere Funktion können sich B-Spline-Kurven als Trimmkurven definieren lassen, um Teile der Freiformfläche von der Darstellung auszuschließen. "starbase" erlaubt zusätzlich die Steuerung der Qualität der Darstellung durch Angabe einer "Kurven-Auflösung", die die Größe der Teilflächen bei einer Unterteilung angibt.

Ein Graphiksystem, das immer häufiger genutzt wird, ist die *"Graphics Library"* oder *GL* der Firma Silicon-Graphics, die diese zu ihren Workstations mitliefert[10]. In [GLG92] sind zwei unterschiedliche Möglichkeiten für die Definition von Freiformflächen beschrieben worden:

- NURBS-Surfaces
- Old-Style Curves and Surfaces

Die "old-style"-Variante ist zwar in Bezug auf die zu verwendende Basis sehr flexibel, hat jedoch den wesentlichen Nachteil, daß nur bikubische Flächen (durch die Beschränkung auf (4 *4) -Basis-Matrizen) dargestellt werden können. Diese Form der Beschreibung von Freiformflächen ist in der "Graphics Library" nur noch aus Gründen der Kompatibilität vorhanden. Durch die Möglichkeit, getrimmte-NURBS-Flächen zu definieren und darzustellen, ist die Qualität dieser Bibliothek stark verbessert worden. Zur Definition einer NURBS-Fläche müssen die Knotenvektoren in u - und v -Richtung, die Ordnung in u - und v -Richtung sowie das Netz der Kontrollpunkte angegeben werden. Zusätzlich kann über einen Parameter der Typ[11] der Fläche bestimmt werden. Das Trimmen der Flächen ist über die optionale Angabe sogenannter "trimming loops" möglich. Eine solche Schleife kann aus ein oder mehreren NURBS-Kurven und/oder Polygonzügen bestehen. Die Schleife muß jedoch in jedem Fall geschlossen sein und darf keine Überschneidungen enthalten.

Leider ist festzustellen, daß bei allen Graphiksystemen, die eine Visualisierung von Freiformflächen unterstützen, Schwellwerte (zumeist für den Abbruch einer Unterteilung) anzugeben sind. Über die negativen Auswirkungen einer

---

[10] Ein Teil der in dieser Bibliothek enthaltenen Routinen wurden z. B. in der public-domain-software "'VOGL'" (very ordinary GL Library) reimplementiert. Dieses System ist für die meisten Workstations und für IBM-PC's verfügbar.

[11] Dazu gehören Geometric surface, Color surface und Texture surface. Für weitere Erklärungen siehe [GIG92].

Weitergabe der Verantwortung für die Spezifikation des Schwellwertes an den Nutzer ist in den vorhergehenden Abschnitten ausführlich diskutiert worden.

Für den Datenaustausch, zum Beispiel zwischen CA...-Systemen, sind in den vergangenen Jahren mehrere Standards spezifiziert worden. Drei häufig genutzte davon sind:

- *STEP*,
- *IGES* und
- *VDAFS*.

Für einen detaillierten Vergleich dieser soll hier nur auf [GRA93] verwiesen werden.

Bei einer Untersuchung der hier vorgestellten, in der Praxis verwendeten Schnittstellen und einer Analyse der Anforderungen kann festgestellt werden, daß folgende Schnittstelle für die Ubertragung von Freiformflächen-beschreibungen optimal ist:

- NURBS- oder rationale Bezier-Flächen
- beliebigen Grades mit
- der Möglichkeit der Beschreibung von Trimmbereichen.

Diese Schnittstelle ist sowohl intern als auch extern günstig zu verwenden. Sie garantiert eine schnelle Datenübertragung durch die Kompaktheit der Daten. Weiterhin bietet sie eine größtmögliche Flexibilität, wenn *rationale* Flächen *beliebigen Grades* übertragen werden können. Die Möglichkeit der Definition von Trimmbereichen ermöglicht den Einsatz auch in modernsten Modellierungs-systemen.

4 Abschließende Bemerkungen

In jüngster Zeit zeichnet sich immer deutlicher ab, daß *OpenGL* die (Industrie)-Standard-Softwarebasis für Visualisierungssysteme wird. Leider entbehrt OpenGL der Möglichkeiten zur direkten Visualisierung von Freiformflächen. Ähnliche, wie im "Vorgänger" GL enthaltene und oben beschriebene Ausgabe-primitive zur Darstellung von Freiformflächen sind nur über zusätzliche Bibliotheken zu nutzen. Durch diesen Sachverhalt gewinnt die Implementation von effektiven Algorithmen zur Visualisierung von Freiformflächen wieder an Bedeutung.

Beim Entwurf von Bibliotheken zur Vorverarbeitung von Freiformflächen für die Darstellung mittels OpenGL sollten die aufgeführten Bedingungen und Probleme unbedingt beachtet werden.

Die getroffenen Einschätzungen sollten natürlich auch bei der Implementierung (und Integration) von Visualisierungsmethoden für Freiformflächen für (und in) andere Systeme beachtet werden.

Weitere ausführliche Analysen und Ergebnisse sind in der aufgeführten Literatur zu finden.

Literatur

[BAR87]   B.A. Barsky, T.D. DeRose, M.D. Dippe: An Adaptive Subdivision Method With Crack Prevention for Rendering BETA-spline Objects, Report No. UCB/CSD 87/348, March '87, Computer Sciencs Division (EECS), University of California, Berkeley (Ca) 94720

[BAR90]   W. Barth: Effizientes Ray-Tracing für Bezier- und B-Spline-Flächen, Seiten 180-197, J. Encarnacao, J. Rix:Geometrische Verfahren der Graphischen Datenverarbeitung, Berlin, 1990

[BIA92]   L. Biard: Parametic Surfaces and Ray Tracing, Seiten 34-53, K. Bouatouch, C. Bouville (Eds.): Photorealism in Computer Graphics, Berlin, 1992

[BOL93]   M. Boldt: Adaptive subdivision of rational Bezier-patches with a general avoidance of cracks, Preprint CS-11-93, Universität Rostock, Fachbereich Informatik, ICG, 1993

[BOL94]   M. Boldt: Visualisierungsmethoden für Freiformflächen, Dissertation, Universität Rostock, Fachbereich Informatik, IOG, 1994

[DIN86]   DIN 66301: Rechnergestütztes Konstruieren, Format zum Austausch geometrischer Informationen, Juli, 1986

[FAR88]   G. Farin: Curves and Surfaces for Computer Aided Geometric Design, A Practical Guide, Second Edition, Academic Press Inc., 1988

[FOL90]   Foley, vanDam, Feiner, Hughes: Computer Graphics - principles and practice, Second edition, Addison-Wesley, 1990

[GIG92]   C. Giger-Hofmann: Ein Ray-Tracing-Verfahren zur Visualisierung polynominaler Tensorproduktflächen, Dissertation, TH Darmstadt, Mai 1992

[GLG92]   anonym: Graphics Library Programming Guide, Silicon Graphics Inc., 1992

[GRA93]   H. Grabowski, R. Anderl, X. Li, M. Schmitt: Exchange of Freeform Surfaces using Standard Interfaces, workshop proceedings: Interfaces in Industrial Systems for Production and Engineering, Editors: J. Rix, E.G. Schlechtendahl, 1993, Darmstadt

[HOS89]   J. Hoschek, D. Lasser: Grundlagen der geometrischen Datenverarbeitung, B.G. Teubner, Stuttgart, 1989

[STA87]   anonym: STARBASE Pocket Reference, Hawlett-Packard-Company, 1987

[TOS91]   D. Tost: An algorithm of hidden surface removal based on frame-to-frame coherence, EUROGRAPHICS 1991, pp. 261-273

[WOL93]   L.S. Wolfe: Freeform Surfaces, computer Graphics world, july 1993

Kooperatives Arbeiten in einer offenen heterogenen CAD-Umgebung

Ute Dietrich, Uwe v. Lukas
ZGDV - Zentrum für Graphische Datenverarbeitung e. V.
Joachim-Jungius-Str. 9, 18059 Rostock

Kurzfassung

Der Entwurf von Bauteilen in einem Team wirft Probleme auf, wenn die Mitglieder der Projektgruppe auf verschiedene Standorte verteilt sind.

Der Einsatz von Computerkonferenzen zur kooperativen Modellierung kann das gemeinsame Arbeiten stark vereinfachen. Die gewachsenen Strukturen in Bezug auf Hard- und Software an den unterschiedlichen Standorten verhindern allerdings oft ein solches Vorgehen.

In diesem Beitrag wird ein offener Ansatz vorgestellt, der auf ACIS und einem Toolkit zum kooperativen Arbeiten basiert. Damit lassen sich Computerkonferenzen zwischen Workstations verschiedener Hersteller durchführen. Ein replikativer Ansatz ermöglicht dabei ein günstiges Interaktionsverhalten auch bei schmalbandigen Verbindungen.

1 Einführung

In der heutigen Zeit können technische Produkte nicht mehr durch einen Bearbeiter allein realisiert werden. Dies ist einerseits die Folge der marktbedingten Notwendigkeit für immer kürzer werdende Entwicklungszeiten, andererseits erfordert die Komplexität der Produkte grundsätzlich die Zusammenarbeit mehrerer spezialisierter Bearbeiter zu einem sehr frühen Zeitpunkt. Da an einer Produktentwicklung typischerweise nicht nur Mitarbeiter aus einem Unternehmen, sondern in zunehmendem Maße auch Mitarbeiter aus geographisch entfernten Betriebsteilen bzw. externer Partner beteiligt sind, werden neue Werkzeuge für eine umfassende Unterstützung dieser parallel arbeitenden Teammitglieder benötigt. Die bislang üblichen Face-To-Face-Konferenzen haben sich in Bezug auf die Unterstützung dieser räumlich entfernten Teammitglieder als sehr zeitaufwendig, unflexibel und somit kostenintensiv erwiesen. Die alternative Kommunikation zwischen zwei Mitarbeitern via Telephon, evtl. gestützt auf eine Konstruktionsskizze, die per FAX übermittelt wurde, liefert ebenfalls keine befriedigenden Ergebnisse.

Eine Kopplung der vorhandenen CAD-Systeme scheitert derzeit aus zahlreichen Gründen. Oft sind an den unterschiedlichen Standorten auch Systeme unterschiedlicher Hersteller im Einsatz, die keine Schnittstellen für einen Zugriff auf die vorhandene Funktionalität ermöglichen und somit den Aufsatz kooperativer Erweiterungen erschweren. Weiterhin besitzen die unterschiedlichen Systeme einen unterschiedlichen Leistungsumfang und eine von einander abweichende Repräsentation der geometrischen Objekte.

Ausgehend von diesem Szenarium des Simultaneous Engineering wird im Rahmen des Beitrages ein Konzept für das kooperative rechnergestützte Arbeiten (u.U. geographisch) verteilter Benutzer und/oder CAD-Komponenten während des Produktentwicklungsprozesses vorgestellt. Zur Lösung wird ein offener Ansatz beschrieben, der auf ACIS und einem Toolkit für kooperatives Arbeiten aufbaut und damit das kooperative Modellieren in einer heterogenen Umgebung gestattet.

2 CSCW

Rechnergestütztes, kooperatives Arbeiten kann in verschiedenen Formen auftreten. Die Johansen-Matrix (Abb. 1.) stellt hierfür ein grobes Klassifikationsschema dar. Danach wird unterschieden, ob die Partner zeitgleich oder zeitverschoben, bzw. an einem oder an verschiedenen Orten arbeiten. In der Praxis kooperativen Arbeitens ist oft ein Nebeneinander von verschiedenen Varianten notwendig. Dies trifft auch auf das Anwendungsgebiet des kooperativen Modellierens zu. Hierbei besteht zum einen die Notwendigkeit, Änderungen, die ein Konstrukteur an einer Schnittstelle vorgenommen hat, den übrigen Mitgliedern des Konstruktionsteams bekannt zu machen. Diese Aufgabe kann von einem Benachrichtigungssystem erfüllt werden, das dem ersten/zweiten Quadranten zuzuordnen wäre. Zum anderen kann die gemeinsame Abstimmung von Schnittstellen im Rahmen einer computergestützten Konferenz vorgenommen werden, bei der sich die Partner zu demselben Zeitpunkt an unterschiedlichen Orten befinden und mit einem geeigneten Konferenzwerkzeug kooperativ modellieren. Die erste Form der automatischen Nachrichtenversendung ist z.T. schon in kommerziellen CAD-Systemen, z.B. I-DEAS, verfügbar. Die notwendigen Funktionen und ein Lösungsansatz für die zweite Erscheinungsform soll an dieser Stelle vorgestellt werden.

	selber Zeitpunkt	verschiedene Zeitpunkte
selber Ort	Diskussionsunterstützung IV (Computer Supported Meetings) Entscheidungsunterstützung (Group Decision Support Systems)	Computergestützte Präsentation I Schwarzes Brett (Bulletin Board) Gruppenmanagement Projektmanagement
verschiedene Orte	Shared Screen III Tele-/Video-/Computerkonferenzen Gruppenarbeit (z.B. Konstruktion in Baugruppen)	Electronic-/Voice-Mail II Gemeinsame Dokumentenproduktion (z.B. Collaborative Writing)

Abb. 1. Klassifikation von CSCW-Anwendungen nach [JOH88]

Die Konzeption und der Einsatz eines solchen Konferenzsystems für das kooperative Arbeiten im CAD-Bereich stellt aus informationstechnischer Sicht im Vergleich zu "herkömmlichen" Anwendungen eine Reihe zusätzlicher Anforderungen an Hard- und Sofware - primär an die notwendige Infrastruktur zur Kommunikation in Form von lokalen bzw. globalen Netzen und gegebenfalls an die Peripherie zur Bereitstellung von Audio- und Videoequipment. Bei der softwareseitigen Umsetzung stellen die Realisierung der Kommunikation zwischen den Partnern und die optimale Unterstützung der Hardware den Schwerpunkt dar. Die Realisierung der Kommunikation muß dabei speziell die Probleme wie Verbindungsaufbau und Datensicherheit berücksichtigen und zudem die Benutzerfreundlichkeit und Akzeptanz durch Anpassung sowohl der graphischen Oberfläche als auch der Konferenzorganisation gewährleisten. Die daraus ableitbaren Aufgaben eines Konferenzsystems sollen im folgenden diskutiert werden.

2.1 Aufgaben eines Konferenzsystems

Ein Konferenzsystem, das zum kooperativen Modellieren eingesetzt werden soll, stellt im Idealfall den vollen Funktionsumfang eines CAD-Systems zur Verfügung und erlaubt allen Teilnehmern die Nutzung dieser Funktionalität auf einem gemeinsam zugrundeliegenden Modell. Darüber hinaus sind jedoch noch zahlreiche Aufgaben zu erfüllen, die eine sinnvolle Kooperation erst ermöglichen. An erster Stelle ist hier die Kommunikation zwischen den einzelnen Standorten zu nennen, die den Austausch von Kommandos und Daten zwischen den Partnern erlaubt. Eine Konferenzverwaltung ist für Zutritt und Abmeldung von Teilnehmern verantwortlich und informiert über aktuelle und potentielle Konferenzpartner. Die Konferenzverwaltung sorgt auch dafür, daß Teilnehmer, die einer Konferenz später beitreten, den aktuellen Konferenzstatus erhalten. Zu diesem Zweck muß der aktuelle Zustand in Form eines Zustandsvektors verfügbar sein.

Um der in einer Face-To-Face Konferenz vorhandenen Kommunikationsvielfalt möglichst nahe zu kommen, müssen Mechanismen zur Stärkung der Telepräsenz bereitgestellt werden. Diese sorgen dafür, daß die Aktionen eines Teilnehmers allen angeschlossenen Partnern sichtbar gemacht werden. Hierzu zählt insbesondere auch die Übermittlung der aktuellen Cursorposition, die zudem zur Realisierung eines Telepointers unerläßlich ist, wie er zum Hinweisen auf bestimmte Bildbereiche notwendig ist. Die Bereitstellung von Audio- und Videotechnik im Rahmen der Konferenz fällt ebenfalls in diesen Bereich.

Während sich zwei Konferenzteilnehmer in der Regel noch ohne spezielle Vorkehrungen koordinieren können (eine parallele Sprachverbindung vorausgesetzt), muß bei einer größeren Anzahl von Partnern ein spezieller Mechanismus eingeführt werden, der die Konsistenz des gemeinsamen Modells sichert. Eine Möglichkeit hierfür ist dieVergabe eines Aktionsrechts (floor control), das einem einzigen Teilnehmer die Möglichkeit gibt, Aktionen (Objekte einfügen, löschen,...) auszulösen, während alle anderen Teilnehmer passiv sind. Alternativ zu einer solch restriktiven Lösung sind auch Mechanismen denkbar, die durch die kurzzeitige Sperrung des Datensatzes Konsistenz sichern. In einem stark interaktiven System führt dieser Ansatz allerdings u.U. zu einem sehr unbefriedigenden Verhalten, da die Aktionswünsche eines Benutzers nicht immer den erwarteten Effekt haben.

Eine größere Anzahl von Teilnehmern läßt auch die Unterscheidung verschiedener Rollen sinnvoll erscheinen. Dabei werden den Teilnehmern einer Konferenz entsprechend ihrer Aufgabe verschiedene Rechte eingeräumt. Auf diese Weise erhält beispielsweise ein Moderator die Zuständigkeit für die Vergabe des Aktionsrechts, ein Konstrukteur kann das gemeinsame Modell modifizieren und ein Zuschauer verfügt lediglich über einen Telepointer, kann jedoch keine Aktionen auslösen.

Während verschiedene Rollen unterschiedliche Manipulationsmöglichkeiten der Daten bewirken, dienen verschiedene Sichten zur individuellen Repräsentation des Datenmaterials. Im aktuellen Kontext ist hierunter beispielsweise die Möglichkeit zu verstehen, an einem Standort ein Drahtmodell eines Bauteils zu betrachten, während bei einem Partner das Modell in schattierter Darstellung visualisiert wird. Bei einer vollständigen Koppelung der Anwendungen der unterschiedlichen Standorte spricht man von WYSIWIS (*What You See Is What I See*).

Unterschiedliche Sichten sind nur ein Teilaspekt in Bezug auf die Kopplung der Teilnehmer. Bei der maximalen Kopplung haben die Konferenzpartner alle einen identischen Bildschirmaufbau und eine lokale Manipulation führt zu einer entsprechenden Änderung bei allen Teilnehmern. Idealerweise lassen es kooperative Applikationen zu, Aktionen entweder nur privat (auf den lokalen Daten) oder öffentlich auf den gemeinsamen Datenbestand anzuwenden. Solch ein Verhalten läßt sich durch die Verwendung eines Pseudo-Servers unter X11 relativ einfach erzielen. Ein solcher Pseudo-Server dupliziert die Ereignisse des Fenstersystems und verschickt sie an mehrere "echte" X-Server und erreicht auf diese Weise eine Duplizierung der Anwendung an unterschiedlichen Standorten. Durch dieses Vorgehen lassen sich Applikationen kooperativ nutzen, die eigentlich für einzelne Nutzer konzipiert sind. In diesem Fall spricht man (im Gegensatz zu Aware-Architekturen) von einer Unaware-Lösung, da die gemeinsam genutzte Applikation nicht dafür konzipiert ist, zum kooperativen Arbeiten eingesetzt zu werden.

Die Mehrzahl der Funktionen, die zur Realisierung einer Computerkonferenz notwendig sind, sind unabhängig vom jeweiligen Applikationskontext. Es ist somit möglich, diese Funktionen zu isolieren und in einem Toolkit zusammenzufassen. Die Entwicklungszeit von Konferenzapplikationen läßt sich hierdurch stark reduzieren. Eine weitgehende Modularisierung von Konferenzwerkzeugen als externe Komponenten erlaubt es, eine Auswahl entsprechend der jeweiligen Konferenzsituation zu treffen.

2.2 Infrastruktur

Die für die Konferenz zur Verfügung stehende Infrastruktur spielt bei der Konzeption der kooperativen Anwendung eine entscheidende Rolle. Hier gilt es insbesondere, die Bandbreite des Netzes zu berücksichtigen. Dabei ist in der Regel maßgeblich, ob die Konferenz innerhalb eines LAN (z.B. über Ethernet) oder über ein WAN (z.B. ISDN) abgehalten wird. Soll neben der eigentlichen Konferenzapplikation eine Audio- und/oder Videoverbindung zwischen den Partnern hergestellt werden, so ist dies bei schmalbandigen Verbindungen nur mit erheblichem Kompressionsaufwand bzw. unter starken Qualitätsverlusten möglich. Hier sind dann auch besondere Vorkehrungen zu treffen, um die Kommandos der Applikation gegenüber den audiovisuellen Daten mit erhöhter Priorität zu versenden, um ein optimales Antwortverhalten zu erzielen.

Sollen mehr als zwei Standorte per ISDN verbunden werden, empfiehlt sich der Aufbau einer Ringstruktur. Auch wenn es möglich ist, eine beliebige Anzahl von virtuellen Verbindungen (beispielsweise zu allen Konferenzteilnehmern) aufzubauen, sollte man in diesem Fall die zwei zur Verfügung stehenden B-Kanäle fest den benachbarten Partnern zuordnen, um den Overhead für Auf- und Abbau von Verbindungen zu minimieren.

2.3 Architekturkonzepte

Die Architektur der Konferenzsoftware hat entscheidenden Einfluß sowohl auf den Anwendungsbereich als auch auf die Leistungsfähigkeit und den Ablauf einer Konferenz. Generell können zwei Ansätze, der zentrale und der replizierte Architekturansatz, unterschieden werden. Die zentrale Architektur zeichnet sich dadurch aus, daß genau ein Server existiert, der die gesamte Konferenz steuert. An diesen Server sind n Clients angeschlossen, die quasi als graphische Terminals fungieren. Der oben geschilderte Pseudo-Server ist demnach dieser Gruppe zuzuordnen.

Die verteilte Architektur geht von einer Menge von (mehr oder weniger) gleichberechtigten Stationen aus. Diese kommunizieren untereinander und teilen sich die Aufgaben, die ansonsten der zentrale Server übernimmt. Ein Spezialfall der verteilten Architektur ist die replizierte Architektur, bei der an jedem Standort eine identische Instanz der Konferenzapplikation im Einsatz ist. In der Praxis treten oft auch hybride Ansätze auf.

Die unterschiedliche Architektur bedingt in der Regel auch Unterschiede in der Datenhaltung: Während eine Client-Server-Architektur auf dem vom Server verwalteten Datenbestand arbeitet, kann in einem verteilten System auf unterschiedlichen Kopien der Daten gearbeitet werden. Diese Variante hat sowohl Vor- als auch Nachteile in Bezug auf die Implementierung und die Nutzung des Systems. Soll in einer Konferenz ein vorhandenes Modell modifiziert werden, so ist vor Beginn dafür zu sorgen, daß dieses Modell bei allen Partnern verfügbar ist.

Arbeiten alle Partner in einem gemeinsamen Dateisystem (NFS) ist der Zugriff auf die Daten zwar möglich, es müssen dann allerdings spezielle Vorkehrungen für die Konsistenzsicherung getroffen werden. Auch im anderen Fall muß dafür Sorge getragen werden, daß an allen Standorten die Konferenzdaten in ein und derselben Weise manipuliert werden.

Ein großer Vorteil der verteilten Architektur liegt in der Möglichkeit, anstatt aufwendiger Bildinformationen (Fensterinhalte) lediglich Befehlssequenzen zu versenden. Auf diese Weise wird an allen Standorten durch die identische Abfolge von Manipulationen ein einheitlicher Folgezustand generiert. Somit eignet sich diese Architektur insbesondere auch für schmalbandige Netze (ISDN), da die zu versendende Datenmenge auf ein Minimum reduziert werden kann.

Aus dieser Randbedingung heraus wird im Rahmen dieses Beitrages ein replizierter Ansatz vorgestellt, der die Datenmenge, die zwischen den Teilnehmern versendet werden muß, minimiert. Hierbei ist an jedem Standort sowohl eine identische Instanz des Konferenzprogramms als auch eine lokale ACIS-Applikation vorhanden. Die einzelnen Instanzen kommunizieren durch kurze Kommandos, die spezielle Aktionen beim Empfänger auslösen.

3 ACIS

Um ein Zusammenwirken verschiedenartiger Applikationen im Sinne eines kooperativen rechnergestützten Entwurfs zu ermöglichen, muß neben der Schaffung geeigneter Kommunikations- und Infrastrukturen eine Vereinheitlichung der Datenbasis erfolgen. Dies erfordert offene, standardisierte Modellierwerkzeuge.

Der hier genutzte 3D-Kern ACIS wurde als solch ein offener Modellierkern konzipiert, der aufgrund seiner guten Leistungsmerkmale und der Verfügbarkeit auf vielen UNIX-Plattformen bereits einen großen Anwenderkreis hat. Der modulare Aufbau des Modellierers und die offene Datenbasis ermöglichen eine einfache Erweiterung um zusätzliche Funktionenen. Seiner internen Struktur nach ist er ein B-Rep-Modellierer, der aus einer Sammlung von C++-Klassenbibliotheken besteht. Der ACIS-Kernel und die ACIS-Parametric Surfaces bilden die Hauptbestandteile des Modellierers (s. Abb. 2.). Durch den ACIS-Kernel wird Funktionalität für das Modellieren mit analytischen Kurven und Flächen sowie die Generierung von Volumenprimitiva bereitgestellt. Weiterhin läßt sich über den Kernel die Modifikation und Abfrage von ACIS-Datenstrukturen realisieren. Da Draht-, Flächen- und Volumenmodelle in eine einheitliche Datenstruktur abgebildet werden, erlaubt der Modellierer eine beliebige Mischung der unterschiedlichen Modelle, einschließlich boolscher Operationen.

Weitere Vorteile des Modellierers sind die Abbildung von 'non-manifold'-Objekten und die Integration von Non-Uniform-Rational-B-Splines. Dadurch wird eine große Flexibilität bei der Modellierung, z.B. von Bauteilen mit Freiformgeometrien erreicht [EHR94]. ACIS wurde dabei auf Routinen reduziert, die der Beschreibung, Berechnung und Modifizierung von Körpern unterschiedlicher Topologien dienen. Die Interpretation und Verwertung der Ergebnisse von Rechenoperationen sowie der gesamte Kontext der graphischen Darstellung und Visualisierung wurden vollständig vom Kern getrennt. Die Art des Zugriffs auf diese Funktionalität muß daher vom Applikationsentwickler selbst realisiert werden. Dazu stehen ihm in ACIS drei Schnittstellen, das Application Procedural Interface (API), das Direct Interface (DI) und das Spline Interface (SI) zur Verfügung. Die genannten Schnittstellen bieten allen Kern-Anwendern denselben Zugriff auf die Funktionalität des Volumenmodellierers und damit die Voraussetzung, eine weitgehende Übereinstimmung in den Datenstrukturen oder zumindest eine starke Erleichterung im gegenseitigen Datenaustausch zu erlangen.

Dank der offenen Systemarchitektur und seines objektorientierten Aufbaus bietet ACIS weiterhin die Möglichkeit, Objektklassen auf der Basis der ACIS-Klassen zu implementieren. Diese Eigenschaft erlaubt eine optimale Unterstützung kooperativen Arbeitens und ermöglicht eine Anbindung geeigneter Toolkits.

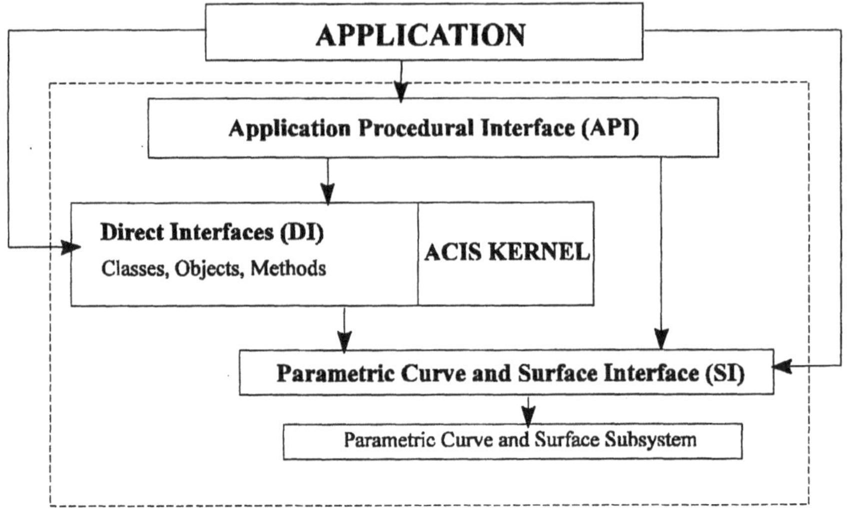

Abb. 2. ACIS-Architektur

3.1 ACIS-Schnittstellen

ACIS bietet zur Erzeugung und Manipulation von geometrischen Modellen verschiedene Funktionalitäten an. Diese lassen sich nach der Art des Zugriffs, der Schnittstelle und der Art der Erzeugung von Körpern unterscheiden. Das ACIS-Geometriemodell und die zugehörige Topologie sollen hier nicht Gegenstand der Beschreibung sein. Zur Erläuterung der Besonderheiten des geometrischen Modells soll auf die ACIS-Dokumentationen bzw. auf [MOR94] verwiesen werden. Um einen Zugriff auf die angebotene Funktionalität zu realisieren, stehen dem Anwendungsentwickler die drei oben erwähnten Schnittstellen zur Verfügung.

Das *Application Protocol Interface* bildet die Schnittstelle zur Außenwelt des Modellierers und wurde in Anlehnung an die Richtlinien der CAM-I Application Interface Specification entworfen [BEC92]. Das API stellt dem Applikationsentwickler einen großen Teil der Modellierfunktionen wie das Erzeugen und Modifizieren von Modellen sowie die Abfrage von Datenstrukturen zur Verfügung. Wesentliche Vorteile bei der Nutzung dieser Interface-Routinen bestehen in der automatischen Protokollierung aller Aufrufe und der integrierten Umsetzung eines Bulletin-Board-Mechanismus. Dieser Mechansimus soll unter

Punkt 3.2 näher beschrieben werden. Durch die Protokollierung aller API-Aufrufe sind Modellierdialoge oder benötigte Sequenzen von Aufrufen problemlos wiederholbar.

Dem Applikationsentwickler werden zusätzlich Husks bereitgestellt. Diese ACIS-Husk's sind Zusatzmodule, die das API um dedizierte Funktionen erweitern. D.h. Funktionen, die das Kernsystem nicht direkt unterstützt, können über Husk's dem Applikationsentwickler zur Verfügung gestellt werden. Da die Schnittstelle ebenfalls über das API realisiert wird, muß der Anwender keine Kenntnis über die eigentliche Implementierung besitzen. Beispiele für angebotene Husks sind eine Husk zur Konvertierung von Volumenmodellen aus verschiedenen Fremdformaten in das ACIS-Format, eine Husk zur Informationsverwaltung und eine Husk zur fotorealistischen Darstellung von ACIS-Modellen.

Für den Applikationsentwickler steht neben den API-Aufrufen das *Direct Interface* des Modellierers zur Verfügung. Mit Hilfe des DI können spezifische, nicht von den API-Routinen bereitgestellte Funktionen realisiert werden. Dazu gehören das Modifizieren der Datenstrukturen der Entitäten auf allen topologischen Ebenen, wodurch eine Bottom up- Erzeugung von Entitäten mit ihrer Topologie und der Zugriff auf anwendungsspezifische Attribute, z.B. Farbattribute, ermöglicht wird. Beim DI handelt es sich um die Methoden der einzelnen Objektklassen des Modellierers. Über das Direct Interface werden dem Applikationsentwickler die Konstruktoren, Destruktoren und Methoden zur Modifikation und Analyse der Instanzen der jeweiligen Klasse und damit Möglichkeiten der Erweiterung des Modellierers durch die Einbettung neuer Objektklassen verfügbar gemacht. Da die DI-Aktionen nicht automatisch protokolliert werden, muß eine Wiederholbarkeit des Modellierdialogs vom Anwender selbst realisiert werden.

Der Zugriff auf die Funktionalität des ACIS-Parametric-Surface-Paketes erfolgt durch das Spline Interface. Über das SI kommuniziert der ACIS-Kern mit dem Modul zur Flächenbeschreibung. Diese Schnittstelle umfaßt einen festgeschriebenen Satz von Routinen zur Flächenmanipulation. Das ACIS-Parametric Surface Modul kann vom Applikationsentwickler unter Einhaltung dieser Schnittstelle durch ein anderes Flächenmodelliersystem ersetzt werden.

3.2 Kooperatives Arbeiten mit ACIS

ACIS bietet neben der Bereitstellung der drei Schnittstellen weitere Unterstützungsmöglichkeiten für das kooperative Modellieren. Dazu gehören die :

- Sitzungsprotokollierung (Journal Files),
- Modellzustandsverwaltung (Delta States und Bulletin Boards),
- Informationsverwaltung (Persistent Identification Husk),
- objektorientierte Attributphilosophie.

Die Sitzungsprotokollierung und damit verbunden die Wiederholbarkeit von Modellierdialogen ist ein wesentlicher Aspekt beim kooperativen Arbeiten. Das System legt dazu beim Start ein Journal-File an, in welchem das Protokoll der aktuellen Sitzung und damit alle durchgeführten Arbeitsschritte enthalten sind. Mit Hilfe des Journal-Files lassen sich die Arbeitsschritte der gewünschten Sitzung speichern und zu einem späteren Zeitpunkt automatisch nachvollziehen. Durch ein Verschicken dieser Files läßt sich für später hinzukommende Teilnehmer einer Konferenz somit bequem der Stand des Modellierdialogs nachvollziehen. Weiterhin ermöglicht das automatische Anlegen von Journal-Files einen problemlosen Abbruch einer Sitzung und die Fortführung zu einem späteren Zeitpunkt.

Eine wichtige Unterstützung beim konventionellen und kooperativen Modellieren bietet ACIS in der Modellzustandsverwaltung. Der ACIS-Kernel verfügt bereits über integrierte Routinen zum Roll-back und Roll-forward von Projektzuständen. Dazu gehören die Delta States und der damit gekoppelte Bulletin-Board-Mechanismus. Jeder Aufruf einer API-Routine wird hier zusammen mit seinem Resultat vom System in einem Bulletin-Board registriert. Das für jedes Objekt angelegte Bulletin-Board enthält alle Modelländerungen dieses Körpers. Es enthält zusätzlich Funktionalität für das Verwalten dieser Modellversionen und realisiert somit einen Undo/Redo-Mechanismus.

Die Delta States erlauben einer Applikation, verschiedene API-Aufrufe bzw. Kernel-Aktionen zu gruppieren und diese Gruppierung als eine Operation zu präsentieren. Hierdurch wird es für den/die Endnutzer möglich, während der Modellierung geometrische Alternativen anzulegen und zwischen den Arbeitsstadien hin und her zu wechseln. Dabei ist es möglich, ein oder mehrere Bulletin-Board-Einträge so zusammenzufassen, daß zwischen weiter auseinanderliegenden Modellzuständen gewechselt werden kann, ohne jeden Arbeitsstatus Schritt für Schritt durchlaufen zu müssen.

Durch diese vom ACIS-Kernel bereitgestellte Funktionalität ist es möglich, verschiedene Modellzustände zu speichern und zu einem späteren Zeitpunkt wiederherzustellen sowie nach aufgetretenen Fehlern mit Hilfe des zugehörigen Bulletin-Board-Eintrags eine entsprechende Aktion zu wiederholen.

Im Rahmen einer Konferenz läßt sich dieser Mechanismus für die einfache Bereitstellung eines privaten Arbeitsbereiches (s. 4.2) nutzen, wo parallel zum gemeinsamen Modell ein alternativer Vorschlag erstellt werden kann

Für die Umsetzung kooperativer Arbeitsweisen sind Informationen über Benutzer und Eigentümer von Dateien, den Bearbeitungszustand sowie die Anzahl der angelegten Kopien unerläßlich. Diese Informationsverwaltung wird durch die Persistent Identification Husk unterstützt. Durch diese Husk wird eine Identifizierungdatei für jedes ACIS-Objekt im Netzwerk generiert und an das Objekt angehängt. Diese Identifizierungsdatei wird einmalig erzeugt und über die Sitzungen kontinuierlich beibehalten. Über die Persistent Identification Husk wird dem Entwickler damit ein flexibler Kontrollmechanismus während des gesamten Bearbeitungsprozesses dieses Objektes bereitgestellt. Die Identifizierungsdatei enthält vier, vom Applikationsentwickler nutzbare Informationen über das entsprechende Objekt:

- Nutzername,
- Identifizierungsnummer der Sitzung,
- Startzeit der Sitzung,
- Anzahl der angelegten Kopien.

Aufgrund der verwendeten objektorientierten Programmiersprache C++ erhält dieVergabe von Attributen eine neue Bedeutung. ACIS stellt ein hierarchisches, objektorientiertes Attributsystem zur Verfügung, welches es dem Applikationsentwickler erlaubt, neben systemeigenen auch anwendungsspezifische Attribute zu definieren und mit geometrischen Entitäten zu verknüpfen. Die anwendungsspezifischen Attribute können von der virtuellen Basisklasse *Attribut* abgeleitet werden und besitzen als Objekte Klasseneigenschaften. Diese Basisklasse beinhaltet virtuelle Methoden, die auf Veränderungen des geometrischen Modells reagieren können [BEC92]. Damit ist es möglich, nicht nur die Definition und Modifikation der Geometrie vorzunehmen, sondern möglichst umfassend alle konstruktions-, entwicklungs- und fertigungsrelevanten Zusammenhänge zu unterstützen. Möglich sind beispielsweise Toleranzangaben, Oberflächenbeschaffenheit, Materialangaben u.a. Die dabei definierten Klasseneigenschaften werden von den mit entsprechenden Funktionen versehenen Applikationen ausgewertet [SEN92].

Für das kooperative Arbeiten sind die Implementierung der unterschiedlichsten Funktionen innerhalb der Attributmethoden und die Realisierung von Querverweisen über die Attribute zwischen unterschiedlichen Datenstrukturen, wie FEM-Systemen, Feature-Modellierern [KRA92] etc. von besonderem Interesse. Durch das Attributsystem wird dem Anwender weitreichende Flexibilität garantiert und eine Möglichkeit gegeben, ACIS zu einem Produktmodellierer auszubauen.

Die Ableitung von Klassen beschränkt sich durch die Anwendung der objektorientierten Philosophie nicht nur auf die Basisklasse *Attribut*. Allgemein betrachtet ermöglicht der Modellierer auch die Ableitung anderer ACIS-Klassen, wodurch umfangreiche Erweiterungsmöglichkeiten seiner Funktionalität realisiert werden können. Die von ACIS angebotenen Dienste wie das Roll-back/Rollforward zwischen Modellzuständen, das Sichern und Speichern etc. werden automatisch an die abgeleitete Klasse weiter vererbt. Ein solches Konzept läßt eine Anpassung an spezielle Bedürfnisse der 3D-Modellierung zu, wozu auch das Anbinden kooperativer Applikationen zählt.

4 KoMode

Der Einsatz heterogener CAD-Systeme ist aufgrund unterschiedlichster Anforderungen innerhalb von Unternehmen und bei Kooperationspartnern oftmals gängige Praxis.

Im Rahmen des Projektes KoMode (*Kooperatives Modellieren*) soll ein Lösungsansatz geschildert werden, der es erlaubt, sowohl kooperatives Modellieren im Sinne von Computerkonferenzen als auch die Integration der Geometriedaten in eine heterogene Umgebung verschiedener, interagierender Komponenten zu realisieren. Dieses Projekt wird mit am Institut zur Verfügung stehender Software erstellt. Neben dem offenen Modellierkern ACIS, dem CSCW-Toolkit GroupKit werden das kommerzielle CAD-System I-DEAS, eigenerstellte und kommerzielle STEP-Tools sowie die objektorientierte Datenbasis VERSANT eingesetzt.

4.1 KoMode-Phasenmodell

Das Projekt KoMode ist in drei Phasen konzipiert. In Phase eins des Projektes, KoMode/1, wird ein experimentelles System zum kooperativen Modellieren in einer weitgehend homogenen Umgebung realisiert, das in Abschn. 4.2 näher beschrieben werden soll. Phase zwei umfaßt die Umsetzung der Integration eines kommerziellen CAD-Systems basierend auf der Nutzung von STEP-Werkzeugen. Innerhalb dieser Phase sollen die während des kooperativen Modellierens mit ACIS erzeugten Objekte für das CAD-System I-DEAS verfügbar gemacht werden, um somit dem Benutzer auch die komplexe Funktionalität eines CAD/CAM-Pakets zur Verfügung zu stellen. Als intergriertes Datenmodell wird das STEP Application Protocol 203 "Configuration Controlled Design" verwendet, da die mit ACIS erzeugten geometrischen Objekte und die jeweiligen Entsprechungen dieser Objekte auch wesentlicher Bestandteil der Geometrie-Sektion der Programmierschnittstelle des CAD-Systems I-DEAS sind. Dieses Application Protocol [NOW94] beschreibt Geometrie und Topologie sowie Produktstruktur. Die Vorteile und die Realisierungsmöglichkeiten dieses Ansatzes werden in [MOR94] erläutert.

In der letzten Phase, KoMode/3, wird eine unmittelbare Kopplung des experimentellen Modellierers mit I-DEAS angestrebt. Eine Konferenz soll dann nicht allein zwischen identischen Instanzen, sondern auch zwischen unterschiedlichen Modellierern möglich sein.

Hierzu ist die Funktionalität des CSCW-Toolkits nicht ausreichend und die Konzeption eines CSCW-Managers erforderlich. Dieser muß in einer Konferenz als Mittler zwischen Aware- und Unaware-Applikationen auftreten. Eine Konzeption aufbauend auf der CORBA (*Common Object Broker Architecture*) der Object Management Group [OMG91] wird dabei ins Auge gefaßt. In dieser Stufe ist auch die Ausdehnung von einem reinen Geometriemodellierer zur umfassenden Generierung, Verwaltung und Manipulation von Produktmodelldaten in einer offenen, heterogenen Umgebung geplant.

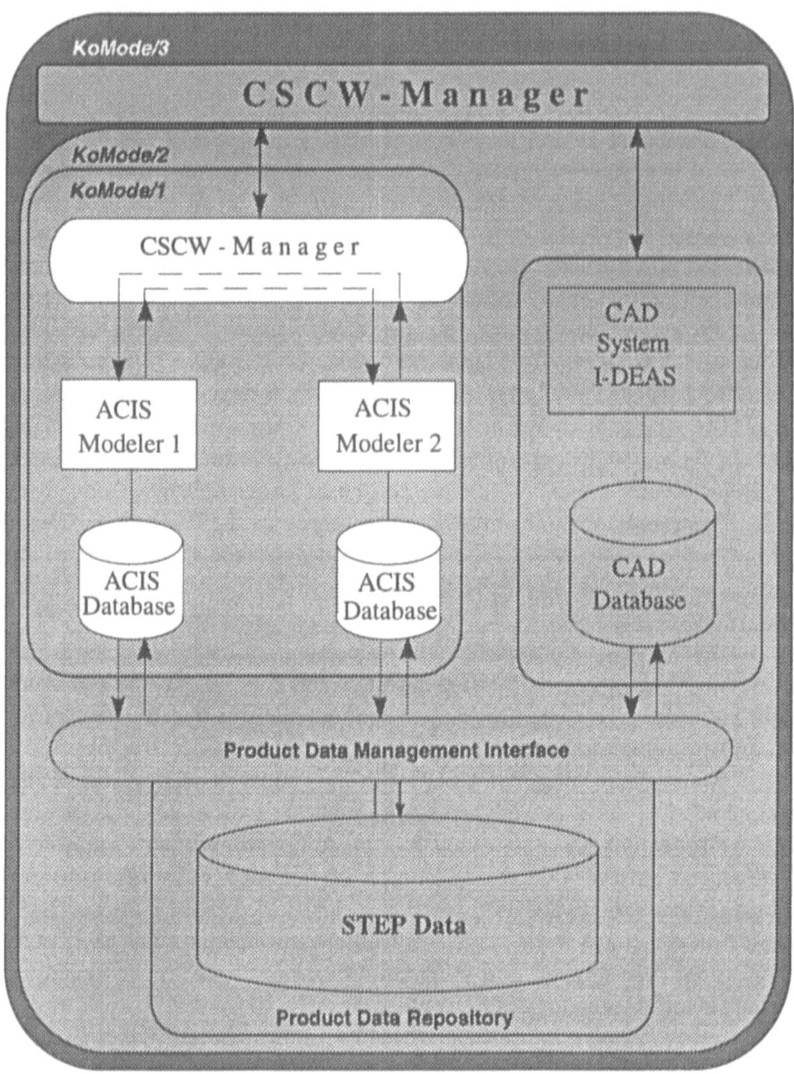

Abb. 3. Gesamtarchitektur KoMode

4.2 KoMode/1

In der ersten Phase soll kooperatives Arbeiten unter Nutzung eines experimentellen Modellierers ermöglicht werden. Hierzu wird ein Aware-Ansatz verfolgt, der aus objektorientierten Komponenten eine Minimalversion eines kooperativen 3D-CAD-Systems realisiert. Eine Konferenz findet dabei zwischen identischen Instanzen dieser KoMode-Applikation statt. Es handelt sich gemäß dem oben vorgestellten Klassifikationsschema also um einen replizierten Ansatz. Die Anzahl der teilnehmenden Konferenzpartner ist prinzipiell nicht beschränkt, allerdings ist eine Gruppengröße von mehr als fünf Teilnehmern in diesem Anwendungskontext sicher nicht sinnvoll. In diesem Abschnit soll die Konzeption des Modellierers und der Nachrichtenfluß im Rahmen einer Konferenz dargelegt werden.

Abb. 4. präzisiert den Aufbau des kooperativen Modellierers. Demnach besteht eine Instanz aus vier Komponenten, die unterschiedliche Funktionalität bereitstellen: User Interface, 3D-Darstellung, CSCW-Toolkit und Modellierkern (siehe Abb. 4.).

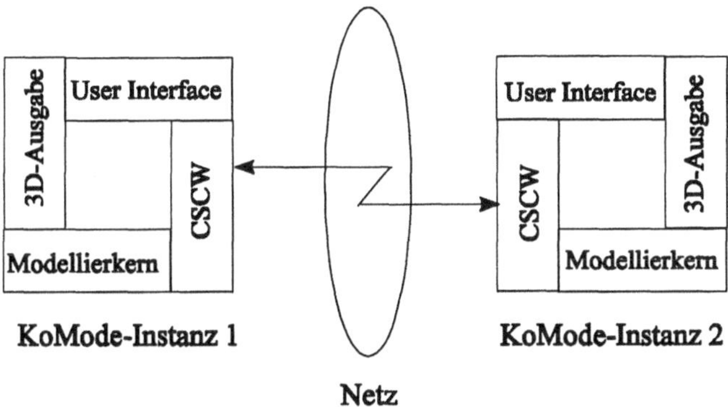

Abb. 4. Architektur KoMode/1

User Interface
Zur Programmierung der Benutzungsoberfläche kommt das objektorientierte Toolkit InterViews [LIN92] zum Einsatz. Im Gegensatz zu OSF/Motif liegt es als C++ Klassenbibliothek vor und fügt sich so nahtlos in die Architektur des Gesamtsystems ein. Das Look&Feel ist an Motif angelehnt und ermöglicht eine intuitive Benutzung des Systems. InterViews ist auf allen Plattformen verfügbar, die X11 als Fenstersystem bereitstellen. Die X11-Funktionalität wird durch InterViews vollständig gekapselt. Die Aufnahme von FRESCO (dem Nachfolger von InterViews) in die Release 6 von X11 sorgt sicher für eine weitere Verbreitung dieses Ansatzes.

3D-Darstellung
Für die 3D-Darstellung der Modelle wurde aus Gründen der Performanz auf die Graphics Library (GL) zurückgegriffen. GL dient als Software-Schnittstelle für spezielle Graphikhardware und ist primär auf SGI-Workstations verfügbar. Mit Open GL beginnt sich die Schnittstelle als Industriestandard für die Ansteuerung

von Graphik-Hardware durchzusetzen. Über eine spezielle Interface-Klasse lassen sich GL-Aufrufe auch in eine InterViews-Applikation einbinden.

Modellierkern
Zur Modellierung wird der in Abschn. 3 vorgestellte 3D-Kern ACIS verwendet, der ebenfalls als C++ Klassensammlung vorliegt. Dabei werden sowohl das API als auch das DI genutzt.

CSCW

Die Bereitstellung der Funktionalität zum kooperativen Arbeiten erfolgt durch das CSCW-Toolkit GroupKit [ROS92]. Aufbauend auf InterViews realisiert es Klassen, die Methoden zum Nachrichtenaustausch zwischen verschiedenen Standorten und zur Konferenzverwaltung bereitstellen. Abb. 5. zeigt den prinzipiellen Aufbau und Ablauf einer Computerkonferenz bei der Nutzung von GroupKit.

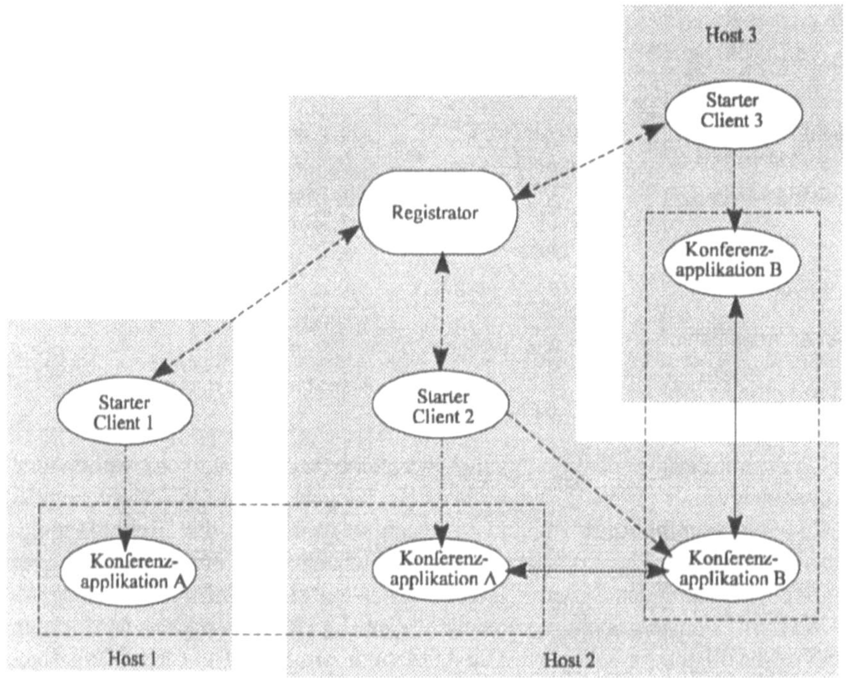

Abb. 5. GroupKit Konferenzstruktur

Der Konferenzregistrator (ein Hintergrundprozeß) ist netzweit einmal vorhanden und hält Informationen über aktuelle Konferenzen und deren Teilnehmer. Es können verschiedene Konferenzen mit unterschiedlichen Partnern und Konferenzapplikationen parallel ablaufen und zentral verwaltet werden. Der Zutrittsmechanismus wird über die Starter-Clients bestimmt, die an jedem Konferenzstandort aktiv sind. Möglich sind hier eine offene Zugangsstrategie und ein Master-Slave-Vorgehen. Ist eine Konferenz initiiert, so erfolgt die Kommunikation direkt zwischen den Konferenzapplikationen. Die Versendung der Daten an eine zentrale Instanz, die für die Verteilung sorgt, ist nicht notwendig.

Die Spiegelung der Benutzerkommandos erfolgt durch einen modifizierten Callback-Mechanismus. Der Programmierer kann dabei frei definieren, welche Aktion nur lokal ausgeführt werden soll, welche zusätzlich verschickt bzw. nur verschickt und nicht direkt ausgeführt wird. Hierdurch wird eine einfache Differenzierung in öffentliche und private Funktionen möglich. Die aktuellen Mauspositionen der Partner werden durch unterschiedliche (z.B. Farbe, Form) Telepointer deutlich gemacht.

Nachrichtenfluß

Gemäß dem objektorientierten Paradigma besteht das System aus interagierenden Objekten, die über den Austausch von Nachrichten miteinander kommunizieren. Beim kooperativen Modellieren spielt die Konsistenz des Modells eine besondere Rolle. Bei der Versendung von Kommandos, die das Datenmodell verändern, müssen somit bestimmte Vorkehrungen getroffen werden, um konkurrierenden Anfragen und Laufzeitunterschieden im Netz Rechnung zu tragen.

Zu diesem Zweck werden diese Kommandos von der auslösenden Instanz nicht direkt an alle angeschlossenen Teilnehmer verteilt, sondern an eine ausgewählte Instanz, die die Rolle des Kommandoservers übernimmt, versendet. Der replikative Ansatz erlaubt es, daß jede Instanz diese Aufgabe wahrnehmen kann, so daß bei einem Ausfall des Kommandoservers jede beliebige Instanz diese Rolle übernehmen kann.

Der Fluß der Kommandos ist in Abb. 6. widergegeben. Danach können bei jedem Client Benutzeraktionen ausgelöst werden, die von dort zum Kommandoserver weitergereicht werden. Die eintreffenden Nachrichten werden somit serialisiert und synchronisiert. Vom Server werden die Kommandos mit einer fortlaufenden Nummer versehen und an alle angeschlossenen Teilnehmer verschickt. Dort erfolgt eine Kontrolle der Kommandonummer und - sofern die Nummer korrekt ist - die Ausführung des Kommandos. Diese bewirkt eine Veränderung des ACIS-Modells und dementsprechend eine Änderung im GL-Ausgabefenster. Auf diese Weise entstehen von dem Originalmodell, das vom Kommandoserver verwaltet wird, *n* identische Kopien.

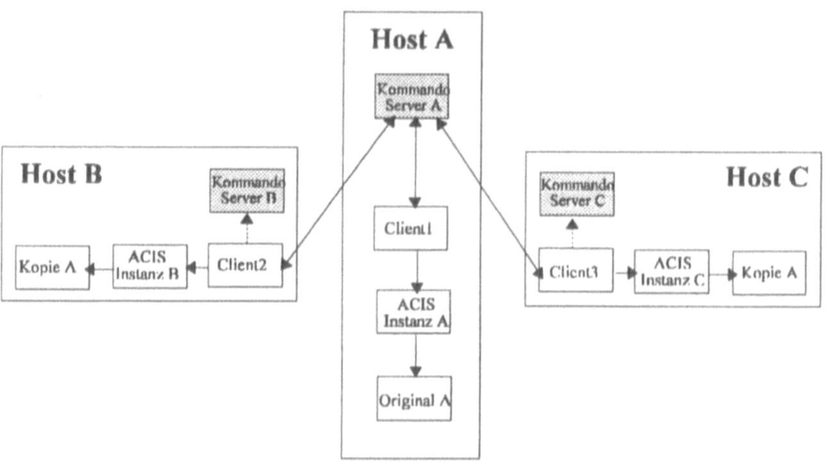

Abb. 6. Nachrichtenfluß in KoMode/1

Aktionsrecht

Ergänzend dazu besteht die Möglichkeit, das Aktionsrecht durch ein Token zu verwalten. Auf diesem Mechanismus wird man insbesondere dann zurückgreifen, wenn mehr als zwei Teilnehmer im Rahmen einer Konferenz verbunden sind. Dieses Token verleiht dem Inhaber das alleinige Aktionsrecht und schließt somit konkurrierende Zugriffe aus. Die Vergabe des Tokens erfolgt über einen Button, der durch seine Farbe gleichzeitig den Eingabestatus des Teilnehmers anzeigt. Es sind verschiedene Modi einstellbar, die regeln, auf welche Weise das Token weitergereicht wird (mit/ohne Bestätigung, durch Moderator).

Somit ist in jedem Fall sichergestellt, daß ein identisches Ausgangsmodell durch die Konferenz bei allen Teilnehmern durch dieselbe Abfolge von Aktionen ein identisches Ergebnismodell erzeugt.

Arbeitsbereiche

Prinzipiell können die Benutzer bzw. Applikationen auf zwei unterschiedlichen Arbeitsbereichen, dem lokalen und dem globalen Arbeitsbereich, arbeiten.

Der lokale Arbeitsbereich ist für die Daten vorgesehen, die ausschließlich für einen bestimmten Benutzer oder eine bestimmte Applikation von Bedeutung sind. Lokale Arbeitsbereiche können auch für Benutzergruppen definiert werden. Während einer Konferenz wird auf Kopien des betreffenden Modells gearbeitet, die in diesem Arbeitsbereich abgelegt sind.

Im globalen Arbeitsbereich werden die permanenten produktdefinierenden Daten gehalten, die für die Produktentwicklung von allgemeinem Interesse sind und festgelegte Zwischen- bzw. Endzustände des aktuellen Produktes enthalten.

Die oben beschriebenen Mechanismen zur Konsistenzerhaltung des Modells, verbunden mit Zugriffschutz auf die Produktdaten, bilden einen wesentlichen Aspekt der Produktdatenverwaltung. Im Gesamtkontext des Projekts nimmt die Konsistenzproblematik ein breites Spektrum ein und erstreckt sich von der Verwaltung unterschiedlicher Produktversionen bis zum simultanen Zugriff auf Produktdaten.

Statusübermittlung
Tritt ein Teilnehmer der Konferenz erst später bei, so ist es notwendig, ihm den aktuellen Stand der Konferenz mitzuteilen. Die Menge der Informationen, die diesen Status charakterisieren, läßt sich in zwei Gruppen aufteilen: Zum einen Informationen, die den Konferenzgegenstand, in diesem Fall also das geometrische Modell, betreffen und zum anderen Informationen über die Konferenz an sich. Das aktuelle Modell erhält man durch Anwendung sämtlicher modifizierender Kommandos auf das Ausgangsmodell. Wie in Abschn. 3.2 beschrieben, bietet ACIS einen History-Mechanismus über sogenannte. Journal-Files, der für diesen Zweck einsetzbar ist. Da in diesem Journal nur die Aufrufe des API abgelegt werden, muß es explizit mit den Aufrufen des Direct Interface ergänzt werden, um einen kompletten Historymechanismus zu realisieren.

Die zweite Gruppe von Informationen ist ein Zustandsvektor, der beschreibt, welche Instanz die Rolle des Servers innehat, welche Aktionsrechtstrategie bei der Konferenz ist und gegebenenfalls wer der aktuelle Inhaber des Aktionsrechts ist. Hinzu kommen noch Angaben über die augenblickliche Präsentation des Modells, wie Darstellungsmodus (schattiert oder als Drahtgitter), Position von Scrollbars, Blickpunkt auf das Modell. etc.

Der komplette Satz an Informationen wird dem neu hinzukommenden Konferenzteilnehmer bei seinem Eintritt vom Kommandoserver übermittelt und versetzt den Neuankömmling in denselben Stand wie die übrigen Konferenzteilnehmer.

4.3 Prototyp

Der erste Prototyp von KoMode/1 stellt lediglich einen minimalen Leistungsumfang zur Verfügung. Sowohl bei der Modellierung als auch bei den Funktionen, die das kooperative Arbeiten betreffen, wurde eine Auswahl getroffen, die ausreicht, die Grundkonzepte vorzustellen und die prinzipielle Vorgehensweise zu demonstrieren.

Das Szenarium beschränkt sich somit im Moment auf n Instanzen, die auf SGI-Workstations ablaufen müssen. Diese Beschränkung liegt in der Nutzung der Graphics Library begründet. Eine 3D-Ausgabe unter Verwendung von PHIGS hat zwar den Vorteil größerer Portabilität, kann bei komplexen Modellen die Anforderungen der Benutzer in Bezug auf das Antwortverhalten des Systems nur schwer erfüllen. Die Kommunikation zwischen den Instanzen ist auch plattformübergreifend möglich.

Eine weitere Vereinfachung liegt in einer fehlenden Möglichkeit zum Dateitransfer. Es wird davon ausgegangen, daß alle Benutzer eine Kopie des Konferenzmodells vorliegen haben. Dies kann entweder über ein Datenmanagementsystem erfolgen oder im einfachsten Fall via Kopierfunktionen im NFS.

Abb. 7. Benutzungsoberfläche des Prototypen

Zusammenfassung und Ausblick

Mit KoMode/1 wurde ein System vorgestellt, das einen Eindruck vermitteln soll, wie kooperatives Modellieren in einer offenen Umgebung aussehen kann.

Die Wahl von ACIS als zugrundeliegendem Modellierkern garantiert dabei eine leichte Integration des Systems in bestehende CAD-Umgebungen. Die damit einhergehende Verfolgung eines möglichst durchgängig objektorientierten Ansatzes brachte bei der Entwicklung des Prototyps Vorteile.

Die weiteren Arbeiten auf diesem Sektor sind durch die Zielvorstellung KoMode/3 bereits angeklungen. An erster Stelle ist hier die Erweiterung des Funktionsumfangs zu nennen, die KoMode zur Modellierung realitätsnaher Objekte befähigt. Parallel dazu soll eine Portierung des Prototyps auf andere HW-Plattformen erfolgen. Die aktuelle Abbildung der ACIS-Aufrufe auf die GL muß dafür durch eine andere 3D-Bibiliothek (z.B. PHIGS) ersetzt werden. Eine Realisierung unterschiedlicher Sichten, die nach der Ausgabegeschwindigkeit des graphischen Arbeitsplatzes unterscheidet, wird dann unumgänglich sein.

Die direkte Anbindung kommerziell erhältlicher CAD-Systeme macht die Einführung eines neutralen Kommandoformats notwendig, das in der bisherigen Version auf I-DEAS zugeschnitten ist. Dieser Schritt ermöglicht dann einen Vergleich zwischen den Möglichkeiten der Kooperation eines reinen Aware-Ansatzes mit einer Unaware-Lösung.

Danksagung

Wesentliche Teile eines ersten Prototypen wurden durch unseren Praktikanten Bernd Wolter sowie unsere wissenschaftlichen Hilfskräfte Ulrike Bösche und Thomas Runge realisiert. Den drei Studenten sei an dieser Stelle für ihre engagierte Arbeit gedankt.

Literatur

[ACI92]   Spatial Technology Inc: ACIS Technical Overview, Release 1.4, Boulder 1992

[BEC92]   M. Becker: Modellierer der Zukunft - Hintergrundbericht zum ACIS Geometric Modeler, In: iX - Multiuser Multitasking Magazin 9/ 1992, S. 106-109

[EHR94]   M. Ehrmann: Feste Körper - Solid: Elementbasiertes 3D-Konstruktionssystem, In: iX - Multiuser Multitasking Magazin 9/ 1994, S. 82-87

[JOH88]   R. Johansen: Groupware: Computer support for business teams, In: The Free Press, New York 1988

[KRA92]   F.-L. Krause, S. Kramer, E. Rieger: Featurebasierte Produktentwicklung, In: ZwF 87 (1992) 5 S. 247-251

[LIN92]   M. A.Linton, P. R.Calder, J. A.Interrante, S. Tang : InterViews Version 3.1 Reference Manual, Stanford University, 1992

[MOR94]   I. Morche, G. Vatterrott: Integration via Product Data Exchange / Product Data Sharing in einer heterogenen Umgebung, in: Proc. Workshop ICA 94; Rostock 1994

[NOW94]   H. Nowacki, F. Stolte, J. Klingner, G. Vatterrott: A Neutral Product Model for Ship Hull Geometry and its Use in Data Exchange, Proceedings of European Product Data Technology Days,Paris 1994, Revue internationale de CFAO et d'infographie, Vol. 9 - n 3/1994, Hermes, ISSN : 0298-0924

[OMG91]   Object Management Group: The Common Object Request Broker - Architecture and Specification, 1991

[ROS92]   M. Roseman: GroupKit Reference Manual and Tutorial, Department of Computer Science, University of Calgary, 1992

[SEN92]   U. Sendler: Neuer Geometriekern ermöglicht offene Systeme, In: ZwF 87 (1992) 10 S. 596-599

CoConut: Eine integrierte Umgebung für das verteilte Arbeiten in der Konstruktionsphase

Uwe Jasnoch, Holger Kress, Klara Schroeder, Max Ungerer
Fraunhofer-Institut für Graphische Datenverarbeitung Darmstadt
Wilhelminenstr. 7, 64283 Darmstadt

Kurzfassung

CoConut (*Co*mputer Support for *Con*current Design *u*sing S*T*EP) repräsentiert eine offene, verteilte Umgebung, die zeitgleiches oder zeitversetztes Arbeiten mehrerer Konstrukteure am gleichen Produkt, aber nicht notwendigerweise mit dem gleichen CAD-System ermöglicht. Es verbessert einerseits die Kommunikation und die Kooperation zwischen Konstrukteuren und Projektverantwortlichen und gewährleistet andererseits auch die Konsistenz der zu bearbeitenden Daten durch eine systemunabhängige STEP-basierte Datenhaltung. Konstrukteure arbeiten in der CoConut-Umgebung in ihrem gewohnten spezifischen CAD-Umfeld. Zusätzlich haben Projekt- und Produktverantwortliche in der CoConut-Umgebung die Möglichkeit, über verschiedene graphische Browser und Editoren Informationen über Geometrie, Konstruktionsfortschritt, involvierte Konstrukteure u.ä. zu erhalten, die nicht von einem speziellen CAD-System geliefert werden können. Die Integration von CSCW-Werkzeugen ermöglicht simultane Kommunikation bei räumlich getrenntem Arbeiten.

1 Motivation

Die Verkürzung von Produktentwicklungszeiträumen ist ein wesentliches Ziel für Industrieunternehmen, um unter dem derzeitigen Druck des Marktes konkurrenzfähig zu bleiben. Umfangreiche organisatorische Veränderungen sowie der Einsatz innovativer Softwaresysteme können gleichermaßen zum Erreichen dieses Ziels beitragen. Concurrent Engineering ist ein organisatorisches Konzept, das eine Parallelisierung von Prozessen sowie eine Verkleinerung von Regelkreisen in der Produktplanungs-, Produktentwicklungs- und Fertigungsphase beinhaltet.

Will man den Zielen des Concurrent Engineering Rechnung tragen, dann wird es notwendig, neben den traditionellen CAx-Systemen auch Systeme bereitzustellen, die die Kooperation und den Informationsaustausch der verschiedenen in den Produktentwicklungsprozeß involvierten Konstrukteure und Ingenieure verbessern, um die Verkürzung und Überlappung von Phasen im Produktentwicklungsrozeß zu realisieren.

Die Entwicklung von offenen Systemumgebungen, die es ermöglichen, verschiedene Softwarekomponenten zu integrieren, hat in den letzten Jahren mehr und mehr an Bedeutung gewonnen. Dies ist damit zu begründen, daß zwar einzelne Systeme, wie z.B. CAD-Systeme, vielfach eine recht ausgereifte Funktionalität bereitstellen, jedoch der Datenaustausch und die Interaktion der verschiedenen Systeme untereinander noch sehr problematisch ist. Die Produktentwicklung besteht aus einer Kette verschiedener Prozesse, die auf den gleichen Daten operieren. Will man eine Umgebung bereitstellen, die einerseits die existierenden Systeme integriert und gleichzeitig Kooperation unterstützt, so ist das Problem der Datenintegration von fundamentaler Bedeutung.

Mit CoConut wird eine offene Systemumgebung entwickelt, die die Konstruktionsphase komplexer Produkte unterstützt und dabei einen besonderen Schwerunkt auf das kooperative Arbeiten der im Konstruktionsprozeß involvierten Personen legt [JAS94]. CoConut steht für "Computer Support for Concurrent Design using STEP". In diesem Titel sind die wesentlichen Aspekte von CoConut, wie die Computer-Unterstützung der Konstruktionsphase unter Einbeziehung eines genormten Produktmodells, enthalten. Während Concurrent Engineering sich auf den gesamten Produktentwicklungsprozeß bezieht, konzentrieren sich Konzepte des Concurrent Design auf die Konstruktionsphase [MAY92]. CoConut bietet die Möglichkeit, verschiedene Systeme auf der Basis des Produktmodells zu integrieren. Das zugrundeliegende Produktmodell wird durch die STEP-Aktivitäten des ISO TC184/SC4 [ISO94] getragen, wohingegen die Konzepte für die Realisierung der offenen Systemumgebung von der CAD Framework Initiative [CFI91] beeinflußt wurden.

2 Forschungsaktivitäten und Stand der Technik in der Industrie

Weltweit konzentrieren sich verschiedene Forschungsaktivitäten und -projekte auf das Thema Concurrent Engineering. In besonderem Maße werden integrierte Konzepte vorgestellt, die verschiedene Entwicklungsphasen im Lebenszyklus eines Produktes unterstützen sollen. [HON92] und [CLE93] beschreiben die DARPA Initiative for Concurrent Engineering (DICE) als eines der wichtigsten amerikanischen Forschungsprojekte im Bereich Concurrent Engineering. Das

Ziel des DICE-Programms ist die Entwicklung eines integrierten Systems zur Unterstützung von Informations- und Workflowmanagement. In [CLE93] wird außerdem die Notwendigkeit der verteilten Datenhaltung und der Kommunikationsunterstützung von räumlich verteilten Teilnehmern eines integrierten Produktentwicklungsprozesses betont. In [LIU93] wird eine Realisierung einer Datenhaltung über einen STEP-basierten Ansatz zur Unterstützung von Concurrent Engineering beschrieben.

Verschiedene Projekte der Europäischen Gemeinschaft beschäftigen sich mit Konzepten und Implementierungen zum Thema Concurrent Engineering. Der Schwerpunkt liegt hier in verschiedenen Anwendungsfeldern bei der Entwicklung von Informationsmodellen zur Unterstützung von durchgängigen Prozeßketten in der Produktentwicklung. Stellvertretend seien hier aus dem Bereich der Automobilindustrie das ESPRIT-Projekt AIT (Advanced Information Technology in Design and Manufacturing) [AIT94] und aus der maritimen Industrie das ESPRIT-Projekt MARITIME (Modelling And Reuse of Information over TIME) genannt. Ergänzend hierzu behandeln Projekte wie das ESPRIT-Projekt PISA (Platform for Information Sharing by CIME Applications) neue Methodiken der Informationsmodellierung und -repräsentation für Concurrent Engineering [BEE94].

Netzwerk- und Kommunikationsaspekte für das verteilte Arbeiten werden im RACE-Programm (Research for Advanced Communication Technologies in Europe) behandelt. Hier wird in verschiedenen Projekten dem Aspekt der Vernetzung von verteilten Arbeitsgruppen durch Hochgeschwindigkeitsnetze besondere Beachtung geschenkt. In [SCH93] werden Konzepte zur Unterstützung der Kommunikation von Konstrukteuren in verteilten CAD-Arbeitsgruppen mittels Weitbereichsnetzwerken vorgestellt. Besonders im Bereich der Netzwerkkommunikation werden unterschiedlichste Systeme zur computerunterstützten Gruppenarbeit (CSCW - Computer Supported Cooperative Work) entwickelt.

Parallel zu den Ansätzen, die in den verschiedenen Forschungsprojekten verfolgt werden, werden im kommerziellen Bereich Systeme entwickelt, die sich mit Aspekten der Produktdatenhaltung und der Steuerung von Prozessen in der Produktentwicklung beschäftigen. Hier repräsentieren Engineering-Data-Management-Systeme (EDM-Systeme) den aktuellen Stand der Technik in der Industrie. Unter EDM-Systemen versteht man Softwareprogramme, mit denen sich zum einen sämtliche im Laufe der Produktentwicklung entstehenden, produktbeschreibenden Daten verwalten und zum anderen die zur Erzeugung und Verwaltung dieser Daten notwendigen Prozesse organisieren lassen [CAD94]. Neben den statischen Elementen der Verwaltung von Datenbeständen werden workflow-orientierte Funktionalitäten zur Vorgangssteuerung mehr und mehr zu integralen Bausteinen von EDM-Systemen. Hier entstehen in zunehmendem Maße Berührungspunkte zu CSCW-Systemen, die sich mit zeitgleicher und zeitversetzter Kooperation in Arbeitsgruppen beschäftigen. Die Weiterentwicklung von EDM-Systemen führt zu integrierten Produktdatenmanagement-Systemen (PDM-Systemen), die aufbauend auf objektorientierten Modellen

verschiedenste Anwendungssysteme in unterschiedlichen Phasen des Lebenszyklus unterstützen.

Für laufende und zukünftige Projekte im Bereich Concurrent Engineering
besteht hier die Aufgabe, die Entwicklungen aus dem industriellen Bereich und
aus der anwendungsnahen Forschung zusammenzuführen und in integrierten
Systemumgebungen bereitzustellen.

3 Anwendungsfeld

Das Anwendungsfeld von CoConut ist die Konstruktionsphase komplexer,
dreidimensional beschriebener Produkte aus dem Bereich des Maschinenbaus.
Die Entwicklungsarbeit ist hier geprägt durch das Zusammenspiel von interdisziplinären Entwicklungsgruppen, die sich aus Designern, Konstrukteuren und
Projektleitern zusammensetzen (Abb. 1.). Eine effiziente Zusammenarbeit innerhalb der Gruppe und zwischen unterschiedlichen Entwicklungsgruppen, die am
selben Produkt arbeiten, kann sich nur einstellen, wenn auf die Belange der
Kommunikation zwischen den Beteiligten, auf die Abstimmung von Verantwort-
lichkeiten und die Koordinierung von Aufgaben Rücksicht genommen wird.
Hierzu werden auf das Anwendungsfeld angepaßte, computerunterstützte
Werkzeuge benötigt.

Bei komplexen Produkten, wie sie aus den Bereichen der Automobilindustrie,
des Flugzeug- oder Schiffbaus bekannt sind, ist der Einsatz verschiedener CAD-
Systeme bei der Entwicklung eines Produktes heute Stand der Technik. Vielfach
werden Berechnungs- und Simulationssysteme eingesetzt, die das Bauteil-
verhalten ermitteln sollen. Die Verwendung der verschiedenen Systeme erfordert
ein hohes Maß an Koordination, das nicht nur die Abstimmung der verschiedenen Systeme aufeinander, sondern auch die Koordination der Personen, die mit
den Systemen arbeiten, betrifft. Wenn man die Konstruktionsphase eines
Produktes, das sich aus mehreren Baugruppen zusammensetzt, betrachtet, dann
wird deutlich, daß in den verschiedenen Phasen ein erheblicher Abstimmungsbedarf besteht. Die Konstruktionsphase beginnt mit der Spezifikation der
funktionalen und ästhetischen Anforderungen. Nach der Entwicklung eines
prototypischen CAD-Modells entsteht schließlich durch mehrfache Verfeinerung
das vollständig durchkonstruierte Modell. Komplexere Produkte bestehen
wiederum aus verschiedenen voneinander abhängigen Baugruppen, die zum
Gesamtmodell zusammengefügt werden müssen. Diese Hierarchien im Produkt-
aufbau spiegeln sich auch in den Aufgabenstellungen der verschiedenen
Konstruktionsgruppen wieder. Auf der Ebene des einzelnen Konstrukteurs
bestehen hier Verantwortlichkeiten für die Konstruktion von Bauteilen und
kleineren Baugruppen. Die Konstruktionsgruppen wiederum sind für die

Zusammenführung verschiedener Baugruppen zu einem größeren Teil des Produkts oder dem Endprodukt verantwortlich. Während der Konstrukteur nach Erteilung seiner Aufgabe eigenverantwortlich arbeiten kann, obliegt die Koordination der Gruppe dem Projektleiter.

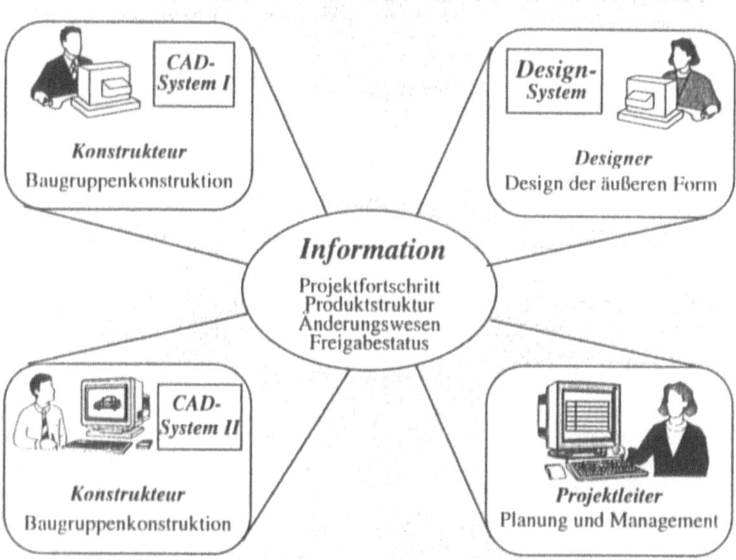

Abb.1. Anwendungsfeld der CoConut-Umgebung

Der Abstimmungsbedarf zwischen den Mitgliedern der Konstruktionsgruppe und dem Projektleiter ist daher extrem groß. Gerade um Entwicklungsphasen zu parallelisieren, muß Information über den aktuellen Stand der Entwicklung, den jeweiligen Freigabestatus des einzelnen Bauteils und vieles mehr unmittelbar verfügbar sein und zwischen den Beteiligten ausgetauscht werden können. Je mehr die Beteiligten auch an verteilten Standorten arbeiten, um so größer ist der Bedarf an informationstechnologischen Werkzeugen zur Kommunikation.

4 STEP

STEP, ein Akronym für "*St*andard for the *E*xchange and the *R*epresentation of *P*roduct Model Data", bezeichnet die internationalen Aktivitäten zur Normung von Produktmodellen. ISO 10303 [ISO94] umfaßt neben der Festschreibung von Informationsmodellen, die den Umfang und Inhalt der Produktmodelle definieren, auch eine Sprache zur Beschreibung von Informationsmodellen (EXPRESS [ISO93]). Daneben definiert die Norm Implementierungsformen, die regeln, wie zu den Modellen konforme Produktdaten ausgetauscht werden oder wie der Zugriff auf Produktdatenhaltungen, deren Schemata auf STEP-Modellen basieren, erfolgt [ISO94], [ISO93].

Hinter dem Produktmodellgedanken steckt das Ziel, alle Informationen, die während des Lebenszyklus eines Produktes entstehen, in integrierter und zusammenhängender Form beschreiben zu können. In STEP werden derzeit Produktmodelle für Anwendungen aus dem Automobilbau, Schiffbau, Maschinen- und Anlagenbau, Bauwesen und Elektrotechnik/Elektronik genormt.

Durch das STEP Produktmodell und durch Regeln zur Handhabung dieser Modelle wird es möglich, Produktdaten in einheitlicher Form zu beschreiben und ohne Informationsverlust in verschiedenen Systemen gemeinsam zu nutzen. Da sich STEP nicht auf reinen Datenaustausch über Dateien beschränkt, kann das konzeptuelle Modell die Basis für die Implementierung von Produktdatenbanken oder Anwendungsprogrammschnittstellen bilden. Daher eignet sich STEP als Datenmodell für die Datenhaltungskomponente der CoConut-Umgebung.

Das STEP Produktmodell umfaßt alle Eigenschaften, durch die ein Produkt über die gesamte Prozeßkette hinweg beschrieben wird. Dies erfordert die Darstellung aller Daten, die während des Entwurfs, der Konstruktion, der Fertigung, der Montage, der Installation, der Qualitätskontrolle, des Einsatzes bis hin zur Demontage, Verschrottung oder Wiederverwertung entstehen. Ein integriertes und zusammenhängendes Modell garantiert die konsistente Beschreibung eines Produktes über seine gesamte Lebenszeit hinweg.

Der STEP Ansatz verwendet das Konzept von Partialmodellen, die in ihrer Summe das integrierte Produktmodell bilden. Diese Module mit logisch zusammenhängenden Inhalten werden zu einzelnen Dokumenten zusammengefaßt und als Norm veröffentlicht. Beispiele hierfür sind Produktstruktur, Geometrie oder visuelle Präsentation.

Zur Unterstützung von Prozeßketten einer Anwendung legt ISO 10303 sogenannte Anwendungsprotokolle fest. Diese repräsentieren anwendungsabhängige Sichten auf das integrierte Produktmodell und bilden die Grundlage für Implementierungen. In der CoConut-Umgebung betrachten wir die Produktdaten konfigurierbarer, zusammengesetzter Produkte in der Konstruktionsphase, die in dem Anwendungsprotokoll *Configuration Controlled Design,* ISO 10303-203 festgelegt sind [ISO94].

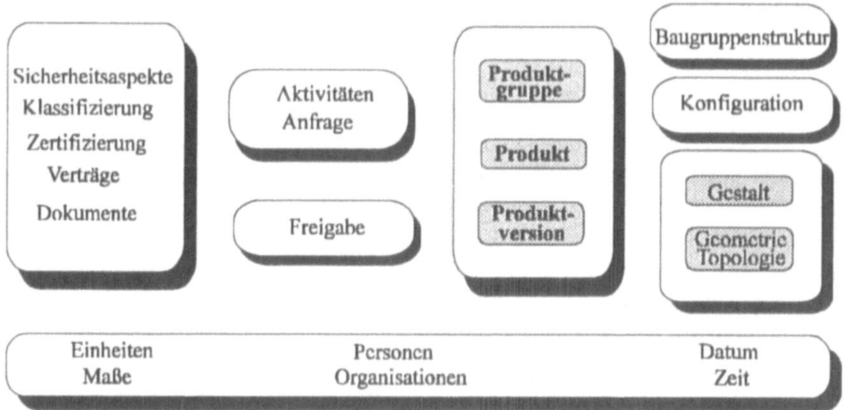

Abb. 2. Struktur des STEP Anwendungsprotokolls *"Configuration Controlled Design"*

In Anwendungsprotokoll 203 werden im wesentlichen die Produktstruktur (Stücklisteninformation), konfigurationsbeschreibende Informationen und gestaltsbeschreibende Informationen komplexer mechanischer Produkte repräsentiert (Abb. 2.). Ein Konfigurationsverwaltungsmodell bietet die Möglichkeit, unterschiedliche Konfigurationen und Versionen desselben Produktes zu definieren. Der Konstruktionsprozeß ist als eine Abfolge von Aktivitäten beschrieben, die zur Erstellung oder zur Veränderungen von Produktdaten oder Produkten führen. Diese Aufforderungen werden durch autorisierte Personen freigegeben. Zur Verwaltung der Organisations- und Personendaten existiert ein Organisationsmodell.

Nachfolgende Gestaltsrepräsentationen werden durch die in AP 203 angewendeten geometrischen und topologischen Konstrukte unterstützt: Drahtmodelle, Flächenmodelle, facettierte Randflächenmodelle und Volumenmodelle. Weitere Informationen wie Geheimhaltungsstufen, Verträge, Dokumente oder Zertifizierungen werden ebenfalls durch das Modell abgedeckt. Da das Anwendungsprotokoll alle notwendigen Informationen für die Konstruktionsphase definiert, kann es als das zentrale Informationsmodell in der CoConut-Umgebung dienen, welches die Integrität und Konsistenz der Produktdaten gewährleistet.

Wie bereits oben erwähnt, bietet STEP nicht nur eine Modellspezifikation in der Sprache EXPRESS, sondern liefert auch Abbildungsvorschriften auf Implementierungsformen. Im Kontext der CoConut-Umgebung wird sowohl der Austausch von Produktdaten über eine physikalische Datei konform zu ISO 10303-21 als auch der genormte Zugriff auf eine Produktdatenhaltung mittels SDAI (Standard Data Access Interface) ISO 10303-22 angestrebt.

5 Die CoConut-Umgebung

CoConut ist eine Systemumgebung, die gemeinsames Arbeiten in standort-übergreifenden Entwicklungsgruppen im Konstruktionsprozeß unterstützt. Sie ermöglicht sowohl synchrones als auch asynchrones gemeinsames Arbeiten am selben Produkt, wobei die verschiedenen Konstrukteure nicht notwendigerweise dasselbe CAD-System benutzen. Zusätzlich verbessert sie die Kommunikation und Kooperation zwischen den Konstrukteuren und den Projektleitern und sichert einen konsistenten Produktdatenbestand mittels einer vom CAD-System unabhängigen, STEP-basierten Datenhaltung.

Das CoConut-System gliedert sich in verschiedene Umgebungen, die sich durch Integrationsformen und Anwendungsdomänen unterscheiden. Zunächst ist die Kernumgebung zu nennen, in der sich vom Anwendungsgebiet unabhängige Anwendungen befinden. Hierzu zählt das CoConut-Cockpit. Neben dieser Umgebung existieren noch weitere, die für spezifische Anwendungsgebiete genutzt werden, wie beispielsweise die CAD-Umgebung.

5.1 Die Kernumgebung

Die CoConut-Kernumgebung unterteilt sich in zwei Bereiche. Der erste Bereich enthält die Dienstleistungen der Umgebung, der zweite Bereich die Kernanwendungen. Abb. 3. gibt einen Überblick über die allgemeine Architektur der Kernumgebung.

Diese Abbildung zeigt ein wesentliches Merkmal der CoConut-Umgebung - die Trennung zwischen den Informationsflüssen des Kommunikationssystems und denen des massiven Datenaustauschs im Datenmanagementsystem. Die Informationsflüsse des Kommunikationssystems werden durch die gestrichelten Pfeile symbolisiert, die des Datenaustauschs durch die grau unterlegten Pfeile.

Die Dienstleistungen der Umgebung sind:

–   Das Kommunikationssystem, das für die Verteilung von Nachrichten verantwortlich ist.

–   Das Datenmanagementsystem, das eine generische und eine spezielle Schnittstelle zu den persistenten Daten in der verteilten Datenbank zur Verfügung stellt.

–   Das Benutzungsschnittstellensystem, das generische Methoden für die Benutzungsoberfläche zur Verfügung stellt.

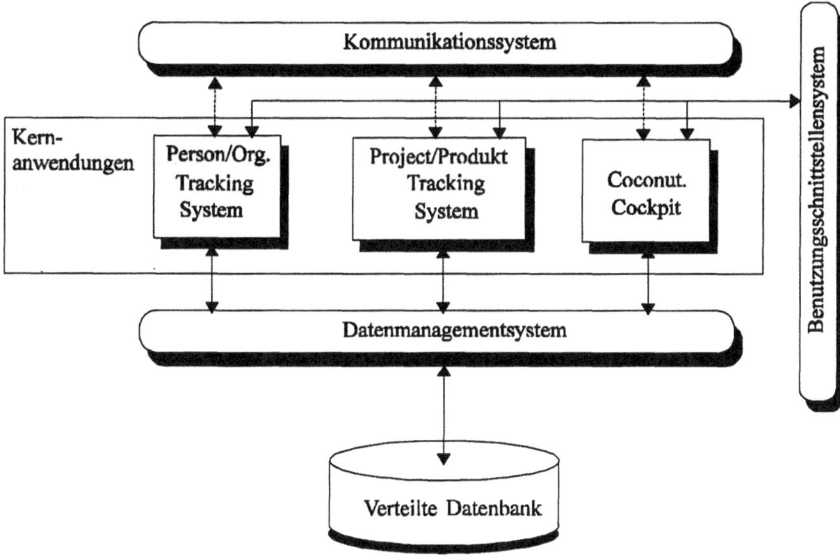

Abb. 3. Die CoConut-Kernumgebung

Die Kernanwendungen sind:

– Das CoConut-Cockpit, das den Hauptzugang des Benutzers zum System repräsentiert. Es stellt verschiedene Funktionalitäten zur Verfügung, wie zum Beispiel einen Hilfedienst, und initiiert das Laden und Starten von weiteren Anwendungen.

– Das Bearbeitungssystem für Personen- und Organisationsdaten (Person/ Organization Tracking System), das die real existierende Personalstruktur einer Firma in die Datenhaltung integriert.

– Das Bearbeitungssystem für Projekt- und Produktstrukturen (Project/Product Tracking System), das die Visualisierung und Änderung von Produktstrukturen und Projektinformationen ermöglicht. Dem Benutzer dient es als Einstiegspunkt in seine anwendungsbezogene Arbeit.

5.2 Die CAD-Umgebung

Die Architektur der CoConut-Umgebung berücksichtigt, daß existierende, kommerzielle Systeme in die Arbeitsvorgänge der Benutzer eingebunden sind. Diese Systeme stellen für die CoConut-Umgebung zuerst unbekannte Komponenten dar, die durch entsprechende Erweiterungen in die Umgebung integriert werden müssen. Sie werden daher im folgenden als externe Systeme bezeichnet, im Gegensatz zu den CoConut-Kernanwendungen, die integraler Bestandteil der Umgebung sind.

Im Konstruktionsbereich betrifft dies in besonderem Maße die CAD-Systeme. Bei der Entwicklung von komplexen Produkten werden heutzutage CAD-Systeme von unterschiedlichen Herstellern verwendet, um die individuellen Stärken der Systeme optimal zu nutzen. Hier zeigen sich bei dem einen System Vorteile in der Freiformflächenbearbeitung, bei einem anderen in der Solid- oder Feature-Modellierung oder in der Anbindung an Analyse-Systeme für Kinematik oder FEM-Analyse. Daher ist es ein Ziel der CoConut-Umgebung, die Verwendung von unterschiedlichen CAD-Systemen durch verschiedene Benutzer auf heterogenen Plattformen zu unterstützen.

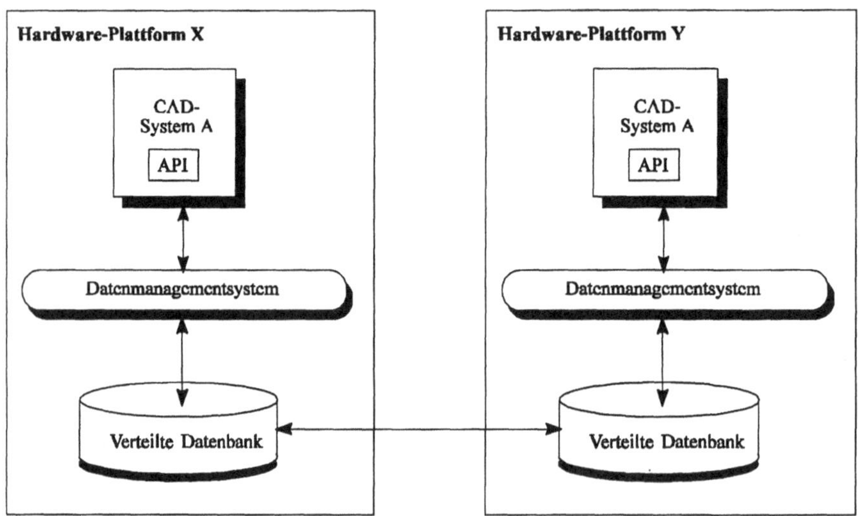

Abb. 4. Integration von CAD-Systemen

Die angestrebte Integrationsweise für CAD-Systeme auf heterogenen Hardware-Plattformen ist in Abb. 4. dargestellt. Über die Programmierschnittstelle des CAD-Systems (API) greift das Datenmanagement auf die interne

Datenhaltung des CAD-Systems zu. Durch Konvertierung wird das interne Format des CAD-Systems in das Format der STEP-basierten Datenhaltung umgewandelt. Da gerade die Integration über die Daten das kooperative Arbeiten in verteilten Konstruktionsgruppen erst ermöglicht, wird in der CoConut-Umgebung eine vollständige Integration der Daten angestrebt.

5.3 Die CoConut-Umgebung zur Laufzeit

Abb. 5. zeigt die CoConut-Laufzeitumgebung für lokale Netzwerke. Sie setzt sich aus Instanzen von Benutzerumgebungen und gemeinsamen Komponenten zusammen. Die Darstellung der Benutzerumgebungen im Bild zeigt nur eine Abstraktion von den realen Benutzerumgebungen.

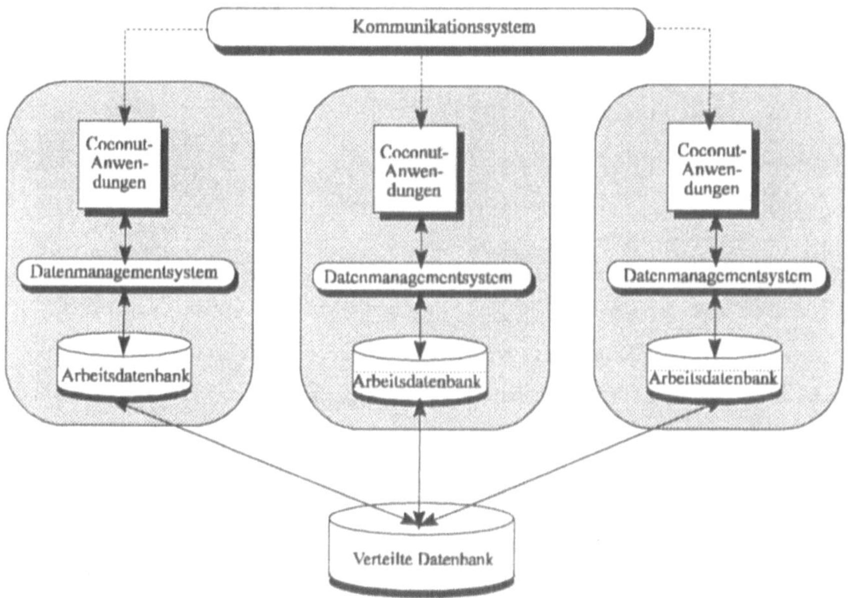

Abb. 5. Die CoConut-Laufzeitumgebung für lokale Netzwerke

In einem lokalen Netzwerk existiert aus der Sicht einer Anwendung nur eine Instanz des Kommunikationssystems und nur eine Instanz der zentralen Datenhaltung. Die reale Verteilung dieser Komponenten auf verschiedene Prozesse ist transparent für die Anwendung. Dies ist besonders in heterogenen Umgebungen wichtig, weil so eine Benutzerumgebung verschiedene Rechner involviert und ein Rechner mehrere Benutzerumgebungen bedienen kann.

Parallel zur lokalen Netzwerkumgebung gibt es eine Umgebung für das Zusammenspiel von lokalen Umgebungen in Weitbereichsnetzwerken. Hier wird gleichfalls zwischen dem Datenaustausch und einem Nachrichtenaustausch unterschieden, wie Abb. 6. zeigt.

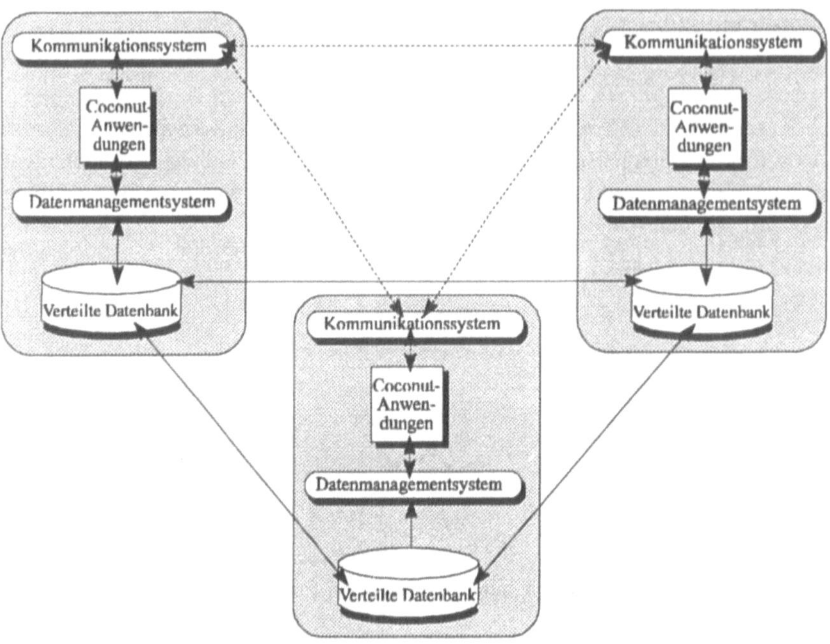

Abb. 6. Die CoConut-Laufzeitumgebung für Weitbereichsnetzwerke

Die grau hinterlegten Boxen symbolisieren CoConut-Laufzeitumgebungen für lokale Netzwerke. Die Unterscheidung zwischen Kommunikation und Datenaustausch ist besonders in diesem größeren Zusammenhang interessant, weil hierfür auch unterschiedliche Medien eingesetzt werden können. Wichtig ist, daß die Synchronisierung der einzelnen Datenströme durch die Umgebung erfolgt und nicht durch eine Anwendung.

6 Das Datenmanagement

Die wesentliche, integrierende Komponente des Systems ist die objektorientierte Datenhaltung. Über die Datenhaltung erfolgt die Integration eigenentwickelter und kommerzieller Softwarekomponenten. Für die Realisierung der Datenhaltung wird eine kommerzielle, objektorientierte Datenbank eingesetzt.

Die zu speichernden Daten des Systems umfassen u.a. Geometrie und Topologie, Produktstruktur, Statusinformationen sowie personen- und organisationsbezogene Daten. Zur einheitlichen Repräsentation dieser Daten wird das in STEP als IS (International Standard) vorliegende Anwendungsprotokoll 203 Configuration Controlled Design herangezogen. Es beinhaltet die erforderliche Beschreibung der Produktdaten und bietet damit eine Basis für eine normkonforme, STEP-basierte Implementierung.

6.1 Die Datenbank

Da CoConut eine verteilte, objektorientierte Umgebung darstellt, wird zum Speichern der Daten ebenfalls eine objektorientierte Datenbank eingesetzt. Ein Vorteil einer solchen Datenbank ist die Unterstützung von konkurrierenden Zugriffen auf verteilte Datenbestände. Derzeitige Datenbanken bieten hierfür verschiedene Techniken an, zum Beispiel lokale Arbeitsdatenbanken oder check-in/check-out Mechanismen in Kombination mit langen Transaktionen. Diese Mechanismen reduzieren die Netzlast, weil die Daten temporär "vor Ort" gehalten werden können. Gleichzeitig werden Zugriffe aus entfernten Netzwerken unterstützt.

Das parallele Arbeiten wird dadurch unterstützt, daß die Daten auf verschiedene logische Datenbanken verteilt werden. Zur Unterstützung des Schemamanagements, welches auf EXPRESS [ISO93] basiert, wird eine Anwendung eingesetzt, die auf dem in [JAS90] beschriebenen System Xpresso basiert. Neben der Fähigkeit zum Anzeigen von Schemainformationen, kann diese Anwendung neue Schemata in der Datenhaltung installieren und entsprechende Schnittstellen zu dem neuen Schema generieren.

Jedes Schema wird in eine logische Datenbank abgebildet. Schemaübergreifende Referenzen, die den EXPRESS Konstrukten "use" oder "reference" entsprechen, werden mittels externer Objekte gelöst. Zur Vermeidung von Konsistenzproblemen werden diese externen Objekte nur einmal in der Datenbank, in der sie initial definiert wurden, gespeichert.

Eine dieser logischen Datenbanken speichert die relevanten Konstruktions- und Projektdaten basierend auf Anwendungsprotokoll 203. Eine weitere logische

Datenbank enthält nur Objekte mit unstrukturiertem, binärem Inhalt. Diese wird für die Emulation eines Dateisystems für externe Anwendungen benutzt. Mit Hilfe dieser Datenbank können erweiterte Konzepte, wie Versionierung der Datenbestände auf die normalerweise nicht zugänglichen Daten von externen Systemen angewendet, werden. Das Systemverhalten der CoConut-Umgebung wird durch den Einsatz dieser Konzepte stabiler, da dadurch die Kontrolle über die externen Datenbestände gewährleistet ist.

6.2 Das anwendungsabhängige Datenmanagement

Auf der Ebene des anwendungsabhängigen Datenmanagements muß das CoConut-Datenmanagementsystem folgende Informationen bereitstellen und verwalten:

- Projektinformationen,
- Informationen über Personen und Organisationen,
- Konstruktionsdaten mit Konfigurationsinformationen,
- Daten in CAD-System-spezifischen Darstellungen und
- administrative Daten.

Die Interoperabilität der integrierten Anwendungen garantiert ein integriertes Informationsmodell, das die drei erstgenannten Informationsarten umfaßt. Den Kern dieses Modells bildet das STEP Anwendungsprotokoll *Configuration Controlled Design* (ISO 10303-203). Die Anforderungen der Bearbeitungssysteme für Personal-, Produkt- und Projektstrukturen werden erfüllt, indem die in AP 203 definierten Strukturen ergänzt und spezialisiert werden.

Durch diese Konstellation wird zum einen der normkonforme Zugriff auf *Configuration Controlled Design* Daten und zum anderen der Zugriff auf Personal-, Produkt- und Projektstrukturen möglich. Die einzelnen CoConut-Anwendungen greifen auf unterschiedliche, sich auch überlappende oder überschneidende Partitionen des Modells zu.

Die CoConut-Datenhaltung besteht aus weiteren, logischen Datenbanken für die Daten des Cockpit und für die CAD-System-spezifischen Daten. Die zur Erfüllung der Aufgaben des Cockpit notwendigen Daten werden ebenfalls in der CoConut-Datenhaltung abgelegt. Das Cockpit greift zwar auf Personendaten zu, ansonsten stehen die Cockpit-Daten in keiner Beziehung zu den Projekt-, Personen-, Organisationen- oder Konstruktionsdaten. Eine Integration mit dem integrierten Informationsmodell ist daher überflüssig. Ähnliches gilt für die Daten in CAD-System-spezifischen Formaten. Da es sich hier um aus CoConut-Sicht unstrukturierte und nicht interpretierbare Daten handelt, ist eine Integration nicht sinnvoll.

ISO 10303 definiert ein integriertes Produktmodell, das unabhängig von einer Implementierung ist. Bei der Abbildung auf eine bestimmte Implementierungsform sind sowohl die speziellen Eigenheiten der Implementierungsform zu berücksichtigen, um eine effiziente Abbildung zu erreichen, als auch die Form des Zugriffs auf die Daten. Bei einer Post-/Präprozessor-Lösung sieht die Abbildung anders aus als bei einem konkurrierenden Zugriff auf eine Datenbank.

An die Implementierung des integrierten Modells in CoConut gelten daher folgende Anforderungen:

- Effiziente Abbildung auf das objektorientierte Modell der Datenbank,
- Unterstützung des kooperativen Arbeitens und
- normkonformer Zugriff auf die Daten sowohl über STEP-Prozessoren als auch über SDAI.

7 Die CoConut-Anwendungen

CoConut stellt eine Umgebung zur Verfügung, in die verschiedene Anwendungsprogramme oder Systeme, in diesem Kontext als CoConut-Anwendungen bezeichnet, integriert werden. Anwendungen sind einerseits bewährte, kommerzielle Softwaresysteme aus dem CAx-Umfeld und andererseits speziell für CoConut entwickelte Anwendungen. Als kommerzielle Anwendungen werden derzeit CAD-Systeme eingebunden. Die für CoConut eigens entwickelten Anwendungen unterstützen die Kooperation der Designer und Konstrukteure und verbessern die Koordination und die Transparenz des Projektverlaufs für alle Beteiligten.

Die CoConut-Anwendungen gliedern sich in Bearbeitungssysteme für Personal-, Produkt- und Projektstrukturen, das CoConut-Cockpit, das die Interaktion der verschiedenen Module gewährleistet, ein CAD-System als externe Anwendung und CSCW-Werkzeuge zur synchronen Kommunikationsunterstützung.

7.1 Bearbeitungssysteme für Personal-, Produkt- und Projektstrukturen

In der Konstruktionsphase eines Produktes fallen neben den geometrischen Beschreibungen des Produktes umfangreiche Datenbestände an, die sich einerseits auf die Planung und Durchführung der Konstruktionsaufgabe beziehen und andererseits den strukturellen Aufbau des Produktes beschreiben. Zur Bearbeitung dieser Datenbestände stehen in der CoConut-Umgebung graphisch-interaktive Systeme zur Verfügung, mit denen Personal-, Produkt- und Projektstrukturen erzeugt, visualisiert und verändert werden können.

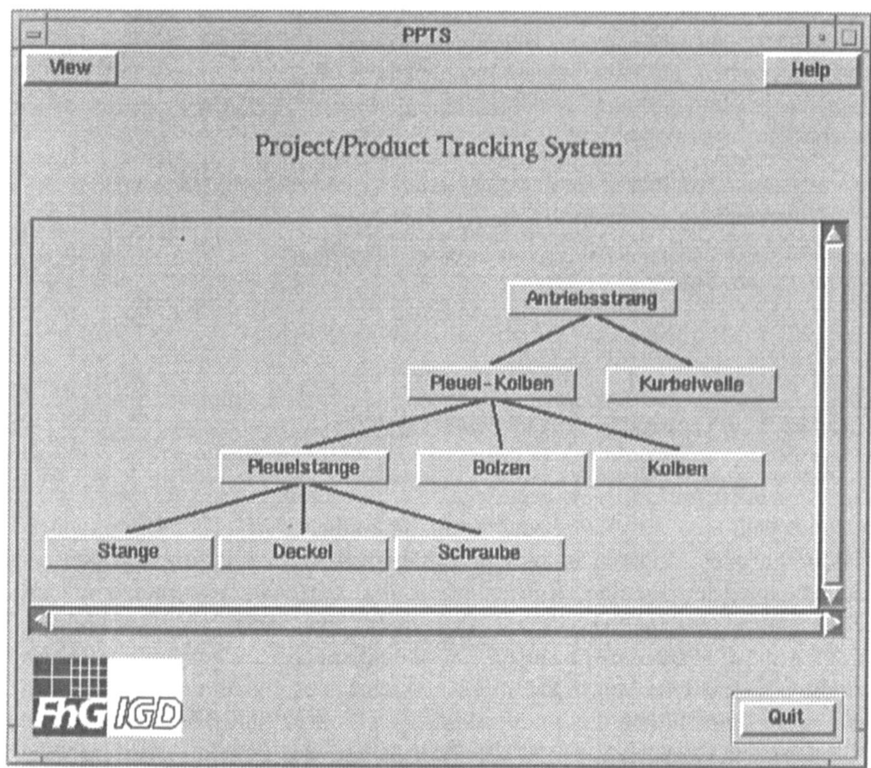

Abb. 7. Bearbeitungssystem für Projekt- und Produktstruktur

Das Bearbeitungssystem für die Projekt- und Produktstruktur, auch als Project/ Product Tracking System (PPTS) bezeichnet, erlaubt u.a. eine interaktive Erstellung einer Baugruppenstruktur für ein Produkt. Die graphische Repräsentation erfolgt in Form einer Baumstruktur, die direkt auf eine Teilestückliste abgebildet werden kann. Ein Knoten innerhalb des Baumes entspricht einer Baugruppe, wohingegen die Blätter Einzelteile darstellen (Abb. 7.). Eine Baugruppe kann sich wiederum aus anderen Baugruppen und Einzelteilen zusammensetzen.

Für Mitglieder einer Projektgruppe, die ein Produkt entwickelt, stellt das Bearbeitungssystem PPTS ein Planungs- und Verwaltungswerkzeug dar, mit dem Aufgaben im Konstruktionsbereich verteilt und Verantwortlichkeiten definiert werden können. Der Produktstrukturbaum wird von einem Projektleiter aufgebaut, der die Verantwortlichkeiten für einzelne Baugruppen bzw. Teile an die verschiedenen Konstrukteure vergibt. Jeder Konstrukteur kann die Struktur in seinem Verantwortungsbereich dann eigenständig weiter verfeinern.

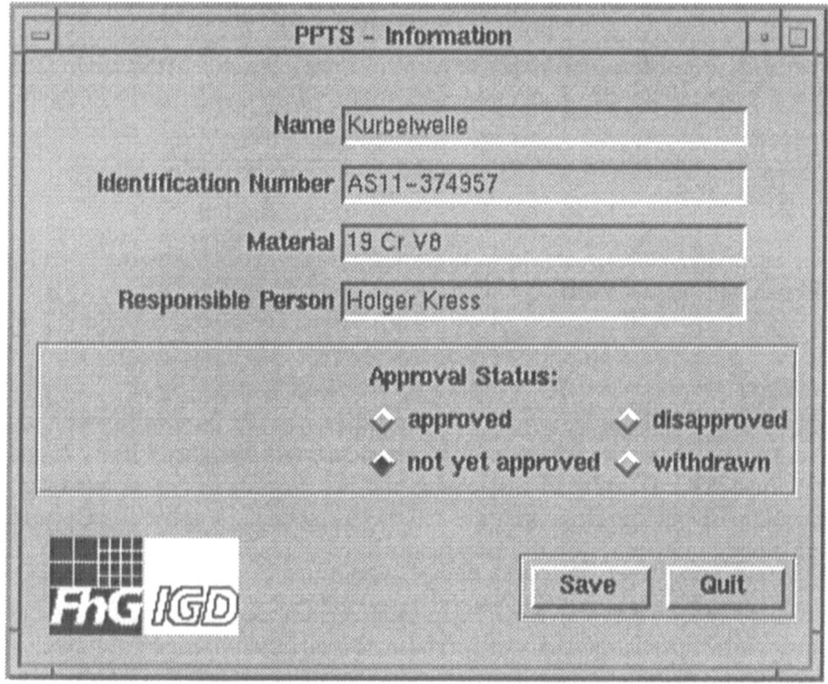

Abb. 8. Informationssystem für Baugruppen und Einzelteile

In dem gewählten Anwendungsfeld der Konstruktion von maschinenbaulichen Produkten stellt die Produktstruktur die zentrale Strukturierung der Arbeitsaufgabe dar. Daher repräsentiert die Anwendung, die diese Informationen verwaltet und handhabt, eine Metapher für die gesamte Arbeitsaufgabe der Projektgruppe. Als Integrationspunkt gewährleistet sie die Koordinierung der beteiligten Gruppenmitglieder und dient als Einstiegspunkt für den Aufruf der Anwendungen, die man zur Bearbeitung der Arbeitsaufgabe benötigt. Durch diese Verknüpfung der systemtechnischen Seite des Aufrufs der Anwendungen und der strukturierten Präsentation der Arbeitsaufgabe ergibt sich eine intuitive Bedienung der CoConut-Anwendungen, ohne daß eine tiefergehende Kenntnis der systemseitigen Aspekte notwendig ist.

Dem Benutzer stehen derzeit folgende Anwendungen zur Verfügung, die direkt von jedem Knoten im Produktstrukturbaum aus aufgerufen werden können:

–   ein Informationssystem für Baugruppen bzw. Einzelteile (Abb. 8.),
–   das System zur Erfüllung seiner Arbeitsaufgabe, hier das CAD-System, und

– integrierte CSCW-Komponenten zur Kommunikationsunterstützung in der Arbeitsgruppe

Die Bearbeitungssysteme für Personal-, Produkt- und Projektstruktur arbeiten direkt mit der Datenbank und erlauben damit einen gleichzeitigen Zugriff verschiedener Benutzer auf die Datenbestände. Durch die Vergabe von Zugriffsrechten ist die Konsistenz der bearbeiteten Strukturen jederzeit sichergestellt. Die Systeme repräsentieren damit ein verteiltes Informationssystem, das es erlaubt, einen Datenbestand, der von mehreren Benutzern bearbeitet wird, in einer örtlich verteilten Arbeitsumgebung zu nutzen.

7.2 Das CoConut-Cockpit

Das Cockpit ist die zentrale Anwendung für jede Instanz einer CoConut-Benutzerumgebung. Es ist verantwortlich für das Starten der Benutzerumgebung, das Bereitstellen der notwendigen Informationen, die Auswahl der Anwendungen basierend auf der momentanen Umgebung und das Verfolgen der momentanen Benutzeraktivitäten. Um diese Aufgabe erfüllen zu können, arbeitet das Cockpit mit dem Kommunikationssystem zusammen.

Für das Starten der Benutzerumgebung ermittelt das Cockpit zuerst alle relevanten Daten über Personen und Organisationen aus der Datenbank, die die Personen- und Organisationsstruktur verwaltet. Diese enthält Benutzerprivilegien und projektbezogene Informationen über die Benutzer. Daraufhin sendet das Cockpit eine Nachricht an alle anderen aktiven Benutzerumgebungen, um das Starten einer zusätzlichen Benutzerumgebung in der CoConut-Umgebung bekannt zu machen. Im Gegenzug wird eine Liste aller aktiven Umgebungen zurückgegeben. Die Kommunikation zwischen den Anwendungen basiert auf einem gemeinsamen Satz von Nachrichten, die den in [CFI92] definierten Nachrichtenklassen entsprechen.

Eines der Prinzipien des Kommunikationssystems ist es, daß Anwendungen ihre Partneranwendungen, die für sie eine spezifische Aufgabe lösen sollen, nicht kennen. Die entsprechende Anwendung versendet eine Nachricht, in der sie mitteilt, daß eine spezielle Aufgabe erledigt werden soll. Das Cockpit "hört" alle Nachrichten, und kann aufgrund der Nachricht und der aktuell laufenden Anwendungen entscheiden, ob diese Aufgabe erledigt werden kann oder ob eine entsprechende Anwendung dafür gestartet werden muß.

Aufgrund der Heterogenität der Umgebung und der Unabhängigkeit der Anwendungen nimmt das Cockpit eine zentrale Position ein, wobei die wesentlichen Aktionen im Hintergrund ablaufen, so daß der Benutzer nicht unnötig von seiner eigentlichen Aufgabe abgelenkt wird.

7.3 Das CAD-System

Das CAD-System ist eine externe Anwendung in der CoConut-Umgebung. Es ist das System, mit dem der Konstrukteur vornehmlich seine Konstruktionsaufgabe bearbeitet. Es dient im CoConut-Umfeld zur Erzeugung der geometrischen und topologischen Elemente, die die Gestalt des Produkts beschreiben. Das CAD-System steht exemplarisch für alle CAx-Systeme, die im Konstruktionsprozeß eingesetzt werden. Die Integration weiterer Systeme zur Unterstützung des Konstruktionsprozesses kann auf ähnliche Art erfolgen.

Die Integration des CAD-Systems konzentriert sich auf die Kopplung der Datenhaltung des kommerziellen Systems mit der STEP-basierten Datenhaltung der CoConut-Umgebung. Hierbei ist es notwendig, die Untermenge an Objekten aus dem Anwendungsprotokoll 203 zu identifizieren, die von dem System verarbeitet werden kann. Bei dem verwendeten CAD-System sind dies Objekte für Geometrie und Topologie. Die Kopplung zwischen kommerziellem System und CoConut-Datenhaltung gewährleistet, daß Geometrie- und Topologiedaten eines Bauteils beim Laden und Speichern konform zur definierten Produktstruktur und den bestehenden Zugriffsrechten verarbeitet werden. Dies kann nur durch die Einbindung der Informationen, die im Bearbeitungssystem für Produkt- und Personalstrukturen definiert werden, gewährleistet werden. Eine konsistente Bearbeitung der Daten des unterliegenden Produktmodells kann folglicherweise nicht von einer einzelnen Anwendung geleistet werden, da sie in ihrem Funktionalitätsumfang nicht alle Aspekte des Datenmodells abdeckt. Erst eine Kombination von Anwendungen mit verschiedenen Aufgabenschwerpunkten, die abgestimmt in einer integrierten Umgebung laufen, stellt dies sicher.

7.4 CSCW-Anwendungen für verteiltes Arbeiten

CSCW-Anwendungen unterstützen die Kommunikation und Kooperation über räumliche Distanz hinweg. Sie können sowohl zeitgleiches als auch zeitversetztes kooperatives Arbeiten an verschiedenen Orten ermöglichen. Für CoConut spielen CSCW-Komponenten eine entscheidende Rolle, da sie die standortübergreifende Kooperation der involvierten Konstrukteure erlauben und damit in wesentlichem Maße zur Unterstützung von Concurrent Design beitragen.

Basiskomponenten für synchrones kooperatives Arbeiten sind Audio- und Videoverbindungen, die es ermöglichen, sich mit den Kooperationspartnern zu unterhalten und ihre Aktionen zu sehen. Zusätzliche anwendungsunabhängige Komponenten wie window sharing Systeme oder verteilte Zeichenwerkzeuge stellen zusätzliche Funktionalitäten zur Diskussionsführung bereit.

Innerhalb von CoConut bilden die Produktdaten und ihre Visualisierung, seien es nun 3D-Modelle oder technische Zeichnungen, die Basis für Abstimmungsbedarf und Informationsaustausch zwischen den Konstrukteuren. Diese Abstimmungen und Diskussionen, die notwendig sind für kooperatives Arbeiten, können in CoConut direkt innerhalb des allgemeinen Arbeitsprozesses geführt werden, da die entsprechenden CSCW-Werkzeuge in der CoConut-Umgebung integriert sind. Vom jeweiligen Knoten im Produktstrukturbaum, der dem einzelnen Konstrukteur als Einstiegspunkt für seine Arbeit dient, kann dieser nicht nur seine CAD-Umgebung, sondern auch CSCW-Werkzeuge zur standortübergreifenden Kooperation starten. Die Nutzung von CSCW-Anwendungen innerhalb der CoConut-Umgebung bietet sich insofern an, da die CoConut-Umgebung eine Reihe von Informationen und Administrationsfunktionen bereitstellt, die sonst von der CSCW-Anwendung selbst übernommen werden müßte. Dazu gehört z.B. die Information über mögliche Kommunikationspartner. Der Kommunikationsaufbau für synchrones kooperatives Arbeiten wird hierdurch erheblich vereinfacht, da das CoConut-Cockpit eine Liste aller beteiligten Benutzer systemweit zur Verfügung stellt. Eine Auswahl des Kommunikationspartners erfolgt direkt aus dieser Liste, wobei der Kommunikationsaufbau durch das System erfolgt und keine weitere Einflußnahme des Benutzers erforderlich ist.

Als anwendungsspezifisches CSCW-System wurde ein verteilter 3D-Viewer entwickelt, der es ermöglicht, unabhängig von einem CAD-System 3D-CAD Modelle zu visualisieren. Die CSCW-Funktionalität zeichnet sich dadurch aus, daß die miteinander kommunizierenden Partner das gleiche CAD-Modell auf ihrem Bildschirm sehen und alle Viewing-Modifikationen direkt zu den Partner übertragen werden. Zusätzlich können Marker oder Annotationen am Modell angebracht werden, die direkt beim Partner sichtbar werden. Diese Funktionalitäten unterstützen Diskussionen und Abstimmungen über bestimmte Details von CAD-Modellen.

Abb. 9. zeigt die Benutzungsoberfläche des 3D-Viewers. Der Konstrukteur erhält über das Cockpit die Information, welche Partner gerade in der CoConut-Umgebung arbeiten, so daß er weiß, mit wem er kommunizieren kann. Vom entsprechenden Knoten im Produktstrukturbaum kann er direkt aus seiner Arbeitsumgebung heraus den 3D-Viewer starten. Aus der Datenbank wird das aktuelle Modell, das dem Produktstrukturknoten entspricht, in den 3D-Viewer geladen und erscheint direkt bei beiden Partnern auf dem Bildschirm. Da die Daten über die verteilte Datenhaltung bei allen Partnern zur Verfügung stehen, können die Konstrukteure direkt auf der Basis der aktuellen Daten diskutieren.

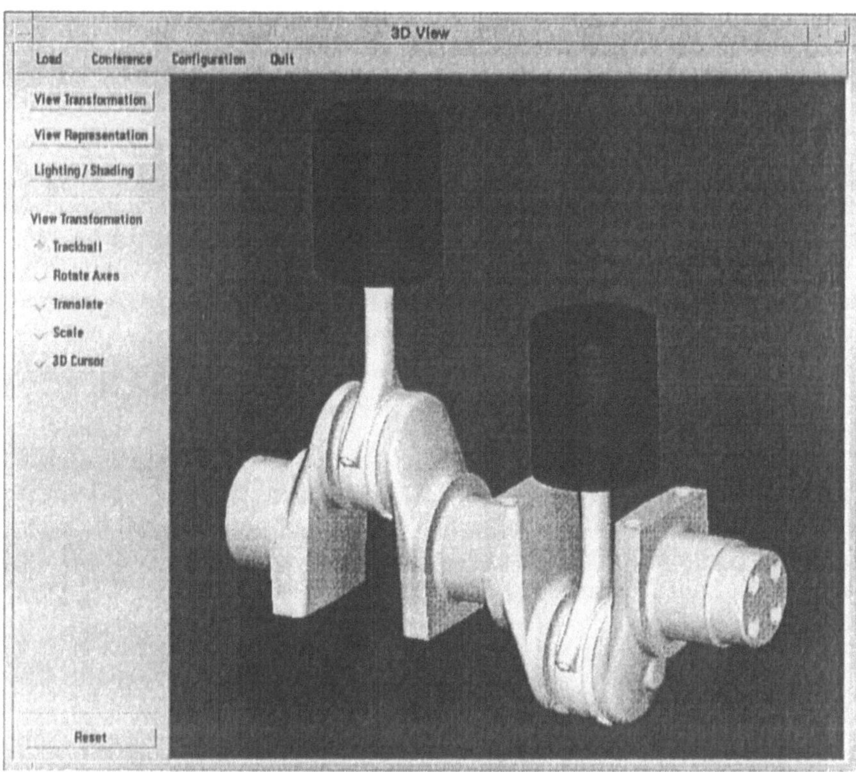

Abb. 9. Verteilter CAD-Viewer

8 Realisierung

Für die Realisierung von CoConut werden einerseits Komponenten neu entwickelt und andererseits kommerzielle Systeme integriert und mit verfügbaren Basiskomponenten kombiniert.

Das Kommunikationssystem nutzt als Basissystem ToolTalk von SunSoft. Es erfüllt die Kommunikationsanforderungen von CoConut und kann ebenfalls in einer heterogenen Umgebung verwendet werden.

Als zugrundeliegende Datenbank für die CoConut-Datenhaltung wird das objektorientierte Datenbank-Management-System VERSANT von Versant Object Technology, Inc. eingesetzt. Diese Datenbank ermöglicht ein verteiltes Datenbank-Management in einer heterogenen Hardwareumgebung.

Die Realisierung des anwendungsabhängigen Zugriffs auf die Datenhaltung basiert auf einem hybriden Ansatz. Einerseits werden den Anwendungen direkt die C++-Klassen zur Verfügung gestellt, um ein transparentes Arbeiten auf der

Datenbank mit der Möglichkeit der beliebigen Granularität und des konkurrierenden Zugriffs zu gestatten. Andererseits werden ST-Developer und ST-Versant von STEP Tools, Inc. zum Lesen und Schreiben von STEP Physical Files und den SDAI-basierten Zugriff genutzt.

Die Benutzungsoberfläche der CoConut-Kernanwendungen wurde mit der Tcl/Tk Entwicklungsumgebung [OUS94] erstellt. Sie ermöglicht die Generierung einer komplexen Benutzungsschnittstelle mit hierarchischen Strukturen, wie es für das Bearbeitungssystem der Projekt- und Produktstruktur erforderlich ist.

Als externe, kommerziell verfügbare CAx-Komponente wurde das CAD-System CATIA von Dassault Systemes integriert. Es ist eines der meistgenutzten CAD-Systeme in der Automobilindustrie und stellt damit sicher, daß die CoConut-Umgebung sich nicht nur an innovativen Forschungsentwicklungen orientiert, sondern auch den derzeitigen Stand der Technik in der Industrie einbezieht.

Die CSCW-Komponenten von CoConut basieren sowohl auf eigenentwickelten, spezifisch zur Unterstützung des Konstruktionsprozesses entwickelten Werkzeugen, als auch auf verfügbaren Komponenten. Als Eigenentwicklung wurde der verteilte 3D-Viewer integriert, für die Integration von Audio/Video-Komponenten sollen existierende Komponenten an die CoConut Umgebung angepaßt werden.

Zusammenfassung und Ausblick

In diesem Artikel wurden die Konzepte, die Architektur und die verschiedenen Komponenten von CoConut beschrieben, einem System, das das verteilte Arbeiten verschiedener Konstrukteure während der Design- und Konstruktionsphase eines Produktes unterstützt.

Die wesentliche Eigenschaft von CoConut ist die Integrität von Datenhaltung, CSCW-Anwendungen und externen CAx-Systemen, die in einer homogenen Umgebung auf heterogener Hardwareplattform genutzt werden können. Die Basis für die Datenhaltung bildet das Anwendungsprotokoll 203 Configuration Controlled Design (ISO 10303-203) der ISO-Norm STEP.

Die derzeitige Implementierung von CoConut will gezielt die Konstruktionsphase unterstützen, während das Konzept einen weiterreichenden Ansatz zur Unterstützung der gesamten Engineering-Prozeßkette beinhaltet. Die Weiterentwicklung von CoConut wird einerseits die Komplettierung der entwickelten Anwendungen und Komponenten zur Unterstützung des Konstruktionsprozesses beinhalten und andererseits die Verfeinerung des Konzeptes, um es für weitere Phasen der Prozeßkette anwendbar zu machen. Mit dieser Zielsetzung einher geht die Integration neuer Anwendungen und die Erweiterung des Datenmanagements. Eine Voraussetzung dazu ist die konzeptionelle Erweiterung des zugrundeliegenden Informationsmodells für die Datenhaltung entsprechend der STEP-Methodologie.

Literaturverzeichnis

[AIT94]   AIT Consortium: "Management Overview of the First Project Phase";
               ESPRIT Project 7704 Advanced Information Technology in Design
               and Manufacturing; 1994

[BEE94]   D. Beekman, S. Braun, W. Gielingh, P. Willems: " The PISA Product
               and Process Model"; Tagungsband CAD '94; 17.-18. März 1994;
               Paderborn, 1994

[CAD94]   "Marktübersicht EDM: Viele Systeme sind noch ausbaufähig"; CAD-
               CAM Report Nr.5, Seiten 100-110; 1994

[CFI91]   CFI: "Framework Architecture Reference"; Document No. 95; Version
               0.87, 1991

[CFI92]   CFI: "Intertool Communication Architecture"; CFI Pilot Release
               Document CFI-92-P7; 1992

[CLE93]   K.J. Cleetus: "Virtual Team Framework and Support Technology";
               veröffentlicht in "Concurrent Engineering: Tools and Technologies for
               Mechanical System Design"; Hrsg. E. J. Haug; Springer-Verlag 1993

[HON92]   B. Hon: "Development of Concurrent Engineering in the USA"; SERC
               / I Mech E Annual Expert Meeting; Information Technology and
               Product Design; 8.-10. September 1992; St Albans; England

[ISO94]   ISO/IS 10303-1: "Industrial automation systems and integration -
               Product data representation and exchange - Part 1: Overview and
               fundamental principles"; International Organization for
               Standardization; Geneve (Switzerland); 1994

[ISO93]   ISO/IS 10303-11: "Industrial automation systems and integration -
               Product data representation and exchange - Part 11: Description
               Methods: The EXPRESS language reference manual"; International
               Organization for Standardization; Geneve (Switzerland); 1993

[ISO94]   ISO/IS 10303-21: "Industrial automation systems and integration -
               Product data representation and exchange - Part 21: Implementation
               methods: Clear text encoding of the exchange structure"; International
               Organization for Standardization; Geneve (Switzerland), 1994

[ISO93]   ISO/CD 10303-22: "Industrial automation systems and integration -
               Product data representation and exchange - Part 22: Implementation
               methods: Standard Data Access Interface Specification"; ISO
               TC184/SC4 N225; National Institute of Standards and Technology;
               Gaithersburg (MD, USA); November 1993

[ISO94]   ISO/IS 10303-203: "Industrial automation systems and integration -
               Product data representation and exchange - Part 203: Application
               protocol: Configuration controlled design"; International Organization
               for Standardization; Geneve (Switzerland); 1994

[JAS90]   U. Jasnoch, M. Ungerer: "Das Xpresso-System"; Forschungsbericht
               GRIS 90-9; TH-Darmstadt; 1990

[JAS94]   U. Jasnoch, H. Kress, K. Schroeder, M. Ungerer: "CoConut: Computer
               Support for Concurrent Design using STEP"; Tagungsband des dritten
               IEEE Workshop on Enabling Technologies: Infrastructure for

	Collaborative Enterprises (WET-ICE) 17.-19. April, 1994, Morgantown, West Virginia, IEEE Computer Society Press
[LIU93]	T. Liu, G.W. Fischer: "An Approach for PDES/STEP Compatible Concurrent Engineering Applications"; veröffentlicht in Concurrent Engineering: Tools and Technologies for Mechanical System Design; Hrsg. E. J. Haug; Springer 1993
[MAY92]	R. W. Mayer: "Concurrent and Integral Design - A new Approach to CAD"; Tagungsband der IFIP TC5/WG5.7 Working Conference on New Approaches towards 'One-of-a-Kind' Production; B.E. Hirsch and K.-D. Thoben (Hrsg.); Elsevier Science Publisher; North-Holland; 1992
[OMG90]	Object Management Group: "Object Management Architecture"; OMG-Guide Document; 1990
[OUS94]	J. K. Ousterhout: "Tcl and the Tk Toolkit"; Addison-Wesley; 1994
[SCH93]	K. Schroeder, H. Kress: "Distributed Conferencing Tools for Product Design"; Tagungsband des IFIP-Workshop on Interfaces in Industrial Systems for Production and Engineering, 15.-17. März, 1993, J. Rix, E.G. Schlechtendahl (Hrsg.), Seiten 283-294; Elsevier Publishers; 1993

Breitbandkommunikation in CAD-Prozessen zur Optimierung der Produktentwicklung

F.-L. Krause[1], H. Jansen[1], T. Kiesewetter[2]
[1] Fraunhofer-Institut für Produktionsanlagen und Konstruktionstechnik Berlin (IPK)
[2] Institut für Werkzeugmaschinen und Fertigungstechnik der TU Berlin (IWF)
Pascalstr. 8-9, 10587 Berlin

Abstract

CAD-Systeme konventioneller Prägung sind für kooperative simultane Arbeitsformen nicht hinreichend geeignet, da sie weder systemtechnisch noch hinsichtlich der Datenhandhabung auf parallele Prozesse eingerichtet sind. Im vorliegenden Beitrag wird ein Vorschlag für einen multimedialen Arbeitsplatz vorgestellt, der die vielfältigen Möglichkeiten der Breitbandkommunikation in die Gesamtkonzeption einbezieht und damit neue leistungsstarke Fähigkeiten der Informationsverarbeitung für die Produktentwicklung eröffnet. Bedingt durch die Hochgeschwindigkeit der Datenübertragung erschließen sich Dienste wie Video-konferenzen und Hypermedia-Technik als neuartige Werkzeuge für den Produkt-entwickler, der damit erstmalig in die Lage versetzt wird, seinen Problem-lösungsprozeß unabhängig von der räumlichen Entfernung als Gruppenaufgabe in Form simultan bearbeitbarer verteilter Teilaufgaben durchführen zu können. Es werden die aus der parallelen Verarbeitung resultierenden Probleme der Systemtechnik und des verteilten Datenmanagements erörtert sowie Lösungs-möglichkeiten vorgestellt und anhand von Beispielen erläutert, wie auf der Basis dieser Technik simultanes kooperatives Arbeiten mit CAD-Systemen möglich ist. Der Beitrag schließt mit einer Zusammenfassung der durch die Breitband-kommunikation zu erzielenden Verbesserungen heutiger Produktentwicklungs-prozesse und gibt einen Ausblick auf die nächsten Entwicklungsschritte und Zielsetzungen dieser Technik für die Zukunft.

1 Problematik marktorientierter Produktentwicklung

Bedingt durch die harten Anforderungen des Marktes hinsichtlich Zeitbedarf und Flexibilität der heutigen Produktentwicklung sowie von Preis und Qualität daraus resultierender Erzeugnisse ist ein enormer Druck auf die hauptsächlichen Einflußfaktoren in Produktentwicklungsprozessen entstanden. Als Schwachpunkte werden in erster Linie die derzeitig in der Produktentwicklung eingesetzte rechnerunterstützte Systemtechnik sowie die in bestimmtem Umfang damit verbundenen organisatorischen Strukturen identifiziert.

Für eine wirkungsvolle Verbesserung dieser Situation sind daher sowohl die systemtechnischen als auch die organisatorischen Voraussetzungen grundlegend zu überdenken und im jeweils gebotenen Umfang neu zu gestalten. Die Problematik ist seit geraumer Zeit erkannt, was sich systemtechnisch in Forderungen nach offenen Architekturen in Verbindung mit einer durchgängigen Unterstützung des gesamten Produktentwicklungsprozesses niederschlägt. Organisatorisch wird eine Optimierung der Situation in der Einführung von gruppenorientierten Arbeitsprozessen gesehen, wodurch sich Produktentwicklungsphasen in bestimmtem Umfang parallelisieren lassen.

In den Arbeiten zum CAD-Referenzmodell wurden die heute bekannten Defizite der systemtechnischen und organisatorischen Unterstützung von Produktentwicklungsprozessen aufgegriffen [CRM93]. Sie dienten als Ausgangspunkt für die Entwicklung einer diese Schwachpunkte überwindenden Architektur eines CAD-Referenzmodells [DIE94]. Wesentliches Kennzeichen der das CAD-Referenzmodell bildenden Architektur ist die Offenheit gegenüber der Notwendigkeit, eine auf dieser Architektur basierende Systemwelt ständig entsprechend der Verfügbarkeit von neuen und leistungsstärkeren Ressourcen anpassen zu können. Sie bietet damit eine geeignete Grundlage, um Produktentwicklungsprozesse nach den Prinzipien des Simultaneous Engineering gestalten zu können. Für die hierzu erforderlichen schnellen Kommunikationsmöglichkeiten bietet die Breitbandkommunikationstechnik die notwendigen Voraussetzungen.

Steigende Tendenzen zum sogenannten 'Outsourcing' von Tätigkeiten aus einem Unternehmen heraus verstärken die Kooperation zwischen Hersteller- und Zulieferindustrie nachhaltig und bewirken damit einen rasch wachsenden Bedarf an schnellen Informationsflüssen. Breitbandkommunikationstechniken auf Glasfaserbasis wie das B-ISDN/ATM (*Breitband-ISDN/A*synchronous *T*ransfer *M*ode) ermöglichen höhere Datenübertragungsraten als oft im LAN-Bereich üblich [RiK91]. So ist es möglich, CSCW-Techniken (*C*omputer *S*upported *C*ooperative *W*ork) auch im WAN-Bereich zu etablieren. Verschiedene Anwender können gleichzeitig gemeinsam am selben Produkt arbeiten und interaktiv auf ihrem Bildschirm die Arbeit ihrer Kollegen mitverfolgen. Bei entsprechender Hardware wird der simultane Austausch von Echtzeit-Video- und Audio-Daten möglich. Im Rahmen von 'Design-Konferenzen' ist so die Möglichkeit gegeben, mit mehreren Personen eine 'virtuelle Arbeitssitzung' abzuhalten [KRA94].

2 Aspekte zur Integration von Kommunikationswerkzeugen in eine Produktentwicklungsumgebung

2.1 Nutzung von Kommunikationstechnik zur Verbesserung von CAD-Prozessen

Die Auslagerung von Konstruktionstätigkeiten und die damit einhergehende intensive Kooperation mit Unternehmen aus dem Bereich der Zulieferindustrie machen die Nutzung von leistungsstarker Kommunikationstechnik unumgänglich. Sie ist in der Lage, Kosten und Zeit bei der gemeinsamen Lösung von Problemen während der Produktentwicklung einsparen zu helfen und den Konstrukteur in die Lage zu versetzen, mit Kollegen zu kooperieren, ohne die gewohnte Arbeitsumgebung zu verlassen. Die Einbindung von Kommunikationshard- und -software in Produktentwicklungsarbeitsplätze ist direkt abhängig von der Entwicklung der Kommunikationsinfrastruktur und der zur Verfügung stehenden Dienste. Der Austausch von Daten zwischen Unternehmen, die an einem gemeinsamen Produkt zusammenarbeiten, verläuft bei verteilten Standorten über Weitverkehrsnetze, die zusammen mit den entsprechenden Diensten von Telekommunikationsgesellschaften, in der Bundesrepublik ist dies die Deutsche Telekom, bereitgestellt werden. Aus den vielen angebotenen Möglichkeiten seien hier nur drei häufig gewählte genannt:

– Nutzung von privaten Telefonmodems (analog),
– Anbindung an das Internet und seine Dienste,
– Verwendung von ISDN (digital, S0 oder S2M).

Die noch weitgehend fehlende Möglichkeit der Anbindung von CAD-Systemen an diese Dienste und damit die fehlende Kopplung solcher Systeme führt dazu, daß Weitverkehrsnetze (WAN's) oft nur zum Übertragen von Dateien dienen, die dann auf der Empfängerseite gespeichert und vom CAD-System eingelesen werden. Eine wirkliche Interaktion von zwei Konstrukteuren auf dem gleichen Produktdatensatz ist damit nicht realisierbar, so daß nur die Zeit für das Verschicken von Disketten verkürzt wird. Beim ISDN ist eine direkte Kopplung zweier Systeme mit Übertragungsraten von ca. 120 kb/s bei Nutzung beider Kanäle möglich. Die Verbindung wird hierbei jedoch wegen der Kommunikationskosten in aller Regel nur für die Zeit des direkten Datenaustauschs aufgebaut. Für unregelmäßigen Transfer kleiner Datenmengen, wie bei der Client-Server-Technik üblich, ist diese Art der Verbindung nicht optimal. Die Anbindung von CAD-Systemen an lokale Netzwerke (LAN's) wie das Ethernet ist bereits weit verbreitet, um zentral die Produktdaten durch ein Engineering-Data-Management-System (EDMS) zu verwalten oder das CAD-System in

Client-Server-Architektur zu nutzen. Die sich hierbei ergebenden Vorteile der Redundanzminimierung und Konsistenzgewährleistung der verwendeten Daten sind bei den verfügbaren Weitverkehrsnetzen nicht auf die Kooperation mit Außenstellen übertragbar. Die Folge ist die Bildung von 'Inseln' gleicher oder verschiedener CAx-Welten, zwischen denen nur eine 'offline'-Kommunikation stattfindet. Ein Wechsel hin zur 'online'-Kommunikation, der anzustreben ist, kann die Produktentwicklungszeiten erheblich verkürzen, da Absprachen rechnerunterstützt jederzeit vorgenommen werden können. Daraus resultiert neben einer Verkürzung von Entwicklungszeiten auch eine Verbesserung der Produktqualität, da auch kleine Probleme sofort gelöst werden können.

2.2 Randbedingungen für einen Arbeitsplatz zur kooperativen Produktentwicklung

Die Arbeiten zum CAD-Referenzmodell haben erkennen lassen, welche Anforderungen an eine Systemarchitektur zu stellen sind, wenn diese allen anfallenden Bedürfnissen gerecht werden soll. So ist die Architektur für die Integration beliebiger neuer Module für den Einsatz in der Produktentwicklung offen zu gestalten. Die Benutzerführung innerhalb des Systems muß dabei ständig den neuen Erfordernissen anpaßbar sein. Die Beschleunigung der Produktentwicklung durch rechnerunterstützte Kooperation innerhalb einer Arbeitsphase sowie zwischen den verschiedenen Arbeitsphasen macht prinzipielle Erweiterungen der eingesetzten Systeme erforderlich. Auf der untersten Ebene der Kooperation ist ein Produktmodell mit multidisziplinärem Zugriff gefordert, das durch seine Datenstrukturen bereits verteiltes paralleles Arbeiten unterstützt. Auf der nächsten Ebene ist eine standardisierte Kommunikation unabhängig von der verwendeten Hardware und CAx-Software unumgänglich. Die Anpassung der Systeme an den lokalen oder netzweiten Betrieb muß dabei stets vollzogen werden können. Die Möglichkeiten, die die sich etablierende Breitbandkommunikation auf Glasfaserbasis bietet, müssen durch entsprechende Kommunikationsprozesse zum Anwender hin vollständig verfügbar gemacht werden. Der Austausch von Produktdaten auch zwischen verschiedenen Systemen muß unterstützt werden, so daß heterogene Architekturen nicht hemmend wirken. Alle eingesetzten Systeme sind vollständig modular zu realisieren, um Anpassungen an neue Gegebenheiten schnell und sicher zu bewerkstelligen. Die Integration neuer Medien, deren Datenaustausch durch Breitbandkommunikation erst möglich wird, erfordert neue Mechanismen im Produktentwicklungssystem. Auch die Benutzerführung durch ein solches System ist den neuen Anforderungen anzupassen. Die Kontrolle der globalen Datenkonsistenz für alle eingesetzten Systeme ist dabei in ein zentrales Modul auszulagern, das den kommunikationstechnischen Bedürfnissen angepaßt werden kann und die Integration neuer Module ermöglicht.

3 Schritte zur Realisierung des Systems

3.1 Bildung von Datenstrukturen und Systemen für die kooperative Produktentwicklung

Ein verteiltes Arbeiten am gleichen Produkt mit Unterstützung modernster Kommunikationstechniken setzt entsprechende Datenstrukturen voraus. Produktdaten von Teilmodellen eines Gesamtproduktes müssen durch Referenzen zueinander in Beziehung gebracht werden können. Sind diese Produktdaten nicht physikalisch am gleichen Ort gespeichert, so müssen diese Referenzen dennoch existieren. Findet eine Modifikation an einem Teil des Produktes statt, die eine Information an einen Konstrukteur an einem anderen System erforderlich macht, so ist ein Kommunikationssystem zu nutzen, das die vorhandenen Querverweise zwischen Produktdaten netzweit und transparent verwaltet. Dem Benutzer eines CAD-Systems, das verteiltes Arbeiten und direkte Interaktion mit Kollegen unterstützt, darf das Arbeiten mit diesem nicht durch einen Extra-Aufwand erschwert werden. Auch ist zu fordern, daß das CAD-System in seinem Umfang und dem daraus resultierenden Speicherbedarf nicht dermaßen wächst, daß die Leistungsfähigkeit der Hardware ständig stark ausgenutzt ist. Diese Anforderungen an das Zielsystem sind weitestgehend zu erfüllen, wenn das CAD-System an ein Produktdatenmanagementsystem gekoppelt wird, dessen Funktionalität außerhalb des CAD-Systems realisiert ist. Dieses kann dann ohne Modifikation des CAD-Systems an neue System- und Netzwerkkonfigurationen angepaßt werden. Für die Kopplung von CAx-Systemen mit einem Produktdatenverwaltungssystem für verteilte Anwendungen gibt es verschiedene Möglichkeiten, die bei der Implementierung gegeneinander abzuwägen sind. Prinzipiell können zwei grundlegend verschiedene Methoden genannt werden:

1. Einbettung des CAx-Systems in das Produktdatenverwaltungssystem und
2. Aufruf des Produktdatenverwaltungsystems aus dem CAx-System heraus.

Die erste Methode wird zum Teil schon in Engineering-Data-Management-Systemen (EDMS) verwendet, die eine bereichsübergreifende Verwaltung von Produktdaten ermöglichen und jedem an der Produktentwicklung Beteiligten Zugriff auf die für ihn relevanten Produktdaten geben [ABR91]. Oft wird der Benutzer durch sogenannte Produktstruktur-Navigatoren unterstützt, die dann auch den Start der mit den Produktdaten korrespondierenden Applikation zulassen. Über Funktionsaufrufe ist hierbei ein CAD-System in das EDMS integriert. Diese Kopplung erlaubt einen einfachen Austausch des CAD-Systems, läßt jedoch nicht die komplette geforderte Funktionalität für das netzwerkbasierte kooperative Arbeiten zu, wenn die zweite Methode nicht zusätzlich verwendet wird.

Bei der zweiten Kopplung der Systeme wird bei jedem Laden eines Features, Teilmodells oder Gesamtmodells das über Funktionsaufrufe angebundene Produktdatenmanagementsystem angesprochen, um die entsprechenden Daten netzweit zu laden, Zugriffsrechte zu untersuchen und Sperrmechanismen für den Zugriff durch andere zu handhaben. Beide Systeme benötigen eine Schnittstelle zur Kopplung. In der Praxis kann sich diese im Produktdatenverwaltungssystem als Funktionsbibliothek darstellen und im CAD-System als frei programmierbares Datenverwaltungsmodul. Die Anbindung eines anderen PDMS an das CAD-System ist durch eine integrierte Entwicklungsumgebung zu unterstützen. Wird ein netzwerkweit verteiltes PDMS verwendet, so kann durch ein Informationsflußprotokoll gewährleistet werden, daß dem Projektadministrator die aktuellen Status aller Daten und die getätigten Transaktionen bekannt gemacht werden können. Im Rahmen des Projektes SEBID (*S*imultaneous *E*ngineering *B*roadband *I*ntegrated *D*evelopment) wird ein Projekt- und Produktdatenverwaltungssystem für verteilte Anwendungen (PMS/VA) entwickelt. Dieses basiert auf der Client-Server-Architektur und nutzt die kommerziell verfügbare Datenbank ORACLE. Der Serverprozeß läuft dabei auf einer Maschine, die die zu den Produktdaten gehörigen Metadaten speichert. Die Produktdaten selbst können netzwerkweit verteilt abgelegt werden. Bei einer Anfrage durch einen Client stellt das PMS/VA die geforderten Produktdaten zur Verfügung, wenn die Zugriffsrechte des Benutzers es erlauben. Die Kommunikation zwischen dem Server und den Clients verläuft beim PMS/VA über den SUN-'Remote procedure call' (SUN-RPC). Bei diesem wird zum Übertragen der Daten das neutrale Format 'External Data Representation (XDR)' verwendet, wodurch auch RPC's von anderer Hardware aus den Server ansprechen können. Abb. 1. zeigt die verwalteten Metadaten und ihre Referenzen untereinander.

Das PMS/VA koppelt den am IWF entwickelten Featuremodellierer für verteiltes Konstruieren über die beiden oben erwähnten Methoden an. Jegliches Arbeiten mit dem System geschieht unter der Kontrolle des PMS/VA. Es werden an alle Produktdaten spezielle Informationen angebunden, die ein später zu realisierendes Arbeiten mit unsicheren Daten unterstützen. Dadurch wird der Übergang von der Parallelisierung von Arbeiten einer Produktentwicklungsphase hin zur Parallelisierung verschiedener Phasen möglich. Auf diese Weise kann der Übergang vom 'Concurrent Design' zum 'Concurrent Engineering' vollzogen werden. Das PMS/VA ist modular aufgebaut, so daß die Kommunikationstechnik zwischen Serverprozeß und Clients sowie die Datenbank austauschbar sind. Die Struktur des Systems, das am IWF entwickelt wird, kann der Abb. 2. entnommen werden.

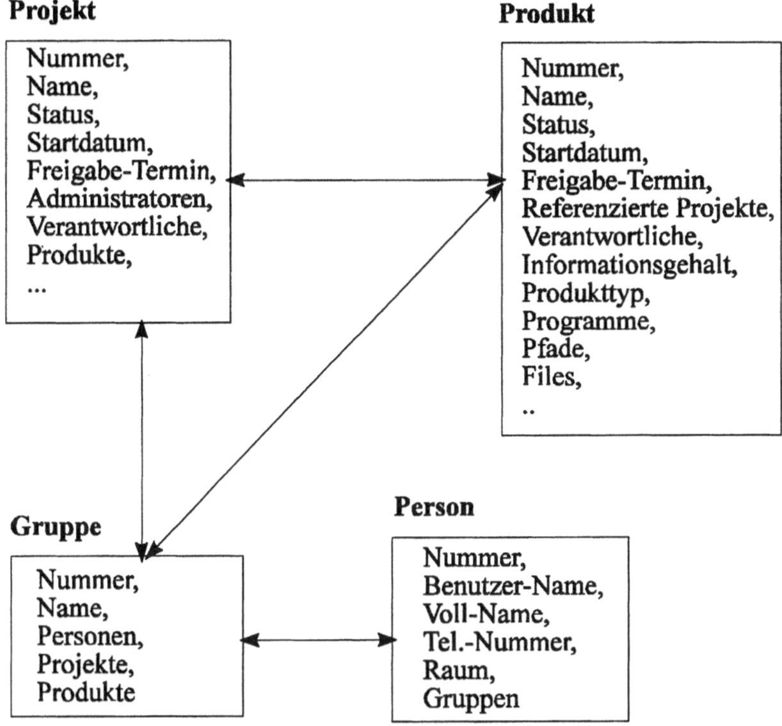

Abb. 1. Die vom PMS/VA verwalteten Metadaten

3.2 Aufbau von CAD-Systemen zur Unteratützung von Datenstrukturen für die kooperative Produktentwicklung

CAD-Systeme, die verteiltes Modellieren unterstützen, sollten eine beliebig feine Detaillierung und Verteilung von Konstruktionsaufgaben zulassen. So muß eine Verteilung von Konstruktionstätigkeiten auf Feature-, Assembly- und Teilmodellebene möglich sein. Des weiteren erwartet der Benutzer, daß eine sinnvolle Parallelisierung von Arbeiten sowohl bei Neu- als auch bei Variantenkonstruktion unterstützt wird. Die Realisierung eines CAD-Systems, das beide Fälle unterstützt, wurde am IWF im Rahmen des Projektes SEBID getätigt. Der auf dem Modellierkern ACIS und der Featurebeschreibungssprache PDGL (*Part Design Graph Language*) basierende Feature-Modellierer wurde um die Funktionalität der Definition und Verwaltung von Schnittstellen zwischen Teilmodellen sowie zu den Teilmodellen gehörigen Konstruktionsräumen erweitert [KRA94]. Zu Beginn des Projektes verteilt der Projektmanager die konstruktiven Aufgaben, indem er entweder dreidimensionale Schnittstellen zwischen Teilmodellen definiert, die dann zu diesen und den verantwortlichen Konstrukteuren referenziert werden, oder beliebige dreidimensionale Konstruktionsräume festlegt, die während des Konstruktionsprozesses nicht durch den Konstrukteur 'verletzt' werden dürfen [GRA92]. Diese Absprachen sowie gelegentlich notwendige Änderungen dieser Daten können im Rahmen einer Videokonferenz vorgenommen werden. Dabei verfolgen alle beteiligten Konstrukteure das Arbeiten einer Person am CAD-System auf ihrem Bildschirm unabhängig davon, wie weit sie voneinander entfernt sitzen. Der Projektmanager kann die Eingabe für das CAD-System während dieser Konferenz an einen anderen Beteiligten übergeben.

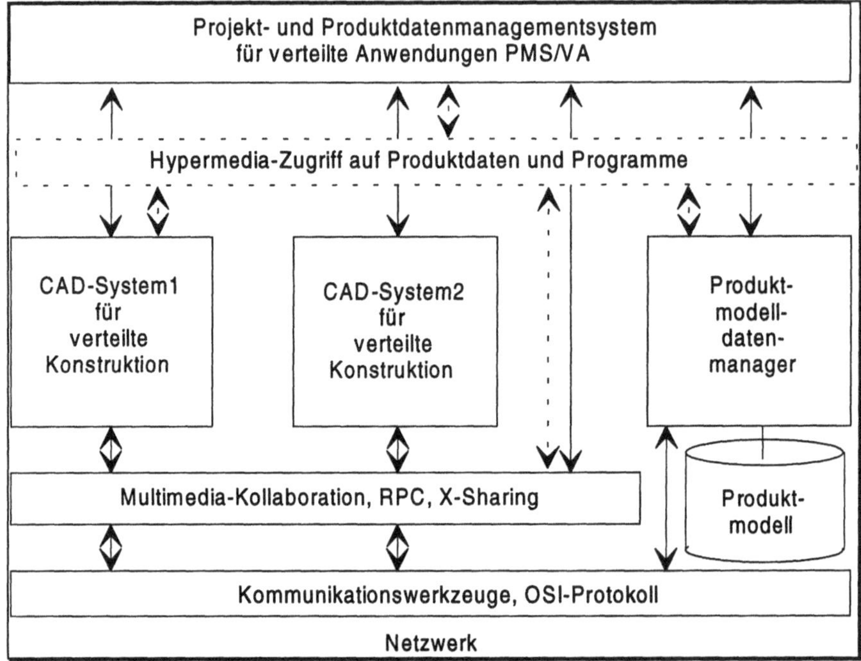

Abb. 2. Struktur des Systems für die verteilte Konstruktion

Während des darauffolgenden Arbeitens der Beteiligten an ihren Systemen wird die Konsistenz des Gesamtmodells durch die definierten Konstruktionsräume und Schnittstellen gewährleistet. Informiert das System einen Benutzer, daß er durch seine Modellierung die gesetzten Randbedingungen verletzt, so kann dieser wiederum eine 'Design-Konferenz' starten und zu dieser den Projektleiter und die durch die Metadaten referenzierten verantwortlichen Kollegen einladen. Auch der Zusammenbau des kompletten Modells aus den

Teilmodellen durch den Projektmanager erfolgt in definierten Zeitabständen im Rahmen einer Video-Konferenz.

Zur Zeit wird daran gearbeitet, auch bauteilübergreifende Referenzen zu berücksichtigen. Desweiteren ist eine Erweiterung geplant, mit der es möglich wird, nicht nur rein geometrisch die Verteilung des Konstruktionsprozesses zu kontrollieren, sondern zu gewährleisten, daß auch andere Randbedingungen, die zu einer konstruktiven Aufgabe gehören, kontrolliert werden können. So soll dem Benutzer ermöglicht werden, eine Teilaufgabe vollkommen ohne geometrische Randbedingungen zu beschreiben. Aus den funktionalen, thermischen und kinematischen Randbedingungen soll eine definierte Teilaufgabe erwachsen, die durch das System auf Einhaltung der Randbedingungen untersucht werden kann.

3.3 Kommunikationstechnische Kopplung von CAD-Systemen auf verschiedenen Ebenen

Die kommunikationstechnische Kopplung von CAD-Prozessen wird im Rahmen von SEBID auf verschiedenen Ebenen realisiert:

- Kopplung über die RPC-Prozesse des PMS/VA;
- Nutzung einer Video-Konferenz;
- Einsatz eines X-Sharing-Werkzeugs, um an einem System mit mehreren Beteiligten zu arbeiten.

Die erste Kopplung wurde eingangs bereits beschrieben und stellt die datentechnische Kopplung zweier Systeme dar, deren Produktdaten zueinander referenziert sind. Sie wird bewußt außerhalb des CAD-Systems betrieben, um die Unabhängigkeit von der verwendeten Kommunikationstechnik zu gewährleisten.

Die zweite Möglichkeit der Nutzung von Kommunikationstechnik ist gegeben, da die beiden am Projekt SEBID beteiligten Institute am Berliner Breitbandkommunikationstestnetz angeschlossen sind, das Datenübertragungsraten von 100 Mbit/s beim FDDI (*Fiber Distributed Data Interface*) und 155 Mbit/s beim B-ISDN/ATM (*Breitband-ISDN* im *Asynchronous Transfer Mode*) zur Verfügung stellt. Es werden hier Multimedia-Workstations eingesetzt, die Video-Ströme in Hardware komprimieren und dekomprimieren. Im Rahmen einer Video-Konferenz können beliebig viele Prozesse (CAD/CAM-Systeme) ihre Ausgabe auf alle beteiligten Bildschirme gleichzeitig lenken. Die Eingabeberechtigung für jeden Prozeß hat dabei immer nur einer der Konferenzteilnehmer. Vor einer Konferenz wird eine Kopie des zu bearbeitenden Modells erstellt und in die Konferenz eingebracht.

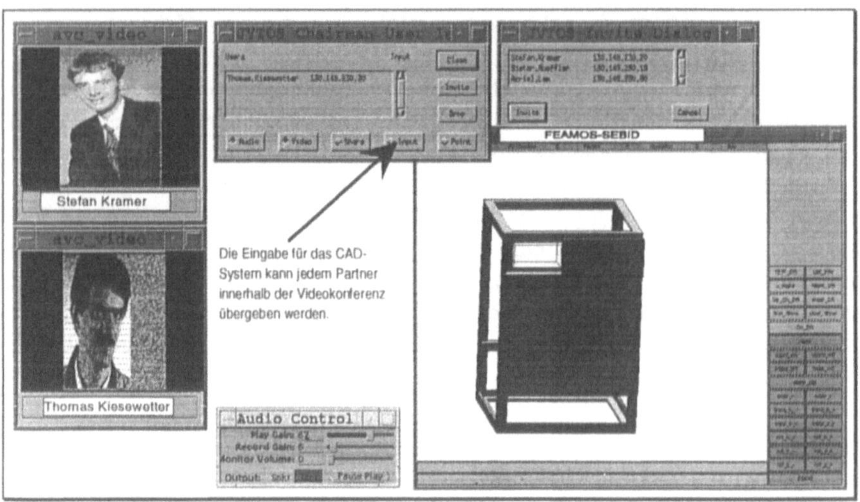

Abb. 3. Das Arbeiten in einer 'Design-Konferenz'

Durch diese Methode können interaktiv unter ständiger Beobachtung der
Reaktion der Partner Abstimmungen getätigt und Probleme gelöst werden
(Abb. 3.). Die Anpassung der CAD/CAM-Systeme an den Video-Konferenzfall
setzt dabei lediglich Anpassungen bezüglich der Farbzellenreservierung und
Graphik-Ausgabe voraus.

Da sich die zuvor erwähnte Methode des kooperierenden Arbeitens mit einem
CAD-System als sehr komfortabel und effektiv herausgestellt hat, erwuchs der
Wunsch, dieses Arbeiten nicht von der Notwendigkeit des Vorhandenseins von
Video-Hardware abhängig zu machen. Die eingesetzten Video-Konferenzdienste
sind entweder an eine bestimmte Hardware gebunden oder sie verwenden Video-
Dekompressionstechniken in Software. Die Alternative hierzu war, in einigen
Fällen auf das Videobild zu verzichten. So kann ein Dienst genutzt werden, der
Audio-Konferenzen mit der Funktionalität wie oben beschrieben, jedoch ohne
Bild, oder Konferenzen auch ohne Audio-Datentransfer unterstützt. Auf diese
Weise kann fast jede Workstation in das beschriebene Szenario eingebunden
werden.

Ein direktes gleichzeitiges Arbeiten von zwei Konstrukteuren auf dem gleichen
Produktdatensatz ist realisierbar durch Implementierung eines Transaktions-
verwaltungssystems, das die Speicherzugriffe kontrolliert und durch den Projektmanager konfiguriert wird. Gegen die Implementierung eines solchen Systems
sprach die Tatsache, daß dieses Transaktionskontrollsystem nur unter größtem
Aufwand und unter Einbuße von Funktionalität vollständig netzwerkfähig
gemacht werden könnte. Das zweite und ausschlaggebende Argument ist zudem,
daß bei sehr vielen Konstruktionsaufgaben die Zahl der Konflikte beim Zugriff
auf den Hauptspeicher ein effektives Arbeiten unmöglich machen würde.

3.4 Einsatz von Hypermedia-Technik

Die Breitbandkommunikationstechnik ermöglicht die Übertragung von sehr
großen Datenmengen in sehr kurzer Zeit. Aus diesem Grunde bietet sie sich zum
Austausch multimedialer Informationen an. Im Projekt SEBID wurde evaluiert,
auf welche Weise multimediale Informationen wie Video-Sequenzen sinnvoll für
die Produktentwicklung genutzt werden können. Eine Video-Sequenz ist in der
Lage, eine komplette Montage- oder Demontage-Anleitung intuitiv verständlich
und unter Berücksichtigung der Einbauumgebung darzustellen. Nachdem die
Nutzungsmöglichkeiten für die verschiedenen Phasen der Produktentwicklung
bekannt waren und auch die dabei anfallenden Dokumenten- und Datentypen
feststanden, wurde die Hypermedia-Technik als die bestgeeignete Methode
ausgewählt, um diese neuen Informationen für den Benutzer verfügbar zu
machen. Das an der TU Berlin entwickelte und im Rahmen von SEBID
eingesetzte und angepaßte Hypermedia-System ist offen konzipiert und ermöglicht die Integration neuer Dokumententypen. Es basiert auf der Technik verteilter Medien-Server, die vom System angesprochen werden. Die Hypermedia-
Technik kann in einer Produktentwicklungsumgebung genutzt werden, um an die
sonst üblichen Produktdaten, die ebenfalls durch das Hypermedia-System verfügbar gemacht werden, beliebige weitere Informationen in Form von Audio-/
Videosequenzen anzubinden. Abb. 4. erläutert den Einsatz der Hypermedia-
Technik in der Produktentwicklung.

Die Dokumentstruktur ist dabei sowohl an die Erfordernisse des jeweiligen
Produktes als auch an die spezifischen Aspekte des Unternehmens anzupassen.
Die Hypermedia-Technik in Verbindung mit einem zentralen Produktdaten-
managementsystem, das aus dem Hypermedia-System heraus angesprochen wird,
ist dann effektiv für die Produktentwicklung einzusetzen, wenn sich alle Beteiligten über Breitbandkommunikationsnetze daran anbinden können. Erst so ist ein
konsistenter Datenbestand realisierbar.

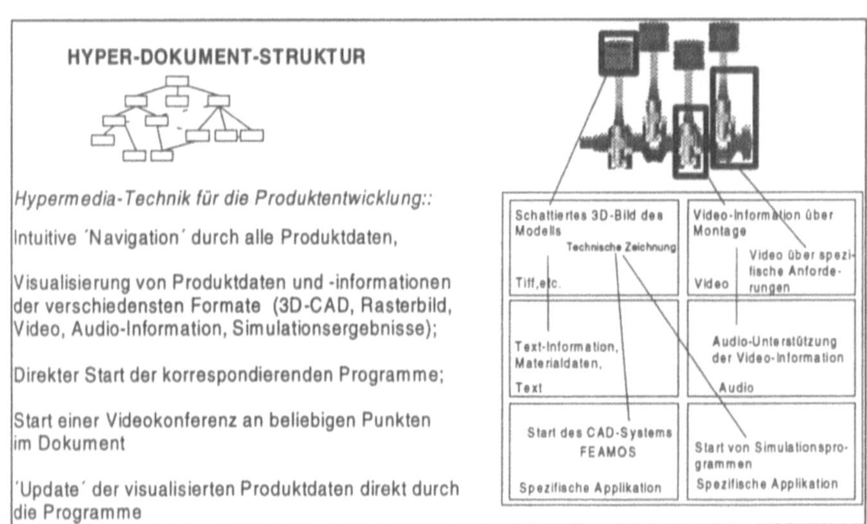

Abb. 4. Hypermedia-Einsatz für die Produktentwicklung

3.5 Whiteboard / Multimedia-Mail

Eine weitere Möglichkeit der Nutzbarmachung von Breitbandkommunikations-technik für Produktentwicklungsumgebungen ist der Austausch multimedialer Informationen für organisatorische Aufgaben. Hierzu existieren wiederum verschiedene Möglichkeiten, von denen zwei genannt seien:

1.   Das Whiteboard und
2.   Ein Multimedia-Mail-System.

Bei einem Whiteboard handelt es sich um eine Art elektronische rechnerinterne 'Pinwand', die man mit multimedialen Informationen für andere versorgen kann oder in der man nach Informationen suchen kann, die für einen selbst von Interesse sind. Diese können aus Texten, Bildern, Graphiken oder Audio-/Video-Sequenzen bestehen.

Die zweite Möglichkeit, sich multimediale Informationen für organisatorische Aufgaben innerhalb des Unternehmens oder auch in Zusammenarbeit mit der Zulieferindustrie zukommen zu lassen, ist die Technik des Multimedia-Mailing (MMM). Hierbei wird ähnlich wie beim bereits oft eingesetzten 'electronic mail' eine Nachricht erstellt, die an einen oder mehrere Adressaten per Rechnernetz verschickt wird. Im Unterschied zur herkömmlichen Mail kommen hierbei jedoch multimediale Informationen zum Einsatz. Eine Implementation dieser Technik setzt darauf, die Bestandteile der Mail, die ein besonders großes

Datenvolumen besitzen, zentral zu speichern und mit der Mail nur einen Verweis auf diese Daten zu schicken.

4 Vorstellung eines breitbandnetzbasierten multimedialen Produktentwicklungsarbeitsplatzes

Im Rahmen des von der DeTeBerkom GmbH geförderten Projektes SEBID wird ein multimedialer auf Breitbandnetzen basierender Produktentwicklungsarbeitsplatz entwickelt, dessen erster Prototyp bereits demonstriert wird. Schwerpunkte der Forschung und Entwicklung sind hierbei:

- Verteiltes featurebasiertes Konstruieren,
- Projekt- und Produktdatenmanagement in verteilten Anwendungen,
- Hypermedia-Technik zur multimedialen Produktbeschreibung,
- 'Design-Konferenzen',
- Unterstützung der Erfordernisse des Simultaneous Engineering.

In allen beschriebenen Bereichen finden Entwicklungen und Anpassungen statt, die in einem Arbeitsplatz vereint werden, der ein für den Konstrukteur gewohntes Bild hat. Ziel ist es hierbei, durch eine entsprechende Benutzerführung dem Benutzer alle neuen Möglichkeiten der integrierten Techniken auf einfache Weise verfügbar zu machen. Für den Benutzer wird es in der endgültigen Version des Arbeitsplatzes ein immer gleiches Startmenü beim Anmelden am System geben, nämlich die Benutzungsschnittstelle des PMS/VA. Hier stehen ihm wiederum Möglichkeiten wie:

- Laden von Projektdaten oder Produktdaten,
- Starten des Hypermedia-Systems,
- Starten von CAx-Programmen und
- Starten von Multimediawerkzeugen

zur Verfügung. Durch die automatische Ankopplung des hinter der Oberfläche arbeitenden Clients an den Server-Prozeß ist eine zentrale Verwaltung und Kontrolle aller Metadaten, Produktdaten, CAx-Systeme und des Informationsflusses gewährleistet. Zu allen Produktdaten existiert rechnerintern eine Liste der Programme, die mit dieser Datenstruktur arbeiten können. Zu den Produktdaten wird eine Datenstruktur gehalten, die über Status und Informationsgehalt Auskunft gibt. Zu jedem Projekt können mehrere Administratoren bestimmt werden. Die zentrale Kopplung von CAx-Modulen an ein Projekt- und Produktdatenmanagement zur Unterstützung von Simultaneous Engineering wird in Abb. 5. gezeigt.

Das Hypermedia-System dient zur Visualisierung von Produktdaten wie 3D-Volumenmodellen und ermöglicht den direkten Aufruf des korrespondierenden CAD-Systems (Abb. 6.). Auch kann von beliebiger Stelle aus dem System heraus eine Video-Konferenz gestartet werden. Wurde die Hypermedia-Technik nur zur 'Navigation durch das Produkt' verwendet, so kann nach Start der Videokonferenz und Einbringen des CAD-Systems in diese das Hypermedia-System verlassen werden, um die Zahl der offenen Fenster auf dem Bildschirm klein zu halten. Über die im Hypermedia-System visualisierte Geometrie können 'sensitive Bereiche' gelegt werden, bei deren Anwahl weiter im Dokument verzweigt wird oder ein Videofilm mit Fertigungs- oder Nutzungsinformationen abläuft. Die CAx-Programme können entweder aus dem PMS/VA oder aus dem Hypermedia-System heraus gestartet werden. In beiden Fällen erfolgt die Kontrolle der Zugriffsrechte und die Verwaltung der Applikation als solche durch das PMS/VA. Die Liste mit den zur Verfügung stehenden Programmen und die Verwaltung der Versionen in der Oracle-Datenbank wird durch den Projektmanager vorgenommen.

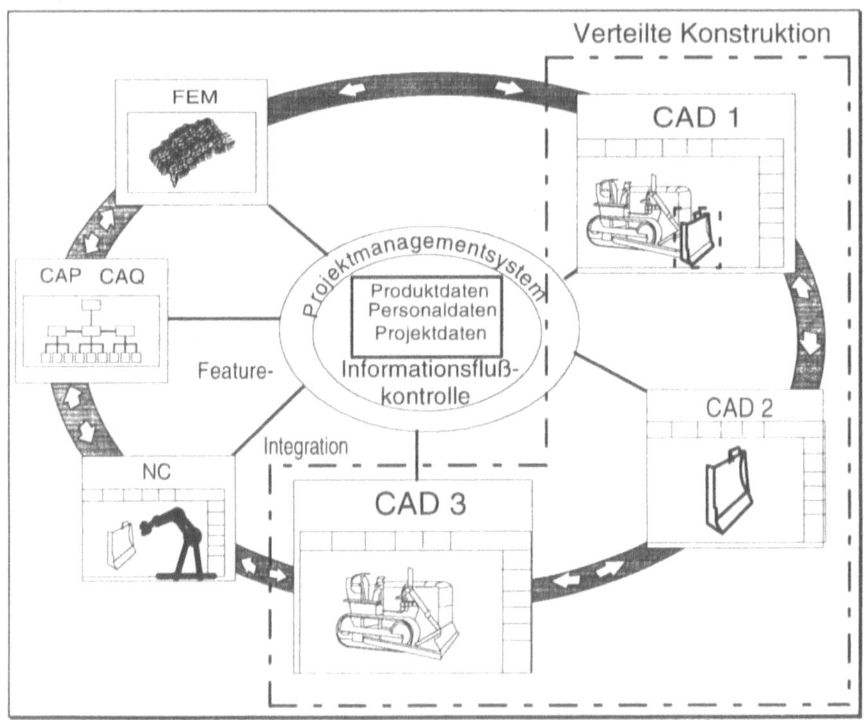

Abb. 5. Zentrale Kopplung von CAx-Bausteinen über das PMS

Der Start von Multimedia-Werkzeugen wie einem Programm zur Erstellung, Speicherung und Visualisierung von einem digitalen Video, einem Multimedia-Mail-System oder einem Whiteboard wird ebenfalls innerhalb der PMS/VA-Benutzungsschnittstelle ermöglicht. Die Integration eines auch durch Konstrukteure benutzbaren Netzwerkkontroll-Programms ist ebenfalls vorgesehen.

In der nächsten Projektphase ist das Arbeiten mit kommerziell verfügbaren CAD-Systemen geplant. Besonders hervorzuheben sind hierbei CADDS5 von Computervision, CATIA-V4 und ProEngineer von PTC. Die am eigenentwickelten System gemachten Erfahrungen sollen auf die kommerziellen Systeme übertragen werden. Bereits in der jetzigen Phase werden regelmäßig Design-Konferenzen mit diesen Systemen abgehalten. Die Vernetzung von Produktdatenmanagementsystemen und deren Offenheit für unterschiedliche Datenformate soll zur Kopplung unterschiedlicher CAD-Systeme über das Produktdatenmanagement herangezogen werden. Wenn Programmierschnittstellen von den Systemherstellern angeboten werden, ist geplant, diese zu nutzen, um die eingangs beschriebenen Entwicklungen auf die kommerziellen Systeme, soweit diese es zulassen, abzubilden. Produktdatenmanagementsysteme sollen auch in der zweiten Phase um die Möglichkeit der Verwaltung multimedialer Produktdaten erweitert werden. Abb. 7. gibt Auskunft über die Integration kommerzieller CAx-Systeme in die geschaffene Systemwelt.

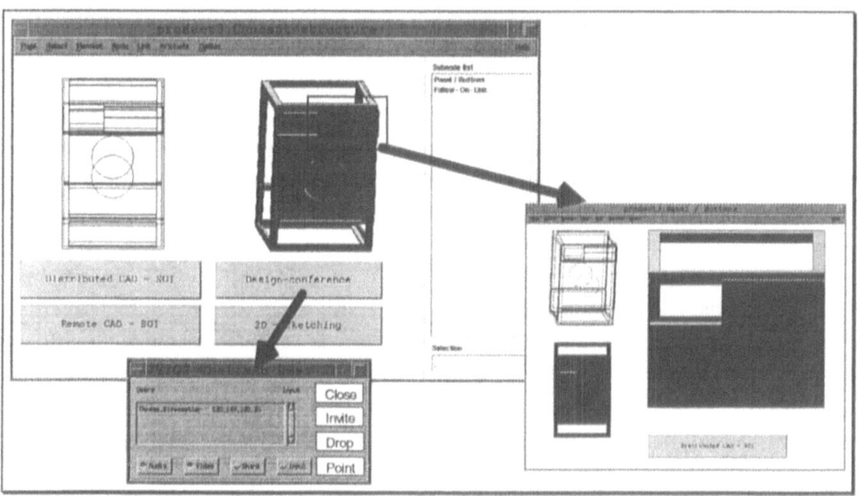

Abb. 6. Hypermediale Produktbeschreibung

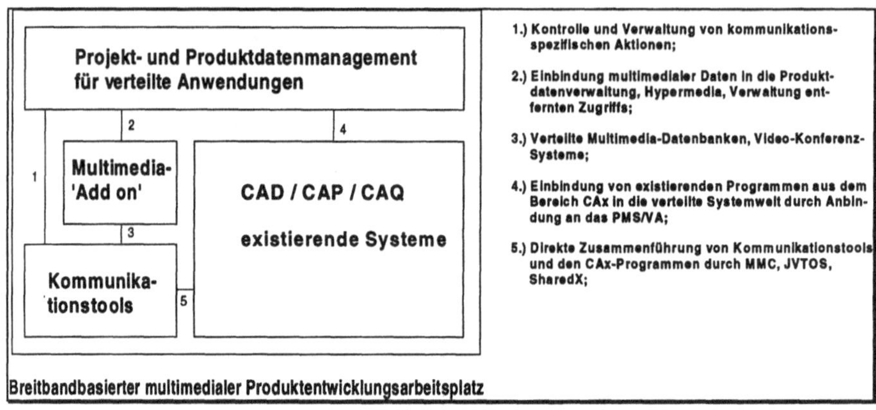

Abb. 7. Integration kommerzieller CAx-Systeme in die Systemstruktur

Ausblick

Die Entwicklungen in den Bereichen CAD und Produkt- oder Engineering-Data-Managementsysteme zeigen, daß zunehmend das verteilte Arbeiten unterstützt wird. Die Problemstellung der sinnvollen Parallelisierung von Arbeitsschritten während der Produktentwicklung ist erkannt. Die Unterstützungspotentiale, die sich mit der Kommunikationstechnik hierfür anbieten, dürfen nicht unterschätzt werden. In Zukunft können CAx-Systeme nur dann auf Dauer die an sie gestellten Erwartungen erfüllen, wenn sie offen sind für neue Methoden der Team-Arbeit sowie des Produktdatenmanagements. Die unterste notwendige Stufe zur kompletten Realisierung von rechnerunterstützter Kooperation bildet ein alle Phasen des Produktlebenszyklus umfassendes Produktmodell, das in der geforderten Form noch nicht existiert. Die Entwicklungen auf dem Kommunikationssektor, angefangen bei der ständig im Wandel befindlichen Infrastruktur bis hin zur stets leistungsstärker werdenden Hard- und Software, werden die Methodik der rechnerunterstützten Produktentwicklung entscheidend beeinflussen. Sind standardisierte Schnittstellen in den CAx-Systemen zu deren Anbindung an zukünftige Rechnernetze vorhanden, so kann das Potential der Breitbandkommunikation zur Produktentwicklungszeitverkürzung in erheblichem Umfang ausgeschöpft werden. Die Zukunftsvision läßt die Zulieferindustrie in wesentlich engerem Maße mit den Auftraggebern kooperieren als bisher möglich (Abb. 8.).

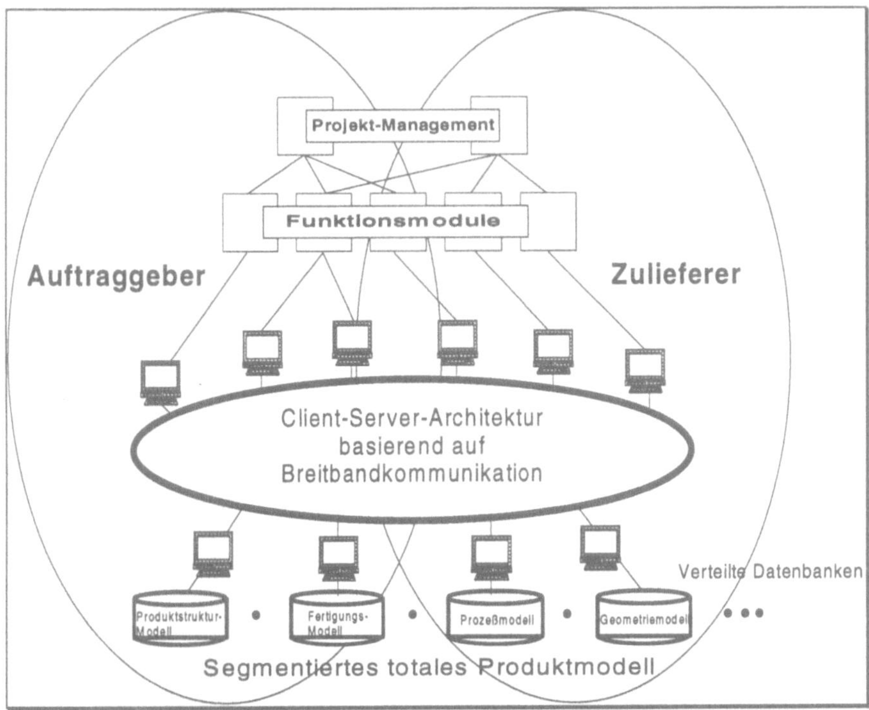

Abb. 8. Systemstruktur zur Einbindung der Zulieferindustrie

Anmerkung

Die im Beitrag vorgestellten Arbeiten wurden im Rahmen des Verbundprojekts "Simultaneous Engineering Broadband Integrated Development" von der DeTeBerkom GmbH gefördert.

Literatur

[ABR91]   M. Abramovici, S. Bickelmann, T. Friedmann, W. Jungfernmann: Engineering Data Management Systeme, Technologiereport Ploenzke Informatik, Wiesbaden, 1991.

[CRM93]   Autorenkollektiv: Aktueller Stand der CAD-Technik und der rechnergestützten Konstruktionsarbeit, Zwischenbericht BMFT-Verbundprojekt "CAD-Referenzmodell", April 1993.

[DIE94]   U. Dietrich, H. Hayka, H. Jansen, B.Kehrer: Systemarchitektur des
            CAD-Referenzmodells unter den Aspekten Kommunikation,
            Produktdatenmanagement und Integration, in: "CAD'94 -
            Produktdatenmodellierung und Prozeßmodellierung als Grundlage
            neuer CAD-Systeme", Hrsg.: J. Gausemeier, Carl Hanser Verlag,
            München Wien, 1994, 353-374.

[GRA92]   H. Grabowski, M. Schmidt: Verteilte Konstruktion: Arbeiten mit
            Konstruktionsräumen, in: "CAD'92 - Neue Konzepte zur Realisierung
            anwendungsorientierter CAD-Systeme", Hrsg.: F.-L. Krause; D.
            Ruland; H. Jansen, Reihe Informatik Aktuell, Springer Verlag, Berlin,
            1992, 219-232.

[JAN92]   H. Jansen: Das CAD-Referenzmodell als Gestaltungsleitlinie für
            humanorientierte aufgabenbezogene CAD-Systeme, in: "CAD'92 -
            Neue Konzepte zur Realisierung anwendungsorientierter CAD-
            Systeme", Hrsg.: F.-L. Krause; D. Ruland; H. Jansen, Reihe Informatik
            Aktuell, Springer Verlag, Berlin, 1992, 459-465.

[KRA94]   F.-L. Krause, W. Beitz, T. Kiesewetter, S. Kramer, O. Tegel, A. Lam,
            U. Ratfisch: SEBID - Simultaneous Engineering Broadband Integrated
            Development, in: TUBKOM - Breitbandkommunikation, Referenzan
            wendungen und Infrastruktur, Eine Zusammenfassung ausgewählter
            BERKOM und TUBKOM Projekte an der TU Berlin, Hrsg.: K.
            Rebensburg, D. Rüffler, Gabler Verlag, Reihe Telekommunikation,
            Berlin, 1994, 33-44.

[KRA94]   F.-L. Krause, S. Kramer, T. Kiesewetter: Distributed Product Design,
            Annals of the CIRP, Vol. 43/1/1994, 149-152.

[RIC91]   H. Ricke, J. Kanzow: BERKOM, Breitbandkommunikation im
            Glasfasernetz, Telekom Forschung, R. v. Decker's Verlag, G. Schenck,
            Heidelberg, 1991.

Zwei Ansätze zur Nutzung der neutralen Produktdatentechnik auf der Basis von STEP

Olaf Schmidt, Jörg Steinsberger
Institut für Schiffs- und Meerestechnik der TU Berlin (ISM)

Abstrakt:

In der Strömungs- und Strukturanalyse besteht zwischen den Arbeitsvorgängen

- Bearbeiten einer Definitionsaufgabe
- Formulierung und Durchführung eines Berechnungsauftrags
- Interpretation der Berechnungsergebnisse

ein hoher Kommunikationsbedarf.

In dem vorliegenden Artikel wird eine Strategie vorgestellt, diese Vorgänge auf der Basis von STEP zu integrieren. Nach der Modellierung von Produktdatenmodellen erfolgt die Instanziierung auf zwei unterschiedlichen Wegen:

- durch STEP-Prozessoren oder
- durch direktes Nutzen des Produktdatenmodells als Systemdatenbasis.

Am Beispiel zweier Anwendungen aus den Bereichen CFD und Strukturanalyse wird die Umsetzung verdeutlicht.

1 Einleitung

Im Rahmen des Forschungsprojekts "BERKOM II - Kommunikation von Produktdaten", gefördert durch die DeTeBerkom GmbH, befaßt sich das Institut für Schiffs- und Meerestechnik der TU Berlin mit dem Austausch von Produktdaten zwischen den Arbeitsvorgängen zum Bearbeiten einer Definitionsaufgabe, zum Formulieren und Durchführen eines Berechnungsauftrags und zur Interpretation der Berechnungsergebnisse auf Basis des neutralen Austauschformats STEP (Abb. 1.).

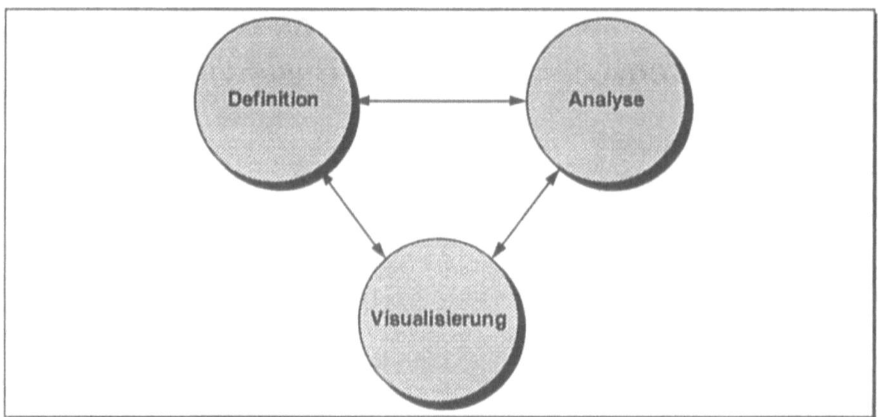

Abb. 1. Kommunikationswege

Im Laufe des Entwurfsprozesses wird der Ingenieur durch eine Vielzahl von Anwendungsprogrammen aus den Bereichen CAD, CFD und FEM sowie Scientific Visualisation bei den obengenannten Arbeitsvorgängen unterstützt.

Diese Programme können auf einer Vielzahl räumlich getrennter Computer installiert sein. Zur Verwaltung ihrer Daten benutzen sie jeweils eigene Datenstrukturen, die in der Regel nicht kompatibel zu den Strukturen anderer Programme sind. Die räumliche Verteiltheit kann durch das Nutzen leistungsfähiger Computernetze überwunden werden, doch die Inkompatibilität der Datenstrukturen verhindert zunächst einen Datenaustausch zwischen den Anwendungsprogrammen.

Bisher wurde dieser Unzulänglichkeit zum einen durch die Entwicklung von Prozessoren zum bilateralen Datenaustausch zwischen genau zwei Anwendungsprogrammen, zum anderen durch genormte neutrale Geometrie-Austauschformate begegnet. Beide Ansätze schränken den Benutzer bei der Auswahl der Anwendungsprogramme bzw. beim Umfang der auszutauschenden Daten stark ein.

Die internationale Norm ISO 10303 STEP (*ST*andard for the *Ex*change of *P*roduct Data) [OVP93] bietet nun eine Möglichkeit, Daten aus den verschiedenen Phasen des Lebenszyklus eines Produkts und unter verschiedenen Sichten in einem neutralen Format zu strukturieren und so einer allgemeinen Kommunikation zur Verfügung zu stellen.

Dadurch können beliebige Informationen eines Produkts ausgetauscht werden und der Aufwand für die Entwicklung von Prozessoren verringert sich erheblich, da für jedes in eine Kommunikationsumgebung zu integrierende Anwendungsprogramm nur zwei weitere benötigt werden - ein Prozessor zum Lesen und ein Prozessor zum Schreiben der neutralen Daten.

Verschiedenste Anwendungsprogramme können so auch in heterogenen Rechnersystemen integriert werden.

Der Austausch von Produktdaten gliedert sich im wesentlichen in zwei Schritte. Zunächst muß ein Produktdatenmodell mit der Datenmodellierungssprache EXPRESS [ELR94], die Bestandteil der Norm ISO 10303 ist, modelliert werden. Erst wenn dieses Produktdatenmodell vorliegt, können Instanzen des Modells gebildet und abgefragt werden.

Das Produktdatenmodell beschreibt die auszutauschenden Daten eines Produkts sowie die Beziehungen dieser Daten untereinander in der Datenmodellierungssprache EXPRESS mit dem Ziel, ein Application Interpreted Model (AIM) zu formulieren.

Im Zuge der Normungsbestrebungen werden Produktdatenmodelle für unterschiedliche Anwendungsbereiche, sogenannte "Application Protocols", entwickelt. Für dieses Vorgehen existieren verbindliche Richtlinien in Form der "AP Guidelines" [APG93].

Neben den Appplication Protocols, die bereits vollständige Produktdatenmodelle sind, stellt die Norm eine Reihe von anwendungsunabhängigen und anwendungsabhängigen Teilmodellen zur Verfügung, die als Ressourcen bezeichnet werden. Unter Nutzung dieser Ressourcen und in Anlehnung an die AP Guidelines erfolgte die Spezifikation der Produktdatenmodelle für die beiden hier vorgestellten Pilotimplementierungen aus den Bereichen *Strömungsanalyse* und *Strukturanalyse*.

Das Vorgehen erfolgt dabei mehrstufig, beginnend mit dem Bestimmen von zu berücksichtigenden Größen, über die Auswahl und Integration der STEP-Ressourcen bis hin zur Formulierung des Application Interpreted Model, auf dessen Basis dann eine Implementation des Datenaustauschs erfolgen kann.

Erst mit diesen Modellen ist es möglich, einen Datenaustausch zu realisieren. Weiterhin wird ein Software-Werkzeug benötigt, das es erlaubt, konkrete Ausprägungen des Datenmodells anzulegen und in neutraler Form als STEP Physical File in eine Datei zu schreiben bzw. die neutrale Datei zu lesen und anschließend die Instanzen des Modells wieder abzufragen.

Auf der Basis der beiden genannten Produktdatenmodelle erfolgt der Datenaustausch zwischen den verschiedenen Anwendungsprogrammen der hier vorzustellenden Pilotimplementierungen. Hierbei werden zwei unterschiedliche Wege verfolgt.

Im Rahmen eines Szenarios, bestehend aus einem Programm zur Definition eines Schiffsrumpfes, dreier CFD Programme und einem Visualisierungsprogramm, wird schwerpunktmäßig die Kopplung der unterschiedlichen CFD-Programme mit dem Visualisierer über eine gemeinsame Schnittstelle vorgestellt. Für jedes CFD-Programm wird ein Pre-Prozessor, der die internen Daten des Anwendungsprogramms liest und dann mit Hilfe eines STEP-Werkzeugs in das neutrale Produktdatenmodell schreibt, entwickelt. Über das neutrale STEP Physical File kann dann der Datenaustausch erfolgen, und lediglich ein weiterer Post-

Prozessor ist dann notwendig, die neutralen Daten des STEP Physical File für das Visualisierungsprogramm aufzubereiten.

Ein anderer Weg wird bei der Kopplung eines Draughting Moduls zur interaktiven grafischen Formulierung eines FEM-Analyseauftrags mit einem FEM-Programm eingeschlagen. Das Draughting Modul erlaubt neben der Eingabe der Geometrie auch die interaktive grafische Eingabe der Analyserandbedingungen. Anders als in den anderen Anwendungsprogrammen wird auf eine eigene interne Datenstruktur verzichtet und statt dessen direkt unter Nutzung eines STEP-Werkzeugs das Produktdatenmodell als Systemdatenbasis genutzt und instanziiert, so daß auch das neutrale STEP Physical File ohne Einschalten eines Prozessors geschrieben werden kann.

In dem vorliegenden Artikel werden die beiden wesentlichen Bestandteile eines Datenaustauschs auf STEP-Basis, die Spezifikation eines Produktdatenmodells und das Arbeiten mit Instanzen dieses Produktdatenmodells anhand zweier anwendungsnaher Beispielimplementierungen erläutert. Vorgestellt werden dabei insbesondere zwei unterschiedliche Ansätze zur Instanziierung des Produktdatenmodells.

2 Modellierung von Produktdatenmodellen

Das Arbeiten auf neutralen Daten nach STEP setzt die Entwicklung anwendungsbezogener Produktdatenmodelle voraus. Die Modellentwicklung ist ein mehrstufiger Prozeß und gliedert sich in die folgenden Schritte:

1. Der Rahmen und die Anforderungen des Modells (Scope und Context) werden in einem Aktivitätenmodell (Aplication Activity Model, AAM) dargestellt (z.B. SADT/IDEF0).
2. In einem Anwendungsmodell (Application Reference Model, ARM) wird die Funktionalität der Anwendungsseite formal definiert.
3. Die Funktionalität des ARM wird auf STEP-Ressourcen abgebildet und führt zu einem implementierbaren STEP Modell (Application Interpreted Model, AIM).

Diese Schritte sind durch eine zunehmende Detaillierung gekennzeichnet. Angefangen mit den grundlegenden Anforderungen, über eine formale Spezifikation der Anwendungsfunktionalität hin zu einem spezifischen Informationsmodell, das die gestellten Forderungen mit STEP-Ressourcen umsetzt, ergibt sich das implementierbare Modell.

Voraussetzung für ein Produktdatenmodell ist das Festlegen der Funktionalität, die mit diesem abgedeckt werden soll. Danach wird der Umfang, den das Produktdatenmodell unterstützen soll, formal in ein Anwendungsmodell (ARM) umgesetzt. Dieses Modell entsteht in der formalen Beschreibungssprache

EXPRESS/EXPRESS-G. Anhand von Beispielfällen wird geprüft, ob die Anforderungen der Anwendungsseite erfüllt worden sind.

Bei der Entwicklung des spezialisierten STEP-Modells (Application Interpreted Model, AIM) werden die Elemente des Anwendungsmodells auf STEP-Ressourcen abgebildet. Auch dieses Modell wird formal in EXPRESS und EXPRESS-G beschrieben. Bei der Entwicklung des AIM werden die Elemente aus den STEP-Ressourcen ausgewählt, auf die sich die Elemente des Anwendungsmodells ARM abbilden lassen. Die STEP-Ressourcen stellen allgemeine, anwendungsunabhängige Entities zur Verfügung. Das hat zur Folge, daß sie für eine konkrete Anwendung unter Umständen spezialisiert werden müssen. Attribute, die in STEP als OPTIONAL gekennzeichnet sind, können im AIM als zwingend deklariert werden oder ganz entfallen. Weiterhin werden nur solche Subtypen oder Selecttypen im AIM berücksichtigt, die für eine Abbildung notwendig sind, alle anderen entfallen. Zusätzlich können noch neue Subtypen eingeführt werden, die anwendungsspezifische Attribute besitzen.

Das erste Modell beschreibt die Ergebnisse einer Strömungsanalyse. Neben Informationen über die Geometrie des Analysegitters sind auch auf dieses Gitter bezogene Analyseergebnisse in Form skalarer und vektorieller Größen enthalten. Darüber hinaus werden administrative Informationen über Bearbeiter, Datum, Auftragskennung und verwendete Einheiten erfaßt.

Das zweite Modell beschreibt die Eingabedaten für eine FEM-Strukturanalyse. Auch hier werden im Modell neben der Geometrie des Rahmenwerks weitere Daten, wie Belastungen, Lagerungen, Freiheitsgrade, Auftragsformulierung und die Analyseergebnisse, berücksichtigt.

3 Neutraler Datenaustausch über Prozessoren

Die Visualisierung von Produktgeometrien und darauf bezogenen Berechnungsergebnissen aus Struktur- oder Strömungsanalysen erlaubt eine schnelle qualitative Beurteilung des Produktverhaltens durch den Anwender.

Die meisten Analyseprogramme besitzen dafür eigene Visualisierungsmodule oder nutzen spezielle grafische Postprozessoren.

Im Rahmen dieses Projekts wird die Kopplung unterschiedlicher CFD-Software mit einem Visualisierungstool auf STEP-Basis pilothaft realisiert.

In diesem Kapitel wird zunächst das Zusammenspiel der einzelnen Elemente dieser Pilotimplementierung im Zusammenhang dargestellt, um sie anschließend im einzelnen genauer betrachten zu können.

Den STEP-Prozessoren fällt bei dem Produktdatenaustausch zwischen bestehender Software die Schlüsselrolle zu. Daher wird auf sie und ihre Entwicklung auf der Grundlage eines Produktdatenmodells ausführlicher eingegangen.

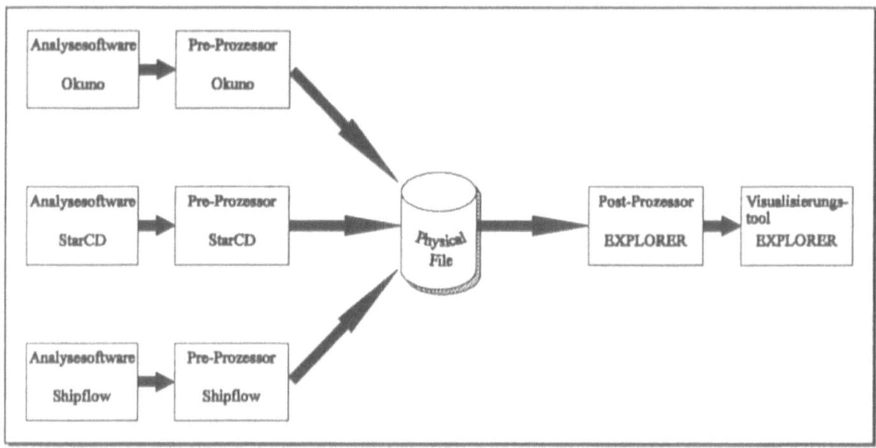

Abb. 2. Datenfluß

3.1 Architektur

Der Datenaustausch über eine neutrale Datei wird in Abb. 2. für die hier reali-
sierte Implementierung dargestellt. Für jede Analysesoftware steht ein eigener
auf diese abgestimmter Pre-Prozessor zur Verfügung, der die Daten der systemspezifischen Struktur in das neutrale Format wandelt und in eine neutrale Datei
schreibt. Das Visualisierungstool benötigt dann nur noch einen Post-Prozessor,
um die neutrale Datei zu lesen. Damit besteht Zugriffsmöglichkeit auf Ergebnisse, die aus drei unterschiedlichen Analysesystemen stammen.
In Abb. 3. ist der Datenfluß zwischen einem beliebigen Analysesystem und einem
beliebigen Visualisierungssystem etwas detaillierter dargestellt. Ein Analysesystem erzeugt Ergebnisse, die in Form einer oder mehrerer Dateien zur Verfügung stehen. Ein STEP-Pre-Prozessor, der im folgenden näher erläutert wird,
kann auf diese Daten zugreifen, sie verarbeiten und in einem neutralen Format
gemäß der Norm ISO 10303-21 [CTE93] in eine neutrale Datei, das sogenannte
Physical File, schreiben.

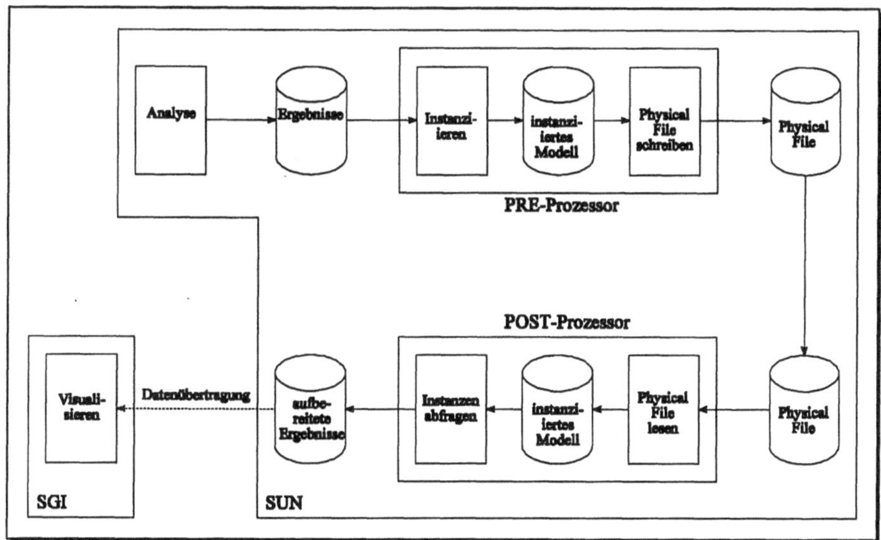

Abb. 3. Datenfluß vom Analyse- zum Visualisierungssystem

Diese im ASCII-Format vorliegende Datei kann dann beliebig auch in heterogenen Netzen ausgetauscht werden.

Ein Visualisierungssystem kann nur formatierte Eingabedateien einlesen, die die Analyseergebnisse in einer für das Visualisierungssystem aufbereiteten Form enthalten. Aufgabe eines STEP-Post-Prozessors ist die entsprechende Aufbereitung der Informationen aus der neutralen Austauschdatei Physical File, um sie dann in ein dem Visualisierungssystem bekannten Format in eine Datei zu schreiben.

In einer derartigen Architektur liegt der Schwerpunkt auf einem Dateitransfer über ein Netzwerk. Dabei können die Anwendungsprogramme und die dazugehörigen Prozessoren beliebig in einem Netzwerk verteilt vorliegen.

Die hier entwickelten Prozessoren nutzen zur Handhabung der STEP-Daten und zum Schreiben der neutralen Austauschdatei eine Software der Firma ProSTEP, die für SUN Workstation zur Verfügung steht, so daß die Prozessoren auch auf dieser Plattform realisiert werden.

Die institutseigene Analysesoftware "Okuno" steht wie auch "Shipflow" auf SUN zur Verfügung, während das Visualisierungstool "EXPLORER" auf Silicon Graphics SGI und die Analysesoftware "StarCD" am ZRZ der TU Berlin auf Hewlett Packard HP läuft.

In Tabelle 1 erfolgt eine zusammenfassende Darstellung der Hardware-plattformen und der darauf installierten und genutzten Software:

Tabelle 1. Hard- und Softwareplattformen

Hardware	Software
SUN	ProSTEP Toolkit
	STEP-Pre-Prozessoren
	STEP-Post-Prozessor
	Analysesoftware Okuno
	Analysesoftware Shipflow
HP	Analysesoftware StarCD
SGI	Visualisierungssoftware EXPLORER

3.2 Prozessorbau

Voraussetzung für den neutralen Datenaustausch nach STEP ist die Kenntnis

– der auszutauschenden Daten
– und die Struktur dieser Daten in den Anwendungssystemen.

Darauf aufbauend wird ein Produktdatenmodell in der formalen Datenbeschreibungssprache EXPRESS formuliert. Dieses Modell beschreibt detailliert die Struktur der auszutauschenden Daten, in diesem Fall Ergebnisdaten, und ist daher für die hier vorgestellten Prozessoren identisch. Diese Datenstruktur findet sich in der neutralen Austauschdatei wieder.

Das ProSTEP-Werkzeug erzeugt von diesem Produktdatenmodell eine rechnerinterne Abbildung und erlaubt über eine Programmierschnittstelle den Zugriff auf diese "Working Form". Somit ist es möglich, konkrete Werte in diese Working Form einzutragen oder bereits vorhandene Instanzen abzufragen.

Unter Benutzung der Programmierschnittstelle des STEP-Werkzeugs erfolgt die Entwicklung des Core-Moduls, der den eigentlichen Kern eines Prozessors darstellt und jeweils auf das Anwendungsprogramm und das Produktdatenmodell abgestimmt werden muß.

Der Core-Modul eines Pre-Prozessors (Abb. 4.) liest die Daten aus einer Datei und bildet sie intern als Core Data ab. Dieser Core-Modul ist auf das formale EXPRESS-Modell abgestimmt und schreibt über die Programmierschnittstelle des STEP-Werkzeugs die eingelesenen Daten in die Working Form. Wenn das Modell mit sämtlichen relevanten Daten aufgefüllt ist, schreibt das ProSTEP-Werkzeug die Daten in das neutrale Physical File.

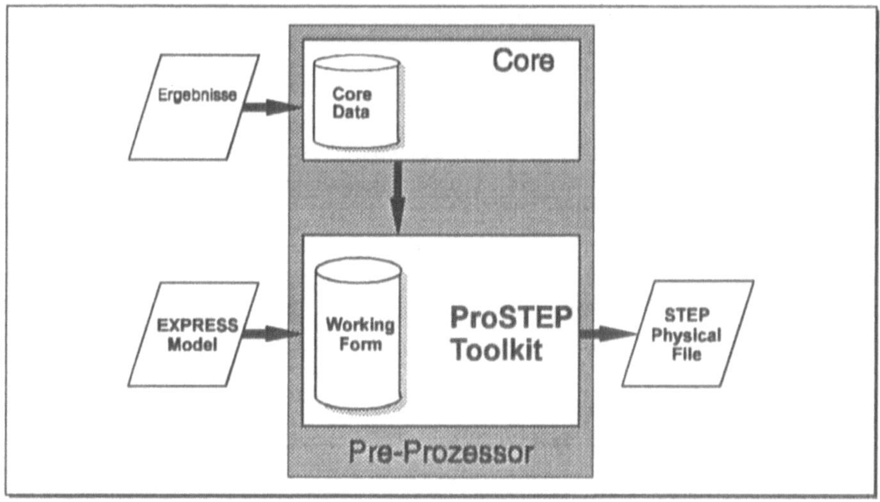

Abb. 4. Architektur des STEP-Pre-Prozessors

Bei einem Post-Prozessor (Abb. 5.) wird der umgekehrte Weg gegangen. Erst liest das ProSTEP-Werkzeug die neutralen Daten aus dem Physical File und instanziiert damit die interne Working Form des Modells. Der Core Modul fragt über die Programmierschnittstelle diese Instanzen der Working Form ab und schreibt sie im Format des Visualisierungstools in eine Datei.

Inhaltlich haben sich die Ergebnisdaten allerdings nicht geändert und stehen dem Visualisierer damit nur in aufbereiteter Form zur Verfügung.

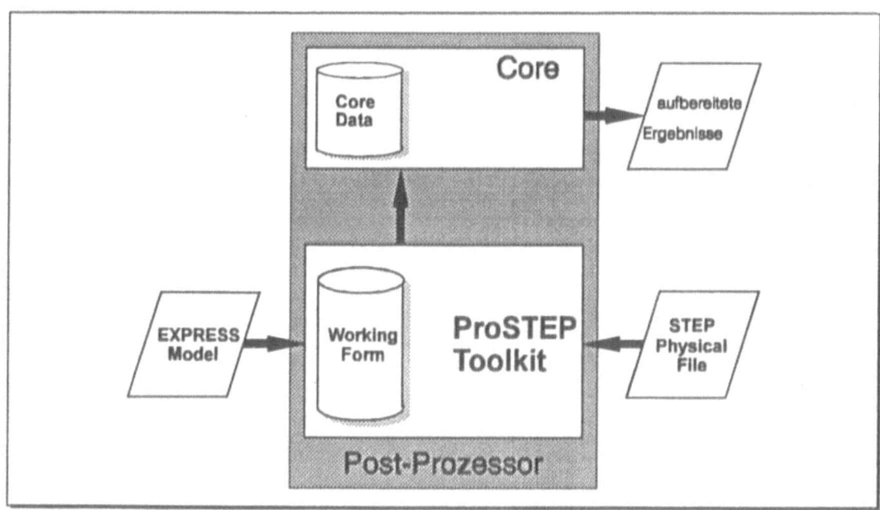

Abb. 5. Architektur des STEP-Post-Prozessors

3.3 Beispielanwendung zum neutralen Datenaustausch über Prozessoren

Der Produktdatenaustausch von Analyseergebnissen ist für drei CFD Programme und ein Visualisierungstool realisiert worden. Beispielhaft soll die Visualisierung der Analyseergenisse etwas näher betrachtet werden.

Die Abb. 6. zeigt einen Ausriß aus der neutralen Austauschdatei STEP Physical File, wie sie durch einen STEP-Preprozessor aus den Ergebnissen der Analysesoftware Okuno erzeugt wurde. Daneben ist die Benutzungsoberfläche der Visualisierungssoftware EXPLORER zu sehen, mit der diese Analyseergebnisse visualisiert werden.

Das zugrundeliegende neutrale Produktdatenmodell wurde im Kap. 2 mit seinen wesentlichen Elementen bereits kurz beschrieben. Diese Elemente finden sich auch im STEP Physical File, durch die Lupe in Abb. 6. hervorgehoben, wieder. Eine EBENE besitzt mehrere ANALYSEPUNKTe, denen jeweils ein skalarer Druckbeiwert und ein GeschwindigkeitsVEKTOR, bestehend aus Betrag und Richtung DIRECTION, zugeordnet sind.

Die Analysepunkte sollen mit ihren Attributen Druck und Geschwindigkeit visualisiert werden. Nach Aufbereitung des Physical File durch den Postprozessor erfolgt die Visualisierung mit dem Tool EXPLORER.

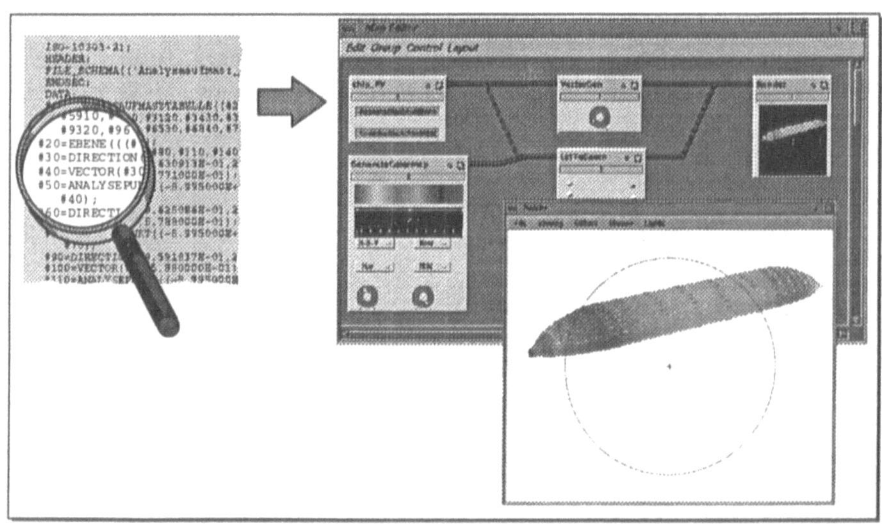

Abb. 6. Physical File und Visualisierer

Die Darstellung der skalaren Werte erfolgt über kontinuierliche Falschfarbendarstellung. Über ein Editierfenster, links unten auf der Benutzungsoberfläche, können Wertebereich und Verlauf der Farbtabelle manipuliert werden. Die Darstellung der Vektoren erfolgt über gerichtete Strecken, deren Länge ebenfalls über ein eigenes Fenster auf der Benutzungsoberfläche eingestellt werden kann. Die Analyseergebnisse erscheinen dann in einem eigenen Fenster, das auch Möglichkeiten zum Editieren des Bildaufbaus anbietet.

4 Neutrales Produktdatenmodell als Systemdatenbasis

4.1 Standards und Systemoffenheit

Traditionell wird die neutrale Produktdatentechnik zum Datenaustausch zwischen heterogenen Anwendungen über Dateitransfer benutzt. Innerhalb der aktuellen Entwicklungen auf dem Gebiet des "simultaneous engineering" erhält die neutrale Produktdatentechnik aber eine neue Qualität.

Eine wesentliche Voraussetzung für die Synchronisation von Prozessen und damit für die Realisierung von Software für das verteilte Bearbeiten (simultaneous engineering), ist die Systemoffenheit. Diese wird durch die Anwendung der neutralen Produktdatentechnik wesentlich unterstützt.

Es lassen sich drei Arten der Offenheit klassifizieren:

- Funktionsoffenheit
- Datenoffenheit
- Offenheit durch die Verwendung von Programmierstandards

Ist ein System funktionsoffen, dann ist ein fremder Prozeß in der Lage, die Gesamtheit oder ein Teil der Funktionen zu benutzen, die die Systemdaten verändern können. In STEP findet die Funktionsoffenheit Unterstützung durch die Definitionen von Funktionen, die dem allgemeinen Datenzugriff dienen (Part 22, SDAI).

Bei der Datenoffenheit sind dem fremden Prozeß die Datenstruktur sowie die Dateninstanzen bekannt. Die Variation der Daten erfolgt mit prozeßeigenen Funktionen. Die Definition von Produktdatenmodellen (Datenstruktur) erfolgt in STEP mit der eigens dafür entwickelten Sprache EXPRESS (Part 11) in textueller oder graphischer Form. Für die Präsentation der Dateninstanzen dient das in STEP, Part 21 [CTE93] definierte Dateiformat, daß die Speicherung der Instanzen als ASCII-Klartextdatei vorsieht. Diese beiden Aspekte fördern die Datenoffenheit in einer STEP-Umgebung.

Im Gegensatz zu den beiden erstgenannten Punkten hat die Offenheit durch die Verwendung von Programmierstandards nicht das Ziel, die Systemdaten zu verändern. Vielmehr führt diese zur Möglichkeit, die Darstellung des Systems nach außen von außen zu beeinflussen und die Integration in Netzwerkumgebungen zu gewährleisten. In dieser Klasse sind die anwendbaren De-facto-Standards X11, OSF/Motif und PEX zu nennen.

Die Aufzählung läßt erkennen, daß für die Klassen Funktions- und Datenoffenheit die weit fortgeschrittenen Normungsbemühungen in STEP eine gute Basis darstellen.

Wenn es gelingt, ein System zu realisieren, das die neutrale Datentechnik nicht nur zum Datenaustausch über Prozessoren benutzt, sondern das direkt auf den neutralen Daten als interne Datenbasis modelliert und das darüber hinaus für seine Repräsentation nach außen ausschließlich die genannten De-facto-Standards benutzt, dann ist mit diesem System ein Maximum an Systemoffenheit erreicht und eine Grundlage für das verteilte Bearbeiten neutraler Daten geschaffen.

4.2 Architektur eines STEP-Arbeitsplatzes

Die Architektur eines offenen Systems nach der Beschreibung in Kap. 4.1. wird in Abb. 7. gezeigt.

Es sind die vier Hauptkomponenten

–   Kernel
–   STEP-Datenverwaltung
–   Viewing Modul und
–   X-Library

zu erkennen.

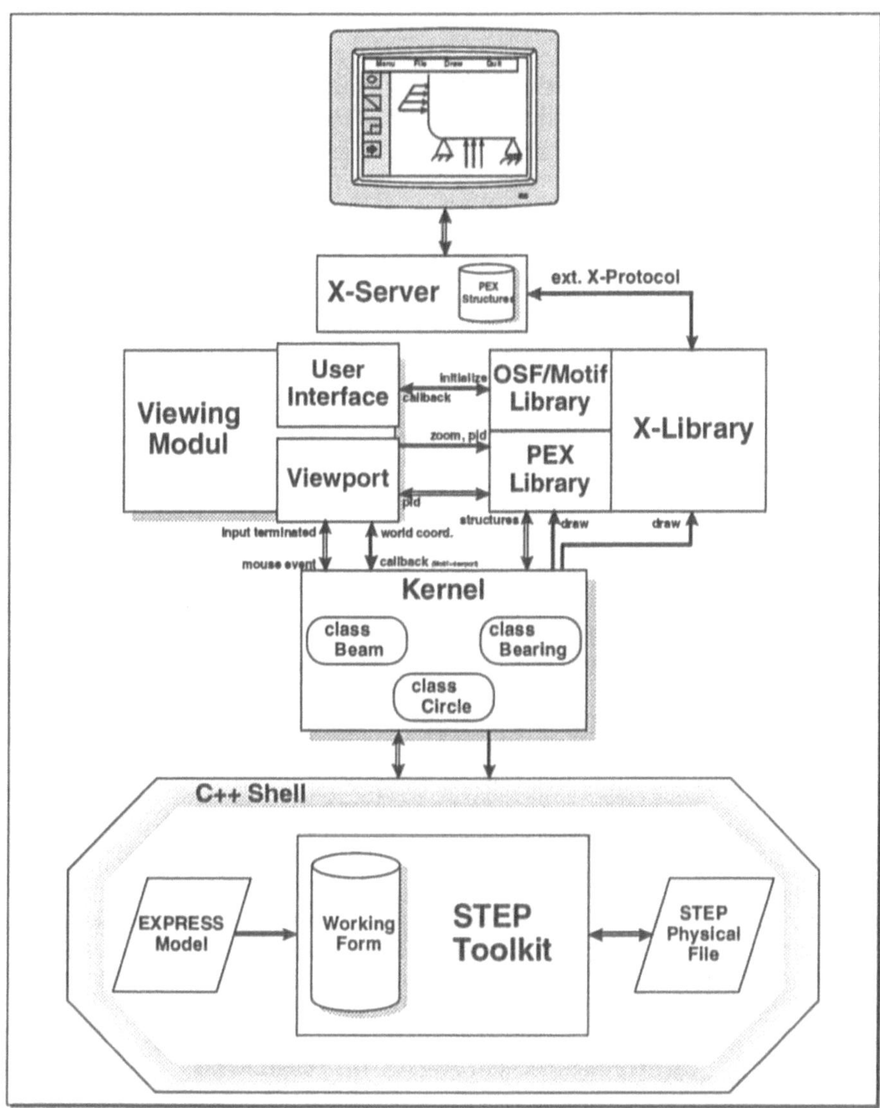

Abb. 7. Architektur STEP-Arbeitsplatz

4.2.1 Funktionsoffenheit

Der Kernel bestimmt das Wesen des Systems. Die im Kernel enthaltenen Klassen definieren das anwendungsobjektspezifische Verhalten des Systems. Dazu gehören u.a.

- die Eingabereihenfolge
- die Eingabeakzeptanz
- die Eingabevollständigkeit
- der Visualisierungsauftrag
- die Datenspeicherung
- der Datenzugriff und
- die Objektmodifikation.

Ebenfalls zum Kernel gehört die Programmablaufsteuerung und die globale Initialisierung.

Bei allen Aktionen erfolgt die Datenspeicherung und der Datenzugriff der Anwendungsobjekte ausschließlich über die C++-Shell in einer STEP-konformen Datenbasis. Die C++-Shell setzt sich aus SDAI-konformen Funktionen zusammen.

Abb. 8. zeigt einen Überblick der implementierten Klasse "ProSTEP", die die C++ Shell repräsentiert und nach dem verwendeten Toolkit benannt ist.

Während der Bereich "private" toolkitspezifische globale Variable sowie eine eigene Fehlerfunktion enthält, sind im Bereich "public" alle Zugriffsroutinen auf die Datenbasis und Hilfsfunktionen, die sich aus den Basiszugriffsroutinen zusammensetzen, enthalten.

Damit ist grundsätzlich allen Programmen, die über eine SDAI-Schnittstelle verfügen oder die die C++ Shell benutzen, der Zugriff auf die Daten der Anwendungsobjekte möglich.

Da die SDAI-Schnittstelle objektunabhängig gestaltet ist, wird Änderungs-aufwand bei einer Erweiterung oder Modifikation des Systems nur im Kernel nötig. Die Datenverwaltung bleibt unverändert.

4.2.2 Datenoffenheit

Die Verwendung eines "late binding Toolkits", das heißt die EXPRESS-Informationen werden zur Laufzeit angebunden, sichert die Offenlegung der Datenstrukturen. Bei einer "early binding" Lösung steht das zugrundeliegende Datenmodell nicht zwingend zur Verfügung.

In Verbindung mit dem EXPRESS-Datenmodell ist auch das "STEP Physical File", das die Dateninstanzen nach Programmende enthält, für jeden beliebigen Prozeß lesbar und interpretierbar.

Es ist kein Prozessor zur Umwandlung von systemspezifischen Daten in neutrale Daten notwendig. In einer denkbaren, vollständig STEP-neutralen

Umgebung (STEP-Workstation, STEP-Cluster) werden Prozessoren damit überflüssig.

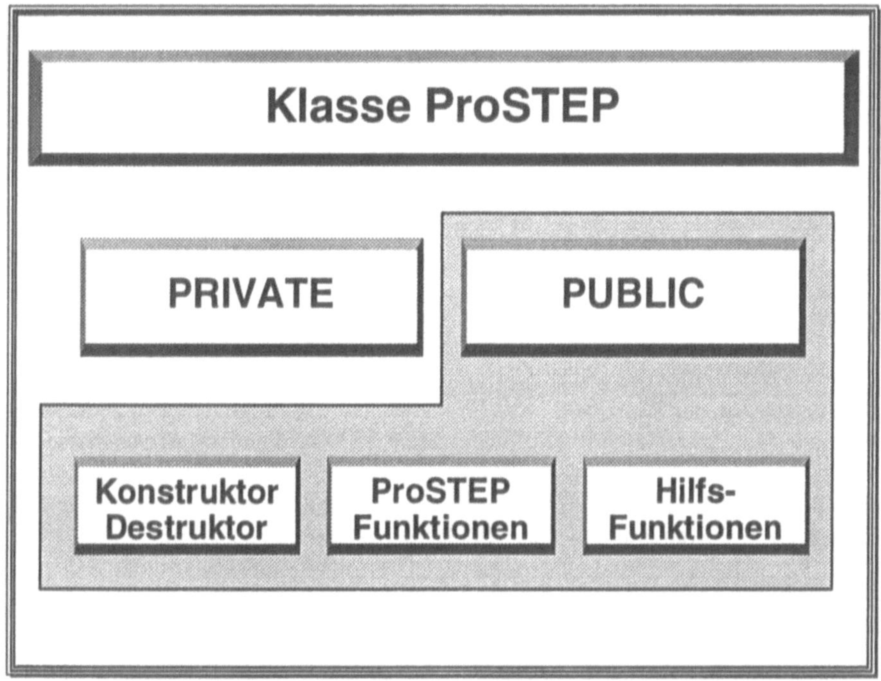

Abb. 8. C++ Shell zum STEP-Toolkit

4.2.3 Offenheit durch die Verwendung von Programmierstandards

Der Viewing Modul ist eine logische Zusammenfassung der Module "User Interface" und "Viewport".

User Interface bestimmt das Erscheinungsbild der Nutzeroberfläche und ist während der graphischen Interaktion für die Reaktion auf Callback-Funktionen verantwortlich.

Der Viewport verwaltet den Teil der Nutzeroberfläche, der als Zeichen- oder Interaktionsebene dient.

Die X-Library dient der OSF/Motif-Library sowie der PEX-Library als Funktionsvorrat und Verbindung zum X-Server. Außerdem stellt die Verwendung des X-Protokolls eine problemlose Einbindung in Netzwerkumgebungen sicher.

Der OSF/Motif-Library obliegt in Zusammenarbeit mit dem User Interface der Aufbau und der Betrieb der Nutzerschnittstelle.

Die PEX-Library dient der graphischen Darstellung der Objekte im Viewport.

4.3 Einsatz im Simultaneous Engineering

Mit der vorgestellten Architektur ist die Grundlage (Einzelplatzsystem) für ein offenes, verteiltes Bearbeiten auf neutralen Daten geschaffen. Für verschiedenartige Anforderungen soll die Einbindung dieses Systems in eine verteilte Arbeitsumgebung auf zwei Wegen - Ein-/Ausgabeverteilung und Datenverteilung - vorgestellt werden. Beide Wege führen zu unterschiedlichen Organisationsstrukturen, die sich auf reale Anforderungen in der industriellen Anwendung abbilden lassen.

4.3.1 Ein- und Ausgabeverteilung

Für den Fall, daß mehrere Benutzer mit der gleichen Softwareinstanz auf den gleichen Daten arbeiten wollen (*Computer Supported Cooperative Work*, CSCW, What You See Is What I See, WYSIWIS) besteht die Möglichkeit, nur die Ein- und Ausgabe einer laufenden Softwareinstanz auf verschiedene Arbeitsplätze zu verteilen. Die Zusammenfassung einer Gruppe mit dieser Verteilungscharakteristik wird als *Domäne* (Abb. 9.) bezeichnet. Eine Domäne entspricht in der industriellen Anwendung etwa der Abteilung oder der Arbeitsgruppe.

Die vorgestellte Architektur erlaubt diese Verteilung auf der Grundlage des X-Protokolls (Offenheit durch die Verwendung von Programmierstandards).

Ein nach der Y-Shape Topologie eingebundener Pseudoserver (Abb. 10.) simuliert aus der Sicht der Anwendung den X-Server und aus der Sicht des X-Server die Anwendung.

So erhält jeder teilnehmende X-Arbeitsplatz die gleiche Ausgabe und ist unter bestimmten Bedingungen für die gemeinsame Softwareinstanz eingabeberechtigt.

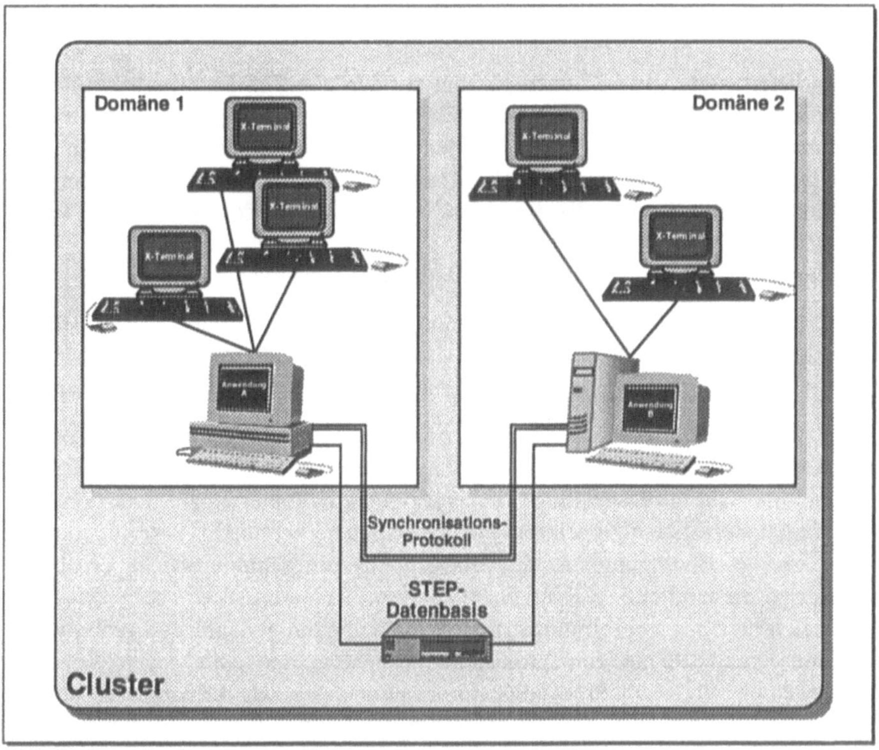

Abb. 9. Organisation der verteilten Bearbeitung neutraler Daten

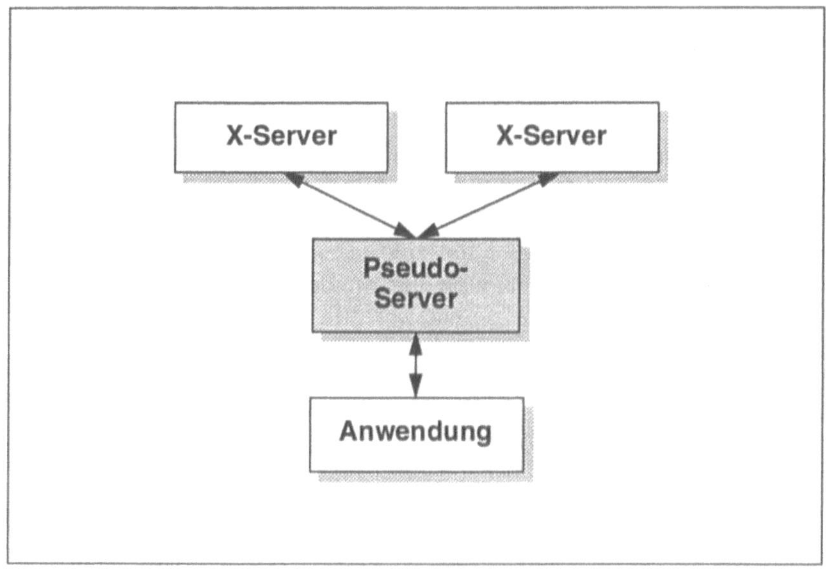

Abb. 10. Y-Shape Topologie der X-Verteilung

4.3.2 Datenverteilung

Sollen heterogene Anwendungen parallel auf den gleichen Daten arbeiten, dann muß die Datenbasis verteilt werden. Mehrere Domänen, die durch eine verteilte Datenbasis in Verbindung stehen, werden als *Cluster* (Abb. 9.) bezeichnet. Die Abbildung der Cluster findet sich in der industriellen Anwendung bei der interdisziplinären Kommunikation der Fachabteilungen sowie bei der überbetrieblichen Kommunikation wieder.
Für eine Datenverteilung müssen zwei Bedingungen erfüllt sein:

1. Die Daten müssen in einem gemeinsam nutzbaren Speicherbereich stehen (shared memory)
2. die Daten müssen synchronisiert werden (Zugriffsrechte, Datenkonsistenz).

Für die erste Forderung können die Mechanismen der Compiler als Lösung angeführt werden. Die Bindung der Anwendung mit entsprechenden Bibliotheken und die Verwendung der speziellen Allokierungs- und Verwaltungsfunktionen stellen gemeinsam nutzbare Speicherbereiche zur Verfügung.

Die zweite Bedingung ist aus Anwendungsprogrammierersicht erheblich schwieriger zu erfüllen.

Es seien hier nur zwei grundsätzliche Möglichkeiten genannt und grob diskutiert, mit deren Hilfe eine Synchronisation erreicht werden kann.

Zum einen sind Synchronisationsinformationen in das Datenmodell direkt einbaubar. Es ergeben sich dann weiterhin die Möglichkeiten, Netzwerk- oder Verteilungsinformationen getrennt von den einzelnen Anwendungsobjekten zu modellieren und durch Erbung miteinander zu verbinden, oder die Informationen direkt in die Anwendungsobjekte einzubauen. Beide Varianten bieten Vor- und Nachteile im Hinblick auf Flexibilität, Übersichtlichkeit und Handhabung. Gemeinsam ist beiden, daß das Produktdatenmodell an die neuen Forderungen angepaßt werden muß und mit "artfremden" Daten belastet wird.

Zum anderen kann die Datensynchronisation außerhalb des Produktdatenmodells über ein Synchronisationprotokoll erfolgen. Auch dazu ergeben sich verschiedene Möglichkeiten der Ausführung.

Entweder kann das Protokoll als Daten- plus Synchronisationsprotokoll oder als reines Synchronisationsprotokoll ausgeführt werden. Bei der ersten Möglichkeit wird das Protokoll modellabhängig und wesentlich umfangreicher als bei der zweiten, modellunabhängigen Version.

In laufenden Arbeiten wird die Implementierung eines reinen Synchronisationsprotokolls erprobt.

4.4 Beispielanwendung zum neutralen Produktdatenmodell als Systemdatenbasis

Als Anwendungsbeispiel dient die Definition strukturmechanischer Daten und eines Analyseauftrages. Die Definition der Daten wird mit einem sogenannten Draughting-Modul ausgeführt, das nach der in diesem Artikel beschriebenen Architektur implementiert wurde.

Abb. 11. zeigt die Oberfläche des Draughting-Moduls und einen Auszug aus der zu der dargestellten Graphik gehörenden neutralen STEP-Datei.

Der in der Graphik zur Modifikation ausgewählte Balken (Traverse), erkennbar an den üblichen Modifikationspunkten, ist in der Darstellung der neutralen Datei besonders hervorgehoben. In dem Dateiauszug sind außerdem Teile der neutralen Repräsentation der Streckenlasten, der physikalischen Einheiten und des Analyseauftrages zu erkennen. Der Analyseauftrag bezieht sich auf den markierten Balken und gibt an, daß dieser in 7 gleiche Abschnitte aufgeteilt werden soll und daß Schnittlasten, Biegemomente und Verschiebungen (Biegelinie) berechnet werden sollen (T,T,T).

Das Datenmodell, das gleichzeitig zum Datenaustausch und als interne Datenbasis dient, ist in Kap. 2 kurz beschrieben. Andere Datenmodelle, wie das Application Protocol 201 aus STEP [EDR93], lassen sich auf der Basis der derzeitigen Implementierung jederzeit einbinden. Durch die neuartige Vorgehensweise bei der Nutzung der neutralen Datenbasis entsteht Programmieraufwand nur im Kernel des Moduls, nicht aber in der Datenverwaltung.

Die Kommunikation zwischen dem produktdefinierenden Draughting-Modul und einem Strukturanalyseprogramm für zweidimensionale Stockwerksrahmen baut zur Zeit auf dem Austausch einer neutralen Datei nach STEP auf. Die Datei wird zwischen zwei entfernt voneinander aufgestellten Rechnern über "ftp" ausgetauscht. Der Analyseprozeß wird über ein "remote procedure call" gestartet.

Die Analyseergebnisse werden ebenfalls als neutrale Datei an das Draughting-Modul zurückgeliefert. Auf der Seite des Draughting-Moduls werden durch die neuartige Nutzung der neutralen Produktdatenbasis keine zusätzlichen Programme zur Datenkonvertierung (Prozessoren) benötigt.

Die Antwortzeiten bei der interaktiven Definition der Daten sind nicht spürbar länger als bei den gleichen Arbeitsschritten mit einer Vergleichsversion des Draughting-Moduls, die auf internen, C++-klassenorientierten Daten aufbaut.

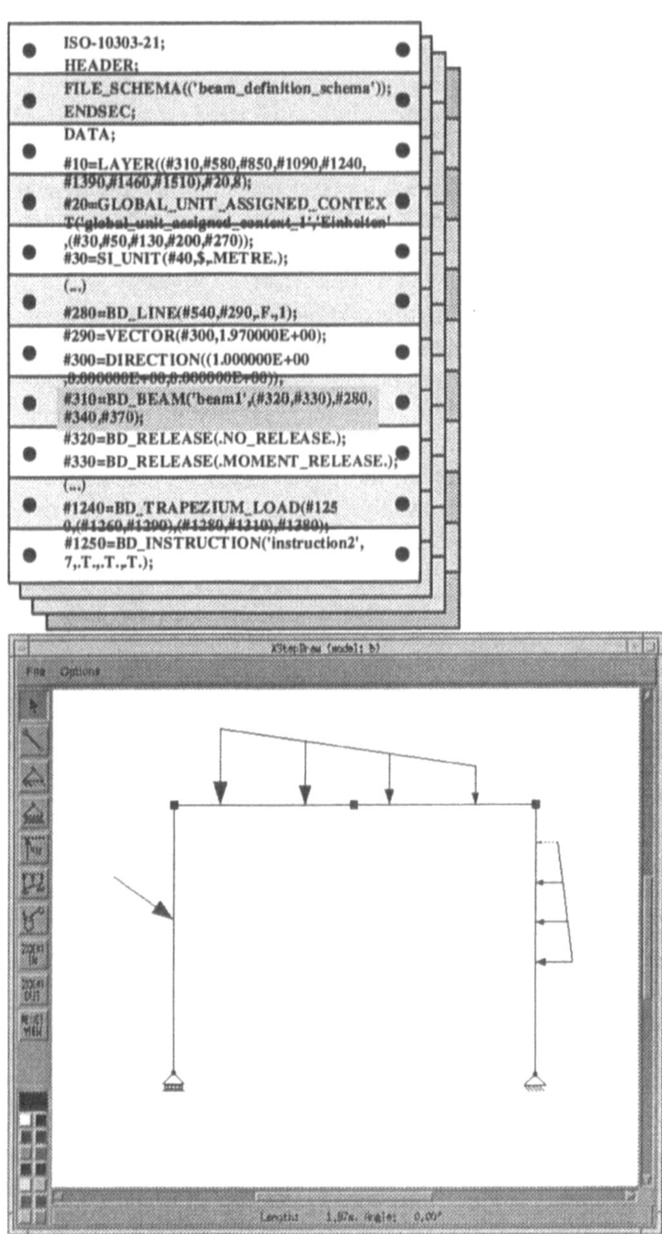

Abb. 11. Oberfläche und Physical File

Zusammenfassung

Die Normungsaktivitäten zum neutralen Produktdatenaustausch nach STEP zielen auf die Integration heterogener Systeme. Für bereits bestehende Systeme sind dafür entsprechende STEP-Prozessoren zum Generieren und Interpretieren der neutralen Austauschdatei notwendig. Zur Reduzierung der Prozessorentwicklung ist es denkbar, Systeme zu entwickeln, die die neutralen Produktdaten direkt als Systemdatenbasis benutzen.

Für beide Wege wurden Lösungen aufgezeigt.

Die Integration heterogener Systeme mit Hilfe von Prozessoren ist hier am Beispiel eines Datenaustauschs zwischen mehreren CFD-Programmes und einem Visualisierungsprogramm vorgestellt worden. Dazu wurde ein kompaktes und damit handhabbares Produktdatenmodell entwickelt. Die Umsetzung der Konzepte zur Prozessorentwicklung auf der Grundlage dieses Produktdatenmodells hat gezeigt, daß die Integration unterschiedlicher Soft- und Hardwareplattformen unter der Voraussetzung handhabbarer Produktdatenmodelle und flexibler STEP-Werkzeuge zuverlässig realisiert werden kann. Die Migration eines bestehenden Prozessors auf ein neues Anwendungssystem ist mit flexiblen STEP-Werkzeugen mit einem kalkulierbaren Aufwand möglich.

Die Frage, ob ein neutrales Produktdatenmodell als Systemdatenbasis verwendbar ist und ob sich daraus Vorteile für die weitere Verwendung des Systems ergeben, kann positiv beantwortet werden. Mit einer Pilotimplementierung nach der in diesem Artikel vorgestellten Architektur kann nachgewiesen werden, daß

- die Antwortzeiten bei interaktivem Arbeiten sehr klein sind und
- die Offenheit des Systems eine Einbindung in die Umgebung des "simultaneous engineering" in hohem Maß unterstützt.

Ein weiterer Vorteil dieser Architektur ist die problemlose Ausbaufähigkeit eines realisierten Systems. So läßt sich die Pilotimplementierung dahingehend erweitern oder modifizieren, daß sie anschließend als STEP-Visualisierer für bestimmte Produktdatenmodelle einsetzbar ist oder daß sie als Endsystem an einem Produktionsort in "ad hoc" Situationen verwendbar ist. Vor Ort sind möglicherweise vorgesehene Maschinenteile oder Träger auf einer Baustelle aus logistischen Gründen nicht verfügbar. Prinzipiell einbaubare Teile stehen aber zur Verfügung. Das System dient dann zur Anzeige der ursprünglichen Version, Editierung eines Ausschnittes, Formulierung eines Analyseauftrages und Anzeige der Analyseergebnisse, auf deren Grundlage über die Einsetzbarkeit des neuen Teiles entschieden werden kann. Die Kommunikation zwischen Endsystem und Analyseprogramm (Übermittlung des Analyseauftrages, Daten der geänderten Version, Analyseergebnis) erfolgt über eine neutrale STEP-Datei.

Die Funktionsfähigkeit des neutralen Datenaustausches und die problemlose Einbindung in eine Netzwerkumgebung mit dem Ziel der parallelen verteilten Bearbeitung, wurde in Kap. 4 beschrieben.

Literaturverzeichnis

[APG93]   ISO TC184/SC4 PMAG N103 Product Data Representation and
               Exchange: Guidelines for the development and approval of STEP
               application protocols, version 1.1, 1993

[CTE93]   ISO DIS 10303-21 Product Data Representation and Exchange - Part
               21: Implementation methods: Clear text encoding of the exchange
               structure, 1993

[EDR93]   ISO DIS 10303-201 Product Data Representation and Exchange - Part
               201: Application protocol: Explicit draughting, 1993

[ELR94]   ISO DIS 10303-11 Product Data Representation and Exchange - Part
               11: EXPRESS Language Reference Manual, 1994

[OVP93]   ISO DIS 10303-1 Product Data Representation and Exchange - Part 1:
               Overview and fundamental principles, 1993

Integration via Product Data Exchange / Product Data Sharing in einer heterogenen Umgebung

Ingo Morche, Gerhard Vatterrott
ZGDV - Zentrum für Graphische Datenverarbeitung e. V.
Joachim-Jungius-Str. 9, 18059 Rostock

Zusammenfassung:

Unterschiedlichste Anforderungen an CAD-Systeme führen zu heterogenen Systemumgebungen sowohl innerhalb eines Unternehmens als auch bei kooperierenden Unternehmen. Daraus ergeben sich zwangsläufig, besonders unter dem Aspekt 'Lean Production', hohe Anforderungen bzgl. einer effizienten Nutzung von produktrelevanten Daten durch verschiedene Systeme. Ein zusätzlicher Gesichtspunkt, der auch beim Management von Produktdaten zunehmende Beachtung findet, sind Ansätze zu paralleler bzw. verteilter Arbeit.

Der Produktdatenstandard ISO 10303 (STEP) und die damit verbundene Methodologie werden in Relation zu obigen Anforderungen und Zielen gesetzt. Szenarien zur Realisierung von STEP-basiertem Product Data Exchange sowie Product Data Sharing in einer konkreten Systemumgebung werden vorgestellt. Interagierende Komponenten dabei sind ein System zur parallelen Modellierung auf der Basis des Modelliererkerns ACIS, das kommerzielle CAD-System I-DEAS, die objektorientierte Datenbank VERSANT sowie diverse STEP/ EXPRESS-Entwicklungswerkzeuge.

1 Einführung

Heutige kommerzielle CAD-Systeme sind i.d.R. charakterisiert durch einerseits ein großes Leistungsspektrum, andererseits sind sie mehr oder minder abgeschlossen. Es gibt nur wenige spezielle Möglichkeiten für eine Verbindung mit anderer Software. Das betrifft sowohl die Nutzbarmachung von Funktionalität als auch von Daten.

Vorherrschend sind proprietäre Formate. Vorhandene und auch genutzte neutrale Formate besitzen einen zu geringen Scope. Es gibt keine oder nur beschränkte Zugriffsmöglichkeiten auf erzeugte Daten für Fremdsoftware (andere Applikationen). Daher sind, wenn überhaupt, nur handgefertigte spezifische

Kopplungen möglich. Der hohe Realisierungsaufwand einer solchen Kopplung einerseits und der bereits angesprochene Leistungsumfang bisher nutzbarer neutraler Formate und eine dadurch resultierende Fehlerfortplanzung andererseits sprechen gegen die Nutzung solcher Lösungen.

Ein Finalproduzent, der beispielweise mit den Unterlagen mehrerer, auch wechselnder Lizenzgeber arbeitet, ist mit einer solchen Aufgabe überfordert. Das führt in der Praxis zu solchen Lösungen, wie dem Austausch der Konstruktionszeichnungen und der Nachstellung der Daten mit dem eigenen System. Außer der Redundanz der Daten ist bei dieser Vorgehensweise der Verlust an Entwicklungszeit offensichtlich und unter den heutigen Marktbedingungen mit der Forderung zur Verkürzung der Einführungszeit neuer Produkte nicht zu vertreten. Außerdem wirkt sich dieses Problem erschwerend auf den Änderungsdienst der Unterlagen aus.

All dies steht im Widerspruch zu Anforderungen, wie sie sich aus dem Trend zur Rechnerunterstützung des gesamten ganzheitlichen Produktentwicklungsprozesses ergeben. Greift man nur einmal Konstruktion und Fertigung heraus, so sind neue Techniken wie die parallele Bearbeitung von Konstruktionsaufgaben (Concurrent Design) oder die Tendenz zur verteilten Fertigung mit abnehmender Produktionstiefe zu nennen. Folgerichtig ergibt sich daraus der Zwang zu zunehmender Kooperation und damit

- multivalenter Nutzung von Daten an verschiedensten Stellen des Produktionsprozesses bei unterschiedlichen Sichten,
- multipler Nutzung von Funktionalität eines Systems aus verschiedenen Applikationen heraus.

Zusammenfassend ist der Trend zu flexiblen, integrationsfähigen und "offenen" Systemen bzgl. nutzbarer Daten und Funktionen erkennbar. Die damit verbundene Wunschvorstellung sind offene Systeme, die den Zugriff auf möglichst viel Funktionalität und Daten mit möglichst wenig Aufwand und auf standardisiertem Wege erlauben. Systeme, die in hohem Grade dieser Vorstellung entsprechen, sind eine Voraussetzung für eine Evolution in Richtung Simultaneous Engineering.

2 Integration - Voraussetzungen, Mittel, Methoden

Neue Techniken und Technologien sind notwendige Voraussetzungen für integrationsfähige offene Systeme, mit denen Simultaneous Engineering möglich ist. Simultaneous Engineering beinhaltet die Auflösung des bisher sequentiell ablaufenden Konstruktions- und Entwicklungsprozesses durch eine Parallelisierung bestimmter Arbeitsschritte. Dabei wird die Arbeitsteilung bzw. Spezialisierung nicht aufgehoben. Eine Verkürzung der Produktentwicklungszeit wird durch die Weitergabe von Teilergebnissen und die damit verbundene Parallelisierung bestimmter Produktentwicklungsstufen erreicht.

Die Konstruktionsprozeß ist dabei nur der erste Schritt im gesamten Produktlebenslaufzyklus, erfordert aber einen nicht unerheblichen Teil der Produktentwicklungszeit. Die Forderung nach Verkürzung dieses Prozesses durch die Verringerung von Designrevisionen und -iterationen führt daher zum Concurrent Design oder kooperativen CAD.

Kooperatives CAD als eine Technik des CSCW unterscheidet sich dadurch von anderen Anwendungen auf diesem Gebiet, daß zusätzlich zu den Dimensionen Ort und Zeit bestimmte Randbedingungen in Bezug auf

- die Anzahl der verwendeten Systeme,
- die Homo- bzw. Heterogenität der Plattformen und
- den Austausch von Daten bzw. Objekten

gegeben sind. Somit sind eine Vielzahl von Integrationsmöglichkeiten gegeben, die in 3. klassifiziert und eingeordnet werden. Betrachtet man jedoch den gegenwärtigen Zustand der Integration in CAD, so sprechen bestimmte Defizite gegen eine Umsetzung verschiedener solcher denkbarer Intergrationsszenarien.

Zum einen stellt kooperatives CAD hohe Anforderungen an die interagierenden Systeme hinsichtlich ihrer CSCW-Funktionalität. Andererseits sind konventionelle CAD-Systeme durch eine relative Geschlossenheit und durch eine sequentielle Abfolge der Konstruktionsschritte gekennzeichnet und bieten keine Funktionalität zum kooperativen Arbeiten.

Simultaneous Engineering wird durch Datenmanagementsysteme und Versionsverwaltung innerhalb von CAD-System ermöglicht. In diesem Fall bleibt die Integration auf eine homogene Systemarchitektur und ein räumlich begrenztes Szenario beschränkt.

Concurrent Design auf der Basis des Austausches von Objekten erfordert eine neue Generation von CAD-Systemen mit CSCW-Funktionalität. Solche Systeme sind auf der Basis eines offenen Modellierkerns (ACIS) denkbar und derzeit Gegenstand kommerzieller Entwicklungen sowie von R&D-Projekten [CRM93]. Mit derartigen Systemen ist paralleles Konstruieren auch zeitlich und räumlich verteilt in einer homogenen Systemarchitektur möglich. Kooperatives CAD mit heterogenen Systemen und Plattformen erfordert in noch größerem Maße Systeme mit hoher Funktionalität und offene Modellierkerne.

Daher werden auf lange Sicht hinaus leistungsfähige Schnittstellen bzw. Standards zum Produktdatenaustausch zwischen den Systemen bzw. das Sharing von Daten eine praktikable Alternative zur Intergration von Produktdaten im gesamten Fertigungsprozeß darstellen. Aus dieser Sicht heraus ist neben CSCW und offenen CAD-Systeme (bzw. Kernen) [DIE94] auch die STEP-Entwicklung als wichtige Basistechnologie relevant.

2.1 STEP - eine Basistechnologie

Auch heute verbreitet ist die historisch gewachsene Praxis der Datenintegration von CAD-Systemen durch direkte Kopplung mittels systemspezifischer und nicht wiederverwendbarer Moduln. Diese Moduln realisieren die Abbildung der systemspezifischen Datenstrukturen bzw. -formate ineinander. Einen Fortschritt stellen die ebenfalls weit verbreiteten neutralen Datenformate und ihre Nutzung bei der Kopplung von Systemen dar. Die bekannten Handicaps dieser neutralen Formate wie sehr beschränkter Scope (z.B. VDAFS), die Vermischung von logischer und physischer Ebene (z.B. IGES) und die in der Regel nicht übertragbare Semantik der Daten führten zur Entwicklung des Standards ISO 10303 - Product Data Representation and Exchange oder STEP - Standard for the Exchange of Product Model Data [ISO10303].

Ziel von STEP ist die Bereitstellung von Mitteln (Informationsmodellen) und Methoden (Methodologie, Werkzeuge) zur Erstellung eines umfassenden Produktmodells, das aus der Sicht jedes während des Produktlebenszyklus (Design, Konstruktion, Fertigung, Wartung, Recycling usw.) Daten benötigenden und/oder generierenden DV-Systems vollständig ist. Ein vollständiges eindeutig interpretierbares Produktmodell ist eine notwendige Voraussetzung für eine möglichst vollständige Integration von DV-Systemen auf der Datenebene. Die Umsetzung dieses Integrationspotentials hängt u.a. von der erwähnten Methodologie und den zur Verfügung stehenden Werkzeugen ab.

Die sich durch die STEP-Entwicklung sowie den Trend zu offeneren Systemen bietenden Möglichkeiten sollten die so notwendige höhere Flexibilität bei der Interaktion System - System und System - Nutzer erreichen lassen. STEP umfaßt verschiedene Standards. Dies sind neben einem

- allgemeinen Überblick (ISO 10303-1)
- Methoden der Informationsbeschreibung (ab ISO 10303-11, z.B. EXPRESS, EXPRESS-G),
- Methoden der Informationsspeicherung und des -austauschs (ab ISO 10303-21, z.B. Physical File, Standard Data Access Interface),
- Methoden für Konformitätstests (ab ISO 10303-31, z.B. für Prozessorsoftware),
- Integrated Generic Resources mit grundlegenden Informationsmodellen zur Nutzung durch Anwendungsmodellierer (ab ISO 10303-41),
- Integrated Application Resources mit anwendungsnäheren Informationsmodellen (ab ISO 10303-101),
- Applikationsprotokolle mit anwendungsspezifischen zu implementierenden Informationsmodellen (ab ISO 10303-201) und
- Abstract Test Suites zu den Applikationsprotokollen (ab ISO 10303-1201).

Nachfolgend einige der zahlreichen Applikationsprotokolle:

- AP 203 - Configuration Controlled Design

- AP 212 - Electrotechnical Plants
- AP 214 - Core Data for Automotive Mechanical Design Processes
- AP 216 - Ship Moulded Forms.

Die Applikationsprotokolle sind ein Versuch, die Schere zwischen dem sehr allgemeinen und umfassenden Modellierungsanspruch von STEP einerseits und den andererseits immer speziellen konkreten Anforderungen von Industrien zu schließen. Sie spezifizieren genau die Art der austauschbaren Produktdaten. Implementationsmethoden legen fest, wie Daten ausgetauscht werden. In Verbindung mit einer ausgewählten Implementationsmethode gestattet ein Applikationsprotokoll die eindeutige Implementierung von Datenaustauschsoftware. Ein AP umfaßt

- Application Activity Model (AAM) zur Beschreibung von Scope und Kontext einer Anwendung,
- Application Reference Model (ARM) zur Modellierung der für die Anwendung relevanten Daten,
- Application Interpreted Model (AIM) im Ergebnis der Abbildung des ARM auf die Integrated Resources von STEP. In diesem Prozeß werden die anwendungsunabhängigen Basismodelle entsprechend der Anwendungsspezifika interpretiert.
- Menge von Konformitäts- und Testanforderungen, wie eine Implementation des Applikationsprotokolles zu prüfen ist.

In der STEP-Gemeinde gibt es gerade um die Möglichkeiten, die STEP für welche Art der Integration von Systemen bietet, eine angeregte Diskussion. Schlüsselworte dabei sind Product Data Exchange und Product Data Sharing.

Bei Product Data Exchange handelt es sich um die Übertragung von Produktdaten plus Semantik zwischen Systemen, so daß eine nachfolgende Verarbeitung dieser Daten im empfangenden System möglich ist. Als Beispiel seien hier Ergebnisse des K2-Projekts [NOW94] angeführt. Basierend auf den im Projekt entwickelten anwendungsunabhängigen K2-Tools wurden STEP-Prozessoren für die schiffbaulichen CAD-Systeme FORAN und STEERBEAR erstellt. Die mittels dieser Prozessoren austauschbaren Daten sind bestimmt durch ein Produktdatenmodell (Quasi-AP) zur Definition der äußeren Schiffsform. Korrekt ausgetauscht wurden Schiffsformen signifikanter Größe zwischen den Systemen FORAN und STEERBEAR.

Product Data Sharing kann als Nutzung von (nicht durchschnittsfremden) Teilmengen eines Pools von Produktdaten durch unterschiedliche Systeme, basierend auf einer gemeinsamen homogenen Datenbasis, entsprechend einem integrierten Produktdatenmodell, definiert werden. Beispielsweise wird im laufenden ITiS-Projekt der deutschen Schiffbauindustrie Product Data Sharing zwischen Firmen und Einrichtungen zwecks Produktivitätserhöhung angestrebt. Um dies erreichen zu können, wird ein STEP-basiertes integriertes Produktdatenmodell 'Schiff' (AP) erstellt, das die Bedürfnisse möglichst aller für das Produkt relevanten Daten verarbeitenden Teilprozesse (Systeme) berücksichtigt.

Kompliziert wird dieser Modellerstellungsprozeß dadurch, daß eine Reihe von Teilprojekten Teilmodelle erstellt. Um trotzdem Konsistenz und Vollständigkeit eines homogenen integrierten Gesamtmodells zu sichern, ist neben der Einhaltung verbindlicher Modellierungsrichtlinien und der Einordnung in einem vorgegebenen Referenzmodell ein iterativer Abstimmungsprozeß zwischen jedem Teilprojekt und einem speziellen Koordinierungs- und Review-Projekt erforderlich.

Bisherige Produktdatenmodelle (AP's) für verschiedene, aber durchaus in Beziehung zueinander stehende Anwendungsgebiete (z.B. Phasen des Produktlebenszyklus eines Schiffes) entstanden mehr oder weniger unabhängig voneinander. Je nach Intentionen der Entwickler gibt es auch AP's unterschiedlicher Art, z.B. für einen Industriezweig(-teil) [AP 215-218 - Schiffbau] oder für ein funktional bestimmtes Gebiet [AP 203 - Geometrie, Topologie und Produktstruktur]. Das erschwert offensichtlich die Integration dieser AP's im Nachhinein und folglich ebenso die der auf diesen AP's basierend miteinander kommunizierenden Systeme. Derzeit bietet STEP keine hinreichenden Möglichkeiten für eine Post-Integration von seperaten fertigen AP's. Damit ist die Pre-Integration, die Berücksichtigung der Anforderungen aller Anwendungsgebiete, die für die Interaktion der vorgesehenen Systeme relevant sind, bei der Erstellung eines gemeinsamen umfassenden AP die einzige sichere Basis für Systemintegration über Product Data Sharing.

Die Typographie des CAD-Referenzmodells [KEH94] unterscheidet die Integrationstypen gekoppelt, gekapselt und direkt mit wachsendem Qualitätsmaß. Bezieht man sich darauf, läßt sich auf der Datenebene Product Data Exchange über einen neutralen File als vom Integrationstyp gekoppelt betrachten. Product Data Sharing über eine gemeinsame Datenbasis entspräche dem Integrationtyp direkt, während Product Data Exchange über eine gemeinsame Datenbasis in etwa als vom Typ gekapselt anzusehen ist.

2.2 Systemvoraussetzungen

Bei aller Bedeutung eines Vehikels (Mittels, Transportmittels) für den Datenaustausch bzw. das Data Sharing wie STEP ist erste Voraussetzung selbstverständlich die Eignung der Systeme, die an diesem Datenaustausch bzw. Data Sharing partizipieren wollen. Diese Eignung umfaßt mehrere Aspekte unterschiedlicher Wertigkeit.

Um ein integriertes homogenes Datenmodell auf der Basis von STEP erstellen zu können, müssen die betroffenen Systeme mit Daten arbeiten, die durch einen signifikanten Durchschnitt charakterisiert sind. Das ist dann der Fall, wenn die betreffenden Systeme entweder ähnlichen Scope bzw. Funktionalität besitzen oder im Produktlebenszyklus benachbarte Teilprozesse bedienen/realisieren.

Damit ist quasi eine notwendige, aber nicht hinreichende Voraussetzung für Integration auf der Datenebene erfüllt.

Der wichtigste andere Aspekt wird gewöhnlich unter dem Stichwort Offenheit subsummiert. An dieser Stelle können und sollen nicht alle Facetten eines offenen Systems beleuchtet werden. Wichtig im Hinblick auf Datenintegration erscheinen folgende:

–   Schreibender und lesender Zugriff auf Daten in internem und neutralem Format ist möglich, wobei auch das interne Format offengelegt ist. (Export/ Import-Formate)
–   Es gibt Versionen des Systems auf unterschiedlichster Hardwarebasis. Die Schnittstellen inclusive Benutzerschnittstelle sowie das Verhalten der Versionen sind gleich. (Rechner- und Systemumgebung)
–   Auf Daten- und Funktionsebene sowie zur Kommunikation werden, soweit vorhanden, neutrale Standards verwendet. (Standards)
–   Zur Entwicklung eigener Applikationen verfügt das System über eine Programmierschnittschnelle, über die ein lesender und schreibender Zugriff auf die internen Datenstrukturen möglich ist. Diese Schnittstelle oder andere gestatten auch für fremde Software den Zugriff.(API)

Zur Illustration dieser Gesichtspunkte soll hier das CAD-System I-DEAS betrachtet werden:

Export/Import-Facilities
Außer den Export/Import-Möglichkeiten der binären Daten in einer homogenen Rechnerumgebung stehen Schnittstellen zum Datenaustausch mit anderen CAD-Systemen (z.B. CATIA), FE-Programmsystemen (z.B ABAQUS) und anderen speziellen Anwendungen zur Verfügung.

Rechner- und Systemumgebung
Zum Austausch der Modelldaten in einer heterogenen Rechnerumgebung dient ein Universal-Austauschformat. Es umfaßt außer der Modellgeometrie auch Systemparameter.

Standards
Es werden neutrale Austauschformate für 3D (IGES, VDAFS, SET) und 2D (IGES 2D und DXF) unterstützt

API
Es werden verschiedene Tools unter dem Begriff "Open Architecture" zusammengefaßt. Dazu gehört neben einer standardmäßigen Makrosprache und speziellen Werkzeugen für bestimmte Anwendungen das eigentliche API (*Open Data*). Es besteht aus 4 Segmenten:

–   Geometry Access (Export/Import der Geometrie/Topologie)
–   Geometrie Conversion (Erzeugung der internen Struktur NURBS)
–   FEM Access (Export/Import der FE-Daten)
–   IDM Access (Export/Import von Metadaten)

Die Schnittstellen zu den o.a. Neutralformaten wurden auf der Basis des API entwickelt. Deshalb scheint der Funktionsumfang auch zur Realisierung von STEP-Prozessoren, z.B. basierend auf dem AP 203, ausreichend zu sein.

Bisher wurden hier, orientiert an der Zielvorstellung Produktdatenaustausch bzw. Data Sharing, generelle Anforderungen an Systeme skizziert. Beschränkt sich das Szenario jedoch auf die Nutzung eines konkreten Systems in homogener Umgebung (z.B. parallele oder auch zeitversetzte Arbeit mit mehreren Kopien des Systems auf einem gemeinsamen Datenbestand), so kann mit Hilfe eines Datenmanagementsystems eine Integration von Produktdaten auf verschiedenen Entwicklungsstufen erfolgen. Ein solches Datenmanagementtool im CAD-System I-DEAS sei hier kurz beschrieben.

Das Datenmanagementsystem zum teamorientierten Arbeiten (Team Data Manager) basiert auf einer internen Datenbank (Library), in der produktbezogene Daten in verschiedenen Entwicklungsstadien (*concept, in review, approved, final*) abgelegt werden können. Über die Definition einer Projektstruktur mit verschiedenen Rollen (Konstrukteur, Techn. Zeichner, NC-Programmierer) werden die Zugriffsrechte geregelt. Der Informationsaustausch über Versionen und Änderungen erfolgt über ein automatisiert arbeitendes Mailsystem.

Als produktbezogene Daten können hierbei außer Geometrie- und Topologiedaten auch Zeichnungen, FE-Modelle, Werkzeugpfade usw. aber auch o.a. Datenaustauschfiles gehandelt werden, so daß die Nutzung dieses Datenmanagementsystems auch in einer heterogenen Rechnerumgebung möglich ist. Eine Einordnung eines solchen Integrationsszenarios erfolgt im Abschn. 3.

3 Integrationsszenarien

Ausgangspunkt für eine Integrationsaufgabe sind

-   die Analyse der zu lösende Aufgaben,
-   die für Teilaufgaben genutzten CAD-Systeme,
-   Mittel und Methoden mit integrativer Rolle
   (CSCW-Tools, Datenbanken, STEP-Werkzeuge, u.a.).

Dabei hängt die Schwerpunktsetzung bzgl. der obigen skizzierten Anforderungen ganz von der konkreten Aufgabenstellung ab. Um zunächst etwas Ordnung in die Menge der diversen Möglichkeiten zu bringen, wird ein 4-dimensionaler Raum eingeführt mit den Dimensionen

Stufen	- Austausch/Sharing von *Daten* / *Objekten* (Daten und Funktionen)
Systeme	- *eins* / *mehrere*

Rechnerumgebung   - *homo*gen / *hete*rogen
Nutzungszeit   - *g*leich / *u*nterschiedlich.

Dabei werden mehrere Nutzer angenommen, folglich auch mehrere Rechner, die miteinander vernetzt sind. Die Art der Netzverbindung wird vernachlässigt. Aus allen möglichen Tupeln sollen hier nur die bzgl. Datenintegration kurz betrachtet werden:

(D, e, ho, u)	Nur die Möglichkeit der permanenten Datenhaltung in internem Format ist erforderlich.
(D, e, he, u)	Wie (D, e, ho, u), aber das interne Format muß unabhängig von der Rechnerarchitektur sein.
(D, e, ho, g)	Es ist mindestens eine interne Datenbank mit konkurrierendem Zugriff erforderlich. Eine Koordinierung ist über Absprachen oder Mitteilungssysteme möglich (siehe 2.2.).
(D, e, he, g)	Wie (D, e, ho, g), aber der Zugriff auf die Datenbank muß unabhängig von der Rechnerarchitektur sein.
(D, m, ho, u)	Das ist realisierbar über neutrale Files in Verbindung mit Prozessoren zur Abbildung neutrales Format - systemeigenes Format. Erforderlich ist eine Zugriffsmöglichkeit auf die interessierenden Daten in den Systemen.
(D, m, he, u)	Wie (D, m, ho, u).
(D, m, ho, g)	Es ist eine neutrale Datenbank mit konkurrierendem Zugriff erforderlich. Prozessoren zur Import/Export der Daten aus den Systemen aus/in die neutrale Datenbank sind notwendig, folglich auch eine Zugriffsmöglichkeit auf die interessierenden Daten in den Systemen. Ein Koordinierungswerkzeug (CSCW-Monitor) ist, zumindest ansatzweise, günstig.
(D, e, he, g)	Wie (D, m, ho, g), aber der Zugriff auf die Datenbank muß unabhängig von der Rechnerarchitektur sein.

Die durch die Tupel repräsentierten unterschiedlichen Fälle lassen sich aus den verschiedensten Sichten beleuchten. Zwei wichtige sind die der Nutzer und der Datenorganisation.

Die Nutzersicht ist charakterisiert durch den Umgang mit den Funktionen und Daten zur Erzielung eines bestimmten Ergebnisses. Sie ist eine mehr externe Sicht. Die Datenorganisation ist Bestandteil der Systemarchitektur und charakterisiert die Struktur der Daten innerhalb und außerhalb der Systeme sowie den Fluß der Daten zwischen den Systemen. Lediglich dieser Aspekt der Systemarchitektur wird betrachtet.

3.1 Ein konkreter Integrationsfall

Wie bereits gesagt, spielen die konkreten vorhandenen Softwaresysteme und ihre Charakteristika letztlich eine entscheidende Rolle beim konkreten Szenario.

Hier soll auf die zwei oben hervorgehobenen Tupel *(D, m, ho, u)* und *(D, m, ho, g)* sowie *(O, e, ho, g)* eingegangen werden. Diese Auswahl hängt einfach mit den vorhandenen Möglichkeiten zusammen. Im Rahmen verschiedenster Projekte im CAD-Bereich wurde unterschiedlichste Hard- und Software beschafft bzw. erstellt. Die Integration dieser Softwarekomponenten, sowohl für Demonstrationszwecke als auch um Erfahrungen zu gewinnen, wurde in Angriff genommen.

So stehen der offene Modelliererkern ACIS und ein CSCW-Toolkit zur Verfügung. Der Fall *(O, e, ho, g)*, das kooperative Modellieren mit ACIS, wird realisiert im Projekt *KoMode (Kooperatives Modellieren)*. Ausführlich erörtert wird dieser Ansatz in [DL94]. Weiter sind nutzbar das kommerzielle CAD-System I-DEAS, eigenerstellte und kommerzielle STEP-Werkzeuge sowie die objektorientierte Datenbasis VERSANT. Bei dieser Ausgangslage bietet sich eine Integration von I-DEAS und ACIS mit Hilfe von STEP-Werkzeugen und der VERSANT-Datenbasis an.

Bei einer homogenen Rechnerumgebung (SGI) entspricht dies einer Realisierung der Fälle *(D, m, ho, u)* und *(D, m, ho, g)*, betrachtet man das kooperative ACIS-Modelliersystem als eine Komponente. Zweifelsohne ist Datenintegration vom Typ *(D, m, ho, g)* nur dann in vollem Maße sinnvoll, wenn parallele Projektbearbeitung mittels beider unterschiedlicher Systeme praktiziert wird. Dies ist als höchste Ausbaustufe im KoMode-Projekt angedacht. Die Abb. 1. verdeutlicht das zunächst geplante Szenario.

Die mit dem experimentellen System zum kooperativen Modellieren mit ACIS (KoMode) erzeugten Objekte sollen für das CAD-System I-DEAS verfügbar gemacht werden. Hier kann die komplexe Funktionalität eines CAD/CAM-Paketes nutzbar gemacht werden, wie z.B.

- die Nutzung zusätzlicher Modelliertools (Features, Parametrisierung, Normteile),
- die Analyse und Optimierung des Modells mit Hilfe des FE-Paketes,
- die Bereitstellung des Modells zur NC-Bearbeitung und die Generierung der CL-Data.

Der Sinn einer solchen Vorgehensweise liegt dabei in der Verbindung eines kooperativen Konstruktions- und Entwicklungsprozesses mit den umfangreichen Tools eines CAD-Systems unter Nutzung der jeweiligen Stärken der Systeme. Ein weiterer Vorteil des verwendeten CAD-Systems ist die Durchgängigkeit des zugrundeliegenden geometrischen Modells, d.h. Modifizierungen aufgrund spezifischer Anforderungen innerhalb der einzelnen Module wirken sich sofort auf das

Modell aus und können über entsprechende Prozessoren sofort für das gesamte Szenario nutzbar gemacht werden.

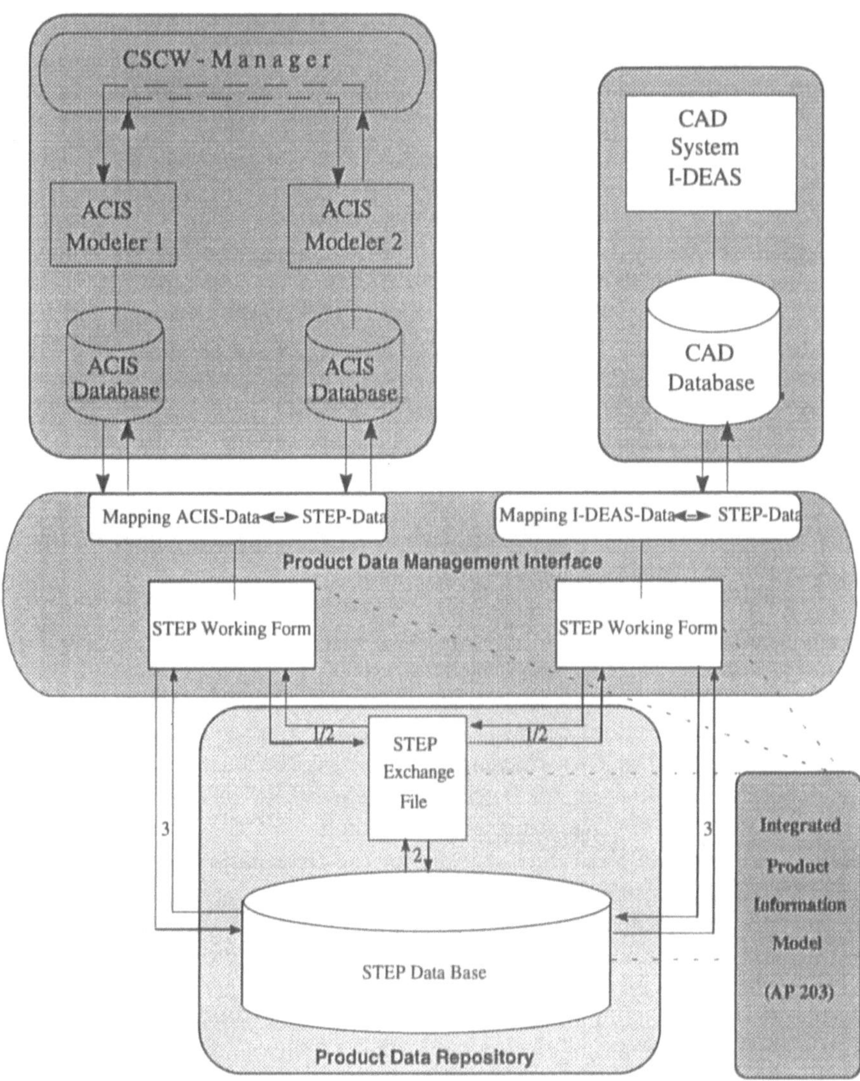

Abb. 1. Datenintegration über neutrale Datenbasis bzw. neutrale Files

Da mit ACIS geometrische Objekte erzeugt werden und die jeweiligen Entsprechungen dieser Objekte auch wesentlicher Bestandteil der Geometrie-

Sektion der Programmierschnittstelle des CAD-Systems I-DEAS ist, wird als integriertes Datenmodell das STEP Application Protocol 203 "Configuration Controlled Design" verwendet. Es deckt Geometrie und Topologie sowie Produktstruktur ab und dient als Basis für die Datenintegration (Abb. 2.).

Die mit dem kooperativen Modellierer KoMode erzeugten Objekte sind in der internen ACIS-Datenbasis bzw. in einem ACIS-File abgelegt. Das zugrunde-liegende Datenmodell ist bekannt (Abb. 3.). Die wesentlichen Bestandteile des ACIS-Datenmodells finden sich mit ähnlicher bzw. gleichlautender Bezeichnung im Datenmodell des dem CAD-System I-DEAS zugrundeliegenden Modellierers wieder (Abb. 4.).

Auf ein Objekt in der ACIS-Datenbasis kann mittels API- bzw. DI-Funktionen zugegriffen werden. Im Falle eines als ACIS-File vorliegenden Objekts kann der Zugriff selbst organisiert werden. ACIS-Objekte sind abzubilden in STEP-Objekte entsprechend AP 203. Dabei sind STEP-Werkzeuge und Konver-tierungsroutinen nutzbar. Konkret genutzt wurde bisher ein kommerzieller File-Konverter ST-ACIS der Firma STEP Tools, Inc. zur Umwandlung von Files im ACIS-Format in STEP-Austauschfiles entsprechend ISO 10303-21 und AP 203.

In diesem Fall spielt die Rechner- bzw. Systemumgebung, in der der ACIS-Modellierer läuft, keine Rolle, da sowohl SAT- als auch STEP-Files im ASCII-Format vorliegen.Wenn der Ausgangspunkt aber die ACIS-Datenbasis ist, müssen sowohl ACIS als auch die benutzten STEP-Werkzeuge innerhalb einer Rechner- bzw. Systemumgebung lauffähig sein.

Ein zweiter möglicher Weg neben dem Datenaustausch über den STEP-File ist die gemeinsame Nutzung einer STEP-Datenbasis. Diese wird über eine, je nach STEP-Werkzeugen geartete, Working Form gefüllt bzw. gelesen. Konkret kann das mit den STEP-Werkzeugen von STEP Tools, Inc. folgendermaßen ablaufen. Aus den EXPRESS-Entities des AP 203 werden C++-Klassen sowie eine interne Datenbasis erzeugt. Die C++-Klassen lassen sich u.a. auch basierend auf den grundlegenden C++-Klassen des Datenbanksystems VERSANT erzeugen. Damit wird ein automatisch ein Datenbankschema definiert.

Zum einen kann der STEP-File über die interne Datenbasis oder direkt in die VERSANT-Datenbasis geladen werden. Der Zugriff ist analog möglich oder über Nutzung der entsprechenden C++-Klassen zu organisieren. Andererseits kann die Datenbank auch ohne den Umweg über den STEP-File gefüllt werden. Dazu ist die Bereitstellung der benötigten C++-Instanzen ausgehend von den Objekten in der ACIS-Datenbasis zu programmieren. Nur über diesen dritten direkten Weg ist Data Sharing zwischen den Systemen ACIS und I-DEAS effektiv möglich.

Von Vorteil bei der Nutzung einer Datenbasis ist neben dem, je nach Funktionalität der Datenbasis, möglichen konkurrierendem Zugriff die bessere Berücksichtigung von Integritätsbedingungen. Letztere hängt allerdings von der Qualität der Übersetzung des STEP-Modells (EXPRESS) in das Datenbank-schema (z.B. C++) ab.

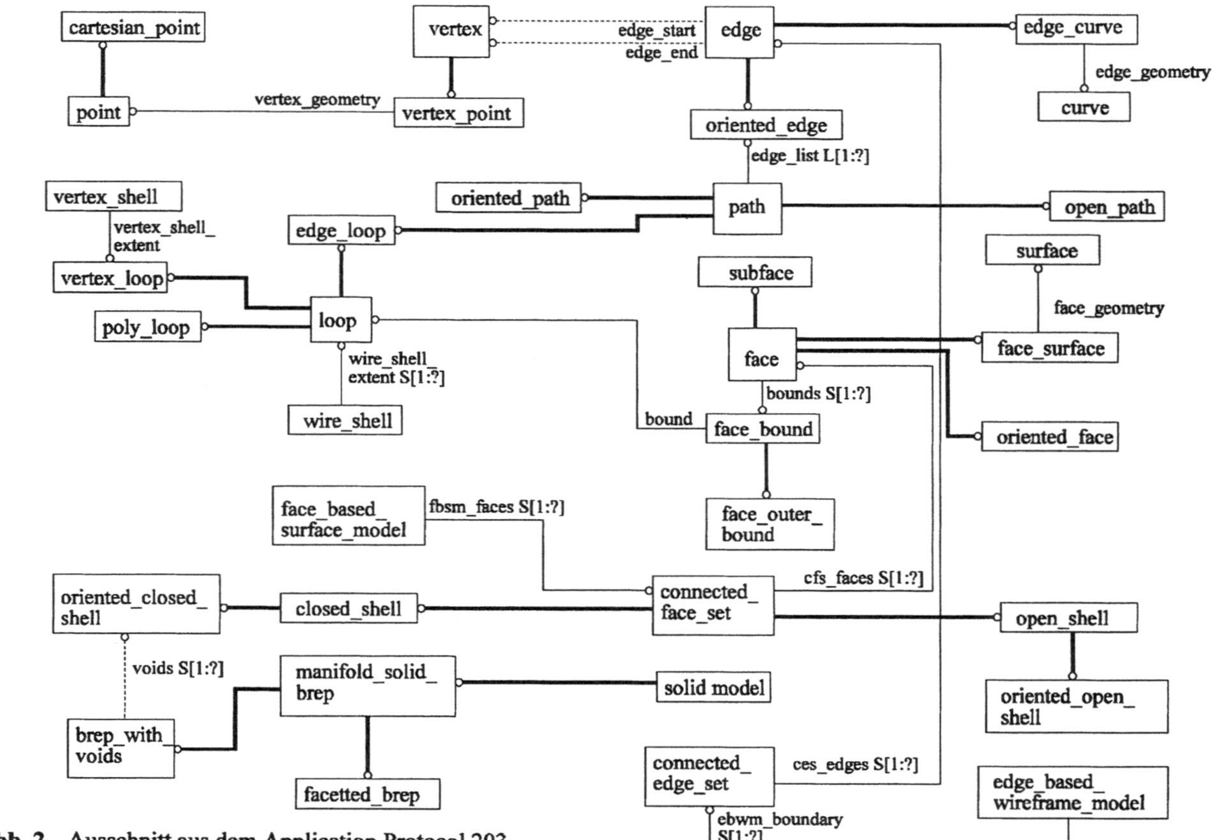

Abb. 2. Ausschnitt aus dem Application Protocol 203

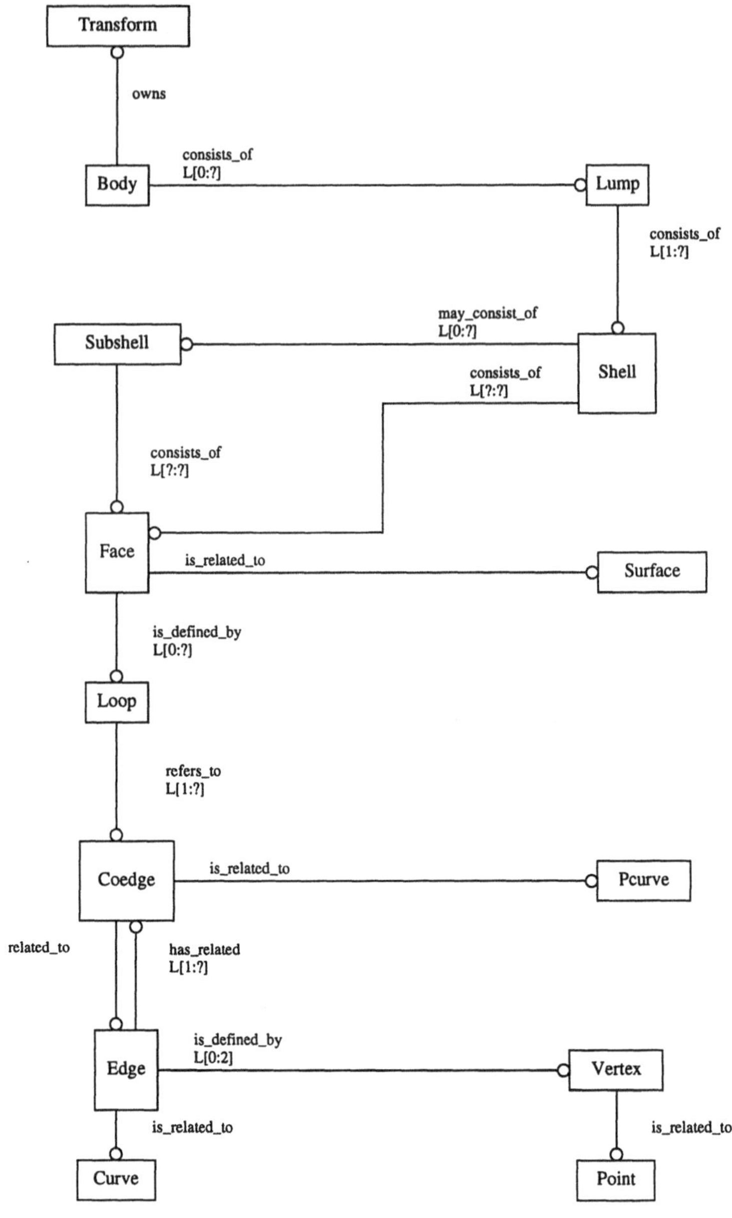

Abb. 3. Ausschnitt aus dem ACIS-Datenmodell (Body) in EXPRESS-G-naher Darstellung

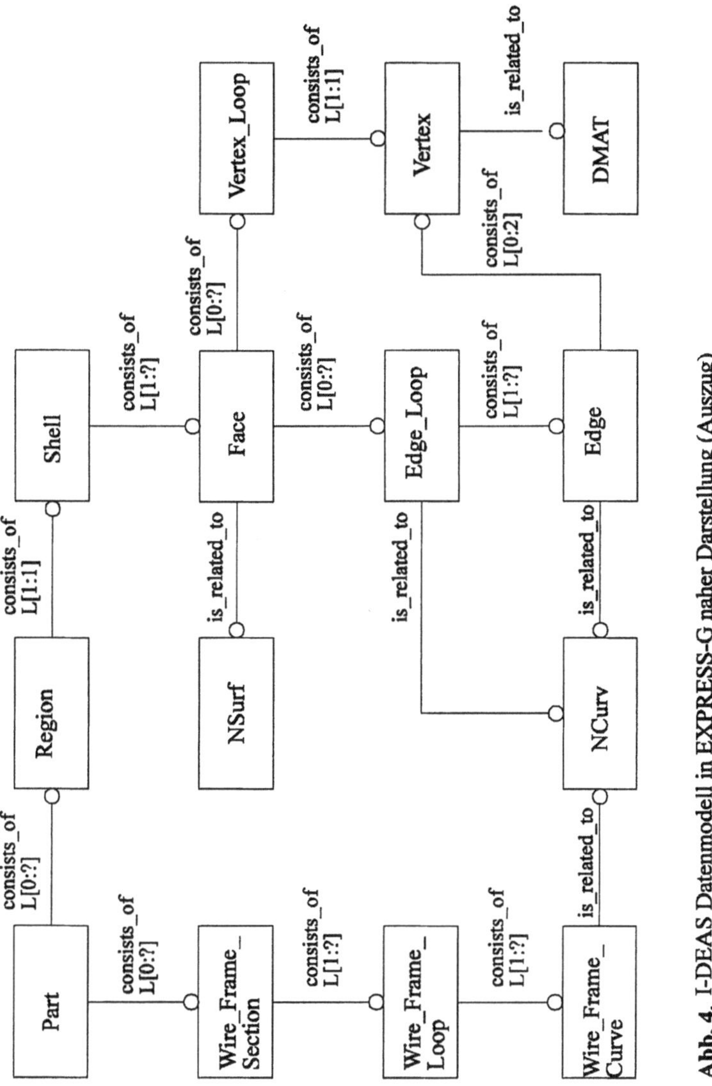

Abb. 4. I-DEAS Datenmodell in EXPRESS-G naher Darstellung (Auszug)

In Zukunft gewinnt sicher der Zugriff auf die Datenbasis mittels SDAI (Standard Data Access Interface) an Bedeutung. Damit ist dann sowohl der applikationsspezifische als auch der applikationsunabhängige Zugriff möglich. Es werden verschiedene Spracheinbettungen für SDAI entwickelt, u.a. in C++. Derzeit sind lediglich experimentelle SDAI-Implementationen bekannt, die jeweils eine bestimmte Entwicklungsetappe repräsentieren. Sie sind zumeist applikationsunabhängig und C-basiert.

Betrachtet man den Zugriff des I-DEAS-Systems auf die STEP-Daten, sind analog zu den obigen drei Wege gangbar.

1. Ist der STEP-File direkt Ausgangspunkt, wird mittels eines STEP-Werkzeugs der STEP-File überprüft und in eine Working Form überführt. Für den direkten Zugriff auf diese stehen Methoden bereit und die Abbildung auf I-DEAS-Objekte ist unter Nutzung dieser zu programmieren. Dazu werden die API-Funktionen der OPEN DATA-Moduls des CAD-Systems verwendet. Da sich das zugrundeliegende Modell auf Geometrie und Topologie beschränkt, werden dabei im wesentlichen die Sektionen Geometry Conversion und Geometry Access benutzt. Dabei werden zuerst aus den analytisch beschriebenen Geometrie-elementen des AP 203 die dem I-DEAS-Modellierer internen Datenstrukturen NURBS (Non-manifold Rational B-Splines) mit Hilfe der Geometry Conversion-Funktionen erzeugt. Mit Hilfe der damit entwickelten C-Strukturen läßt sich danach die STEP-File beschriebene Geometrie und Topologie mit Hilfe der Geometry Access-Funktionen aufbauen.

Auch der Weg über die Erzeugung eines Files im I-DEAS-eigenen Format ist möglich. Dabei muß die aus dem STEP-File eingelesene Working Form auf das entsprechende Universal-Austausch-Format abbgebildet werden. Zur Kopplung mit dem CAD-System ist auf diesem ein Client-Server-Prozess zu starten. Mit Hilfe dieses Prozesses wird das Universal-File bei entsprechender Veranlassung (Erzeugung bzw. Modifizierung) eingelesen und intern das Modell erzeugt. Das Fehlen einer direkten Kopplung bzw. der hohe Realisierungsaufwand des Abbildungsprozesses sprechen jedoch gegen eine solche Lösung.

2. Ist der STEP-File in der STEP-Datenbank abgelegt, ist er mittels entsprechender Tools zu extrahieren und danach wie gehabt weiterzuverarbeiten.

3. Sollen die Objekte aus der STEP-Datenbank ohne Umweg über den STEP-File für das I-DEAS-System verfügbar gemacht werden, ist der Zugriff auf z.B. C++-Instanzen und deren Abbildung auf die von den OPEN DATA-API-Funktionen verarbeitbaren Objekte zu organisieren. Im Prinzip läuft dabei der Abbildungsprozess in denselben Schritten wie bei der ersten Methode ab, also Konvertierung der Instanzen in die interne Datenstruktur NURBS und Aufbau der Geometrie/Topologie. Dabei ist es jedoch erforderlich, eine Reduzierung der Instanzen der C++-Klassen auf C-Strukturen vorzunehmen.

Die Möglichkeit der Bereitstellung der Daten für das CAD-System über die Programmierschnittstelle scheint dabei durch den direkten Zugriff auf die interne Datenstruktur die effizientere Lösung im Vergleich zum Weg über das Universalfile zu sein. Allerdings ist man damit für die Entwicklung der entsprechenden Werkzeuge an die jeweilige Rechnerplattform des Systems gebunden.

Zusammenfassung und Ausblick

Die bisherigen Darlegungen sind einzuordnen in das interne Projekt KoMode. Phase 1 des Projekts (KoMode/1), das kooperative Modellieren mit ACIS in einer homogenen Umgebung, wird in [DIE94] erläutert. Das obige skizzierte Integrationsszenario verdeutlicht Phase 2 (KoMode/2).

Die Möglichkeiten einer "Integration im Nachhinein" von kommerziellen CAD-Systemen und anderer Software mit sich überschneidender Funktionalität, basierend auf der Nutzung von STEP-Werkzeugen und Methodologie, wird aufgezeigt. Die Datenintegration über Fileaustausch ist in der Realisierungsphase. Integration per Data Sharing über die VERSANT-Datenbank ist ebenfalls in der zweiten Etappe geplant. Derzeit fehlen noch bestimmte Softwarekomponenten.

Voll zum Tragen kommt die Nutzung der OODB VERSANT erst dann, wenn mit den Systemen ACIS und I-DEAS gleichzeitig unter einem gemeinsamen CSCW-Monitor gearbeitet werden kann. In diese Richtung zielt eine dritte Realisierungsphase (KoMode/3). Dieses experimentelle Szenario wird während Realisierung und Nutzung wertvolle Anregungen für die Gestaltung von Daten- und Systemintegration in der industriellen Praxis, u.a. die Nutzung von STEP und Methodologie sowie objektorientierter Datenbanken unter dem Blickwinkel Cooperative CAD, liefern.

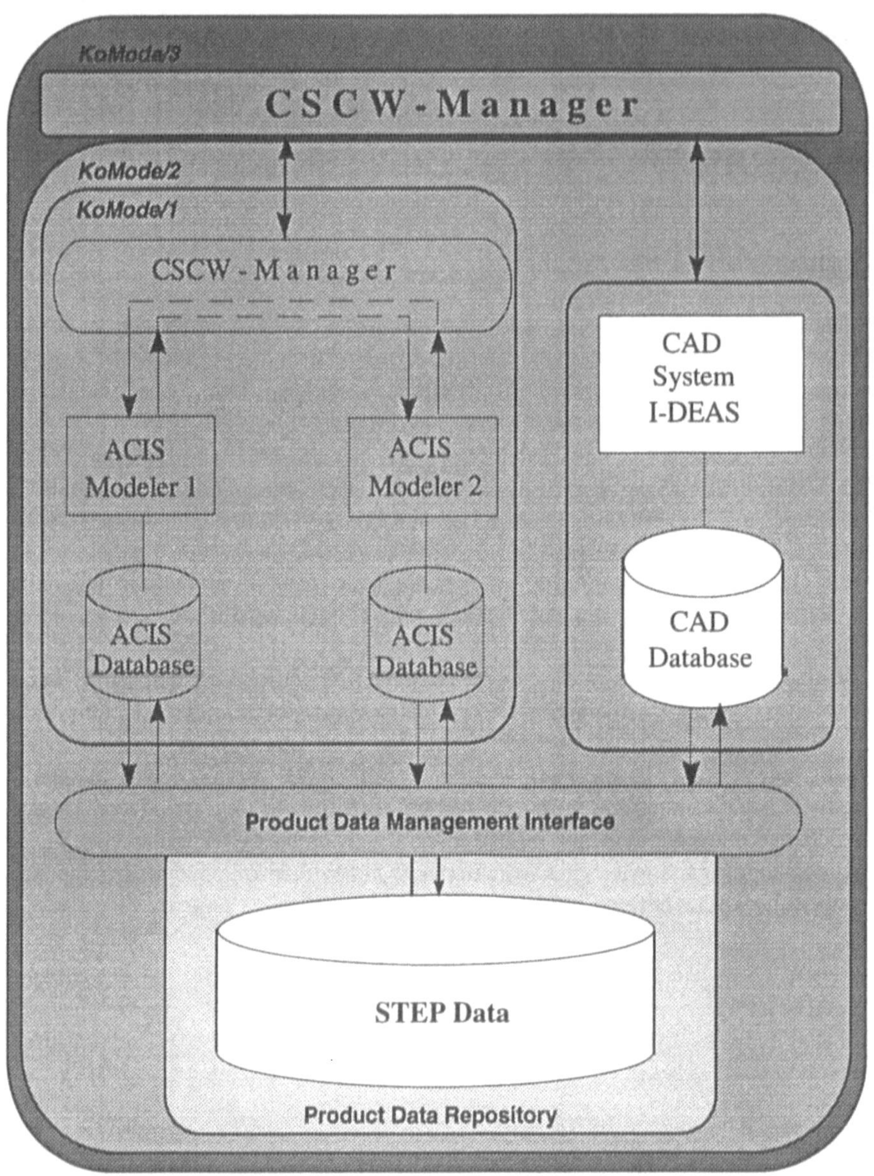

Abb. 5. Architektur KoMode

Literatur

[CRM93]   Aktueller Stand der CAD-Technik und der rechnergestützten
            Konstruktionsarbeit, Zwischenbericht BMFT-Verbundprojekt "CAD-
            Referenzmodell", April 1993

[DIE94]   U. Dietrich, U.v. Lukas: Kooperatives Arbeiten in einer offenen
            heterogenen Umgebung, Vortrag Workshop ICA´94, Rostock, 28.-29.
            September 1994

[ISO93]   ISO 10303: Industrial automation systems-Product data representation
            and exchange
            (STEP Initial Release - expected to the end of 1994)
            - Part 1: Overview and Fundamental Principles
            - Part 11: The EXPRESS Language Reference Manual
            - Part 21: Clear Text Encoding of the Exchange Structure
            - Part 22: Standard Data Access Interface Specification
            - Part 203: AP 203 - Configuration Controlled Design

[KEH94]   B. Kehrer, G. Vatterrott: Integration Aspects of STEP and their
            Expression in the CAD, Reference Model

[NOW94]   H. Nowacki, F. Stolte, J. Klingner, G. Vatterrott: A Neutral Product
            Model for Ship Hull Geometry and its Use in Data Exchange
            Proceedings of European Product Data Technology Days, March 1994,
            Paris, Revue internationale de CFAO et d'infographie, Vol. 9 - n
            3/1994, Hermes, ISSN : 0298-0924

Der STEPIntegrator als Datendrehscheibe für die Integration von CAD/CAM-Systemen

Dr. Manfred Wagner
Siemens Nixdorf Informationssysteme AG
Gleiwitzer Str. 555, 90475 Nürnberg

Zusammenfassung

Die zunehmende weltweite Übereinkunft zum Einsatz und der Förderung des ISO-Standards STEP in der Fertigungsindustrie zum Austausch von Produktmodelldaten, insbesondere durch die Automobil- und Elektroindustrie im Rahmen des ProSTEP-Projektes, hat viele Systemanbieter bewogen, praxisgerechte STEP-Prozessoren für ihre CAD/CAM-Systeme auf den Markt zu bringen. Grundlage für diese Implementierungen sind die STEP-Anwendungsprotokolle, in denen die für den Datenaustausch benötigten Objekte und deren Beziehungen zueinander beschrieben werden.

Trotz der erheblichen Vorteile, die der STEPbasierte Datenaustausch mit sich bringen wird, gibt es auch eine Reihe neuer Probleme, die den Bedarf an zusätzlichen Integrationstools erforderlich machen.

Auch Siemens Nixdorf wird seine Produkte und Lösungen an STEP orientieren. Im Rahmen von ESPRIT-Projekten und ProSTEP sind bereits EXPRESS-Werkzeuge, STEP-Prozessoren und das Integrationswerkzeug STEP-Integrator entstanden. Der STEPIntegrator unterstützt die Integration verschiedener CAD/CAM-System durch Anpassung verschiedenartiger Datenmodelle und Visualisierung von STEP-Datenmodellen.

Der STEPIntegrator basiert auf einem STEP-Prozessor, der auf den in ProSTEP entwickelten systemneutralen Softwarebaukasten aufsetzt. Unterstützt wird das Datenmodell AP214 („Core Data for Automotive Mechanical Design"), welches in Zusammenarbeit von ISO, ProSTEP und VDA entsteht.

In diesem Beitrag soll der Anwendungsbereich des STEPIntegrators, insbesondere auch für die Qualitätssicherung, erläutert werden.

1 Einleitung

Die zunehmende Rechnerdurchdringung in den einzelnen Bereichen der Produktentwicklung einerseits, die gegenwärtigen wirtschaftlichen Rahmenbedingungen und der daraus resultierende Wettbewerbsdruck andererseits, erfordern den Einsatz innovativer Informationstechniken zur Optimierung aller ablaufenden Geschäftsprozesse. Dazu gehört die Kontrolle über diese Prozesse und der Unternehmensstruktur, aber auch die Integration der vorhandenen DV-Systeme und die Realisierung der Datendurchgängigkeit vom Design bis zum Recycling. Die Problematik der Prozeß- und Produktmodellierung ist Thema vieler Entwicklungs- und Forschungsprojekte, wie z.B. den ESPRIT-Projekten JCF (Jessi-Common-Framework) oder CONSENS (*Con*current *S*imultaneous *En*gineering *S*ystem), die stets auf ein wohldefiniertes Datenmodell aufsetzen.

Der Austausch von Produktmodelldaten auf Basis des neuen Schnittstellenstandards STEP[1] wird in der industriellen Praxis, trotz vielversprechender Realisierungen in verschiedenen Forschungs- und Entwicklungsprojekten, erst in einigen Jahren Realität werden. Ursache ist im wesentlichen die Schwierigkeit der vollständigen und eindeutigen Beschreibung eines Produktmodells und die daraus resultierende Verzögerung der breiten Einführung von STEP-Produkten.

2 Das STEP-Produktmodell

In den letzten Jahren findet in der Industrie eine Umstellung von geometrieorientierten zu produktmodellorientierten CAD/CAM-Landschaften statt. Motivation dafür ist das Bestreben, durch verkürzte Konstruktionsabläufe Rationalisierungspotentiale zu nutzen und Wettbewerbsvorteile zu schaffen und zu sichern.

Ein erhebliches Rationalisierungspotential birgt der EDV-gestützte Datenaustausch und die Integration verschiedener Systeme in sich. Dabei müssen sowohl Systeme mit Spezialfunktionalität (z.B. Finite Element Systeme) als auch verschiedene Systeme mit Produktmodellansatz miteinander Modelldaten austauschen können.

STEP ist ein Standard für die Beschreibung und den Austausch eines Produktmodells, einer vollständigen Beschreibung des Produktes über den gesamten Lebenszyklus, von der Entwicklung über die Fertigung bis zum

---

[1] STEP (Standard for the Exchange of Product Model Data) steht im folgenden als Arbeitstitel für die ISO-Norm 10303.

Verwurf. STEP erhebt damit den Anspruch, die Grundlage für zukünftige CAD/CAM-Integration in der industriellen Produktion zu sein.

Die Entwicklung der Norm STEP hat mit der Freigabe des Initial Release auf der ISO-Sitzung in Turin Ende Februar 1993 zur Registration als DIS (Draft International Standard) einen ersten Meilenstein erreicht. Einige Teile haben mittlerweile den Status IS (International Standard) erreicht. Damit wurde die Basis für den Einsatz von STEP-basierten Anwendungen in der Industrie geschaffen.

Industrielle Produktentwicklungen erfordern zukünftig ein hohes Maß an Integration von Systemen aus unterschiedlichen Anwendungsbereichen. Benötigt wird eine Integrationstechnologie für Produktentwicklung, Projektabwicklung, Automatisierung und Administration, die auf dem Produktmodell von STEP aufsetzt.

3 Anwendungsprotokolle als Basis für STEP-Implementierungen

In der Struktur von STEP (siehe Abb. 1.) werden sogenannte Basismodelle (*Generic* oder *Application Resources*) definiert, in diesen werden die zu beschreibenden Objekte, ihre Eigenschafen und ihre Beziehungen zueinander definiert. Ein Beispiel hierfür ist der Part 42 („Geometric and Topological Representation"), in dem alle geometrischen und topologischen Objekte, wie Kurve, Volumenkörper, Kreis, etc. definiert werden. Mittlerweile gibt es ca. 20 verschiedene Basismodelle.

Aufbauend auf diese Basismodelle werden für konkrete Anwendungen, wie z.B. den Austausch von 3D-Volumenmodelldaten oder Blechteilen, sogenannte Anwendungsprotokolle, im folgenden mit AP abgekürzt, definiert. Diese sind die Grundlage für die Implementierung von STEP-Prozessoren - Umsetzern von systemspezifischen CAD/CAD-Datenformaten in das STEP-Format und umgekehrt. Ein Prozessor unterstützt ein bestimmtes AP dann, wenn er alle Elemente versteht, die in diesem spezifiziert sind, und auch nur solche Elemente, unter Umständen erst nach einer passenden Konvertierung, erzeugt.

Ein AP besteht aus mehreren Komponenten (siehe Abb. 2.). Zunächst ist exakt beschrieben, in welchem Anwendungskontext (in welcher Phase des Produktlebenszyklusses) ein bestimmtes AP eingesetzt wird, z.B. für die Konstruktion mechanischer Komponenten im Automobilentstehungsprozeß. Dies erfolgt in einem sogenannten Application Activity Model (AAM). Weiterhin erfolgt eine genaue Abgrenzung der in diesem AP zu unterstützenden Datenklassen, z.B.

Volumenmodelle in Boundary Representation[2] Beschreibung, aber keine CSG-Modelle[3].

ISO 10303 - STEP

1   Overview and Fundamental Principles

Description Methods

11 The EXPRESS Language
    Reference Manual
12 The EXPRESS-I Language
    Reference Manual

Implementation Methods

21 Clear Text Encoding of the
    Exchange Structure
22 Standard Data Access Interface
    Specification (SDAI)

**Conformance Testing
Methodology & Framework**

31 General Concepts
32 Requirements on Testing Labora-
    tories and Clients
33 Structure and Development of
    Abstract Test Cases
34 Abstract Test Methods

Generic Resources

41 Fundamentals of Product
    Description and Support
42 Geometric and Topological
    Representation
43 Representation Structure
44 Product Structure Configuration
45 Materials
46 Visual Presentation
47 Shape Tolerances
48 Form Features
49 Process Structure, Definition
    and Representation

Application Resources

101 Draughting
102 Ship Structures
103 Electrical Functional
104 Finite Element Analysis
105 Kinematics

Application Protocols

201 Explicit Draughting
202 Associative Draughting
203 Configuration Controlled Design
204 Mechanical Design using
     Boundary Representation
...   ...
207 Sheet Metal Part Processing and
     Design
...   ...
212 Electrotechnical Plants
213 Numerical Control Process Plans
     for Machined Parts
214 Core Data for Automotive
     Mechanical Design Processes

Abstract Test Suites

1201 Expl. Draughting Abstract
      Test Suites
...   .

Abb. 1. Aufbau von STEP

Das eigentliche Datenmodell wird zunächst in der Sprache der Anwendung spezifiziert, in einer formalen Sprache wie NIAM (Nijssen's informatioon analysis method) oder bereits in EXPRESS[4] (als Application Reference Model = ARM). EXPRESS ist die Spezifikationssprache von STEP und auch Bestandteil der Norm. Das eigentliche STEP-Datenmodell entsteht dann durch Abbildung der in diesem Datenmodell benutzten auf die in den Basismodellen bereits definierten Objekte. Darüber hinaus wird beschrieben, wie diese Objekte in dieser speziellen Anwendung zu interpretieren sind, teilweise kommen auch noch zusätzliche Einschränkungen für diese Objekte hinzu. Diese endgültige Beschreibung erfolgt mit EXPRESS und heißt Application Interpreted Model (AIM).

---

[2] Boudary Representation Model (BREP): Beschreibung eines 3D-Volumenmodells aufgrund der Modelltopologie und -geometrie
[3] Constructive Solid Geometrie (CSG): Beschreibung eines 3D-Volumenmodells aufgrund der Konstruktionshistorie (Boolesche Verknüpfungen von Grundkörpern)
[4] EXPRESS ist die Spezifikationssprache für die STEP-Datenmodelle und ebenfalls Bestandteil der ISO-Norm 10303.

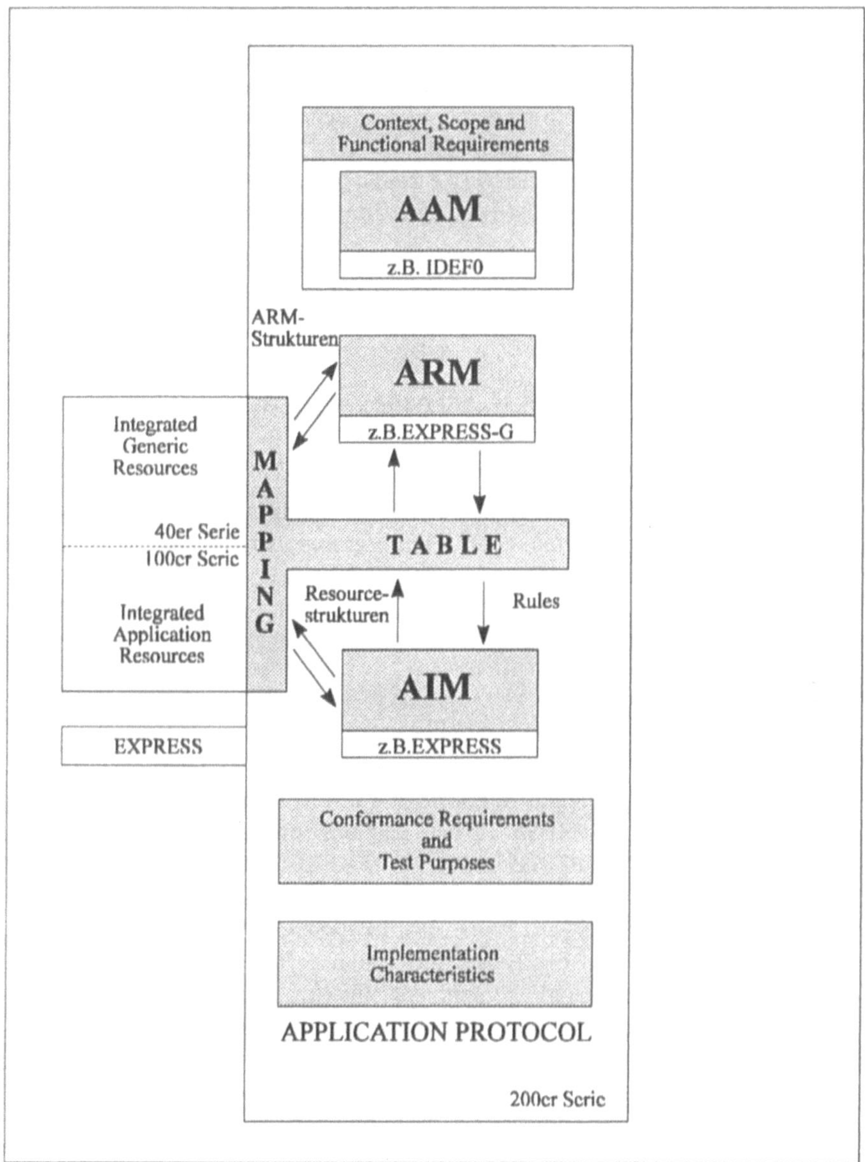

Abb. 2. Struktur eines Anwendungsprotokolls

Ein wichtiger Bestandteil der AP's sind die Beschreibung von Testmodellen, die mit diesem beschrieben werden können bzw. Richtlinien für Konformitätstests.

Da die meisten AP's bereits sehr große Datenmodelle umfassen, die nicht vollständig von einzelnen Systemen unterstützt werden können, hat man darüber hinaus sogenannte Conformance Classes, sauber definierte Teilmengen des gesamten AP, für abgestufte Implementierungen definiert.

Im nächsten Abschnitt wird dargestellt, welche Werkzeuge nötig sind, um STEP-Datenmodelle zu definieren, STEP-Daten auszutauschen bzw. eine STEP-basierte Integration von CAD/CAM-Systemen durchzuführen.

4 Klassifizierung von STEP/EXPRESS-Werkzeugen

Parallel zu den seit zehn Jahren laufenden Normungsaktivitäten wurden bei Systemanbietern, Universitäten oder STEP-Zentren bereits STEP/EXPRESS-Werkzeuge entwickelt.

Gegenwärtig gibt es drei wesentliche Klassen von STEP/EXPRESS-Werkzeugen (siehe Abb. 3.):

1.   Datenmodellierungswerkzeuge
2.   Instanziierungswerkzeuge
3.   Anschlüsse an Datenbanken

Zu der ersten Gruppe gehören Werkzeuge für die Informationsmodellierung mittels der Sprache EXPRESS. Dazu gehören u.a. Graphik-Editoren für EXPRESS-G, Browser zur Navigation in EXPRESS-Schemata, Parser für EXPRESS-Schemata. Mit derartigen Werkzeugen werden STEP-Datenmodelle, wie z.B. Anwendungsprotokolle, in der Spezifikationssprache EXRESS definiert.

Die zweite Gruppe dient der Arbeit mit Instanzen der Entity-Typen, die im EXPRESS-Schema spezifiziert wurden, z.B. die Arbeit mit STEP-Austausch-files. Dazu gehören u.a. File-Parser, File-Browser, File-Visualisierer, STEP-Prozessoren.

Zur letzten Klasse gehören Werkzeuge, die eine Abbildung von EXPRESS-Schemata und STEP-Daten in interne Darstellungen bzw. die Anbindung von relationalen oder objektorientierten Datenbanken ermöglichen. Basis für die Anbindung von Datenbanken ist die SDAI-Definition von STEP (*Standard Data Access Interface*), einer genormten Beschreibung des Zugriffs auf STEP-Daten. Inhalt der Norm ist hier auch die Beschreibung der Zugriffsroutinen in C++, C oder Fortran.

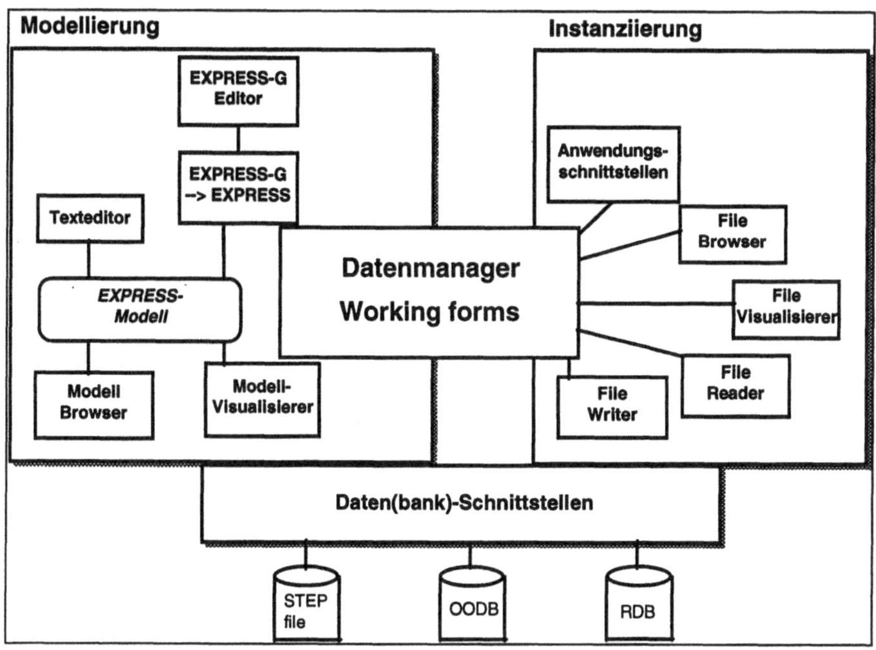

Abb. 3. Klassifizierung von STEP/EXPRESS-Werkzeugen

Im Rahmen des ProSTEP[5]-Projektes entsteht ein Software-Baukasten, der aus systemneutralen Komponenten (z.B. File Reader, File Writer, Umsetzer von EXPRESS in Arbeitsformen) besteht, die zur STEP-Prozessorentwicklung verwendet werden können.

Die Realisierung von STEP-Prozessoren ist eine der wichtigsten Voraussetzungen, um STEP in die industrielle Anwendung zu bringen, da dies die Grundlage für den Austausch von Produktmodelldaten zwischen CAD/CAM-Systemen ist.

---

[5] ProSTEP ist ein von der deutschen Automobil- und Elektroindustrie initiiertes Projekt zur Durchsetzung des STEP-Standards in der Industrie. In ProSTEP werden sowohl konzeptionelle Arbeiten geleistet als auch SW-Implementierungen durchgeführt.

5 Aktueller Status
der STEP-Prozessorimplementierungen

Nach einer Phase von ersten Prototypimplementierungen im Rahmen vieler
Forschungs- und Entwicklungsprojekte, Entwicklungen innerhalb des ProSTEP-
Projektes finden gegenwärtig die ersten Produktentwicklungen von STEP-
Prozessoren statt. Sehr viele namhafte Systemanbieter im CAD/CAM-Umfeld
werden die ersten STEP-Prozessoren bis Ende dieses Jahres als Produkt auf den
Markt bringen. Abb. 4. zeigt einen Ausschnitt aus den gegenwärtigen Produkt-
planungen.

Hersteller	Systemname	Funktionalität des STEP-Prozessors	Verfügbarkeit (geplant)
Intergraph	Intergraph ProSTEP Translator	3D-Geometrie	Herbst '94
Mercedes-Benz	SYRKO-STEP-Prozessor	3D-Geometrie	Ende '94
Siemens Nixdorf	SNI STEPIntegrator	STEP-Datenvisualisierer	als Prototyp verfügbar
Autodesk	AutoCAD-STEP-Prozessor	Zeichnung nach AP201	als Prototyp verfügbar
CAP debis	CATIA-STEP-Prozessor	3D-Geometrie	ab 9/94

Abb. 4. Ankündigung von STEP-Prozessoren (Auswahl)

Grundlage für diese Produktentwicklungen sind in erster Linie das bereits zur
ISO-Norm gewordene AP203 (Configuration Controlled Design, beschrieben
sind Geometriedaten und Produktstrukturdaten), das AP214 (Core Data for
Automotive Mechanical Design, siehe Abb. 5.), in dem alle Daten der Prozeßkette Automobilentstehung (Geometrie, Technologie, Simulationsdaten, etc.)
beschrieben sind, oder auch das Anwendungsprotokoll für Zeichnungsdaten
AP201 (Explicit Draughting).

Im Gegensatz zu früher, als die Systemanbieter direkt auf Basis von
Normdokumenten Implementierungen alleine realisierten, was die jetzigen
Schwierigkeiten beim Datenaustausch mitverursacht hat, hat man jetzt mit dem
„Runden Tisch von ProSTEP" eine Einrichtung geschaffen, die dies verhindern
soll. Hier treffen sich regelmäßig Systemanbieter, Anwender und Hochschulen

und diskutieren gemeinsam die Probleme bei der Entwicklung von STEP-Prozessoren, die Interpretation von STEP-Objekten, mögliche Erweiterungen von Datenmodellen um parallel zu der Entwicklung der STEP-Prozessoren früh-zeitig die spätere Anwendbarkeit sicherzustellen.

Die Implementierungen unterstützen im wesentlichen die Conformance Class 1 des AP 214 (siehe Abb. 6.), also den Austausch von Geometriedaten, aber auch Produktkonfigurationsdaten und Darstellungsdaten.

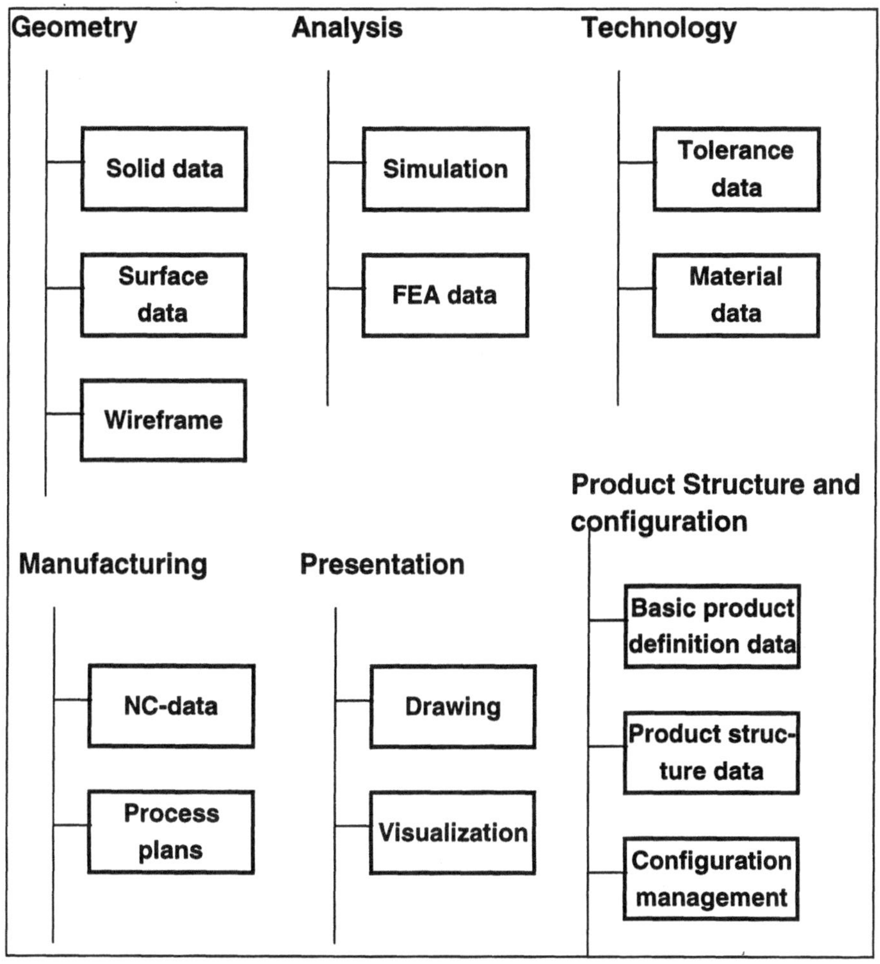

Abb. 5. Das Anwendungsprotokoll 214

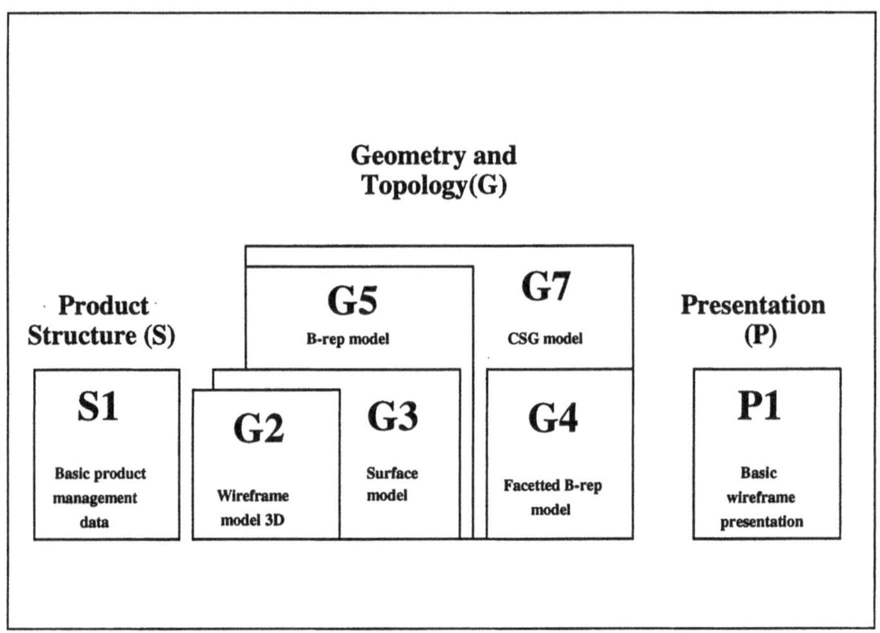

Abb. 6. Conformance Class 1 des AP 214

6 Probleme beim Einsatz von STEP-Prozessoren

Trotz der Harmonisierung der STEP-Prozessorentwicklungen im Rahmen von ProSTEP wird auch der STEP-Datenaustausch nicht von Beginn an problemlos möglich sein.

Gerade die Komplexität und der große Umfang der STEP-Norm bringt einige neue Problemstellen und Aufgabenstellungen mit sich:

– STEP-Prozessoren unterstützen oft nur ein bestimmtes AP, die Interoperabilität zwischen verschiedenen Anwendungsprotokollen ist noch nicht hinreichend getestet worden. Ein typisches Beispiel ist das Zusammenspiel zwischen dem vor allem bereits in den USA genutzten AP 203 und dem von ProSTEP geförderten AP214.

– Heterogene Systemlandschaften bestehen aus Systemen, die Geometrien unterschiedlicher Komplexität beherrschen. Für Simulationen oder Berechnungen werden z.B. Facettenmodelle (Volumenmodelle mit ausschließlich ebenen Flächen) zugrunde gelegt. Des weiteren sind Systeme mit Flächenmodellen noch vielfältig im Einsatz. Ein Datenaustausch zwischen diesen

Systemen kann deshalb nur dann erfolgen, wenn die STEP-Geometrien vor dem Transfer angepaßt werden.

- Während bei den Formaten VDAFS/IGES (VDAFS = VDA-*F*lächen-*s*chnittstelle, IGES = *I*nitial *G*raphics *E*xchange *S*pecification) die Geometriedaten noch relativ einfach beschrieben werden und durch visuelle Kontrolle prüfbar sind, stellen die mannigfaltigen Beschreibungsmöglichkeiten in STEP (z.B. Volumenmodelle) erhöhte Anforderungen an Visualisierungswerkzeuge zur Begutachtung der Qualität. Die einfache Drahtmodelldarstellung eines STEP-Datenviewers läßt nicht erkennen, ob in der STEP-Datei wirklich ein konsistentes Volumenmodell beschrieben ist.

- Eine Visualisierung aller produktbeschreibenden Daten ist im Augenblick nur mit unterschiedlichen Systemen möglich. Informationen über systemspezifische, aber über das Produktmodell verknüpften Daten, wie der Modellgeometrie, dem Berechnungsmodell, etc. müssen aber jederzeit bei Bedarf zur Verfügung stehen. Dem Anwender muß ein Werkzeug in die Hand gegeben werden, mit dem er das in Entwicklung befindliche Produkt, komplett oder teilweise, auf verschiedenen Abstraktionsniveaus zum Zwecke der Kontrolle und Qualitätsprüfung begutachten kann.

Somit entsteht ein zusätzlicher Bedarf an Integrationswerkzeugen, die neben STEP-Prozessoren die Integration unterstützen müssen. Der im nächsten Kapitel beschriebene STEPIntegrator von Siemens Nixdorf ist ein Integrationswerkzeug für die Lösung dieser Probleme und Aufgabenstellungen.

Siemens Nixdorf ist Anbieter von Engineering-Lösungen, um auch das Problem der rationellen Fertigung von Industrieprodukten durch Anbieten von Werkzeugen zur Optimierung von Kosten, Zeit und Qualität im Produktionsprozeß zu lösen.

7 Der STEPIntegrator als Datendrehscheibe

Siemens Nixdorf bietet die Produktfamilie SIGRAPH®[6] an, die sich aus Anwendungen für mechanische Konstruktion und elektrotechnische Projektierung, CASE-Tools für die Softwareerstellung sowie Komponenten für die Dokumentation und die Archivierung auf optischen Speichermedien zusammensetzt. Die Haupteinsatzbereiche von SIGRAPH sind die integrierte Produktentwicklung und das technische Informationsmanagement. SIGRAPH ist Teil eines Konzeptes, das - ergänzt um Komponenten von Partnerfirmen - integrierte Gesamtlösungen für Engineering-Anwendungen ermöglicht. Ein Beispiel ist das

---

6 SIGRAPH® und SIFRAME® sind eingetragene Warenzeichen der Siemens Nixdorf Informationssysteme AG.

Konzept „Ratio Engineering", welches eine intelligente Kopplung zwischen dem relationalen 2D-CAD-System SIGRAPH-Design und beliebigen PPS-Systemen als integralen Bestandteil enthält.

Dem steigenden Bedarf an Integrationstools trägt Siemens Nixdorf auch durch die Entwicklung von Lösungsangeboten für Concurrent Engineering Rechnung. Eine Lösung für Prozeß- und Projektmanagement wird z.B. unter dem Namen SIFRAME®6 angeboten. Dieses Produkt ist die Basis für die Integration beliebiger CAD/CAM-Systeme auf Basis standardisierter Schnittstellen (z.B. Framework nach CFI-Standard). Es besteht u.a. aus einer objektorientierten Datenbank, die im Rahmen des ESPRIT-Projektes ATLAS[7] um eine SDAI-Schnittstelle erweitert wurde und somit den Zugriff und das Speichern auf STEP-Produktmodelldaten ermöglicht.

Die oben genannten Probleme beim Einsatz von STEP für den Datenaustausch und der Datenintegration werden mit dem bei Siemens Nixdorf in Entwicklung befindlichen *STEPIntegrator* angegangen. Es sollen die in Abb. 7. dargestellten Ziele erreicht werden.

♦ *Visualisierung eines in STEP beschriebenen kompletten Produktmodells beliebiger Komplexität in jeder Phase des Produktentwicklungsprozesses*

♦ *Anpassung der produktbeschreibenden STEP-Daten an die Erfordernisse der eingesetzten Werkzeuge*

Abb. 7. Zielsetzung des STEPIntegrators

Die Architektur des STEPIntegrators besteht aus benutzerfreundlichen, normgerechten und qualitätsgerechten Basiskomponenten (siehe Abb. 8.):

- MOTIF-basierte Benutzeroberfläche,
- Volumenmodellierer Parasolid als Geometriekern,
- Komponenten des ProSTEP-Softwarebaukastens,
- Grafikkomponente für die Darstellung von Geometriedaten
- Visualisierer für Produktstruktur und -konfiguration.

---

[7] ATLAS (Architecture, methodology and Tools for computer integreted Large Scale engeneering), ESPRIT Projekt (Nr. 7280)

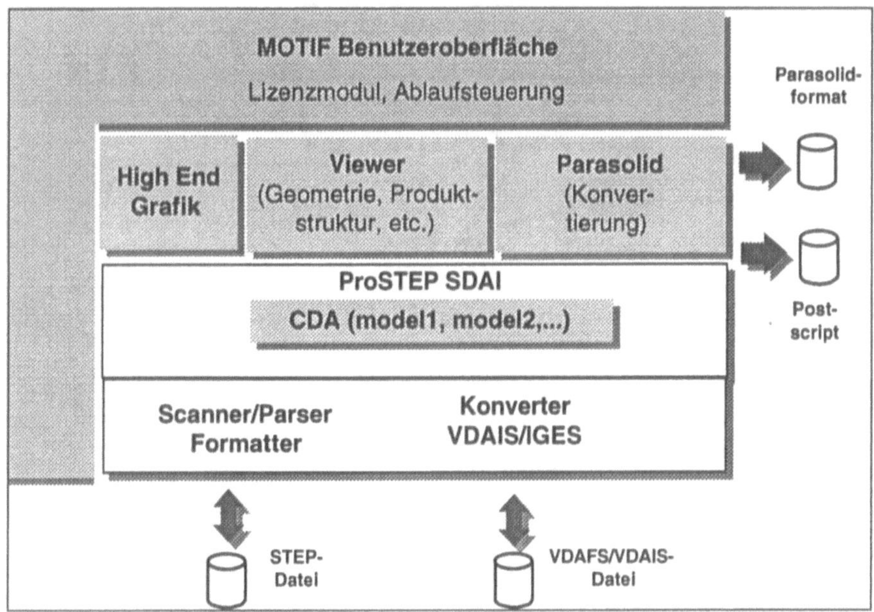

Abb. 8. Architektur des STEPIntegrators

Schnittstellen des STEPIntegrators bestehen auch zu nicht STEP-Datenbeständen wie VDAIS (= VDA-IGES Subset), VDAFS, des weiteren zur Dokumentation (z.B. Postscript).

Eine Hauptaufgabe des STEPIntegrators ist es, die unterschiedlichen STEP-Prozessorimplementierungen miteinander zu integrieren, indem verschiedene STEP-Beschreibungen aneinander angeglichen werden. Dies kann z.B. die Umsetzung einer AP203 STEP-Datei in eine STEP-Datei gemäß AP214 sein. Ein anderes Beispiel ist die Umsetzung einer STEP-Datei mit einem beliebigen BREP-Modell in eine STEP-Datei mit einem Facettenmodell. Diese Rolle als Datendrehscheibe wird in Abb. 9. verdeutlicht.

Der STEPIntegrator verknüpft somit die Welt der 3D-CAD-Systeme mit der Welt der Simulationssysteme oder auch mit der Welt der 2D-Systeme.

Zusätzlich ist der STEPIntegrator ein STEP-Prozessor für CAD-Systeme, die auf den Volumenmodellierer Parasolid beruhen.

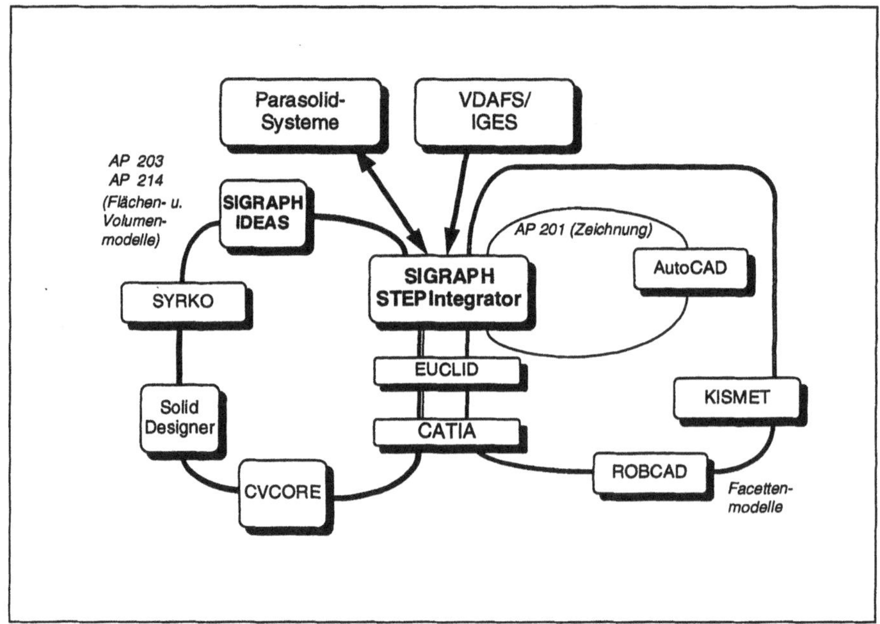

Abb. 9. Der STEPIntegrator als Datendrehscheibe

Der STEPIntegrator erlaubt in seiner ersten Ausbaustufe den Import und Export von STEP-Dateien basierend auf AP 214. Die STEP-Geometrien werden dabei in das Parasolidformat umgesetzt. Unterstützt werden gegenwärtig folgende Geometriekonvertierungen:

- Surface Model --> Advanced BREP
- Advanced BREP.--> Facetted BREP
- Facetted BREP --> Advanced BREP (keine Umsetzung von ebenen in gekrümmte Flächen, aber entsprechende Erweiterung der Topologie)

Die Visualisierung der geometriebeschreibenden Produktmodelldaten erfolgt über zwei verschiedene Grafikmodule. Das „Low End Graphics"-Modul ermöglicht einfache graphische Manipulationen (Drehen, Zoomen, etc.) des aktuell dargestellten 3D-Modells (Drahtdarstellung, Hidden Line). Das „High End Graphics"-Modul ist der Anschluß des Grafikpaketes Inventor von Silicon Graphics für schattierte Darstellungen mit der Möglichkeit, verschiedene Arten von Lichtquellen zu definieren und auch Farben und Materialeigenschaften auf das Modell zu legen. Nichtgeometrische Daten werden vom STEPIntegrator über Informationsfenster dargestellt.

Die grundsätzlich möglichen Geometriekonvertierungen innerhalb des AP214 sind in Abb. 10. dargestellt, während Abb. 11. ein Beispiel einer Konvertierung

Advanced BREP --> Facetted BREP bzw. *Advanced BREP --> Draughting model* zeigt.

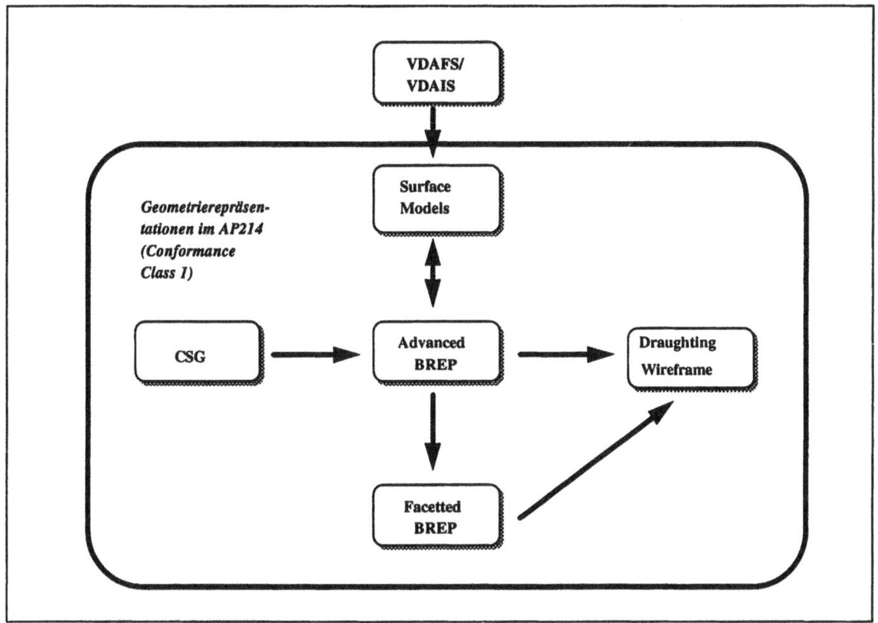

Abb. 10. Möglichkeiten der Geometriekonvertierung

Zentrales Datenmodell für die Konvertierungen ist das BREP-Modell. Folgende Konvertierungen in bzw. aus diesem BREP-Modell sind möglich:
CSG --> Advanced BREP:
Durch die Evaluierung der Verknüpfungen (Boolesche Operationen wie Vereinigung, Durchschnitt, etc.) der Basiselemente (Quader, Zylinder, etc.) eines CSG-Modells im Volumenmodellierer entsteht sukzessive ein komplexeres BREP-Modell, welches genau dem durch die CSG-Struktur beschriebenen Modell entspricht.
Surface Model --> Advanced BREP:
Flächenmodelle die ein geschlossenes Volumen umgeben, können in ein BREP-Volumenmodell umgewandelt werden. Im allgemeinen müssen für die Modellflächen und -kanten Toleranzen vergeben werden bzw. Kantengeometrien neu berechnet werden, bevor zusammenhängende Flächen entstehen können.
Advanced BREP --> Facetted BREP:
Aus dem BREP-Modell können, auch unter Vorgabe von maximalen Approximationsfehlern, angenäherte Modelle mit ausschließlich ebenen Flächen (Facettenmodelle) erzeugt werden.

Advanced BREP --> 2D Draughting:
Durch Berücksichtigung der aktuellen Ansicht des 3D-Modells (mit oder ohne
verdeckte Kanten) und der entsprechenden Auswertung der Grafikdaten läßt sich
ein 2D-Zeichnungsmodell definieren, das in ein Standardzeichnungsformular
eingebettet werden kann. Zur Beschreibung kann das Anwendungsprotokoll AP
201 herangezogen werden.
Advanced BREP --> Surface/Wireframe Model:
Flächen- und Drahtmodelle können einfach aus der BREP-Beschreibung eines
Volumenmodells abgeleitet werden.

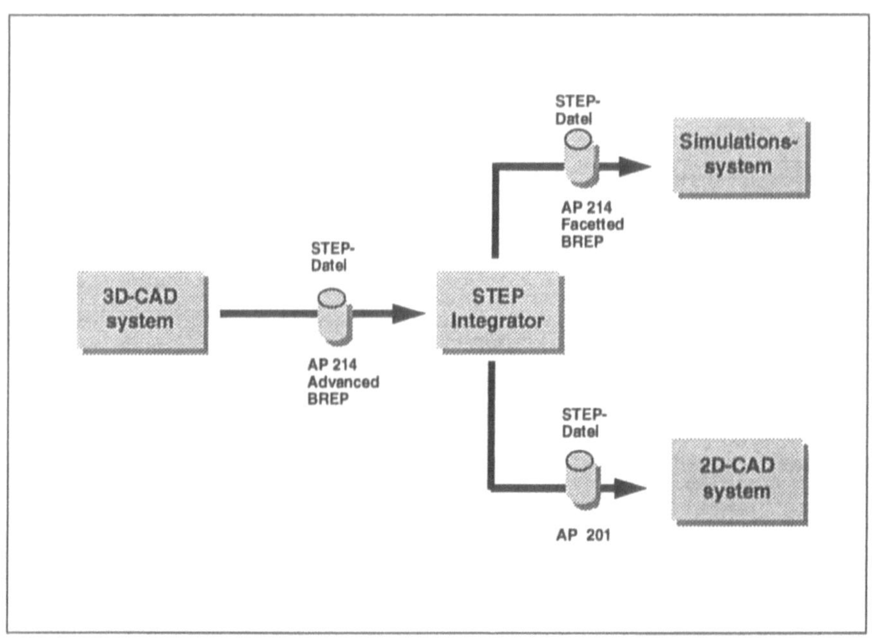

Abb. 11. Konvertierung Advanced BREP --> Facetted BREP/2D Zeichnung

Geometriekonvertierungen können, abgesehen von der Ausleitung von Zeichnungsdaten, auf Basis der Anwendungsprotokolle AP214 und AP203 basieren.

Der STEPIntegrator wird in seinen späteren Ausbaustufen aber auch die
Umsetzung einer „AP203-STEP-Datei" in eine „AP214-STEP-Datei" und umgekehrt unterstützen. Dabei muß bei der Konvertierung berücksichtigt werden, daß
sich diese Anwendungsprotokolle nicht vollständig überlappen, d.h. Information
verloren gehen können.

Ein wesentlicher Qualitätsaspekt ist die Tatsache, daß beim Import einer
STEP-Datei in den STEPIntegrator ein echtes Volumenmodell aufgebaut wird.
Dieses Modell kann nur dann aufgebaut werden, wenn die STEP-Daten korrekt

sind (richtige Flächenorientierung, korrekte Topologie, etc.). Der STEP-Integrator dient hier als Werkzeug zur Qualitätsbeurteilung der STEP-Daten.

Darüber hinaus können Reperaturmechanismen eingeschaltet werden, die ein ungenaues Modell „reparieren", in dem die Genauigkeit der Daten erhöht wird. Es läßt sich also eine qualitativ höherwertiger STEP-Datei erzeugen.

Der Prototyp des STEPIntegrators ist auf Siemens Nixdorf RW Workstations ablauffähig. Die Betriebssystemneutralität der Basiskomponenten sichert aber die Einsetzbarkeit auch auf anderen UNIX[8]-Plattformen.

Ausblick

Die Entwicklung von STEP-Prozessoren und Integrationswerkzeugen stellt allerdings nur den ersten Schritt für die zukünftige Anwendung der STEP-Philosophie in der industriellen Anwendung dar.

Siemens Nixdorf und seine Kooperationspartner haben sich zum Ziel gesetzt, den Gedanken der Produkt- und Prozeßmodellierung auch in Produkte und Lösungen, z.B. für integrierte elektromechanische Produktentwicklung, umzusetzen.

STEP-Prozessoren für verschiedene CAD/CAM-Systeme und der STEP-Integrator bilden die Nahtstellen in einer Gesamtarchitektur (Abb. 12.) bestehend aus verschiedenartigen CAE-Tools wie z.B. SIGRAPH-DESIGN für mechanische Konstruktion, SIGRAPH-ET für elektrotechnische Projektierung, Anwendungen für Produktdatenmanagement und dem systemunabhängigen Framework für Prozeß- und Projektmodellierung SIFRAME.

---

[8] UNIX® ist ein eingetragenes Warenzeichen von UNIX System Laboratories Inc. in USA und anderen Ländern

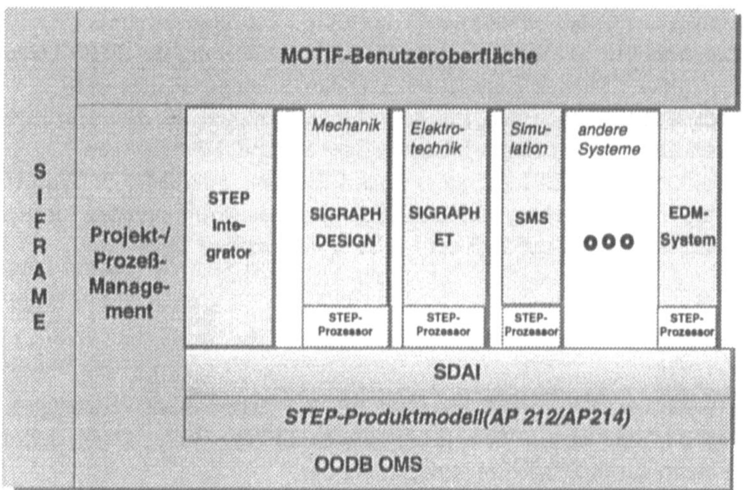

Abb. 12. Framework-Architektur

Diese Architektur ist die Grundlage für Concurrent Engineering und Integration auf Basis des STEP-Produktmodells mit der eine Optimierung von Prozeßketten, insbesondere in Hinsicht auf Kosten, Zeit und Qualität erzielt werden kann.

1. STEP (Standard for the Exchange of Product Model data) steht im folgenden als Arbeitstitel für die ISO-Norm 10303
2. Boudary Representation Model (BREP): Beschreibung eines 3D-Volumenmodells aufgrund der Modelltopologie und -geometrie.
3. Constructive Solid Geometry (CSG): Beschreibung eines 3D-Volumenmodells aufgrund der Konstruktionshistorie (Boolesche Verknüpfungen von Grundkörpern)
4. EXPRESS ist die Spezifikationssprache für die STEP-Datenmodelle und ebenfalls Bestandteil der ISO-Norm 10303
5. ProSTEP ist ein von der deutschen Automobil- und Elektroindustrie initiertes Projekt zur Durchsetzung des STEP-Standards in der Industrie. In ProSTEP werden sowohl konzeptionelle Arbeiten geleistet, als auch SW-Implementierungen durchgeführt.
6. SIGRAPH® und SIFRAME® sind eingetragene Warenzeichen der Siemens Nixdorf Informationssysteme AG
7. ATLAS (Architecture, methodology and Tools for computer integrated Large Scale engineering), ESPRIT Projekt (Nr. 7280)
8. UNIX® ist ein eingetragenens Warenzeichen von UNIX System Laboratories Inc. in USA und anderen Ländern

Die Wiedergabe von Namen, Warenbezeichnungen und dergleichen in diesem Beitrag berechtigt nicht zur Annahme, daß diese Namen/Bezeichnungen ohne weiteres von jedermann benutzt werden dürfen; oft handelt es sich um gesetzlich oder vertraglich geschützte Namen/Bezeichnungen, auch wenn sie nicht als solche gekennzeichnet sind.

Literaturverzeichnis

[AND93]	R. Anderl: STEP - Schritte zum Produktmodell, CAD-CAM Report Nr. 8, 1993
[ATL93]	ATLAS project partners: ESPRIT 7280 - ATLAS, Project Overview, 1993
[BAH93]	F. Bahe: Auswirkung des STEP-Produktmodells auf die Entwicklung der CAE-Verfahren beim Systemanbieter, Referatensammlung - CIM-Ergebnisse aus Forschung und Praxis, DIN, Stuttgart 1993
[BAH94]	F. Bahe, M. Wagner: Austausch von Produktmodelldaten - zukunfts-orientierte Prozessoren auf Basis des neuen Schnittstellenstandards STEP, Tagungsband, Fachtagung CAD '94, Paderborn 1994
[HEI93]	H. Heinrich, P. Dupont: ProSTEP-Baukasten für kompatible und flexible Softwarelösungen, CAD-CAM Report Nr. 7, 1993
[ISO11]	ISO10303-11: The EXPRESS Languague Reference Manual
[ISO22]	ISO10303-22: Standard Data Access Interface
[SCH93]	E.G. Schlechtendahl: ProSTEP: Prozessor-Entwicklung für CAD/CAM-Systeme, CAD-CAM Report Nr. 9, 1993
[SNI92]	SIFRAME V2.0. Design Management User's Guide, Siemens Nixdorf Informationssysteme AG
[TRI93]	D. Trippner: ProSTEP - Der Schritt zur Datenintegration, CAD-CAM Report Nr. 5, 1993
[WAG94]	M. Wagner: The STEPIntegrator. Parasolid Product Newsletter, EDS Shape Data, Cambridge 1994

Implementationserfahrungen mit STEP AP 201

S. Rostmann
Concad GmbH
Bischofplatz 1, 53111 Bonn

Dieser Beitrag gibt eine Übersicht über CONCAD's Implementationserfahrungen mit STEP AP 201. Beschrieben wird das Lesen und Anwenden eines STEP Application Protocols, Softwarewerkzeuge für die Implementation und die Architektur und Funktionsweise des *AutoCAD 12 <-> AP 201 Konverters*. Es werden Angaben zum Aufwand für die Entwicklung der Software gemacht und ausgewählte Probleme bei der Implementierung von AP 201 besprochen.

1 Application Protocol 201:
Explicit Draughting (AP 201)

Das Anwendungsprotokoll[1] AP 201 wird zum Austausch technischer CAD-Zeichnungen und der zu diesen Zeichnungen gehörenden Produktinformationen auf der Basis einer expliziten Darstellung der zweidimensionalen Geometrie und der Bemaßung verwendet. Mit dem Anwendungsprotokoll lassen sich Zeichnungen, ihre hierarchischen Beziehungen untereinander sowie zugehörige administrative Daten strukturieren.

Als Grundlage für die Anwendungsprotokolle dienen die Basismodelle[2]. Diese sind mit einem Baukasten vergleichbar, der unabhängig von einer speziellen Anwendung die Bausteine zur Verfügung stellt, mit denen ein Datenmodell beschrieben wird. Mit anderen Worten: Die Basismodelle stellen die Ressourcen zur Verfügung, die als Basis für die Repräsentation der Produktdaten benutzt werden. Die Basismodelle werden in zwei Gruppen unterteilt, in die anwendungsunabhängigen Basismodelle[3] und in die anwendungsabhängigen Basis-

---

[1] engl. application protocol
[2] engl. integrated resources
[3] engl. generic resources

modelle[4], die Datenmodelle für bestimmte Anwendungen definieren. *ISO 10303 -42 Geometric and topological representation* ist ein Beispiel für ein anwendungsunabhängiges Basismodell. Es enthält Datenobjekte zur Beschreibung der Geometrie und Topologie. Zwei- und dreidimensionale Geometrie, wie z.B. Splines, Freiformflächen und Volumengeometrie werden unterstützt. Ein Beispiel für ein anwendungsabhängiges Basismodell ist *ISO 10303-101 Draughting*, das Datenobjekte, die speziell für die Darstellung in technischen Zeichnungen benötigt werden, beispielsweise für die Bemaßung, definiert.

ISO-10303-201 Explicit Draughting	
Anwendungsunabhängige Basismodelle (Generic Resources) :	**Anwendungsabhängige Basismodelle (Application Resources) :**
41 Fundamentals of Product Description and Support	101 Draughting
42 Geometric and Topological Representation	
43 Representation Structures	
46 Visual Presentation	
Spezifikationsmethoden :	**Implementationsmethoden :**
11 The EXPRESS Language Reference Manual	21 Clear Text Encoding of the Exchange Structure
Testkriterien :	
1201 Explicit Draughting Abstract Test Suites	

Abb. 1. STEP-Teile, die von AP 201 benutzt werden

Das Anwendungsprotokoll, in diesem Fall AP 201, ist die Basis für eine Implementierung. Es liefert alle notwendigen Informationen, die für die Softwareentwicklung benötigt werden. Das Anwendungsprotokoll benutzt nur die Datenobjekte aus den Basismodellen, die für die Anwendung benötigt werden. Diese Datenobjekte werden nach Bedarf verfeinert, indem neue Objekte durch Vererbung definiert und zusätzliche Einschränkungen und Attribute definiert werden. Bei AP 201 werden zum Beispiel aus *ISO 10303-42* nur die Datenobjekte benötigt, die die zweidimensionale Geometrie beschreiben. Die Datenobjekte für die dreidimensionale Geometrie werden nicht benötigt.

Zur Definition der Basismodelle und der Anwendungsprotokolle wird die formale Spezifikationssprache EXPRESS verwendet, die im Dokument *ISO 10303-11 Description methods: The EXPRESS language reference manual* definiert wird.

---

[4] engl. application resources

Jedes Anwendungsprotokoll enthält Konformitätskriterien, die die Konformitätsklassen für eine Implementierung des Anwendungsprotokolls festlegen. Zu jedem Anwendungsprotokoll existiert ein entsprechendes ISO Dokument, das abstrakte Testumgebungen und Testfälle für die Konformitätsklassen definiert. Für AP 201 ist dies das Dokument *ISO 10303-1201 Abstract Test Suite: Associative Draughting.*

2 Lesen und Anwenden eines STEP Anwendungsprotokolls am Beispiel von AP 201

Ein Applikationsprotokoll ist in mehrere Abschnitte aufgeteilt. Unter anderem enthält es das ARM (*application reference model*) mit seinen UoF's (*units of functionality*), das AIM (*application interpreted model*) und eine Abbildungstabelle (*mapping table*).

Unter dem ARM versteht man die Beschreibung des Datenmodells des Anwendungsprotokolls mit Begriffen der Anwendung. Das ARM ist in logische Teilbereiche, die sogenannten UoF's unterteilt. So existiert z.B. im AP 201 ein UoF mit dem Namen *grouping*, das Informationen über die Gruppierung von Geometrie- und Zeichnungselementen in Gruppen und auf Layern beinhaltet. Die Datenobjekte der UoF's werden als *application objects* bezeichnet. Die *mapping table* bildet ein *application object* des ARM auf ein oder mehrere Datenobjekte des AIM ab, d.h. auf die Datenobjekte der Basismodelle. Das AIM ist also eine Beschreibung des Anwendungsprotokolls mit Hilfe der Datenobjekte der STEP *integrated resources*.

Tabelle 1. Beispiel für die Abbildung des *application objects* LAYER

Application object	AIM element
LAYER	presentation_layer_assignment
layer_id	presentation_layer_assignment.name
name	presentation_layer_assignment.description

Für den Anwender des Anwendungsprotokolls ist die *mapping table* von entscheidender Bedeutung. Über diese Abbildungstabelle werden die meist leicht verständlichen *application objects* des ARM's auf die doch oft recht komplexen und schwer zu verstehenden Datenobjekte der Basismodelle abgebildet. Sie ist das wichtigste Hilfsmittel bei der Implementierung eines Anwendungsprotokolls.

3 Softwarewerkzeuge (CONCAD's STEP Toolbox)

Um auf dem heutigen Softwaremarkt wettbewerbsfähig zu sein, ist es wichtig, die Produktivität zu erhöhen, damit eine kurze Entwicklungszeit bei dem Bau von Software erreicht wird. Kurze Entwicklungszeiten zu vernünftigen Kosten sind Grundvoraussetzung für die Vergabe von Softwareentwicklungsaufträgen und tragen so zum wirtschaftlichen Erfolg eines Softwareunternehmens bei. Aus diesem Grunde hat sich CONCAD dazu entschlossen, eine eigene STEP Toolbox zu entwickeln.

Die Softwarewerkzeuge, die schon auf dem Markt angeboten wurden, hatten nicht die von CONCAD benötigte Funktionalität, waren zu kompliziert zu bedienen oder zu umfangreich. Um die STEP Werkzeuge vernünftig in Software wie z.B. Konverter integrieren zu können, ist es wichtig, daß diese möglichst klein sind, also wenig Ressourcen beanspruchen.

Zur Datenmodellierung in STEP wird die formale Spezifikationssprache EXPRESS verwendet, die im Dokument *ISO 10303-11 Description methods: The EXPRESS language reference manual* definiert wird. Sie ermöglicht eine eindeutige und konsistente Beschreibung und bietet die Möglichkeit, Software zur Unterstützung von STEP-Anwendungen automatisch zu generieren. Jedes Softwarewerkzeug für STEP setzt auf der EXPRESS-Beschreibung des Datenformates auf und generiert daraus entsprechende Verarbeitungswerkzeuge zum Lesen und Schreiben von STEP-Dateien.

CONCAD's STEP Toolbox funktioniert nach dem Prinzip des sogenannten *early bindings* und besteht aus dem Programm *EXPR2SRC* und dem STEP *Scanner / Parser*. Die Architektur der Toolbox ist in Abb. 2. graphisch beschrieben. Die EXPRESS Longform eines Anwendungsprotokolls, z.B die Longform von AP 201, wird von *EXPR2SRC* gelesen, überprüft und verarbeitet. Es werden automatisch C-Quellen erzeugt, die das Modul zum Parsen der entsprechenden STEP-Datei im STEP *Scanner / Parser* bilden. Das Einlesen und die syntaktische Überprüfung der STEP-Datei wird vom STEP *File Reader* übernommen, der die eingelesenen Daten an den von *EXPR2SRC* automatisch erzeugten STEP *File Parser* weitergibt.

Dieser führt eine semantische Überprüfung der Daten durch, überprüft also, ob die Daten dem in der EXPRESS-Datei beschriebenen Datenmodell entsprechen und legt die Daten der Instanzen in den ebenfalls von *EXPR2SRC* erzeugten Datenstrukturen ab. Für jedes Datenobjekt in der EXPRESS-Beschreibung wird eine eigene C-Datenstruktur angelegt. Der STEP *Scanner/Parser* besteht also aus einer Reihe von C-Funktionen und C-Datenstrukturen, wobei der STEP *File Parser* und die C-Datenstrukturen automatisch aus der EXPRESS Beschreibung generiert werden. Diese Funktionen können jetzt in eine vom Anwender zu entwickelnde Applikation eingebunden werden. Die erzeugten Datenstrukturen ermöglichen einen einfachen Zugriff auf die Daten der gelesenen Instanzen.

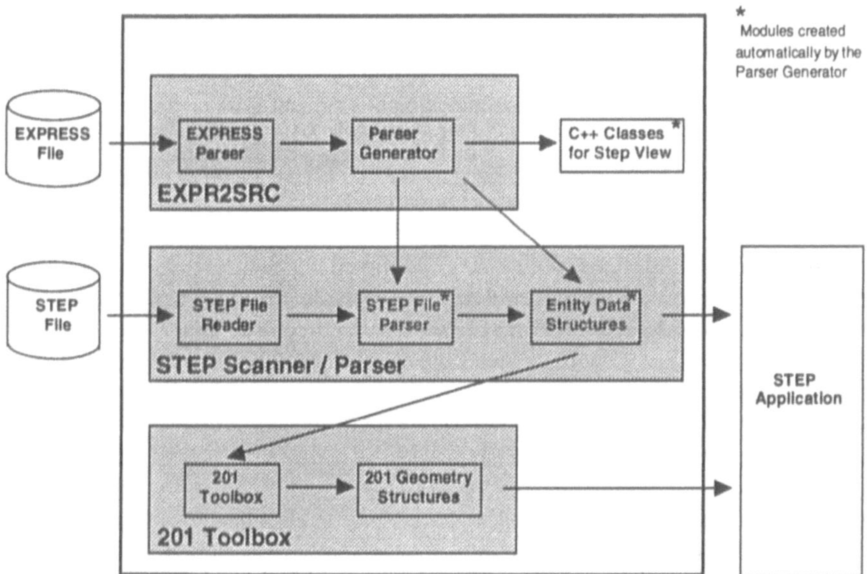

Abb. 2. Architektur der STEP Toolbox

Speziell für das Anwendungsprotokoll 201 wurde zusätzlich noch die *201 Toolbox* entwickelt. In STEP kommt es vor, daß die Daten eines *application objects*[5] auf mehrere Datenobjekte der EXPRESS-Beschreibung verteilt sind. Im AP 201 ist dies z.B. beim *application object* TEXT der Fall. Um die Attribute eines Textes nicht aus mehreren Datenstrukturen lesen zu müssen, wurde die 201 Toolbox entwickelt, die die Daten eines *application objects* in einer Datenstruktur zusammenfaßt. Der Zugriff auf die Daten eines Textes wird somit zusätzlich vereinfacht. Zur Erinnerung: Für jedes Datenobjekt der EXPRESS-

---

[5]Die Datenobjekte der UoF's werden als *application objects* bezeichnet (siehe Kapitel 2)

Beschreibung wird von der STEP Toolbox eine eigene Datenstruktur erzeugt. Da z.B. Texte in anderen Anwendungsprotokollen gleich oder ähnlich dargestellt werden, können Teile der *201 Toolbox* für andere Anwendungsprotokolle übernommen werden.

4 Architektur und Funktionsweise des *AutoCAD 12 <-> AP 201 Konverters*

CONCAD's Konverter ist eine AutoCAD 12 Applikation, die mit Hilfe des *AutoCAD Development Systems (ADS)* - einer C-Bibliothek - implementiert wurde. Die Konvertierung von Zeichnungen und STEP-Dateien wird durch Masken gesteuert. Implementierungen des Konverters existieren für die MS/DOS und Windows Versionen von AutoCAD 12. Die Version 2.0 des Konverters basiert auf der aktuellen DIS-Version von STEP AP 201. Der Konverter wurde von CONCAD für die Autodesk GmbH entwickelt.

Der Konverter besteht aus einem Preprozessor und einem Postprozessor, d.h. zweidimensionale AutoCAD Zeichnungen können in eine STEP AP 201 Datei konvertiert werden und wieder zurück. Bei der Konvertierung eventuell auftretende Fehlermeldungen und Warnungen werden in einer Datei protokolliert. Objekte, die nicht konvertiert werden können, werden ignoriert, z.B. dreidimensionale Geometrie. Objekte wie z.B. Viewports und Layer, die die Präsentation der Daten betreffen, werden vom Konverter natürlich berücksichtigt. Um einen Eindruck von der einfachen Handhabung des Konverters zu bekommen, wird in Abb. 3. die Maske des Preprozessors dargestellt.

In Abb. 4. wird die Architektur des Konverters beschrieben. Das Einlesen und Parsen der STEP Datei im Postprozessor wird von CONCAD's STEP Toolbox durchgeführt. Anschließend werden die Daten der AP 201 Instanzen auf die entsprechenden AutoCAD Objekte abgebildet. Für jedes Objekt in AutoCAD 12 existiert eine Datenstruktur (AutoCAD 12 *Data Structures*), in der die Daten gespeichert werden. Die Datenstrukturen werden an das AutoCAD 12 *Write Modul* weitergegeben, das die AutoCAD-Zeichnung erzeugt. Das *Read Modul* des Postprozessors liest die Zeichnungsdaten aus AutoCAD's Datenbasis und speichert die Daten in den AutoCAD 12 *Data Structures*, die anschließend an das STEP *Write Modul* weitergegeben werden, das die STEP AP 201 Datei erstellt.

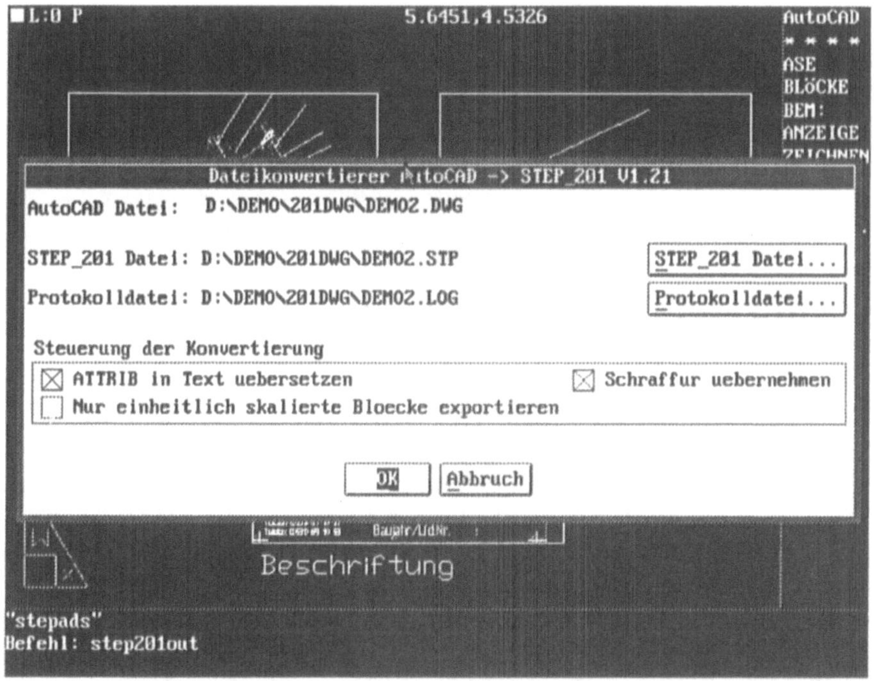

Abb. 3. Maske des STEP-Prozessors

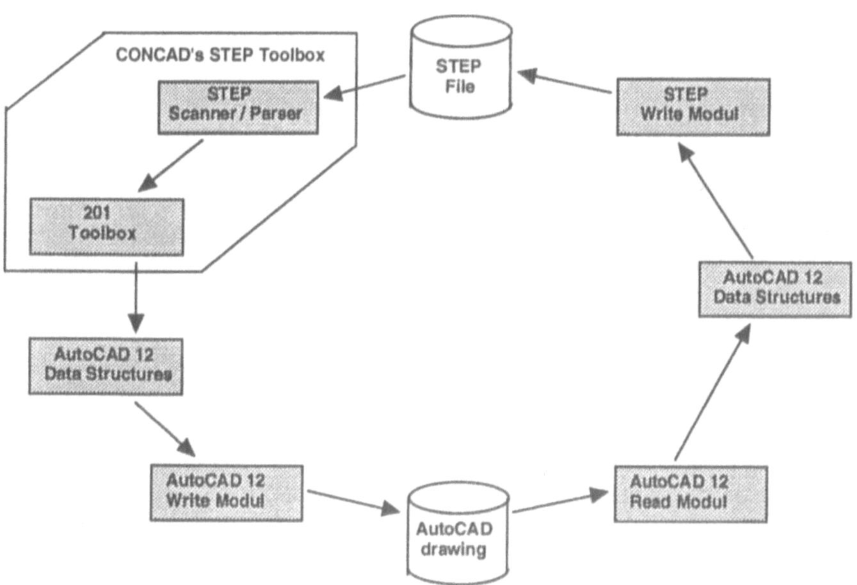

Abb. 4. Architektur des AutoCAD 12 <-> AP 201 Konverters

Beim Entwurf des Konverters wurde großen Wert auf die Modularität der Software gelegt. Die Module AutoCAD 12 *Read Module* und AutoCAD 12 *Write Module* sowie die AutoCAD 12 *Data Structures*, in denen der Konverter die zu schreibenden bzw. gelesenen AutoCAD Daten speichert, wurden und werden von CONCAD zukünftig auch für andere Konverter eingesetzt.

5 Aufwand für die Entwicklung der Software

Mit der Entwicklung der ersten Version des AutoCAD 12 <-> AP 201 Konverters wurde im April 1993 im Auftrag der Autodesk GmbH begonnen. Die erste Version basierte auf der CD-Version des AP 201 Dokumentes. Der Öffentlichkeit vorgestellt wurde diese Version auf der ISO TC 184/SC4 Konferenz in Berlin im Oktober 1993 im Rahmen der ProSTEP Demonstration als weltweit erste AP 201 Implementation. Mit dem Erreichen des DIS-Status des AP 201 Dokumentes wurde der Konverter entsprechend angepaßt und im Mai 1994 auf der ISO TC 184/SC 4 Konferenz in Davos vorgestellt. Eine grobe Aufteilung des Konverters in Teilprojekte und deren Aufwand in Manntagen ist der Tabelle 2 zu entnehmen. Wie man der Tabelle entnehmen kann, wird ein Großteil der Zeit für die Abbildung der Daten zwischen CAD System und Anwendungsprotokoll benötigt. Mit der Veröffentlichung der DIS-Version von AP 201 war eine komplette Überarbeitung der Software notwendig geworden. Das Datenmodell der DIS Version von AP 201 hatte sich an sehr vielen Stellen geändert, was hauptsächlich auf gravierende Änderungen in den STEP-Basis-modellen zurückzuführen war. Um den Konverter zu beschleunigen, wurden gerade beim Postprozessor verbesserte Algorithmen und Datenstrukturen imple-mentiert. Der Postprozessor des Konverters ist in der DIS-Version von AP 201 ca. sieben mal schneller. Für eine Testdatei mit 41444 Entities (2.2 MByte) benötigte der Postprozessor auf einem PC486/33MHz mit 16 Mbyte Haupt-speicher 3 Minuten und 13 Sekunden, in der CD-Version wurden 21 Minuten und 20 Sekunden benötigt.

Ohne den Einsatz der STEP-Toolbox hätte sich der Entwicklungsaufwand für den Konverter mindestens verdoppelt. Module zum Lesen und Parsen der STEP-Datei hätten von Hand implementiert werden müssen. Durch die Verwendung geeigneter Softwarewerkzeuge konnte also die Implementierung des Konverters stark beschleunigt und vereinfacht werden.

Tabelle 2. Aufwand für die Entwicklung des AutoCAD 12 <-> AP 201 Konverters

Software	Aufwand (MT)	Kummulation (MT)
ACAD 12<->AP 201 Konverter 1.0 (CD-Version):		
Mappingtable	31	31
Preprozessor	17	48
Postprozessor	44	92
Verifikation und Fehlerbeseitigung	32	124
ACAD12<->AP 201 Konverter 1.21 (DIS-Version)		
Mappingtable	15	139
Preprozessor	7	146
Postprozessor	21	167
Verifikation und Fehlerbeseitigung	20	187

6 Probleme beim Bau des AutoCAD 12 <-> AP 201 Konverters

Bei der Abbildung zwischen AutoCAD 12 und STEP AP 201 treten einige spezielle Probleme auf, die im folgenden kurz erläutert werden:

–   In einer AutoCAD 12 Zeichnung sind leere Layer und Viewports erlaubt, die jedoch nicht nach STEP AP 201 konvertiert werden können. In AP 201 muß sich auf einem Layer bzw. in einem Viewport mindestens ein Element befinden. Leere Layer und Viewports gehen also bei der Konvertierung nach AP 201 verloren. Sie sind zwar nicht sichtbar, aber ein Informationsverlust tritt trotzdem auf.

–   In AutoCAD 12 kann ein Block in X- und Y-Richtung unterschiedlich skaliert werden. In STEP wird ein Block auf ein *annotation_symbol* abgebildet. Im Anwendungsprotokoll 201 existiert eine Regel, die besagt, daß ein *annotation_symbol* in X- und Y-Richtung gleich skaliert werden muß. Der Preprozessor des Konverters kann so eingestellt werden, daß nur einheitlich skalierte Blöcke exportiert werden. Ansonsten wird gegen diese

Regel verstoßen. Es werden dann *annotation_symbols* erzeugt, die in X- und Y-Richtung unterschiedlich skaliert sind.

– In AutoCAD 12 können den Knoten einer Polylinie unterschiedliche Linienbreiten zugeordnet werden, so daß jedes Segment einer Polylinie eine unterschiedliche Linienbreite haben kann. Es können sogar Polylinien existieren, die am Anfang und Ende eines Segmentes eine unterschiedliche Linienbreite besitzen. Ferner können in AutoCAD 12 Knoten einer Polylinie durch Kurven miteinander verbunden werden. In AP 201 besteht eine Polylinie aus einer Menge von Punkten, die durch Geraden miteinander verbunden sind. Die Möglichkeiten einer Polylinie in AutoCAD 12 übersteigen also die der Polylinie in AP 201. Aus diesem Grund wird eine Polylinie in AutoCAD 12 auf das Datenobjekt *composite_curve* abgebildet, mit der die Polylinie in AP 201 nachgebildet wird.

– In AutoCAD 12 wird ein Text durch seine Höhe und einen Skalierungsfaktor für die Textbreite definiert. In STEP AP 201 wird ein Text durch seine Höhe und seine Zeichenbreite definiert. Wie bestimmt sich aus den AutoCAD 12 Daten nun die Zeichenbreite? Eine Möglichkeit wäre es, die Zeichenbreite in AutoCAD aus der Datei zu entnehmen, die den Zeichensatz definiert. Dieser Ansatz ist jedoch recht aufwendig, so daß für diese Version des Konverters eine einfache Abschätzung benutzt wird. Die Zeichenbreite für AP 201 wird bestimmt, indem die AutoCAD Texthöhe mit ihrem Skalierungsfaktor für die Textbreite multipliziert wird.

Diese hier beschriebenen Probleme bei der Konvertierung tauchen auch bei anderen Datenaustauschformaten auf. Sie sind nicht von einem speziellen Datenaustauschformat abhängig. Auch wenn sie in der Mehrzahl der Fälle gelöst werden können, das Resultat ist in der Regel ein Informationsverlust. In fast jedem CAD-Sytem existieren spezielle Features, für die es in einem Datenaustauschformat keine Datenobjekte gibt auf die sie abgebildet werden können. In solch einem Fall wird versucht, diese Features durch andere Datenobjekte nachzubilden. Obwohl dies in den meisten Fällen auch gelingt, ist im Ergebnis jedoch in der Regel mit einem Informationsverlust, beispielsweise topologischer Art, zu rechnen.

7 Kritische Würdigung

Eine Frage, die oft gestellt wird, lautet: "Wie groß sind eigentlich die STEP-Dateien, die vom 201-Konverter erzeugt wurden?" Darauf gibt es nur eine Antwort: STEP-Dateien sind größer als andere Datenformate für den Austausch von Zeichnungsdaten (siehe Abb. 5.), aber wieso ist dies der Fall? STEP-Dateien enthalten ein Plus an Informationen, dies erklärt jedoch noch nicht die Größe der

Dateien. Der Grund, warum STEP-Dateien größer sind, ist, daß STEP-Anwendungsprotokolle auf den *integrated resources*, also auf den Basismodellen aufgebaut sind, auf die jedes Anwendungsprotokoll zurückgeführt wird. Die Datenobjekte der Basismodelle sind sehr allgemein gehalten, um die Anforderungen der unterschiedlichen Anwendungsprotokolle zu erfüllen. Die Basismodelle stellen die Datenobjekte zur Verfügung, mit denen die Datenmodelle der Anwendungsprotokolle beschrieben werden. Ein Anwendungsprotokoll benutzt nur die Datenobjekte aus den Basismodellen, die für die Anwendung benötigt werden. Diese Datenobjekte werden nach Bedarf verfeinert, indem neue Objekte durch Vererbung definiert und zusätzliche Einschränkungen und Attribute definiert werden. Wenn man nicht die Basismodelle benutzen würde, könnte man z.B. AP 201 durch die Definition einer speziellen, auf das Anwendungsprotokoll abgestimmten Menge von Datenobjekten wesentlich vereinfachen. Dadurch ließe sich die Größe der STEP-Dateien wesentlich verkleinern. Der Vorteil des Gebrauchs der Basismodelle ist jedoch, daß sie in jedem Anwendungsprotokoll benutzt werden. Da in verschiedenen Anwendungsprotokollen oft Teile der Datenmodelle gleich sind, können diese auf dieselbe Art mit den Basismodellen modelliert werden. Anders ausgedrückt: *"Future AP's can use the experience made by former ones."*

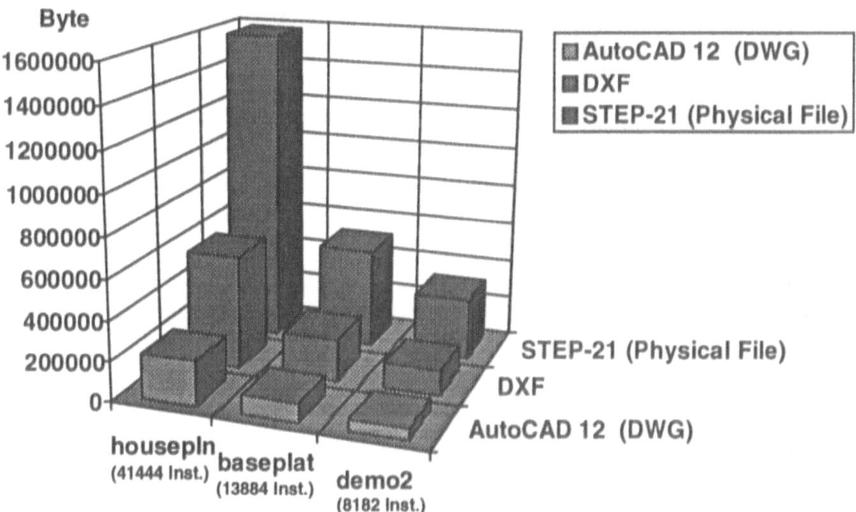

Abb. 5. Dateigröße verschiedener Datenformate beim Austausch von Zeichnungsdaten

STEP beschränkt sich nicht nur auf die Produktdatenmodelle, sondern gibt auch Methoden zur Spezifikation, Implementierung und zum Konformitätstest vor. Dies findet man bei keinem anderen Datenformat. Ferner können z.B. in ein und derselben STEP-Datei mehrere Versionen des gleichen Produktes gespeichert werden. In der Datei werden nur die Daten zusätzlich gespeichert, die sich von der ersten Version unterscheiden. Auch der Aufbau von Produktdatenbanken wird mit STEP möglich. Die bisherigen Datenformate wurden an den industriellen Anforderungen zur Zeit der Entwicklung ausgerichtet. STEP ist seiner Zeit weit voraus und könnte, falls es auf die notwendige Akzeptanz trifft, den Datenaustausch revolutionieren.

Der Aufwand für den Bau von Software für STEP ist aufgrund der Komplexität wesentlich größer als bei den herkömmlichen Datenformaten. So ist z.B der Aufwand für den Bau des AutoCAD 12<-> AP 201 Konverters mehr als viermal so hoch wie der Bau eines Konverters für AutoCAD 12 und STEP2DBS. Durch die Verwendung der formalen Spezifikationssprache EXPRESS ermöglicht STEP den Einsatz von Softwarewerkzeugen. Man muß jedoch auch erkennen, daß aufgrund der Komplexität von STEP ohne den Einsatz von Softwarewerkzeugen die Softwareentwicklung unter wirtschaftlichen Gesichtspunkten kaum noch möglich ist.

Die augenblickliche Form der STEP Dokumente macht ein schnelles Verstehen des Inhalts durch den *Nicht STEP Fachmann* fast unmöglich. Der Mangel an praktischen Beispielen in den STEP Dokumenten, speziell den Anwendungsprotokollen, ruft den Wunsch nach einer zusätzlichen Benutzerdokumentation zu jedem Anwendungsprotokoll hervor. In dieser zusätzlichen Dokumentation sollte anhand ausführlicher Beispiele die Benutzung der einzelnen *UoF's* und Datenobjekte der AIM erläutert werden. Um die allgemeine Akzeptanz gegenüber STEP zu erhöhen, ist ein solcher Schritt unbedingt erforderlich.

Ende 1994 ist die Veröffentlichung der ersten 12 Dokumente durch die ISO zu erwarten. Ab diesem Zeitpunkt ist mit einer massiven Softwareentwicklung im Bereich STEP zu rechnen. Weitere Dokumente, vor allen Dingen Anwendungsprotokolle, werden nächstes Jahr folgen.

Literaturverzeichnis

[AND93]   R. Anderl: CAD-Schnittstellen, Carl Hanser Verlag München 1993
[ISO93]   ISO DIS 10303-201 (N251), Application protocol: Explicit draughting
               23. August 1993

Ein fertigungsorientiertes Produktmodell als Integrationsplattform von Konstruktion und Bearbeitungsplanung

Prof. Dr.-Ing. Heinz-W. Eberl
Hochschule für Technik und Wirtschaft Mittweida (FH)
Fachbereich Maschinenbau / Feinwerktechnik,
Postfach 91, 09642 Mittweida

Zusammenfassung

Technische Zeichnungen repräsentieren neben der geometrischen Hülle eines Werkstückes auch eine Reihe konstruktiv-fertigungstechnischer Merkmale, wie normierte Formelemente, Toleranzen, Bearbeitungshinweise und Oberflächenqualitäten. Sie werden meist den Konturen als Ikonen zugeordnet. Die rechnerbasierte Bereitstellung und Handhabung dieser Informationsmengen beim Konstruieren und für die folgenden Phasen der technologischen Arbeitsplanung und der NC-Programmgenerierung ist erst unzureichend gelöst.

Ein Lösungsansatz besteht in einem fertigungsorientierten Produktdatenmodell, das die Bearbeitungsflächen eines Werkstücks und die zugeordneten konstruktiv-fertigungstechnischen Merkmale als Attribute verwaltet. Diese komplexen Produktdatenstrukturen bilden Fertigungszustände innerhalb eines Arbeitsplans ab. Diese Zustände werden von Arbeitsplanungssystemen genutzt oder erzeugt. Die Konstruktion der Werkstücke wird so nicht zwangsläufig an normierte Fertigungsformelemente gebunden, vielmehr können diese gleichberechtigt einbezogen werden.

Unter Nutzung von STEP-Basismodellen und der in STEP festgelegten Mittel wurde als Prototyp eine Datenbasis zur Verwaltung von Arbeitsgängen und Werkstückzuständen realisiert. Die Kopplung mit kommerziellen CAD-Systemen erfolgt über einen STEP-Klartextaustausch.

1 Konstruktion und Bearbeitungsplanung

Die Konstruktion und die Arbeitsplanung sind bei traditioneller Arbeitsweise getrennte Arbeitsbereiche. Durch Anwendungen der Rechentechnik wurden diese Bereiche zunächst einzeln unterstützt. Es entstanden CAD- und CAP-Einzelsysteme. Eine rechnergestützte Kopplung gibt es aber bis heute kaum.

Das traditionelle Übertragungsmedium der in der Konstruktion erstellten Produktdaten ist die technische Zeichnung. Sie überträgt konstruktive und fertigungstechnische Informationen in Form von geometrischen Darstellungen, Symbolik und Text. Eine Interpretation dieser Darstellung ist nur dem Menschen entsprechend seiner Erfahrung und gemäß einer Reihe von Interpretationsvereinbarungen und -konventionen möglich. Beispielsweise setzt die praktizierte zweidimensionale Darstellung in technischen Zeichnungen die Fähigkeit voraus, mit einem räumlichen Vorstellungsvermögen 2D-Darstellungen widerspruchsfrei in 3D-Objekte überführen zu können. Darstellungskonventionen sind u.a. in DIN oder ISO (ISO 128-1982 bzw. ISO 126-1985) vereinbart.

Diese von der Konstruktion erstellten Informationen werden von der anschließenden Arbeitsplanung genutzt, um eine neue Komponente der Produktdaten, den Arbeitsplan, zu generieren. Eine Aufbereitung der technischen Zeichnung und eine Auswertung der darin enthaltenen Datenmenge ist notwendig. Dies trifft insbesondere auf die technologische Bearbeitungsplanung zu, die sich mit der technischen Fertigbarkeit eines Produkts innerhalb der gegebenen strukturellen Rahmenbedingungen, d.h. den Fertigungsmöglichkeiten einer Betriebsmittelmenge, befaßt. Die Arbeitsplandaten werden weitestgehend im Schlüsselnummersystem abgelegt. Schwerpunktmäßig werden gegenwärtig deshalb durch verfügbare Arbeitsplanungssysteme organisatorische Aspekte betrachtet.

Folglich finden die in der Konstruktion erstellten technischen Informationen keine direkte Verwendung. Sie müssen sowohl semantisch, als auch syntaktisch in die vom Arbeitsplanungssystem erwartete Datenstruktur übertragen werden. In jedem Fall werden ein und dieselben Daten in unterschiedlicher Form mehrmals, beispielsweise als Merkmalssymbole in Zeichnungen bzw. als Merkmalsnummer im Arbeitsplanungssystem, gespeichert. Die Auswertung konstruktiver symbolischer Informationen kann nicht vollständig automatisiert werden. Informationsverluste, Interpretationsfehler bei der Generierung von Arbeitsplandaten sowie eine hohe Bearbeitungszeit sind unausweichliche Folge. Diese Vorgehensweise widerspricht dem naheliegenden Gedanken, einmal erzeugte Daten so oft wie möglich wiederzuverwenden, anstatt sie mehrmals, dabei eventuell sogar fehlerhaft, zu erzeugen [GEN88].

Aus der traditionellen Arbeitsweise ergeben sich folgende Konsequenzen:

- Die Darstellungsform der Produktdaten ist nicht einheitlich. In jeder Phase der Produktionsvorbereitung werden angepaßte Darstellungsformen gewählt.

- Die Informationen müssen auf jeder Stufe der Bearbeitung neu aufbereitet werden.

- Verschiedene Informationsdarstellungen führen zu der, in der traditionellen Konstruktion und Arbeitsplanung zu findenden, strengen Teilung in sukzessive Arbeitsschritte.

- Diese sukzessive Arbeitsweise zieht in der Praxis einen iterativen Prozeß der Konstruktions- und Arbeitsplanänderung nach sich, bis die Anforderungen an das Produkt in Hinsicht auf Funktionalität und Fertigbarkeit gleichermaßen erfüllt sind.

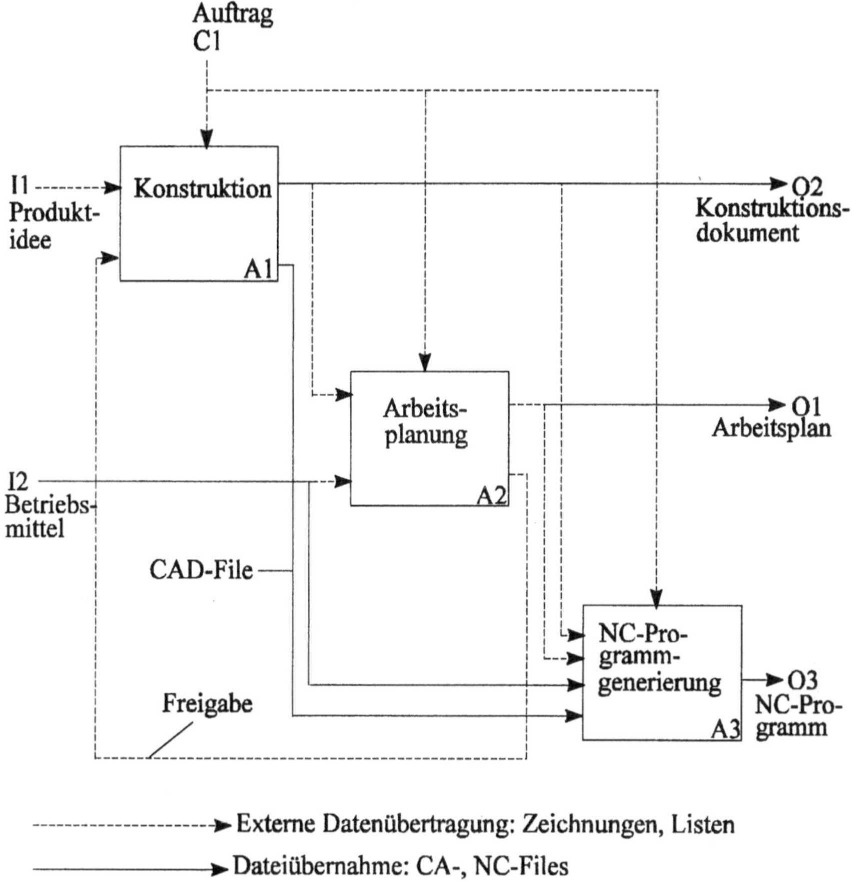

Abb. 1. Arbeitsplanungsumgebung mit Einzelsystemen (in IDEF0)

Diese traditionelle Arbeitsweise wird im Zuge der immer kürzer werdenden Produktlebenszyklen als langwierig und hinderlich erkannt, um termin-, kosten- und qualitätsgerecht zu produzieren. Die Rechneranwendung für Konstruktions- und Zeichnungsfunktionen, vorwiegend im 2D-Raum, einerseits und bei der Organisation von Arbeitsplandaten andererseits überwinden diese traditionelle Situation nicht. Abb. 1. gibt diese als ein Aktivitätenmodell nach *IDEF0* [IDE 92] wieder[1].

---

[1] Die Methode wurde auch unter dem Namen S.A.D.T. (Structured Analysis and Design Technique) bekannt.

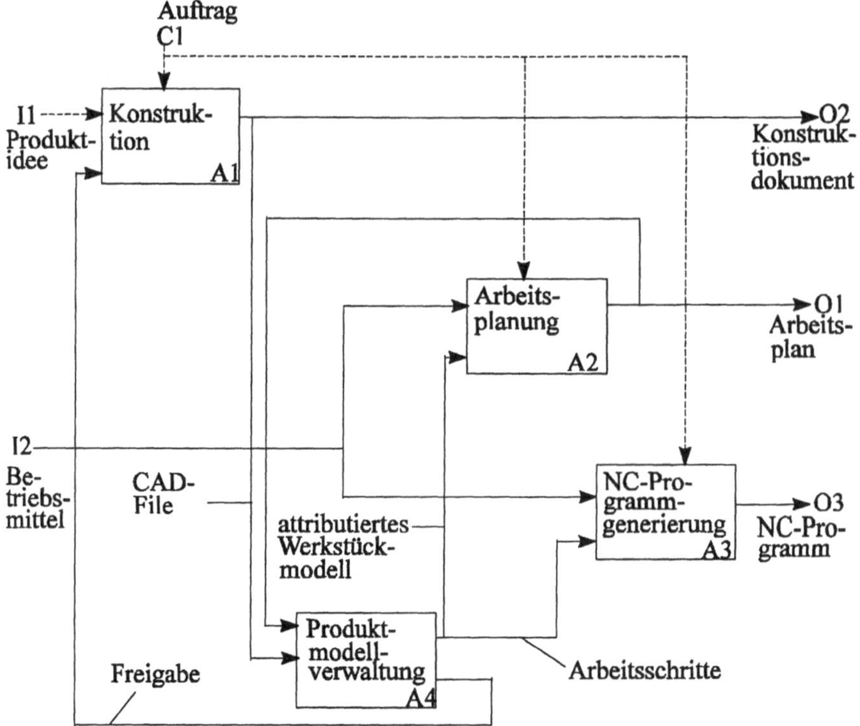

Abb. 2. Arbeitsplanung unter Nutzung eines integrierten Produktmodells (in IDEF0)

2 Produktmodellierung

Das Ziel, schneller zu Produkten mit hoher Qualität zu gelangen, erfordert:
- einmal im Konstruktionsbereich erstellte Informationen komplett weiterver-
  wendbar in Datenbasen zu behandeln (Fehlervermeidung, Redundanz),
- schnell Bearbeitungsfolgen für Werkstücke entsprechend der betrieblichen
  Möglichkeiten entwerfen zu können (Fertigungsgerechtheit überprüfen),
- eine gleichzeitige Arbeit von Konstrukteur und Arbeitsplaner zu unterstützen.

Die Entwicklung integrierter Produktdatenmodelle über den gesamten Produktlebenszyklus hinweg ist deshalb ein international und national weit voran-
getrieber Lösungsansatz in Verbindung mit der Ausarbeitung des Pro-
duktdatenaustauschstandards *STEP (Standard for the Exchange of Product
Model Data)* [GAP93]. Die gegenwärtigen STEP-Aktivitäten konzentrieren sich
auf die Verwaltung von Produktgeometrien, einschließlich der technischen

Zeichnungen, und von Produktstrukturen aus Sicht der konstruktiven Entwicklungsarbeit. Sie bilden einerseits eine Basis für die integrierte Produktdatenverwaltung, berücksichtigen aber andererseits die Informationsanforderungen anderer Prozesse des Produktlebenszyklus nur unzureichend.

Die Kopplung von Funktionen der technologischen Arbeitsplanung (Fertigungsplanung) und NC-Programmierung ist gegenwärtig auf die vorwiegend geometrieorientierte Produktdatenverwaltung der CAD-Systeme beschränkt. Die Vielfalt konstruktiv-technologischer Merkmale, wie Toleranzen, Oberflächenbehandlungen, Formelemente, Prüfkennzeichen, werden in Zeichnungen dokumentiert, nicht aber den zu bearbeitenden Flächen in einem Produktmodell (3D-Raum, 2D- und 3D-Objekte) für weitere CA-Prozesse verwaltbar zugeordnet. Das trifft für alle analysierten CAD-Systeme mit 3D-Modellierungskernen zu.

Zur Repräsentation der erforderlichen und gegenseitig abhängigen Sichten auf ein Produkt in einem Produktmodell sind die beteiligten Funktionen (Aktivitäten) zu spezifizieren, um das Modell aus bekannten und zu entwickelnden Partialmodellen zu konzipieren. Die Beziehungen von Arbeitsplanungsfunktionen zu einer Produktdatenbasis, die auch Konstruktionsinformationen und aufbereitete Informationen für die NC-Programmgenerierung beinhaltet, ist in Abb. 2. aufgezeigt.

3 Arbeitsplanung für komplexe Drehteile

In der Fertigungsvorbereitung sind die Bearbeitungsprozesse für ein Werkstück in hierarchisch und zeitlich aufeinander folgender *Planungsstufen* zu gestalten [HEN91], [MAR93]:

- *Arbeitsplan (Grobplanung)* bestehend aus einer Menge von Arbeitsgängen, die erforderlich sind, um eine vollständige Bearbeitung vom Roh- bis zum Fertigzustand zu beschreiben. In einem *Arbeitsgang* werden alle Tätigkeiten sowie die benötigten Fertigungsmittel und -zeiten zusammengefaßt, die an einem Arbeitsplatz auszuführen sind.
- *Operationsplan (Feinplanung)* besteht aus einer Menge von Arbeitsschritten zur Ausführung eines Arbeitsganges. Innerhalb eines *Arbeitsschritt*es wird die Gestalt- und Eigenschaftsveränderung des Werkstücks während einer Einspannung beschrieben.
- *NC-Programm* codiert eine Menge von *Arbeitsbewegung*en zur Ausführung eines Arbeitsschrittes.

Während der Bearbeitungsplanung können Varianten und Alternativen aufgestellt werden, aus denen in der nächsten Planungsstufe oder zum Ausführungszeitpunkt (Werkstattsteuerung) eine Folge ausgewählt wird. Solche Bearbeitungspläne sind als Graphen zu verwalten.

Die Untersuchungen zu einem fertigungsorientierten Produktmodell werden zunächst auf Werkstücke beschränkt, die auf Drehzellen mit angetriebenen Werkzeugen bearbeitet werden können (*komplexe Drehteile*). Damit ist es Ziel der automatisierten *Arbeitsgangausarbeitung Drehen*, alle auf diesem Arbeitplatztyp ausführbaren Arbeitsschritte zu bestimmen.

Planungsfunktionen sind dann [BÖT93]:

- Ermitteln des möglichen Drehkoordinatensystems, wozu die Randflächen des Werkstücks zu analysieren sind,
- Erzeugen einer Drehgeometrie:
  - bestehend aus den im Fertigzustand enthaltenen sowie den für nicht rotationssymmetrische Randflächen oder Formelemente generierten Rotationsflächen,
  - Modifikation der Rotationsflächen nach Auswertung der Merkmale Oberflächenqualität, Toleranzen und Bearbeitungsvorgaben (z.B. Aufmaße und Merkmale für Bearbeitungen folgende Arbeitsgänge, Verlagern der generierten Randfächen in die Toleranzmittenlage),
- Bestimmen der Spannlage mit Auswahl der Spannmittel und Spannfläche (Fläche(n) eines vorangegangenen Bearbeitungszustands) nach den Kriterien:
  - maximal abspanbares Volumen je Einspannung,
  - Menge und Typ der fertigbaren Rotationsflächen je Einspannung,
  - erzwungene Bearbeitungsreihenfolge von Flächen aus Qualitätsanforderung,
- Generieren der attributierten Hüllgeometrie als Resultat geplanter Fertigungszustände, die Ausgangspunkte für die NC-Programmgenerierung sein können.

Abb. 3. zeigt am Beispiel einer Getriebewelle den Graphen der Arbeitschritte und Fertigungszwischenzustände, die automatisch aus einem fertigungsorientierten Produktdatenmodell berechnet wurden und von diesem wiederum verwaltet werden. Die Zustände sind in Abb. 7. und Abb. 8. im Anhang zu entnehmen.

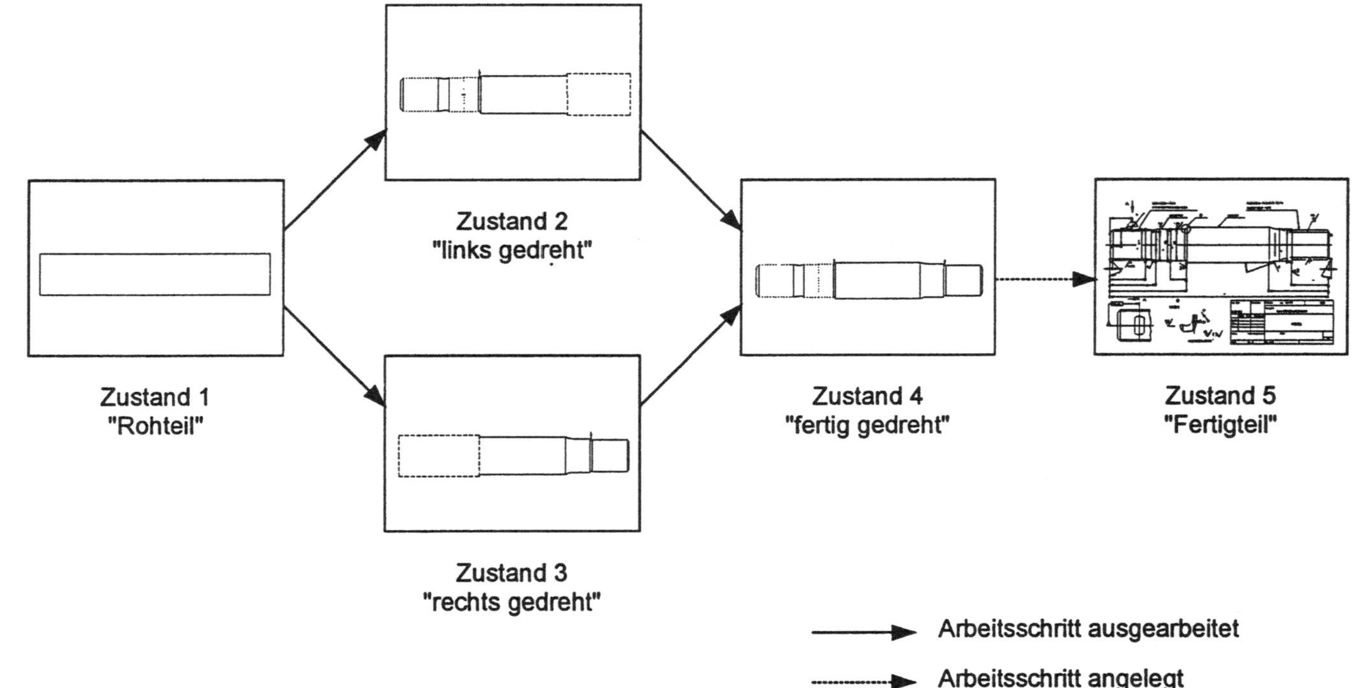

Abb. 3. Graph möglicher Arbeitsschritte und Zustände des Werkstücks 'Welle'

4 Anwendungsdatenmodell *'arbeitsplanung'*

Ein Produktdatenmodell, das

- die erforderliche Informationsmenge aus der Konstruktion für die Bearbeitungsplanung (Feinplanung),
- die Prozeßgraphen von Bearbeitungsplänen sowie
- entscheidungsrelevante Betriebsmittelinformationen

verwalten kann, konnte teilweise auf bereits vorliegende Basismodelle von STEP (in unterschiedlichem Normungsstand) abgebildet werden. Weitere waren zu entwickeln. Der Zusammenhang der wesentlichen Teilmodelle wird durch die Verknüpfung der Schemata in Abb. 4. abgebildet.

Arbeitspläne sind eine spezielle Schicht der Definition eines Produkts, ein *product_definition_shape* im *product_definition_schema* [ISO93-41]:

- Sie werden über Erstellungs- und Änderungstermine, den Freigabestatus und die Bearbeiter in die Betriebsorganisation eingeordnet (*date_time_schema*, *approval_schema* und *person_organization_schema* [ISO93-41]).
- Durch Prozeßgraphen werden Arbeitsgänge und Arbeitsschritte (*operation*) in Beziehung mit den Fertigungszuständen des Produkts im Entity *werkstueck* gebracht.
- Jedem *arbeitsgang* kann aus dem *betriebsmittel_schema* ein Arbeitsplatz zugeordnet werden.

Die Fertigungszustände eines Werkstücks werden beschrieben durch:

- die geometrische Hülle (manifold_solid_brep im geometric_model_schema in [ISO93-42]),
- Fertigungsformelemente als eine Menge geometrischer und topologischer Elemente, die eine semantische Einheit darstellen und auf die technologische und konstruktive Interpretationsvorschriften angewendet werden können (unter Auswertung von [SHA91], [FFI91]), als:
  - implizite (Bezeichnung) oder explizite (Geometrien) Formelemente,
  - zur Abbildung von Übergangs- (*transition_*), Volumen- (*volume_*) und Ergänzungsformelementen (*ergaenzungs_form_feature*),
- konstruktiv-fertigungstechnische Merkmale, die den Randflächen (*face*) vermittelt von *shape_aspect* [ISO93-41] und *representation* [ISO91-43] zugeordnet werden.

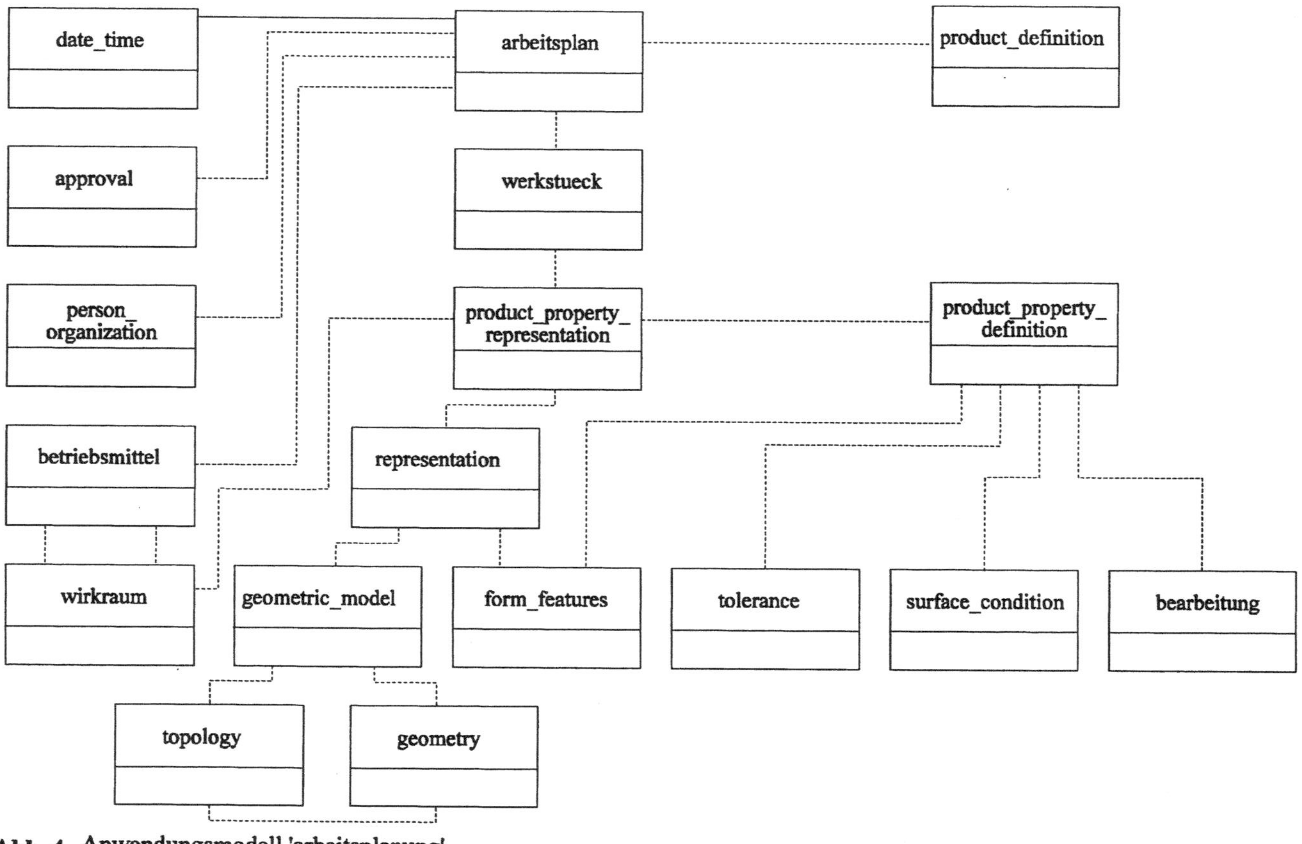

Abb. 4 Anwendungsmodell 'arbeitsplanung'

Eine *product_definition* (mit Verweis auf Zeichnungs- und Versionsnummer) und *werkstueck* greifen auf die gleichen Produktmerkmale (*product_property_ representation*) zurück, haben aber eine andere Stellung in der Betriebsorganisation.

Die erforderliche Zuordnung von Formelementen und Merkmalen zu Randflächen ist an einem Auszug aus dem Beispielwerkstück demonstriert (Abb. 5.).

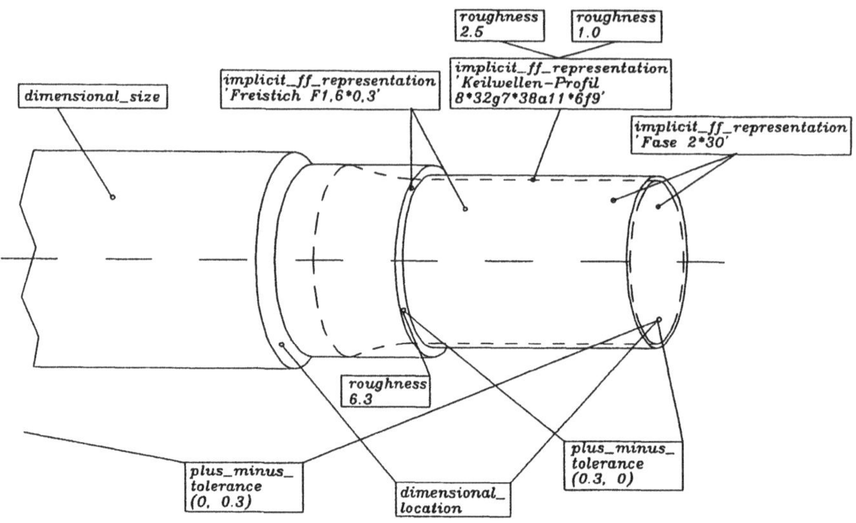

Abb. 5. Symbolische Attributzuordnung zu Randflächen des Werkstücks 'Welle'

Als *Toleranzen* werden unterschieden:

- Maßtoleranzen, die einen Toleranzraum beschreiben, ohne ausdrücklich auf Ursprungs- und Zielobjekt einzugehen,
- geometrische Toleranzen, die eindeutig auf eine Bezugsfläche verweisen [ISO93-47] und
- Toleranzklassen für Freimaßtoleranzen.

Ihre Umrechnung (Zuteilung) als Toleranzmaßzahl für die Flächen im Bearbeitungskoordinatensystem ist noch erforderlich. Ein Toleranzraum zu jeder Fläche ähnlich einer Formtoleranz ist vom Arbeitsplanungssystem auswertbar. Letzteres wird auch im PART-Projekt [VAN91] vorausgesetzt.

Oberflächeneigenschaften beinhalten fertigungsrelevante Anforderungen zur physikalischen und chemischen Beschaffenheit der Oberfläche, z.B. Rauhigkeits- und Härteangaben. Die Datenstrukturen wurden einem *surface_condition_ schema* entlehnt [SCH91].

Bearbeitungsvorgaben sind als Auswahl aus einer vordefinierten Menge (*enumeration type*) wählbar.

Der Modellierung der Spannmittel und der Werkzeug-Verfahrweg-Kombinationen liegt das Prinzip eines *Wirkraums* zugrunde. Der Wirkraum wird durch die geometrische Hülle des Arbeitsbereichs einer bestimmten Werkzeug-Verfahrweg-Kombinationen bzw. des Spannbereichs eines Spannmittels beschrieben. Die Hüllflächen können genauso wie Werkstücke attribuiert werden, so daß eine technologisch relevante und doch eine einheitliche, erheblich vereinfachte Auswertung erfolgen kann.

5 Prototyp für CAD-CAP-Kopplung

Unter Nutzung von STEP-Basismodellen und der in STEP festgelegten Mittel wurde als Prototyp eine Datenbasis zur Verwaltung von Arbeitsgängen und Werkstückzuständen realisiert [SAU93]:

- Zur Gestaltung der Volumenmodelle und zur Darstellung von Fertigungszuständen werden kommerzielle CAD-Systeme genutzt, die mit einem BREP-Modellierungskern arbeiten.
- Für die Attributierung, d.h. Zuordnung von Merkmalen wie auf technischen Zeichnungen, jedoch zu Randflächen eines BREP-Modelles, wurde ein Programm als Ergänzung zum CAD-System geschaffen. Die Funktionalität ist Abb. 6. zu entnehmen.
- Die Kopplung vom CAD-System und der Datenbasis des Anwendungsdatenmodells *'arbeitsplanung'* erfolgt über einen STEP-Klartextaustausch in beiden Richtungen.
- Die Arbeitsplanungsoperationen (siehe 3.) setzen als C-Funktionen direkt auf der Datenbasis auf.

Die Konstruktion der Werkstücke für Arbeitsplanungszwecke wird bei der Nutzung eines derartigen integrierten Produktdatenmodells nicht zwangsläufig an normierte Fertigungsformelemente gebunden, wie in [MAR93], [MÜL93] favourisiert, vielmehr können diese gleichberechtigt einbezogen werden. Die Toleranz- und Oberflächenmodelle verwalten objektorientiert die konstruktiv-fertigungstechnischen Merkmale in Beziehung zur geometrischen Beschreibung.

Der Diskussion und der Forschung zur Integration von Konstruktion und Bearbeitungsplanung mittels komplexer Feature als semantische Objekte, die flexibel geometrische Bauteilgestalt und nichtgeometrische Informationen berücksichtigen [KRA94], sollen diese Arbeiten zur automatischen Arbeitsplanung unter Nutzung eines fertigungsorientierten Produktmodells zur Seite gestellt werden.

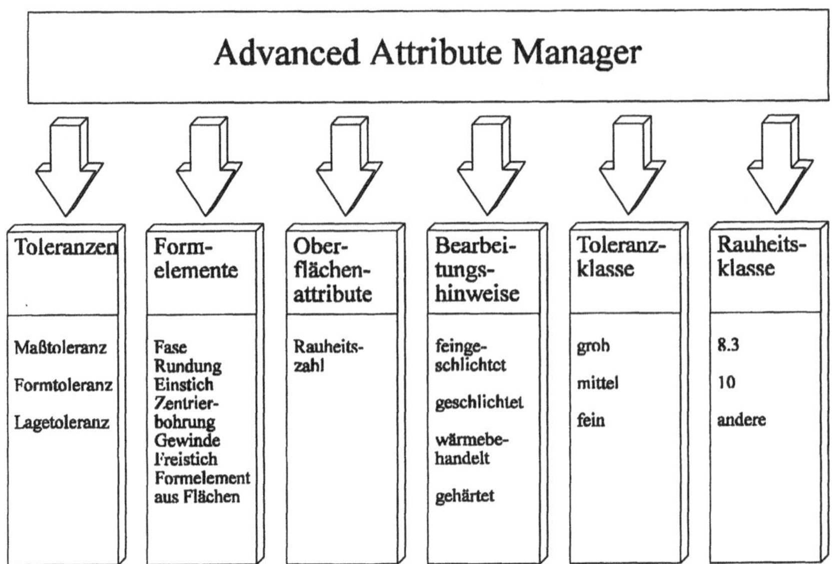

Abb. 6. Menü des Programms für die Zuordnung von Attributen zu Randflächen von BREP-Objekten

Literatur

[BUC92]   S. Buchwald, A. Hein, A. Meyer: Generative Fertigungsplanung mittels CAD/CAP-Integration - Prototyping für die Arbeitsvorgangs-bestimmung für ROTA-Teile, 10. Internationalen Mittweidaer Fachtagung, 15. bis 17. September 1992

[BÖT93]   T. Böttcher: Gestalten von automatisierten Prozeßentwurfsschritten für komplexe Drehteile, Diplomarbeit, Institut für Produktions-technik, TU Dresden, 1993

[EBE93]   H.-W. Eberl, T. Geipel, B. Hentschel, T. Sauer u.a.: Produktmodelle und Arbeitsplanung, 11. Deutschsprachiges ICEM - Benutzertreffen - Dresden, 23.-24. 9. 93

[GRA93]   H. Grabowski, R. Anderl, A. Polly: Integriertes Produktmodell, Entwicklungen zur Normung von CIM, Beuth-Verlag Berlin, 1993

[GEN88]   U. Gengenbach, M. Mittelstaedt: CAD-Schnittstellen - Stand und Entwicklungstendenzen, VDI Bericht 700.3 - Datenverarbeitung in der Konstruktion '88, VDI Verlag Düsseldorf 1988

[HEN91]   B. Hentschel, H.-W. Eberl: Produktmodell- und Betriebsmodelldaten-basis für den Prozeßentwurf aus der Sicht CAP, in: CIM-Technologie-transfer, Fachpublikationen anläßlich der Eröffnungsveranstaltung

	des CIMTT am 5.12.1991 in Dresden
[IDE92]	N.N.: Standards Publication - Integration Definition for Information FIPF PUB , National Institut of Standards and Technolgy, Draft, Sept. 1992
[KRA94]	F.-L. Krause, M. Ciesla, E. Rieger, M. Stephan, A. Ulbrich: Features als semantische Objekte, CAD-CAM Report Nr 5 und 7, 1994
[MAR93]	G. Marczinski: Verteilte Modellierung von NC-Planungsdaten: Entwicklung eines Datenmodells für die NC-Verfahrenskette auf der Basis von STEP, Dissertation RWTH Aachen, Berichte aus der Produktionstechnik; Bd. 93,5, Verlag Shaker, Aachen, 1993
[MÜL93]	G. Müller: NC-Verfahrenskette, in: CIM-Ergebnisse aus Forschung und Praxis: Resultate und Anwendernutzen aus dem KCIM-Projekt zur Entwicklungsbegleitenden Normung für die rechnerintegrierte Produktion; Stuttgart 1993 / DIN - Berlin, Köln : Beuth, 1993
[ISO93]	N.N.: ISO DIS 10303-41 Product Data Represenation and Exchange - Part 41: Integrated Generic Resources: Fundamentals of Product Description and Support, ISO TC184/SC4, Februar 1993
[ISO93-42]	N.N.: ISO DIS 10303-42 Product Data Represenation and Exchange - Part 42: Integrated Generic Resources: Geometric and Topological Representation ISO TC184/SC4, Februar 1993
[P43-93]	N.N.: ISO DIS 10303-43 Product Data Represenation and Exchange - Part 43: Representation Structures, ISO TC184/SC4, Februar 1993
[P44-93]	N.N.: ISO DIS 10303-44 Product Data Represenation and Exchange - Part 44: *Integrated Generic Resources: Product Structures Configuration,* ISO TC184/SC4, Februar 1993
[P47-93]	N.N.: ISO DIS 10303-44 Product Data Represenation and Exchange - Part 47: Integrated Generic Resources: Tolerances, ISO TC184/SC4, nuar 1994.
[PFF-91]	N.N.: Form Feature Information Model, Working Paper,ISO TC184/SC4, 1991
[SAU93]	T. Sauer: Prototyp einer Datenbasis Arbeitsplanung unter Anwendung von STEP-Mitteln und -Partialmodellen, Diplomarbeit, TU Dresden, IPT, 1993
[SCH91]	M. Schmitt: Surface Conditions Schema, Institut für Rechneranwendung in Planung und Konstruktion der Universität Karlsruhe, 1991
[SHA91]	J. J. Shah, A. Mathew: Experimental investigation of the STEP Form-Feature Information Model, Comput.-Aided Des. Vol 32 No 4 (1991) pp 283 -289
[VAN91]	F. J. A. van Houten: PART - A Computer Aided Process Planning System, Proefschrift Enschede, Kningklijke Bibliotheek, Den Haag (Niederlande), 1991

Anhang

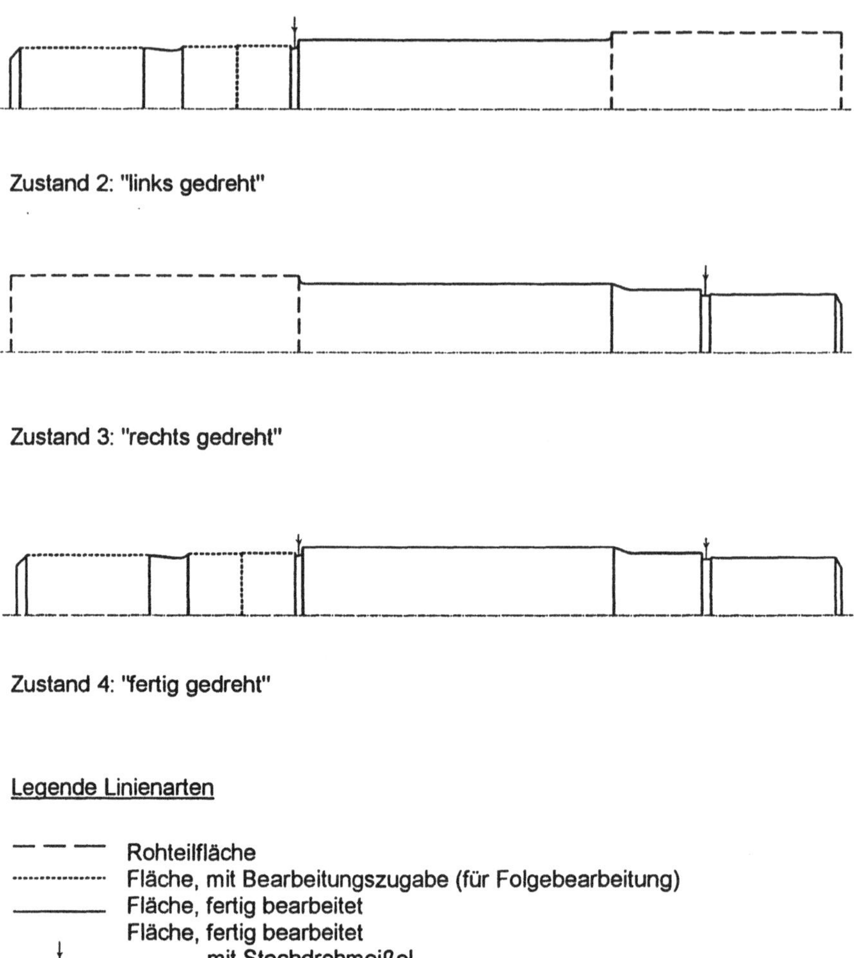

Zustand 2: "links gedreht"

Zustand 3: "rechts gedreht"

Zustand 4: "fertig gedreht"

<u>Legende Linienarten</u>

Rohteilfläche
Fläche, mit Bearbeitungszugabe (für Folgebearbeitung)
Fläche, fertig bearbeitet
Fläche, fertig bearbeitet
        mit Stechdrehmeißel

Abb. 7. Mögliche Bearbeitungszwischenzustände des Werkstücks 'Welle'

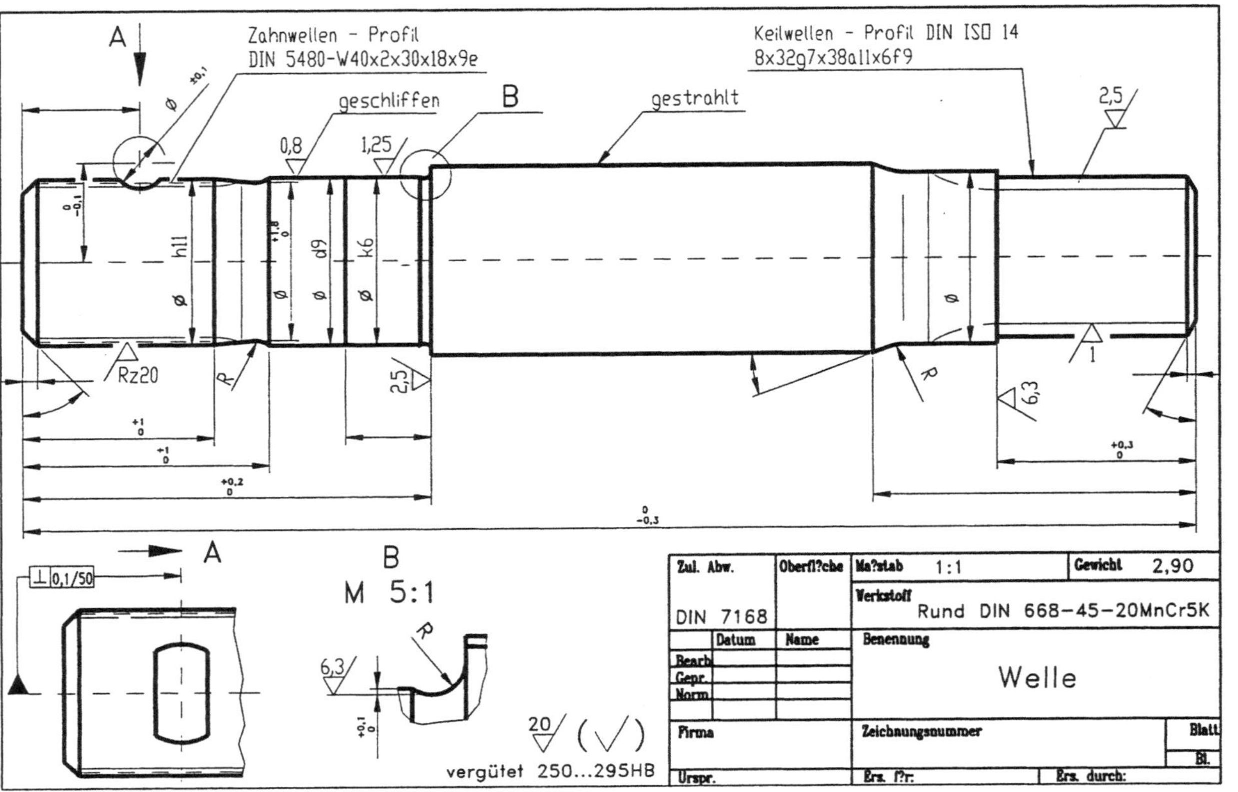

Abb. 8. Zeichnung des Werkstücks 'Welle' mit konstruktiv-fertigungstechnischen Merkmalen

Ausrichtung von technischen Informationssystemen auf die Bedürfnisse eines Ingenieurdienstleisters

Dr. Herbert Schulz
Ingenieurzentrum Schiffbau GmbH, Rostock

1 Marktanforderungen

Der Erhalt bzw. die Steigerung der Wettbewerbsfähigkeit am internationalen Markt verlangt heute eine effiziente Unterstützung der Prozesse durch moderne Informations- und Kommunikationstechnik, z.T. entstehen neue Anforderungen an diese, insbesondere bei der Fertigung komplexer Produkte, wie z. B. Schiffe.
Entscheidend sind dabei folgende Faktoren:

- Verringerung der Entwicklungszeiten und damit zunehmende Parallelität von bisher nacheinander ablaufenden Prozessen (Abb. 1.)
- qualitätsgerechte technische Vorbereitung und Produktion
- Einführung effizienter Formen der Ablauforganisation ("lean")
- Senkung der Kosten

Ein weiterer sich deutlich abzeichnender Trend ist die Verringerung der Fertigungstiefe begleitet durch zunehmende Qualität und Quantität von Kooperationen.
Damit ändern sich auch die Anforderungen an typische Zulieferer (im Sinne Oberbegriff für alle Unterauftragnehmer, wie auch Ingenieurdienstleister). Es wird vom Entwicklungs- und Fertigungsverbund gesprochen. (Abb. 2.)
Die mit einem solchen Veränderungsprozeß verbundenen Probleme und möglichen Lösungsansätze für eine effiziente informationstechnische Unterstützung werden im folgenden dargestellt.

2 Typische DV-Anwendungen und Schwachstellen

Die Grundfunktionalitäten bzw. Leistungsfähigkeit der am Markt verfügbaren Systeme sind für die einzelnen Aufgaben, für die sie angewendet werden, im Prinzip ausreichend.

Im einzelnen sind das z. B.:

- für Projektierung/Konstruktion des Schiffskörpers die schiffbauspezifischen CAD-Systeme, wie FORAN, STEERBEAR,
- für Projektierung/Konstruktion von Maschinen und Ausrüstung, u.a. Rohrleitungen, Kabelbahnen und Lüfterkanäle einschl. Koordinierungsplänen, die markteingeführten 3D-CAD-Systeme wie BRAVO3, MEDUSA bzw. entsprechende Module der Systeme FORAN, STEERBEAR,
- für die Produktionsplanung/-steuerung sowie Materialwirtschaft PS2 bzw. viele Eigenentwicklungen,
- für die Steuerung von z.T. vorhandenen automatisierten Fertigungslinien eine Reihe spezieller Informationssysteme, insbesondere für Brennschneiden, Rohrvorfertigung, Profilfertigung.

Es kann nicht davon ausgegangen werden, daß ein System eines Herstellers, sofern es auf dem Markt existiert, für alle Prozesse eingesetzt wird.

Typische Schwachstellen sind heute:

- Nichtvorhandensein von leistungsfähigen und durchgängigen DV-Lösungen, die den stark veränderten Fertigungstechnologien genügen,
- Integration vorhandener DV-Systeme (z. B. Schiffbau CAD→3D-CAD, CAD↔PPS) ist auf Grund fehlender leistungsfähiger Standards auf zu geringem Niveau ausgeführt,
- die Praxis der vorhandenen DV-Anwendungen genügt z. T. nicht mehr den Veränderungen in der Ablauforganisation.

Bei der Auswahl der anzuwendenden DV-Systeme für einen Engineering-Zulieferer müssen auf Grund der Anforderungen aus der arbeitsteiligen Konstruktion und Fertigungsvorbereitung (Abb. 3.) folgende Probleme bedacht werden:

- Arbeiten im Unterauftrag verschiedener Firmen, die verschiedene Informationssysteme besitzen bzw. unterschiedliche Releaseestände
- Das Ergebnis wird in Form von Daten bzw. speziellen Fertigungsunterlagen verlangt.
- Es müssen unternehmensspezifische Standards, die z.T. in Form von Bibliotheken in den Systemen hinterlegt sind, beachtet werden.

3 Lösungswege

Grundvoraussetzung für eine wesentliche Verbesserung des vorher Gesagten ist das Vorhandensein moderner Systemlösungen, die über eine offene System-architektur verfügen und damit integrationsfähig sind. Es muß davon ausgegangen werden, daß bei den Kooperationspartnern verschiedene Informationssysteme im Einsatz sind.

Daraus erwächst die Notwendigkeit nach

- unternehmensübergreifendem und
- systemübergreifendem

Datenaustausch.

Dieser Datenaustausch hat mehrere Aspekte, die detaillierter zu betrachten sind:

- Handhabung der zur jeweiligen Anwendung gehörenden Prozesse (Ablauf-organisation)
- kommunikationstechnische Handhabung
- Produktdatenaustausch

Als Beispiele für auszutauschende Engineering-Daten und beteiligte Partner seien genannt:

- Texte, Bilder/Zeichnungen und CAD-Modelle über die gesamte Projekt-laufzeit zwischen Finalproduzenten (z. B. Werft) und externen Entwicklern (z. B. Ing.-Büros)
- formalisierte Texte, Bilder/Zeichnungen, CAD-Bibliotheksteile und kom-merzielle Daten während der Angebots- und Beschaffungsphase mit den Lieferanten (z. B. Antriebsanlage)
- NC/DNC-Daten sowie weitere fertigungsrelevante Informationen über die gesamte Projektlaufzeit zwischen Finalproduzenten (Werft) und verschie-denen Zulieferern
- spezielle Daten für die Genehmigungen durch externe Prüf- und Abnahme-behörden, Klassifikationsgesellschaften

3.1 Ablauforganisation

Kooperationen verlangen in erster Linie eine klare Strukturierung der Infor-mationsflüsse, um Informationsverluste zu vermeiden und Koordinierungs-aufwendungen zu minimieren.

Wirtschaftlich kann ein elektronischer Datenaustausch erst dann werden, wenn die betrieblichen Abläufe entsprechend optimiert worden sind.

Die Verwaltung und Organisation von Pflichten und Rechten der am Prozeß beteiligten Mitarbeiter muß durch die Lösung gemanagt werden. Protokollfunktionen sind für transparente Prozeßkontrolle erforderlich. (Abb. 4.).

Erst dadurch können Medienbrüche weitgehend verhindert werden, z. B. bei der Handhabung von Änderungen.

Miteinander verknüpfte Anwendungen bedeuten, daß bestimmte Abläufe vollständig automatisiert werden. Es sind auch rechtliche und datenschutz-technische Fragen zu lösen, z. B. bei der Nutzung von Firmenstandards.

3.2 Produktdatenaustausch

Die gegenwärtig verfügbaren Schnittstellen der CAD-Systeme sind nur unzureichend oder gar nicht für die Übertragung komplexer Strukturen geeignet. Wesentliche Mängel gibt es bei der Modellgestaltung und der Flexibilität dieser Lösungen. Abhilfe kann hier STEP als Ergebnis langjähriger Standardisierungsbemühungen schaffen. Durch die Nutzung dieser modernen Modelliermethode wird nicht ein neues Datenaustauschformat geschaffen, sondern ein Modell mit den notwendigen Methoden und Werkzeugen für die Realisierung eines modernen Datenaustausches konzipiert und bereitgestellt. Neben rein geometrischen können auch technologische, topologische und organisatorische Informationen berücksichtigt werden. (Abb. 5.)

Bisher übliche direkte Datenübertragungswege werden durch sternförmige Kopplungen ersetzt; damit kann auf das gleiche Modell von verschiedenen und beliebig vielen Informationssystemen zugegriffen werden. (Abb. 6.)

An neue Releasestände der Applikationssysteme muß nur noch der applikations-systemabhängige Teil der Pre- und Postprozessoren angepaßt werden. Damit erhöht sich die Zukunftssicherheit und Flexibilität dieser Lösungen, da insbesondere die Produktdaten als applikationssystem-unabhängiges Modell gespeichert werden können. Bei Anwendung dieser Lösungen können wesentliche Probleme der Zulieferer behoben werden.

Erste Lösungen unter Anwendung von STEP sind heute in der Praxis im Schiffbau im Einsatz.

Zu nennen sind da:

- der Austausch von Entwurfsdaten zwischen verschiedenen Firmen (zwischen verschiedenen CAD-Systemen, z.B. FORAN-Design und STEERBEAR) (Abb. 7.),
- die Entwicklung der "DB-Profilfertigung" einschließlich der Prozessoren für die Datenübernahme aus den Schiffbau-CAD-Systemen FORAN und

STEERBEAR als Basis für die Systemlösung bei einer neuentwickelten Technologie für die Profilverformung. (Abb. 8.)

Für beide Lösungen werden die gleichen SW-Werkzeuge verwendet.

Der Schwerpunkt bei den Entwicklungen wurde auf die Praktikabilität gerichtet. Weitere Projekte, um die Anwendungsmöglichkeiten zu verbreiten, laufen z. Z. Als Beispiel sei die Kooperation zwischen Stahlschiffs- und Rohr-/ Maschinenbaukonstruktion genannt..

3.3 Kommunikation

Der bisher herkömmliche, auf Papier gestützte Informationsaustausch muß in zunehmendem Maße auf digitale Medien und Kommunikationssysteme verlagert werden. (Abb. 9.)

Zur Verbesserung des unternehmensübergreifenden Informationsflusses reicht es nicht, den reinen Datentransport zu beschleunigen, da damit die Bearbeitungszeiten nur unwesentlich verkürzt werden. Erst durch eine direkte und automatisierte Kopplung von Anwendungssystemen ist eine Verkürzung der Entwicklungszeiten als auch eine kostengünstigere Produktion zu erwarten. Technische Basis für einen zukünftigen Datenaustausch ist die Verwendung genormter Kommunikationsschnittstellen unter Berücksichtigung von Standards wie EDIFACT.

Zusammenfassung

Für einen Engineering-Dienstleister bestehen heute erhebliche Chancen, im Markt sich zu einem gefragten Zulieferer zu entwickeln.

Durch Veränderungen in der Technologie bei den Finalproduzenten verändern sich die Anforderungen an die Zulieferer ebenfalls, was auch im speziellen für die Engineering-Firmen zutrifft.

Die Anwendung moderner Methodiken für den Datenaustausch ist für die Wettbewerbsfähigkeit von Zulieferern, neben marktfähigen Geschäftsfeldern, eine wichtige Investition, die von langfristiger Bedeutung ist.

Den am Prozeß aktiv beteiligten Mitarbeitern werden dadurch effiziente Hilfsmittel zur Verfügung; das Fachwissen und die Erfahrung der Menschen spielen aber nach wie vor die entscheidende Rolle.

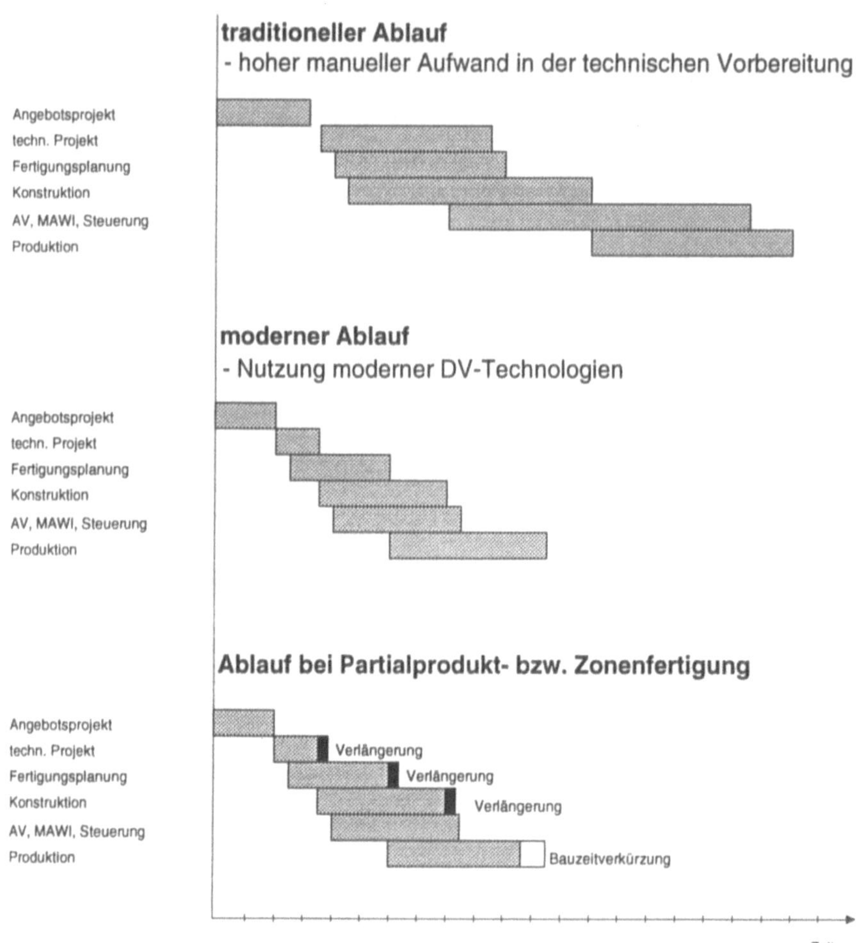

Abb. 1. Veränderungen der Abläufe in der Unikatfertigung

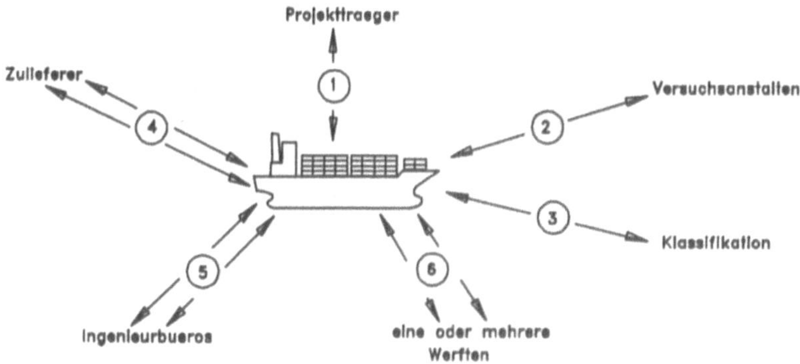

Abb. 2. Kooperationsbeziehungen
1: Planung, Steuerung, Abrechnung, 2: Formoptimierung, Prognosen
3: Klasseerteilung, 4: Angebote, Unterlagen, Terminplanung
5: Projektierung, Konstruktion, Fertigungsvorbereitung
6: Projektierung, Konstruktion, Fertigungsvorbereitung, Fertigung, Ablieferung

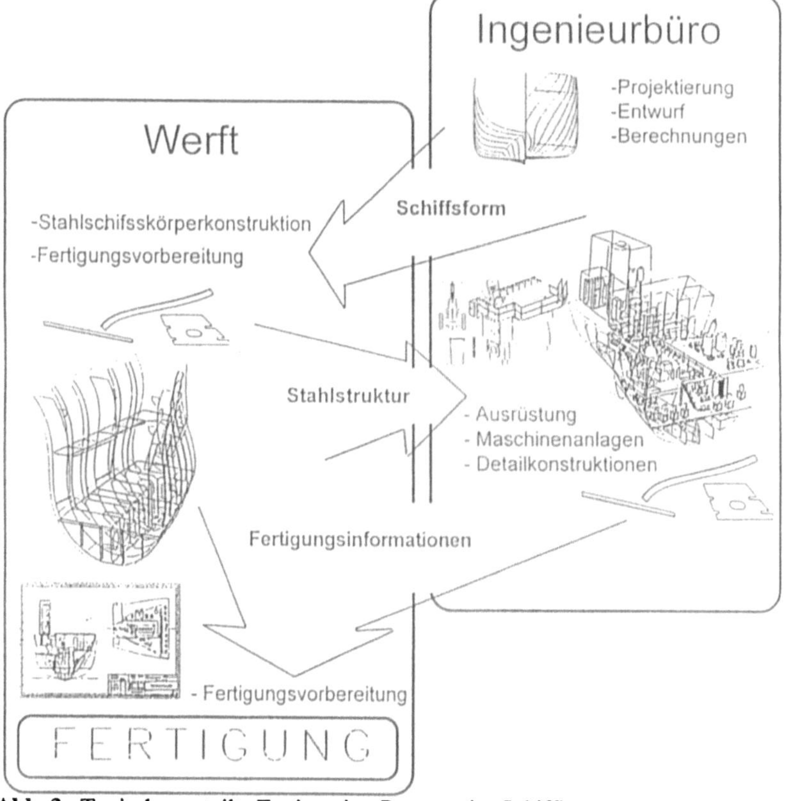

Abb. 3. Typische verteilte Engineering-Prozesse im Schiffbau

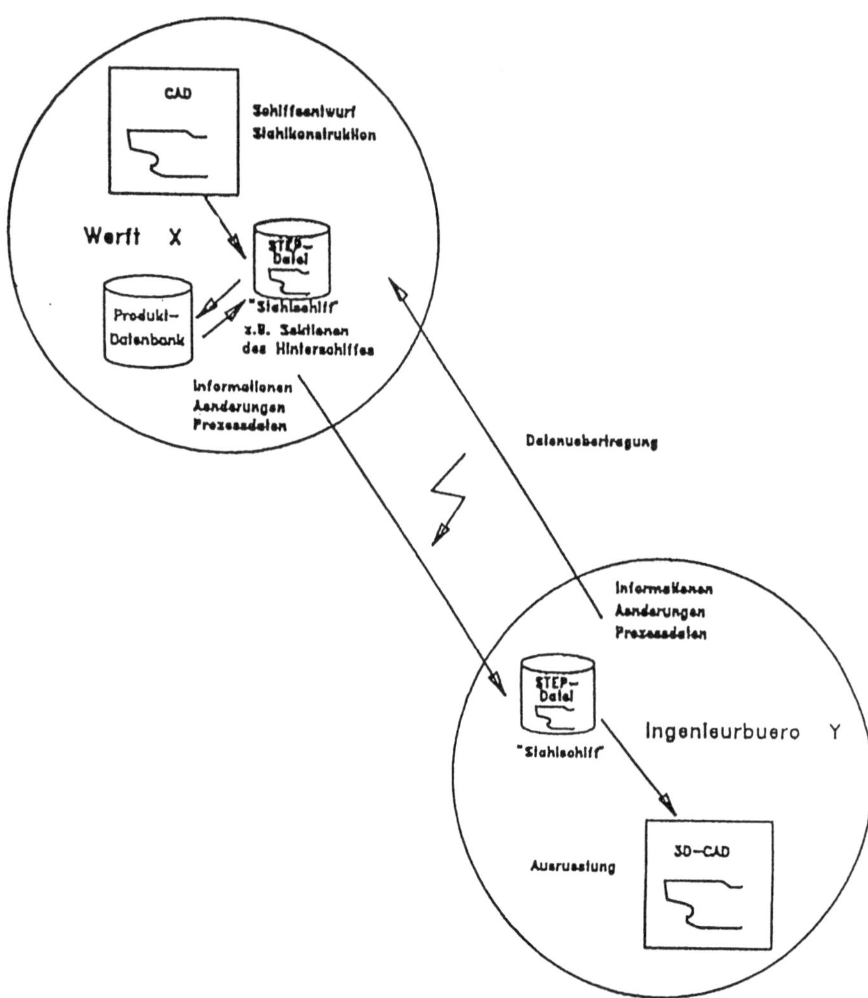

Abb. 4. Anwendungsszenario unternehmensübergreifender Datenaustausch

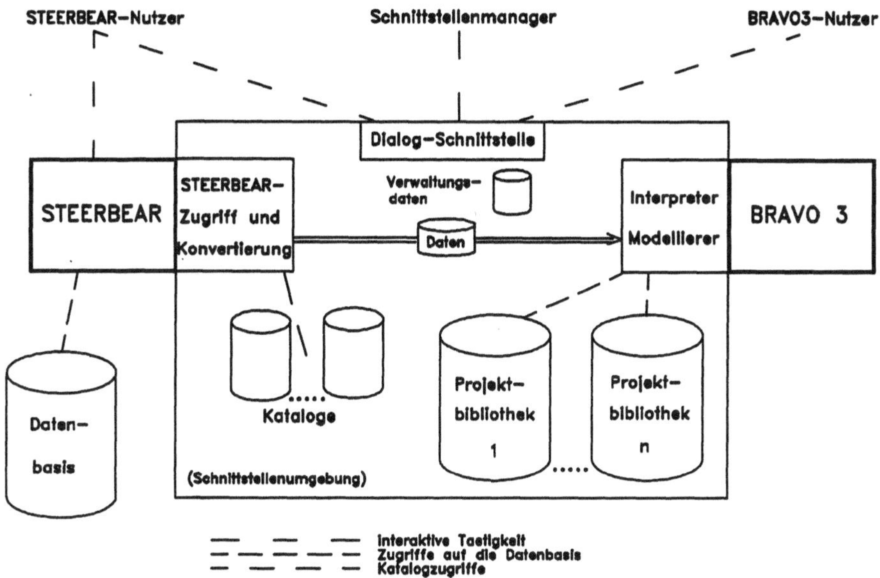

Abb. 5. Prinzip der Handhabung moderner Datenaustauschprozesse

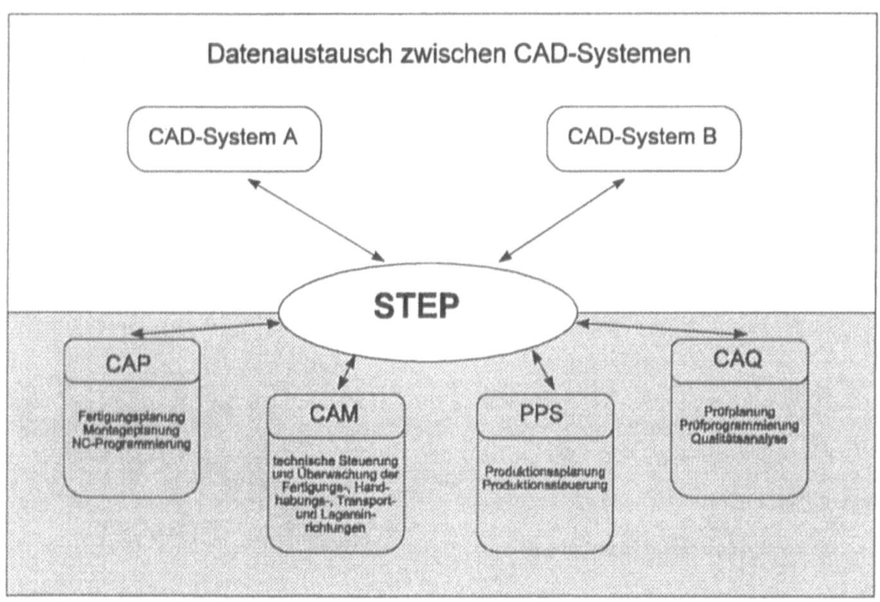

Abb. 6. Produktdatenaustausch mit STEP

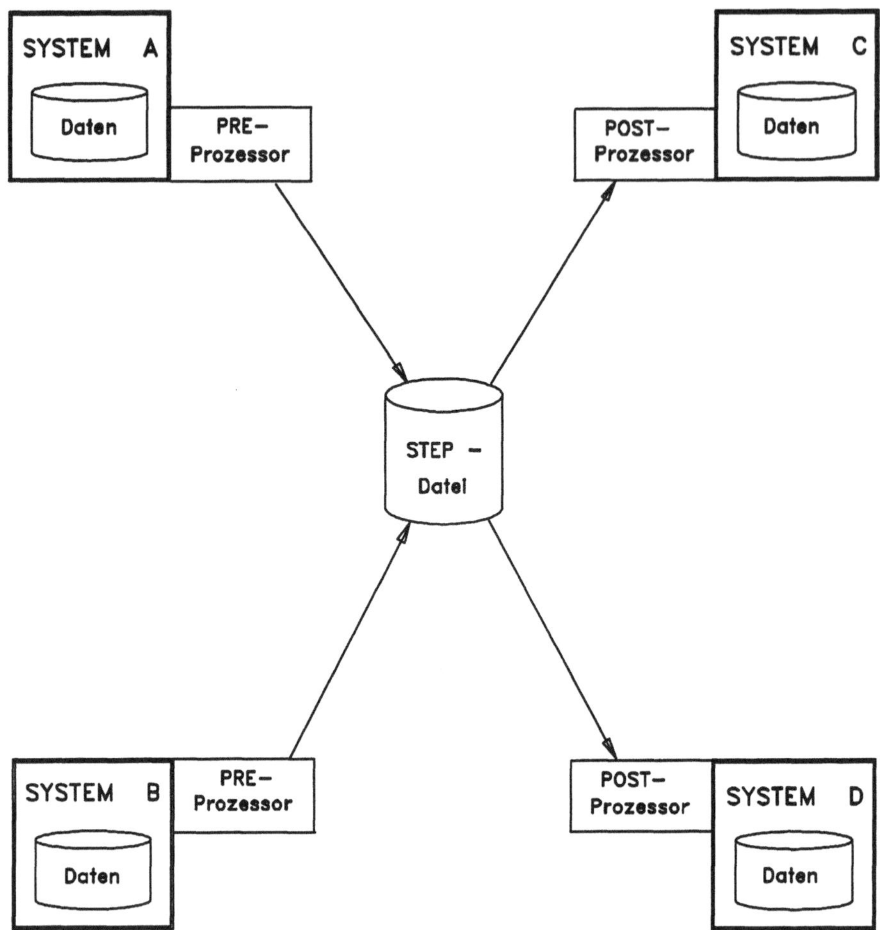

Abb. 7. Prinzip der neutralen Schnittstellen

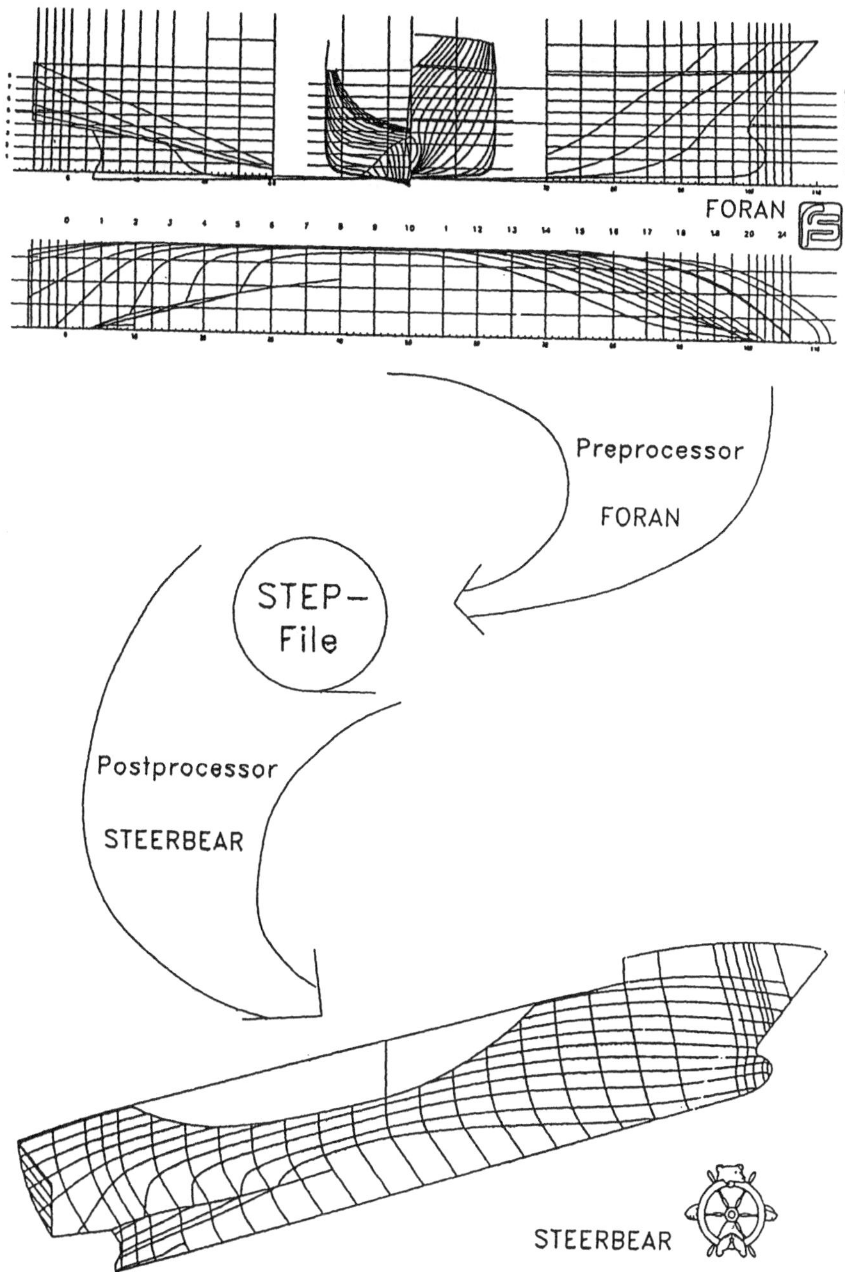

Abb. 8. Neutrale Schiffsformschnittstelle

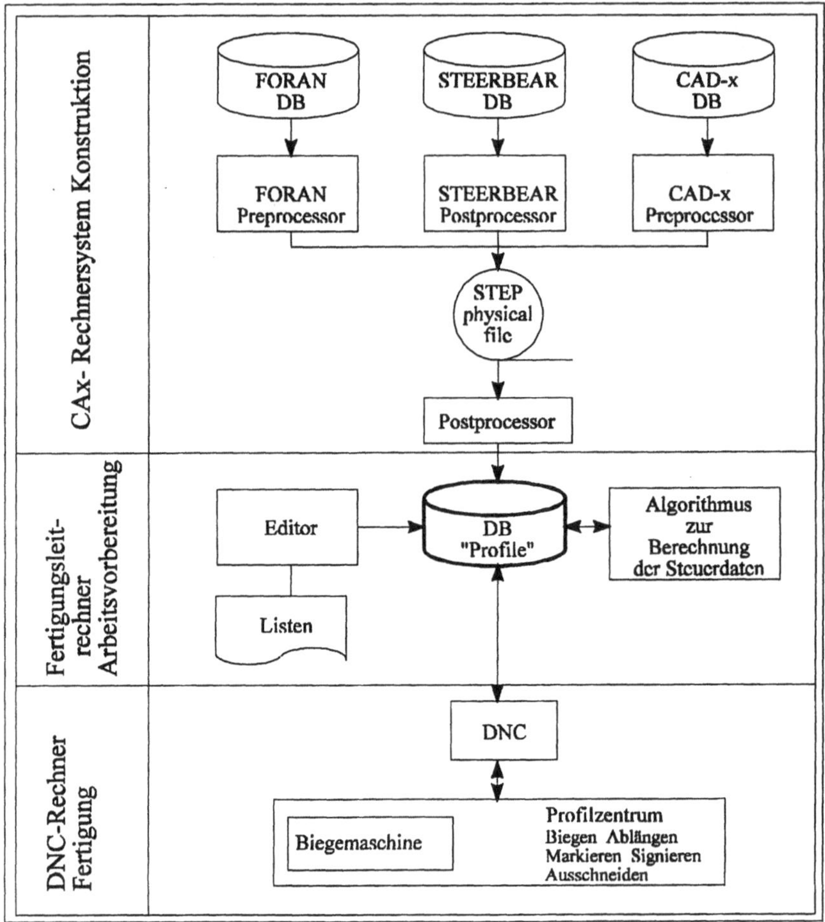

Abb. 9. Informationsfluß Profilbogen

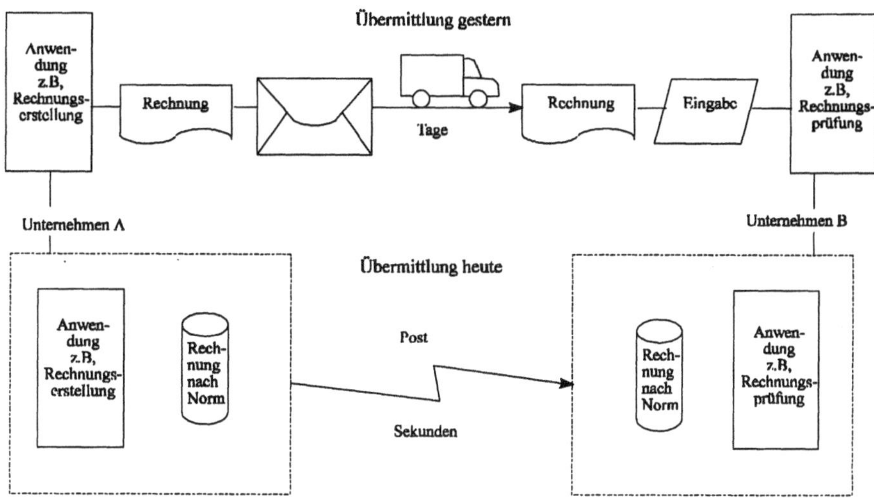

Abb. 10. Übermittlung von Nachrichten, gestern und heute

Autorenverzeichnis

Mathias Boldt
Karl-Marx-Straße 112
15745 Wildau

Jörg Bönigk
Zentrum für Graphische
Datenverarbeitung
Joachim-Jungius-Straße 9
18059 Rostock

Prof. Dr. K. Brökel
Universität Rostock
Institut für Konstruktionstechnik
18059 Rostock

Ute Dietrich
Zentrum für Graphische
Datenverarbeitung
Joachim-Jungius-Straße 9
18059 Rostock

Prof. Dr. H.-W. Eberl
Hochschule für Technik und
Wirtschaft Mittweida (FH)
Fachbereich Maschinenbau/
Feinwerktechnik
Postfach 91
09642 Mittweida

Thorsten Frank
Heinz Nixdorf Institut
Universität-GH Paderborn
Pohlweg 47-49
33098 Paderborn

Prof. Dr. J. Gausemeier
Heinz Nixdorf Institut
Universität-GH Paderborn
Pohlweg 47-49
33098 Paderborn

W. Grahl
CADsys Vertriebs- und
Entwicklungs-GmbH Chemnitz
Bernsdorferstraße 210-212
09126 Chemnitz

St. Haßinger
Fraunhofer-Institut für Graphische
Datenverarbeitung (IGD)
Wilhelminenstr. 7
64283 Darmstadt

Axel Humpert
Heinz Nixdorf Institut
Universität-GH Paderborn
Pohlweg 47-49
33098 Paderborn

Helmut Jansen
Fraunhofer-Institut für
Produktionsanlagen und
Konstruktionstechnik Berlin
(IPK)
Pascalstr.8-9
10587 Berlin

Uwe Jasnoch
Fraunhofer-Institut für
Graphische Datenverarbeitung
Wilhelminenstr. 7
64283 Darmstadt

Dr. B. Kehrer
Zentrum für Graphische
Datenverarbeitung
Joachim-Jungius-Straße 9
18059 Rostock

T.Kiesewetter
Institut für Werkzeugmaschinen
und Fertigungstechnik der TU
Berlin (IWF)
Pascalstraße 8-9
10587 Berlin

Marianne Koch
Fraunhofer-Institut für
Graphische Datenverarbeitung
Wilhelminenstr. 7
64283 Darmstadt

Ullrich Köthe
Fraunhofer-Institut für
Graphische Datenverarbeitung
Außenstelle Rostock
Joachim-Jungius-Straße 9
18059 Rostock

F.-L. Krause
Fraunhofer-Institut für Produktionsanlagen und Konstruktionstechnik Berlin (IPK)
Pascalstraße 8-9
10587 Berlin

Holger Kress
Fraunhofer-Institut für
Graphische Datenverarbeitung
Wilhelminenstr. 7
64283 Darmstadt

Uwe v. Lukas
Zentrum für Graphische
Datenverarbeitung
Joachim-Jungius-Straße 9
18059 Rostock

Wolfgang Luth
Fraunhofer-Institut für
Graphische Datenverarbeitung
Außenstelle Rostock
Joachim-Jungius-Straße 9
18059 Rostock

Ingo Morche
Zentrum für Graphische
Datenverarbeitung
Joachim-Jungius-Straße 9
18059 Rostock

K. Otto
Fraunhofer-Institut für
Graphische Datenverarbeitung
Außenstelle Rostock
Joachim-Jungius-Straße 9
18059 Rostock

E.Rieger
Institut für Werkzeugmaschinen
und Fertigungstechnik der TU
Berlin (IWF)
Pascalstraße 8-9
10587 Berlin

Joachim Rix
Fraunhofer-Institut für
Graphische Datenverarbeitung
Wilhelminenstr. 7
64283 Darmstadt

Stephan Rostmann
concad GmbH
Bischofsplatz1
53111 Bonn

Olaf Schmidt
Technische Universität
Berlin

Klara Schroeder
Fraunhofer-Institut für
Graphische Datenverarbeitung
Wilhelminenstr.7
664283 Darmstadt

Dr. Herbert Schulz
Ingenieurzentrum Schiffbau
GmbH
Rostock

Pavel Slavik
Czech Technical University,
Dept. of Comp. Sci.
Karlovo nam. 13
12135 Praha 2
Czech Republic

Jörg Steinsberger
Technische Universität
Berlin

F. Swoboda
CADsys Vertriebs- und
Entwicklungs-GmbH Chemnitz
Bernsdorferstraße 210-212
09126 Chemnitz

Max Ungerer
Fraunhofer-Institut für
Graphische Datenverarbeitung
Wilhelminenstr. 7
64283 Darmstadt

Gerhard Vatterrott
Zentrum für Graphische
Datenverarbeitung
Joachim-Jungius-Straße 9
18059 Rostock

Dr. E.A. Warman
K Four Ltd., Peterborough
U.K. and CIMRU, UCG
Ireland

Andreas Weidig
Universität Rostock
Institut für Konstruktionstechnik
18059 Rostock

Hans-Peter Wiedling
Zentrum für Graphische
Datenverarbeitung Darmstadt
Wilhelminenstr. 7
64283 Darmstadt

Dr. J Willert
Fichtel & Sachs AG
Schweinfurt

R. Ziemann
Institut für Werkzeugmaschinen
und Fertigungstechnik
der TU Berlin (IWF)
Pascalstr. 8-9
10587 Berlin

Beiträge zur Graphischen Datenverarbeitung

J. L. Encarnação (Hrsg.): Aktuelle Themen der Graphischen Datenverarbeitung. IX, 361 Seiten, 84 Abbildungen, 1986

G. Mazzola, D. Krömker, G. R. Hofmann: Rasterbild - Bildraster. Anwendung der Graphischen Datenverarbeitung zur geometrischen Analyse eines Meisterwerks der Renaissance: Raffaels „Schule von Athen". XV, 80 Seiten, 60 Abbildungen, 1987

W. Hübner, G. Lux-Mülders, M. Muth: THESEUS. Die Benutzungsoberfläche der UNIBASE-Softwareentwicklungsumgebung. X, 391 Seiten, 28 Abbildungen, 1987

M. H. Ungerer (Hrsg.): CAD-Schnittstellen und Datentransferformate im Elektronik-Bereich. VII, 120 Seiten, 77 Abbildungen, 1987

H. R. Weber (Hrsg.): CAD-Datenaustausch und -Datenverwaltung. Schnittstellen in Architektur, Bauwesen und Maschinenbau. VII, 232 Seiten, 112 Abbildungen, 1988

J. Encarnação, H. Kuhlmann (Hrsg.): Graphik in Industrie und Technik. XVI, 361 Seiten, 195 Abbildungen, 1989

D. Krömker, H. Steusloff, H.-P. Subel (Hrsg.): PRODIA und PRODAT. Dialog- und Datenbankschnittstellen für Systementwurfswerkzeuge. XII, 426 Seiten, 45 Abbildungen, 1989

J. L. Encarnação, P. C. Lockemann, U. Rembold (Hrsg.): AUDIUS Außendienstunterstützungssystem. Anforderungen, Konzepte und Lösungsvorschläge. XII, 440 Seiten, 165 Abbildungen, 1990

J. L. Encarnação, J. Hoschek, J. Rix (Hrsg.): Geometrische Verfahren der Graphischen Datenverarbeitung. VIII, 362 Seiten, 195 Abbildungen, 1990

W. Hübner: Entwurf Graphischer Benutzerschnittstellen. Ein objektorientiertes Interaktionsmodell zur Spezifikation graphischer Dialoge. IX, 324 Seiten, 129 Abbildungen, 1990

B. Alheit, M. Göbel, M. Mehl, R. Ziegler: CGI und CGM. Graphische Standards für die Praxis. X, 192 Seiten, 44 Abbildungen, 1991

M. Frühauf, M. Göbel (Hrsg.): Visualisierung von Volumendaten. X, 178 Seiten, 107 Abbildungen, 1991

D. Krömker: Visualisierungssysteme. X, 221 Seiten, 54 Abbildungen, 1992

G. R. Hofmann: Naturalismus in der Computergrahik. VIII, 136 Seiten, 78 Abbildungen, 1992

J. L. Encarnação, H.-O. Peitgen, G. Sakas, G. Englert (Eds.): Fractal Geometry and Computer Graphics. XI, 254 Seiten, 172 Abbildungen, 1992